PRÉCIS

MATIÈRES ADMINISTRATIVES

DANS LEURS RAPPORTS

AVEC LE DROIT PUBLIC

NOTIONS PRÉLIMINAIRES

Le droit est la science des rapports des hommes entre eux, c'est l'ensemble des règles d'après lesquelles ces rapports sont régis. Ces règles ne sont point arbitraires et résultent d'une série de circonstances, le climat, la configuration du pays, la religion, etc. Aussi Montesquieu a-t-il défini les lois les rapports nécessaires qui découlent de la nature des choses. Cette notion de la loi, admirablement vraie dans l'ordre des sciences de la nature, n'est pas moins exacte dans l'ordre des sciences sociales, avec cette différence toutefois que la recherche et la vérification de la loi y sont bien autrement difficiles, étant données la complexité et la multiplicité des éléments dont il faut tenir compte. Quelle que soit du reste cette difficulté, c'est une grande vérité qu'il ne faut pas perdre de vue que les lois sont des rapports nécessaires et que l'office du législateur doit être non de poser arbitrairement telle ou telle règle, mais de constater quels sont ces rapports qui, dans

chaque ordre d'affaires, résultent de la nature des choses.

Tant que les rapports dont on établit les lois n'existent qu'entre les particuliers, on se trouve dans le domaine de la législation civile. Mais il est une série d'autres rapports dont l'un des termes au moins est constitué non plus par une personne privée, mais par la puissance publique, c'est-à-dire, par des personnes qui, à des degrés divers, sont chargées de veiller aux intérêts généraux et de prendre des mesures en vue de la satisfaction de ces intérêts. L'ensemble des règles qui président aux rapports de droit dans lesquels entre la puissance publique, reçoit dans un sens large le nom de droit public. Le droit public se subdivise à son tour en droit international, constitutionnel ou administratif, suivant qu'il s'agit des relations réciproques des pouvoirs publics placés à la tête de nations différentes ou des relations les uns vis-à-vis des autres des divers pouvoirs qui, dans le sein d'une même nation, veillent aux intérêts généraux de l'État, ou enfin des rapports de ces mêmes pouvoirs publics avec les particuliers.

On se sert souvent du terme de droit public dans un sens plus restreint que celui que nous venons de lui donner. On l'emploie pour désigner l'ensemble des droits primordiaux reconnus aux particuliers dans leurs rapports avec la puissance publique, et comme il arrive souvent que ces droits sont énoncés dans les constitutions, on les désigne également sous le nom de droit constitutionnel. L'expression de droit administratif est alors plus spécialement réservée aux détails de la réglementation de ces droits. A ce point de vue il n'y a aucune différence essentielle entre le droit public et le droit administratif. A vrai dire l'un n'est que le développement, la mise en œuvre de l'autre, et l'on a

dit avec raison que le droit public fournissait les têtes
de chapitre du droit administratif. Étudier les rapports
du droit public et du droit administratif c'est donc
étudier la manière dont sont compris, mis en pratique,
limités, les principes posés par le droit public.

L'existence d'un droit public et administratif est pour
une nation une preuve qu'elle est, au moins partiellement, à l'abri des exactions du pouvoir absolu. Elle est
une condition essentielle du développement moral et
matériel d'un pays. En nous plaçant notamment à ce
second point de vue, nous invoquerons l'autorité de
Stuart Mill, qui s'exprime en ces termes dans son traité
d'économie politique [1] : « Parmi les causes qui déterminent la puissance des agents de production, la principale est sans contredit la sécurité, c'est-à-dire la protection absolue que la société donne à ses membres. Elle
consiste en protection par le gouvernement et en protection *contre* le gouvernement. Cette dernière est la
plus importante. » Or qu'est le droit administratif, sinon
l'ensemble de ces règles qui ont pour but de protéger les
particuliers contre le gouvernement, c'est-à-dire contre
les actes arbitraires des représentants de l'autorité ?

Mais si l'existence d'un droit régissant les rapports
entre l'administration et les particuliers est un bien
inestimable, je ne saurais en dire autant de la spéciali-
sation de ce droit. Il est des pays qui, par les progrès
qu'ils ont réalisés, marchent dans la voie libérale en
tête de tous les peuples et où les règles administratives
sont loin d'être aussi variées et aussi nombreuses qu'en
France. Cela tient à ce que le rôle des administrateurs
s'y réduit au minimum des fonctions nécessaires, et
que, en cas de contestation, on a recours aux juridic-

1. *Principes d'économie politique*, t. I, p. 127.

tions ordinaires et aux règles du droit commun. Aussi je me permettrai de dire que, si l'existence d'un droit administratif est un progrès, sa simplification, son rapprochement avec le droit commun, est une continuation de ce même progrès.

Objet du droit administratif.

Comme le droit civil, le droit administratif a pour objet d'étudier des personnes, c'est-à-dire des agents qui sont chargés de veiller aux intérêts généraux, et des choses, c'est-à-dire des matières à propos desquelles l'autorité administrative pourra se trouver en contact avec les particuliers. Nous aurons à voir comment ces personnes, agents ou conseils, arrivent à la vie publique, quel rôle elles jouent et comment elles cessent d'exercer leurs fonctions. Par personnes administratives, il ne faut pas entendre seulement les administrateurs, mais encore les collectivités, État, Département, Communes, dans lesquelles on a personnalisé l'intérêt général à ses divers degrés. Ces personnes morales ont des biens, un domaine privé et un domaine public soumis pour leur acquisition, leur administration, les travaux qui les concernent, à des règles spéciales, à l'étude desquelles nous avons consacré un premier volume. Sans sortir de l'étude des personnes administratives, on est donc conduit à envisager un grand nombre de matières importantes.

Mais la création des personnes administratives n'est que le moyen. Reste à savoir, pour connaître les matières administratives, dans quel but elles ont été établies, et pourquoi on a imaginé de grandes collectivités ayant des ressources et des biens personnels. Répondre à cette question c'est définir l'objet du droit public et

administratif et les matières dont il doit traiter, mais cette réponse est particulièrement délicate et varie suivant qu'on interroge l'histoire, les auteurs de droit public et la pratique des divers pays ou des divers gouvernements qui se sont succédés en France.

Si nous nous demandons comment était résolue chez les anciens cette question des rapports de la puissance publique avec les particuliers, nous constatons qu'il n'y avait aucune limite à l'action de l'État, aucun objet dans lequel celui-ci ne crût pouvoir s'ingérer. Le citoyen était la chose de la cité et lui appartenait sans réserve. Non seulement l'état grec ou romain réglementait l'armée, la justice, les finances, etc., mais encore il intervenait dans le culte, l'hygiène, le costume, la coiffure, etc. Dira-t-on que la participation de tous les citoyens à l'exercice du gouvernement garantissait la liberté de l'individu ? Ce serait une grave erreur. Sans doute, faire émaner les pouvoirs publics de la volonté nationale est une des conditions de la liberté, mais elle est loin d'être la seule. Déterminer les limites de l'action de ces mêmes pouvoirs vis-à-vis des particuliers, organiser un recours pour le cas où ces limites seraient dépassées, là surtout est la garantie sérieuse et efficace contre l'arbitraire.

C'est au christianisme qu'on a fait justement remonter l'honneur de montrer que toutes les manifestations de la vie sociale ne tombent pas sous le pouvoir de tutelle ou de réglementation de l'État. En disant à ses disciples : allez et instruisez tous les peuples, Jésus-Christ montrait que la foi nouvelle n'était pas liée à un régime politique déterminé, qu'elle était indépendante des institutions civiles et qu'il y avait tout au moins un domaine dans lequel l'État ne devait pas s'ingérer, celui de la conscience et de la religion.

Toutefois il fallut bien des siècles avant que le germe déposé dans l'Évangile pût fructifier et que la question de délimitation des droits de l'État pût être posée. La notion de l'État fut submergée avec le monde romain sous les flots de l'invasion des barbares, et lorsque parmi les seigneurs féodaux répandus sur le territoire, il s'en éleva un d'assez puissant pour imposer aux autres sa volonté et reconstituer à son profit un État nouveau, c'est avec le même pouvoir absolu qui avait appartenu aux républiques et aux monarchies anciennes. Ce n'est qu'en 1789, dans la Constitution de 1790 et plus tard dans la déclaration des droits de l'homme, que nous voyons pour la première fois le législateur songer à déterminer les droits de l'individu en face de l'action de l'État.

Si de l'examen de l'histoire nous passons à celui des doctrines des auteurs et des publicistes, nous ne rencontrons pas moins de divergence. Les uns sont partisans du pouvoir absolu de l'État, ils pensent que l'État est tout-puissant, que rien ne limite sa sphère d'action, qu'il a été imaginé pour faire le bonheur de ses membres et que tous les moyens sont légitimes qu'il prend pour arriver à ce but. — D'autres[1] se plaçant à un point de vue tout opposé veulent que l'action de l'État se restreigne dans les plus étroites limites. Le but de l'État étant de permettre le développement par chacun de ses facultés personnelles, l'État ne devrait avoir d'autre mission que d'assurer la justice entre ses membres, d'empêcher les empiètements de l'un sur la liberté de l'autre. Le rôle de l'État devrait alors se renfermer dans le maintien de la sécurité intérieure et extérieure. — Nous trouvons enfin dans un auteur

---

1. Bastiat, *Petits pamphlets.*

moderne[1] une troisième façon de concevoir le rôle
de l'État. Celui-ci aurait pour but « le développement
des facultés de la nation, le perfectionnement de sa
vie, son achèvement par une marche progressive qui
ne se mette pas en contradiction avec les destinées de
l'humanité. » Il n'est plus question de développer les
facultés de l'individu, mais celles de la nation.

Laquelle de ces diverses conceptions est la plus
exacte, et quelles doivent être au juste les attributions
de l'État? Nous ne pouvons entrer dans l'examen de
cette question, qui comporterait des développements
étendus; mais il nous paraît inadmissible de concevoir
l'État comme un organisme distinct, abstraction faite
des individus qui le composent, et de poursuivre, non
le bien de la masse des citoyens, mais celui de l'être
abstrait appelé État. La vérité me paraît être dans la
doctrine suivante, qui concilie fort bien les théories,
trop absolues de part et d'autre, des socialistes et des
économistes. Nous savons, par les enseignements de
l'économie politique, qu'à mesure qu'une industrie
progresse, le travail tend à être plus divisé, chacune
des parties de l'œuvre à accomplir étant confiée à des
organes distincts. Or, ce qui est vrai d'une manifestation particulière de la vie sociale, ne l'est-il pas de
l'ensemble? Dans un état de société rudimentaire, les
mêmes agents peuvent, sans trop d'inconvénients, cumuler les fonctions les plus diverses; mais, à mesure
que la société se développe, les intérêts généraux de tout
ordre, culte, industrie, agriculture, commerce, se distinguent les uns des autres, et doivent être confiés à
des agents différents[2]. Si donc la notion de l'État

---

1. Bluntschli, *Théorie de l'État.*
2. Herbert Spencer, *Essais de politique.*

que donnent les socialistes correspond au point de départ, si, dans un état social peu avancé, les représentants de l'État peuvent remplir sans inconvénient les attributions les plus variées, la notion des économistes indique le but à poursuivre, en tenant compte des traditions d'un peuple, de l'habitude où il est de compter ou non sur l'action de l'État, de la capacité qu'ont acquise ses membres d'agir par leur initiative personnelle et de se grouper en associations.

Enfin, si, laissant de côté les opinions théoriques, nous nous plaçons sur le terrain de la législation positive, et si nous nous demandons quelles sont aujourd'hui en France les matières administratives, et quels sont les principes qui président aux relations de l'État avec les particuliers, nous nous trouvons dans un embarras sérieux. Nos lois constitutionnelles sont muettes sur ce point et ne traitent que de l'organisation des pouvoirs publics. Les motifs de cette omission ne sont que trop évidents. On n'aurait pu, sans danger, ajouter aux difficultés qu'entraîna l'élaboration de ces lois des discussions sur les principes du droit public. D'ailleurs, une Constitution républicaine n'est pas un contrat entre la nation et le pouvoir exécutif au même titre que les Constitutions monarchiques. Comme la Constitution est indéfiniment modifiable et perfectible, et que le chef du pouvoir exécutif n'est nommé que pour un temps, il est moins nécessaire de préciser quelles sont les limites de l'action du gouvernement vis-à-vis des particuliers.

Aucun texte ne limitant l'action de l'État, celui-ci peut intervenir chez nous à propos de toutes les manifestations de la vie sociale, non-seulement pour ce qui rentre dans ses attributions essentielles, comme l'armée et la justice, mais encore pour l'industrie, les cultes, la presse, l'enseignement, etc. Si nous nous demandons

quels sont dans chacun de ces domaines les principes
dominants, nous trouvons ces principes proclamés dans
la constitution du 3 septembre 1791 de la manière suivante : « L'égalité civile, la liberté individuelle, l'inviolabilité de la propriété, la liberté de conscience et
des cultes, le droit d'association, le droit de pétition,
le vote de l'impôt, la responsabilité des agents du
pouvoir, la souveraineté nationale et la séparation des
pouvoirs. » Ce sont les principes de 89, et l'on peut
très bien soutenir qu'ils font partie de la législation
positive actuelle, puisqu'ils ont été reconnus et garantis
par l'article premier de la Constitution du 14 janvier
1852, et que les lois constitutionnelles postérieures
n'ayant traité que de l'organisation des pouvoirs publics, ont laissé debout cette déclaration de principes.

Mais il ne faut pas se dissimuler que ces principes,
posés d'une manière générale, sont loin d'être absolus.
S'il en est quelques-uns, comme l'égalité civile, la li·
berté individuelle, le vote de l'impôt par les représentants du pays, qui ne comportent aucune restriction,
il n'en est pas de même du droit d'association, de l'inviolabilité de la propriété, de la liberté des cultes, de la
liberté de l'industrie; chacun de ces droits, chacune de
ces libertés, subit des modifications, des limites, dont
les unes sont nécessaires, d'autres contingentes et de
nature à disparaître avec le temps. Prenons pour exemple
l'inviolabilité de la propriété. Elle comporte, de l'aveu
de tous, un tempérament indispensable. Lorsqu'une
route, un chemin de fer, par exemple, doivent traverser
une propriété privée, il est impossible que la résis-
tance d'un seul fasse échec à un projet utile à tous, et
le droit du propriétaire devra céder devant celui de la
collectivité, sauf le paiement d'une juste et préalable
indemnité. De même en matière religieuse, sans doute

le principe de la liberté de conscience est absolu, et nul ne peut être inquiété pour la manière de voir qu'il adopte, les croyances qu'il professe dans son for intérieur, mais il en est autrement de la liberté des cultes. L'Etat reconnaît et protége certains d'entre eux, et, s'il use vis-à-vis des autres d'une assez grande tolérance, il n'en a pas moins le droit d'interdire l'exercice public de cultes religieux qui seraient de nature à troubler la paix publique ou à porter atteinte à la morale. L'étude des matières administratives consistera donc à examiner en quoi consiste chacun des principes que nous avons indiqués, et à montrer quelle est l'étendue d'application, quelles sont les limites et restrictions dont ils sont susceptibles.

DES PERSONNES ADMINISTRATIVES

DE L'ÉTAT

La notion de l'État varie nécessairement avec l'étendue des attributions qu'on lui reconnaît. Sans revenir sur la discussion que nous avons exposée, nous en donnerons la notion suivante :

L'État est une association naturelle des personnes qui habitent le même territoire dans le but de se défendre contre les attaques extérieures, et de développer à l'intérieur leur activité libre en toute sécurité.

La plupart des États modernes ont à leur tête trois pouvoirs distincts, le pouvoir législatif, le pouvoir exécutif, le pouvoir judiciaire, dont la séparation est considérée comme une garantie de la liberté politique, chacun de ces trois pouvoirs contribuant à modérer et à équilibrer les deux autres. Sans insister dès à présent sur les motifs de cette distinction, motifs que nous apprécierons plus longuement par la suite, nous étudierons séparément chacun des trois pouvoirs placés à la tête de l'État.

I. DU POUVOIR LÉGISLATIF

Le Pouvoir législatif est celui qui est chargé de délibérer et de prendre des décisions sur tout ce qui touche aux grands intérêts de l'État.

Comment ce pouvoir est-il organisé ?

Cette question reçoit, suivant les constitutions, les solutions les plus variées, depuis les monarchies absolues dans lesquelles le pouvoir législatif et le pouvoir exécutif reposent sur la même tête, jusqu'aux républiques les plus démocratiques, dans lesquelles, comme en Suisse, le peuple entier peut être appelé à voter directement la loi. Mais dans l'immense majorité des pays civilisés le pouvoir législatif est exercé par la nation elle-même au moyen de représentants par elle nommés. L'élaboration de la loi est une œuvre trop délicate et trop complexe pour être abandonnée, soit au bon plaisir d'un seul, soit à un nombre considérable de citoyens qui ne posséderaient pas les connaissances nécessaires et ne pourraient être convoqués à de fréquents intervalles pour voter des articles de loi. Ce qui était praticable à Rome et dans les petites républiques grecques est de toute impossibilité dans les grands États modernes.

Le plus souvent même le pouvoir législatif est confié à deux Chambres dont l'accord est nécessaire pour qu'un projet soit transformé en loi. Si l'on part de cette idée que la loi est l'expression de la volonté nationale, l'existence de deux assemblées législatives paraît illogique, il est difficile de concevoir que cette volonté ait une double expression. Ou les deux Chambres, comme disait l'abbé Siéyès, représentent la même volonté, et l'une d'elles est inutile, ou l'une représente autre chose que la volonté de la nation, et dès lors ne peut concourir à la formation de la loi. L'argumentation est irréfutable étant donné le point de départ, mais celui-ci est inexact. Qu'est-ce en effet que la loi? Comme nous l'avons vu, Montesquieu l'a définie le rapport nécessaire qui dérive de la nature des choses, et depuis un siècle les progrès des sciences humaines ont admirablement démontré la

vérité de cette définition, aussi bien dans les choses matérielles que dans les choses morales. Le rôle du législateur est donc, non pas de donner l'expression telle quelle de la volonté de ceux qui l'ont choisi, mais de rechercher en toute matière la solution qui découle de la nature des choses. C'est donc une œuvre de discussion, de recherche, d'élaboration, et l'on comprend dès lors le rôle d'une seconde chambre venant ajouter ses lumières et ses efforts à ceux d'une première assemblée.

Mais si l'on se place à ce dernier point de vue, ne s'expose-t-on pas à un grave reproche ? Si la loi est œuvre de science, pourquoi ne pas en confier l'élaboration à un corps composé de savants, de docteurs ès sciences sociales ? De là au despotisme scientifique il n'y a qu'un pas. — La vérité est que, dans l'état de complexité que présentent les choses sociales, même les esprits les plus instruits sur ces matières sont souvent en désaccord, qu'il est difficile de dégager la résultante des considérations diverses dont il faut tenir compte, et que dès lors les hommes ont dû recourir à la volonté nationale comme à un moyen, si imparfait qu'il soit, de dégager la vérité. L'idéal est que, la vérité étant dégagée par les efforts des plus instruits, elle soit acceptée par le libre consentement de tous, par la volonté nationale suffisamment éclairée.

Du reste, même dans la théorie qui fait reposer la loi sur la volonté nationale seule, l'existence d'une seconde chambre peut encore se justifier aisément. Il y a en effet une profonde différence entre la volonté nationale et la volonté individuelle. Que l'individu obéisse à ses caprices ou à des entraînements peu réfléchis, lui seul et le petit groupe des siens en supporteront les conséquences ; mais quand il s'agit de la volonté nationale (qui n'est jamais du reste que l'opinion d'une majorité

et non de tous les membres de la nation), le jour où elle deviendra la loi, elle touchera à une infinité d'intérêts et s'imposera à tous, même à la minorité. N'est-il pas dès lors naturel que, à côté de la chambre qui représente directement le pays, s'en trouve une seconde dont la mission sera de retarder tout au moins l'admission des mesures inopportunes, précipitées, et de ne laisser transformer en lois que celles qui auront été l'objet d'une suffisante élaboration ?

Quoiqu'il en soit de ces divers systèmes au point de vue théorique, en France, depuis la loi du 25 février 1875, le pouvoir législatif appartient à deux assemblées, la Chambre des députés et le Sénat. Nous aurons à les étudier séparément.

A. DE LA CHAMBRE DES DÉPUTÉS

La Chambre des députés est, des deux portions du pouvoir législatif, celle qui représente plus spécialement la volonté nationale, et à laquelle on arrive par le suffrage le plus étendu.

Nous avons à nous demander à son sujet : comment on arrive à la Chambre, c'est-à-dire qui est électeur ? qui est éligible ? comment les électeurs choisissent-ils parmi les éligibles ? puis nous examinerons quelle est la situation individuelle du député et quelles sont les attributions de l'Assemblée dont il fait partie.

Qui est électeur ?

Aujourd'hui, et sous nos lois constitutionnelles, le système en vigueur en France est le suffrage *universel* et *direct*, c'est-à-dire que tout le monde est électeur et vote directement pour le député à nommer. Les seules

conditions sont d'être citoyen français, âgé de 21 ans, d'avoir six mois de domicile au lieu où l'on veut exercer le droit électoral, et de jouir des droits politiques. Sont privés des droits politiques ceux qui sont condamnés à des peines criminelles, ceux qui en ont été privés par les tribunaux correctionnels, soit principalement, soit par suite de condamnation pour certains délits qui emportent déchéance des droits politiques. Ces délits sont indiqués dans le décret organique du 2 février 1852. Nous en donnerons comme exemple, le vagabondage, la mendicité, l'usure, l'outrage à la morale publique, etc.

Les personnes qui remplissent les conditions prescrites sont portées sur des listes qui sont dressées de la manière indiquée par la loi du 30 novembre 1875. Une liste est préparée, dans chaque commune, par une commission composée de trois personnes, le maire, un délégué du préfet, un délégué du Conseil municipal. Puis elle est déposée à la mairie, et les intéressés, qui sont avertis par des affiches, peuvent vérifier s'ils y sont portés et réclamer, s'il y a lieu, dans les vingt jours.

Ces réclamations sont jugées par la même commission qui a dressé la liste, augmentée de deux délégués du Conseil municipal. — Appel pourra être fait devant le juge de paix dans les cinq jours. — Enfin un pourvoi en cassation contre cette dernière sentence pourra être formé dans les dix jours.

Telle est l'organisation en France du suffrage universel et direct. C'est d'après le même principe qu'est formé le corps électoral dans un certain nombre de pays, tels que les États-Unis, la Suisse, la Grèce, l'Allemagne, etc. Mais il faudrait bien se garder de croire que ce mode de suffrage est uniformément adopté dans les pays parlementaires, et nous constatons sur ce point les plus grandes variations, le suffrage étant le plus souvent

restreint, quelquefois indirect, ou plus rarement encore accordé aux intérêts et non aux personnes.

Le suffrage est *restreint* lorsque les électeurs sont tenus de remplir certaines conditions, presque toujours au point de vue de la fortune, quelquefois au point de vue de la capacité. La fortune s'apprécie le plus souvent d'après le cens, c'est-à-dire d'après le chiffre de l'impôt direct que paie le contribuable, comme cela se passait en France sous les Chartes de 1814 et de 1830, et comme cela a lieu aujourd'hui en Belgique et en Italie. En Angleterre, on tient compte de la valeur locative des lieux habités par le contribuable. — La capacité se présume d'après l'instruction, et l'on peut citer sur ce point la disposition excellente de la Constitution de Wur-temberg qui exige que l'électeur puisse écrire son vote.

Certaines constitutions, tout en accordant le suffrage à tous les citoyens, sont pourtant organisées de manière à donner à la richesse une influence prépondérante. C'est déjà ce qu'avait réalisé Servius Tullius dans ses comices par centuries, c'est ce que nous observons aujourd'hui en Prusse. Dans chaque circonscription électorale il y a trois groupes d'électeurs : un premier groupe comprend les plus imposés jusqu'à concurrence du tiers des impôts directs ; le deuxième groupe est formé en descendant jusqu'au second tiers ; le troisième comprend tous les autres contribuables, et de plus ceux qui ne paient aucun impôt. Chacun de ces trois groupes concourt également à la nomination du député en votant pour un nombre égal d'électeurs secondaires chargés de faire eux-mêmes cette désignation. De cette façon chacun est électeur, mais d'une façon inégale.

Le suffrage est *indirect* ou à deux degrés, lorsque l'électeur, au lieu de voter directement pour le député, fait choix de certaines personnes, qui rempliront à sa

place cette mission. Ce mode de suffrage usité en Prusse, en Norwège, au Brésil, etc., est fondé sur cette considération, qu'il ne faut poser aux gens des questions qu'autant qu'ils possèdent suffisamment les éléments nécessaires pour les résoudre, que, dans certaines localités, les électeurs seront souvent trop peu au courant des hommes et des choses de la politique pour faire eux-mêmes leur choix, tandis qu'ils pourront toujours indiquer ceux de leurs concitoyens en qui ils ont placé la plus grande confiance[1]. C'est évidemment ce qui conviendrait le mieux dans les pays où l'activité politique est peu développée; au contraire, dans les régions où la vie politique est très active, où chacun connaît et discute les événements de chaque jour, les électeurs consentiront difficilement à faire abdication de leurs préférences personnelles, et ils ne nommeront les électeurs secondaires qu'avec un mandat déterminé. On aura donc compliqué inutilement le vote. C'est ce que l'on remarque aux États-Unis pour l'élection du président, qui est à deux degrés.

Quelquefois enfin, le suffrage universel, au lieu d'être accordé aux personnes, est *donné aux intérêts*, c'est-à-dire que chacun des grands intérêts dont l'ensemble compose la fortune de l'État, propriété foncière, commerce, industrie, possède un certain nombre de représentants, suivant leur importance relative. Ainsi en France, l'acte additionnel de 1815 donnait aux commerçants et aux industriels une représentation spéciale. Aujourd'hui on peut citer comme exemple de ce mode de suffrage, l'empire d'Autriche, qui l'emploie pour les élections à la Chambre des députés. — Il paraît difficile dans ce système d'établir des classes pour tous

1. Taine, *Le suffrage universel.* — Tocqueville, *La démocratie en Amérique*, II, 52.

les intérêts, et surtout de déterminer l'importance relative des divers éléments qui concourent à former la richesse de la nation. D'ailleurs, à côté des intérêts matériels, se trouvent les intérêts moraux, et de ceux-ci comment pourrait-on tenir compte?

Qui est éligible.

Il faut pour être éligible, avoir au moins vingt-cinq ans, ne se trouver dans aucun cas d'incapacité ou d'incompatibilité.

Voici ce qu'il faut entendre par ces deux dernières expressions :

L'*incapacité* est un vice qui entache l'élection dans sa source, et l'empêche d'être jamais valable, quels que soient les événements ultérieurs; l'*incompatibilité* ne vicie pas l'élection, seulement elle oblige l'élu à opter entre la fonction nouvelle à laquelle il est appelé et une autre fonction dont il était déjà investi et qu'il ne peut réunir à la précédente.

Nous ne trouvons qu'un exemple d'incapacité absolue. D'après l'article 7 (loi du 30 novembre 1875) aucun militaire ou marin en activité de service ne peut être élu à la Chambre des députés. On a voulu écarter par là les militaires de la politique militante.

L'article 12 de la même loi déclare également incapables d'être élus, mais seulement dans le ressort où ils exercent leurs fonctions, ou dans les six mois depuis qu'ils ont cessé de les exercer, certains hauts fonctionnaires, tels que premiers présidents de Cour d'appel, présidents de tribunaux, préfets, évêques, etc., par la crainte sans doute qu'ils ne soient exposés à user, en vue de se faire élire, de l'influence que leur donne leur situation élevée.

Quant aux incompatibilités, l'article 8 pose le principe que le mandat de député est incompatible avec
l'exercice de fonctions publiques rétribuées, à cause
sans doute de l'assiduité qu'exige l'accomplissement de
ces fonctions. Tout fonctionnaire élu député sera remplacé dans ses fonctions dans les huit jours qui suivent
la vérification des pouvoirs, s'il n'a pas fait connaître
qu'il n'accepte pas le mandat de député. Toutefois le
même article et l'article 9 apportent quelques exceptions à la règle que nous venons d'indiquer en faveur
des ministres, sous-secrétaires d'État, ambassadeurs,
professeurs titulaires de facultés, etc. Il arrive quelquefois qu'un député est chargé d'une fonction publique à
titre temporaire, dans ce cas ses pouvoirs doivent cesser
au bout de six mois, à moins d'une nouvelle investiture.

Comment se font les élections.

Étant donnés les électeurs et les éligibles, comment
les premiers font-ils leur choix parmi les derniers?

Les électeurs nomment un député par arrondissement. Lorsque la population dépasse 100,000 habitants,
il y a un représentant de plus par 100,000 ou fraction
de 100,000. — Le décret de convocation doit être rendu
au moins vingt jours avant les élections. Les électeurs
peuvent former des réunions électorales publiques jusqu'au cinquième jour avant celui qui est fixé pour le
vote. La loi du 6 juin 1868 (art. 1er) indique quelles
sont les conditions auxquelles ces réunions sont soumises. Un jour franc au moins avant la réunion, une
déclaration préalable doit être faite à la préfecture ou
sous-préfecture par sept personnes domiciliées dans la
commune où la réunion doit avoir lieu et jouissant de
leurs droits civils et politiques. Ne peuvent assister à

cette réunion que les électeurs de la circonscription électorale et les candidats.

Le jour du vote arrivé, un bureau est formé dans chaque section électorale, et il se compose d'un président, de quatre assesseurs et d'un secrétaire pris parmi les électeurs. Le bureau statue sur les difficultés qui peuvent être soulevées à l'occasion du vote. — Enfin celui-là sera élu qui aura eu au premier tour de scrutin : 1° la majorité des suffrages exprimés ; 2° un nombre de voix égal au quart des électeurs inscrits. Si aucun candidat ne remplit ces conditions, un second tour de scrutin aura lieu, et celui-là sera nommé qui aura obtenu la majorité relative, quel que soit le nombre des votants.

L'étude des constitutions comparées nous conduit à faire une première remarque, c'est que tantôt les électeurs votent pour une liste de plusieurs noms, (Hollande, Autriche) tantôt pour un seul, comme en France.

L'un et l'autre mode de votation, le scrutin de liste et le scrutin uninominal, ont leurs partisans convaincus, et ont été vivement discutés lors de l'élaboration de la loi du 30 novembre 1875. Le *scrutin de liste* permet aux illustrations politiques d'arriver plus aisément à la Chambre, il rend faciles les transactions entre les fractions diverses d'un même parti, tandis que d'autre part, par l'étendue même du corps électoral, il rend presque impossibles les manœuvres illicites, dons, promesses, menaces, etc. Il a surtout l'avantage d'établir un lien moins étroit entre la circonscription électorale et le député qu'elle nomme, de manière que celui-ci sera moins porté à ne se prononcer sur les intérêts généraux de l'État qu'en interrogeant les intérêts particuliers de la portion du pays qu'il représente. — Mais, d'autre part, le scrutin *uninominal* n'est-il pas le seul

qui permette à l'électeur d'apprécier la portée de son vote? Quand on n'a qu'un seul député à nommer, il n'est pas déjà très aisé de s'enquérir du passé, de la moralité, des talents du candidat qui se présente; que sera-ce quand il faudra préparer une liste de plusieurs noms? Et quant aux notoriétés politiques, ne leur restera-t-il pas toujours les grandes villes, où les influences locales ont bien peu de puissance?

Quoiqu'il en soit du reste de ces deux modes de votation comparés l'un à l'autre, on peut leur faire à chacun un égal reproche que quelques constitutions ont réussi à éviter, c'est qu'ils n'accordent pas à chaque électeur un droit politique égal. En effet, les arrondissements aussi bien que les départements ayant une population inégale, il en résulte que chaque électeur ne participe pas de la même façon au choix du député. Celui qui vote dans un collége de 20,000 électeurs a un droit électoral supérieur à celui qui vote dans un collége de 70,000. Aussi la loi belge accorde-t-elle un député par chaque groupe de 40,000 habitants.

Mais, même en supposant des circonscriptions qui auraient un nombre égal d'électeurs, le mode de suffrage en vigueur encourt une grave critique qu'on peut adresser du reste à la plupart des constitutions, c'est de ne pas donner une représentation exacte du pays et de sacrifier les minorités. Quel est en effet l'idéal du système représentatif? C'est que la Chambre soit composée à l'image de la nation, que, si le pays est divisé en opinions et partis divers, chacun d'eux ait à la Chambre un nombre de députés exactement proportionnel à son importance dans le pays? Or les modes de suffrage usités aujourd'hui manquent complètement ce but: 1° une minorité importante peut ne pas être représentée du tout, car elle peut être battue dans toutes les circons-

criptions, en ayant pourtant dans chacune d'elles un nombre de voix peu inférieur à la majorité ; 2° on peut même imaginer tel cas extrême où la majorité à la Chambre appartiendrait à un parti qui, en réalité, serait en minorité dans le pays. Je n'ai pour cela qu'à supposer qu'un parti triomphe dans la moitié plus une des circonscriptions à une majorité très faible, tandis que dans toutes les autres il est complètement écrasé, et n'obtient qu'une minorité insignifiante ; en faisant la somme des voix de l'opinion vaincue, on pourra trouver qu'elle est bien supérieure à celle des voix du parti qui est victorieux.

On a imaginé, pour parer à ces inconvénients, des procédés ingénieux, et notamment le vote accumulé, le vote limité et le système du quotient. Le vote *accumulé* consiste en ce que chaque électeur votant pour plusieurs noms peut accumuler ses suffrages sur un seul candidat. Soit trois candidats à nommer : chaque électeur peut, ou voter pour trois noms différents, ou inscrire sur son bulletin trois fois le même nom. De cette manière le tiers des électeurs peut, par une entente préalable, assurer la majorité au candidat de son choix. Une minorité importante sera donc représentée. Ce système est appliqué à la colonie anglaise du Cap, dans l'État de l'Illinois, et il a failli être admis pour les élections au Congrès américain, où il n'a manqué pour son adoption que trois voix à la Chambre des représentants.

On arrive au même résultat par le vote *limité*, qui est le mode inverse du précédent. Si, trois députés étant à nommer, chaque électeur ne peut inscrire plus de deux noms, la majorité fera sans doute réussir deux candidats, mais il restera toujours une place pour le candidat de la minorité. Ce procédé a été introduit en 1875 au Brésil, où il se combine avec le suffrage indirect. Les

électeurs secondaires ne peuvent voter que pour un nombre de candidats égal aux deux tiers du nombre total fixé pour la province.

Les deux systèmes que nous venons d'exposer nous donnent une solution du problème de la représentation des minorités, mais une solution qui n'est encore qu'imparfaite et approximative. En effet il est possible qu'une opinion soit en trop petite minorité dans chaque circonscription électorale pour faire arriver un candidat de sa nuance, alors que, si l'on fait la somme des voix de ses partisans dans le pays tout entier, on dépasse sensiblement la moyenne des majorités obtenues par les députés élus. Aussi le *système du quotient* a été imaginé pour grouper ces voix éparses et leur donner une représentation. Nous en donnerons une idée sommaire tout en faisant remarquer que, à raison de sa complication, il n'est pas encore sorti des régions de la théorie pour être soumis à l'épreuve de la pratique. On commence par déterminer le quotient électoral, c'est-à-dire le nombre de voix qui sera nécessaire à un candidat pour arriver à la Chambre. On l'obtient en divisant le nombre des électeurs par le nombre des représentants à nommer. Tout candidat qui réunira ce chiffre de voix sera élu, de quelque côté qu'elles lui viennent. Cela fait, des circonscriptions électorales sont établies, dans lesquelles chaque électeur peut voter pour un certain nombre de candidats en les inscrivant dans l'ordre de ses préférences, soit Primus, Secundus, etc. Le vote terminé, voici comment se fera le dépouillement. On prendra d'abord les bulletins qui portent en tête le nom d'un des candidats qui ont le plus de voix, Primus, par exemple; on additionne ces bulletins jusqu'à ce qu'on soit arrivé au quotient électoral soit 40,000. Le chiffre obtenu, Primus est élu député

et les bulletins qui lui ont été attribués sont mis de côté. Quant aux autres bulletins qui n'ont pas encore servi et qui portent le nom de Primus, on les traite comme si ce nom en était effacé. Passant ensuite à Secundus, on lui alloue les bulletins qui portent en tête son nom ou qui le plaçaient en seconde ligne après Primus, et cela jusqu'à ce qu'on arrive au quotient électoral, et ainsi de suite pour les autres. Si dans ce collège il se trouve des candidats auxquels un certain nombre de votes ont été attribués sans qu'ils aient le quotient voulu, leurs bulletins sont envoyés à un bureau central, dans la capitale, où l'on procèdera de la même manière en ajoutant les uns aux autres les votes que le même candidat aurait obtenus dans plusieurs circonscriptions. En procédant ainsi, une opinion dont les partisans sont disséminés sur les points du territoire les plus éloignés les uns des autres pourra être représentée à la Chambre[1].

Situation individuelle du député.

Les députés sont nommés pour quatre ans et touchent 9000 francs de traitement. Sur ce point l'étude des constitutions étrangères nous montre que, plus un pays est démocratique, plus fréquentes sont les élections, ι plus forte l'indemnité allouée aux députés. Ainsi aux États-Unis la Chambre est nommée pour deux ans, et chaque membre touche 25,000 francs; en Suisse le mandat est de trois ans; il est de sept ans en Angleterre, où, de plus, il est absolument gratuit.

Les députés ont le privilège de l'inviolabilité parlementaire que consacrent toutes les constitutions et qui consiste en une double prérogative : 1° Aucun député

---

1. tSuart Mill, *Le gouvernement représentatif*, p. 163.

ne saurait être poursuivi ou recherché à l'occasion des votes ou opinions émis par lui dans l'exercice de ses fonctions (art. 13, loi du 16 juillet 1875). Dans une assemblée parlementaire, il est essentiel que la liberté de la parole soit laissée à chaque membre aussi entière que possible. Si une opinion est dangereuse il vaut mieux qu'elle se produise au grand jour de la tribune, où elle pourra être aussitôt discutée, que si elle circule sourdement et à l'état latent dans le pays, réunissant d'autant plus d'adhérents qu'elle n'est l'objet d'aucune réfutation. Aussi a-t-on comparé ingénieusement la tribune parlementaire à une soupape de sûreté où viendront se dégager les doctrines utopiques et dangereuses qui peuvent être répandues dans le pays ; 2° Aucun député ne peut, pendant la durée de la session, être poursuivi ou arrêté en matière criminelle ou correctionnelle qu'avec l'autorisation de la Chambre, sauf le cas de flagrant délit. La détention ou la poursuite d'un député est suspendue pendant la session et pour toute sa durée si la Chambre le requiert (art. 14, même loi). On veut par là que le pouvoir exécutif ne puisse, à la veille d'un vote important, modifier la majorité en faisant arrêter ou détenir un membre de la Chambre. Mais remarquons bien que inviolabilité n'est pas impunité, et que, une fois l'autorisation obtenue ou la session terminée, l'affaire suivra son cours.

Enfin, quant à la nature du mandat que reçoit le député, nous trouvons dans l'art. 13 de la loi du 30 novembre 1875 la disposition suivante : « Tout mandat impératif est nul et de nul effet. » Nos anciennes constitutions et les constitutions étrangères nous offrent de nombreux exemples de prescriptions analogues, et il est hors de doute qu'elles sont dans la logique rigoureuse du régime représentatif. Pourquoi, en effet, au

lieu de consulter directement chaque électeur sur chaque loi, réunit-on des représentants qui doivent l'élaborer? C'est afin que ceux-ci puissent discuter entre eux, présenter leurs observations et leurs critiques et par leurs débats et leurs discours s'éclairer mutuellement. Si sur chaque difficulté les électeurs tracent à leur mandataire la conduite à tenir, la discussion parlementaire devient inutile, et mieux vaut, pour être logique, consulter directement le corps électoral. Sans doute dans toute élection le député reçoit un mandat en ce sens que, choisi à raison de ses préférences et de ses doctrines avouées, il est moralement tenu, sur les grandes lignes de la politique, de se conformer aux engagements qu'il a contractés, et à ce point de vue chaque parti donne à ses élus un mandat impératif, mais ce qui est vrai de l'ensemble et de l'esprit général ne saurait l'être quand on précise telle mesure législative spéciale, sans transformer le régime représentatif en un gouvernement direct par les électeurs.

Mais, cette observation faite au sujet du mandat impératif, on ne saurait se dissimuler que l'art. 13 de la loi du 30 novembre n'a pas de sanction et qu'il serait difficile de lui en trouver une. Annulerait-on l'élection, les électeurs qui ont nommé leur député au mépris de cet article persisteraient sans doute à le nommer de nouveau, de telle sorte qu'on serait conduit à une situation sans issue.

Attributions de la Chambre des députés.

Ces attributions se divisent naturellement en deux groupes : les attributions réglementaires et les attributions législatives.

A. **Réglementaires.** — Ce sont celles qui sont exer-

cées dans l'intérieur de la Chambre. Les principales
sont la vérification des pouvoirs, la nomination du
bureau et le vote du règlement.

La vérification des pouvoirs est confiée en France,
comme dans la plupart des pays constitutionnels, à la
Chambre elle-même. Le motif en est évidemment que
le parlement est investi de la souveraineté et qu'il n'y
a pas de juridiction plus élevée à laquelle on pourrait
soumettre cette vérification. Toutefois ce mode de procéder se heurte à une objection théorique grave, qui est
de faire prononcer les premières validations par des
députés dont les pouvoirs ne sont pas vérifiés, et à une
objection pratique non moins sérieuse, qui est de constituer les députés de la majorité, encore échauffés par
les ardeurs de la lutte qu'ils viennent de soutenir,
juges de la validité des pouvoirs de députés qui appartiennent aux partis qu'ils ont combattus. — Sur ce point
la comparaison des constitutions est intéressante. Ainsi
nous voyons en Angleterre que la vérification des pouvoirs est confiée au pouvoir judiciaire, ce qui a l'inconvénient de déroger à la séparation des pouvoirs et de
faire sortir des juges de la sphère naturelle de leurs
attributions; au Wurtemberg au contraire, il y a une
commission spéciale composée de membres des Chambres dont les pouvoirs sont expirés, [commission qui a
été choisie par les Chambres elles-mêmes, avant leur
séparation. A mon sens il y a une distinction à faire
(elle présente du reste la même utilité pour les Conseils
généraux et municipaux) entre les diverses questions
que peut soulever une vérification de pouvoirs : s'agit-il
de questions d'état, la nationalité, le domicile de l'élu
étant contestés, ces questions rentrent pleinement dans
le domaine judiciaire. S'agit-il de l'inobservation des
formalités exigées par la loi pour l'élection, c'est le

Conseil d'État, chargé de maintenir chaque autorité administrative dans sa sphère, qui est compétent. Reste l'appréciation des manœuvres électorales, de la pression administrative, des promesses ou des menaces qui ont pu influer sur l'élection, et celle-ci pourrait être confiée à une commission politique organisée d'une manière analogue à celle dont la Constitution du Wurtemberg nous offre le modèle.

Le bureau de la Chambre est nommé par les députés à la majorité des voix, et les membres en sont indéfiniment rééligibles. C'est le mode usité dans tous les pays républicains. Dans les gouvernements monarchiques, au contraire, il arrive souvent que le bureau est désigné par le souverain. Le bureau est chargé de la direction des débats, de la police intérieure et de la sûreté extérieure de l'Assembiée. La loi du 29 juillet 1879 (art. 5) donne à cet effet au Président de la Chambre le droit de requérir directement la force armée et toutes les autorités dont il juge le concours nécessaire. Ce droit de réquisition peut être délégué aux questeurs ou à l'un d'eux.

Quant au règlement il a été fait à la date du 16 juin 1876 et modifié en novembre 1877. Nous renvoyons pour les détails au texte même des dispositions adoptées par la Chambre. Notons seulement que l'on peut prononcer contre les membres le rappel à l'ordre, le rappel à l'ordre avec inscription au procès-verbal, la censure, la censure avec exclusion temporaire du lieu des séances (art. 117 à 129). Ces deux dernières peines disciplinaires emportent de droit : 1° la privation pendant un mois de l'indemnité allouée au député ; 2° l'impression de l'affiche, à deux cents exemplaires, aux frais du député, de l'extrait du procès-verbal mentionnant la censure.

B. Législatives. — Ces attributions peuvent se ranger sous quatre chefs principaux :

1° La Chambre prend des décisions sur les intérêts généraux de l'État.

2° Elle exerce un contrôle sur la politique tant extérieure qu'intérieure.

3° Elle est un centre d'informations.

4° Elle est une voie de recours suprême pour les réclamations des particuliers.

1° *La Chambre prend des décisions.* C'est là son rôle principal. En votant la loi elle peut statuer sur toutes les matières qui rentrent normalement dans les attributions de l'État. Ce vote est soumis à deux délibérations, à moins qu'il n'y ait urgence déclarée. — Le vote a lieu par assis et levé, mais il peut y avoir scrutin public sur la demande de vingt membres. Ce mode de votation est de droit pour tous les projets portant ouverture de crédits. Le scrutin est secret si cinquante membres le réclament (art. 78 et suiv. du règlement).

Comme conséquence du droit de voter la loi, les députés peuvent exercer le droit d'initiative et le droit d'amendement. Le droit *d'initiative* permet à chaque député de proposer toute mesure qui lui paraît conforme aux intérêts du pays. Par là les besoins et les vœux de la nation peuvent arriver à se traduire en mesures législatives. Tout projet émanant de l'initiative parlementaire est renvoyé à une commission spéciale qui en fait un examen sommaire et peut, si le projet n'est pas suffisamment élaboré, proposer à la Chambre de l'écarter par la question préalable. Le droit d'initiative appartient aussi, comme nous le verrons, au pouvoir exécutif.

Le droit *d'amendement* consiste dans la faculté laissée à tout député de proposer au cours des débats une ou plusieurs modifications à un projet de loi. C'est le corol-

laire du droit d'initiative. Quelquefois pourtant il existe seul, comme sous la Charte de 1814, et il permet alors à la Chambre de modifier, même d'une manière assez grave, le projet du gouvernement.

2° *Elle exerce un contrôle sur la politique.* — Dans tous les pays constitutionnels, les députés ont le droit de demander aux ministres des explications sur tel ou tel fait relatif à la politique tant intérieure qu'extérieure, et, suivant la réponse du ministre, la Chambre pourra voter l'ordre du jour pur et simple ou l'ordre du jour motivé, dont la conséquence sera, tantôt l'approbation, tantôt la désapprobation et par suite la démission du ministre, si l'affaire a quelque importance. Ce droit est ce qu'on appelle le *droit d'interpellation.* Quelquefois on se contente de *questions* au début de la séance pour les affaires les moins graves ; le ministre peut refuser de répondre à une question, et il ne reste alors d'autre ressource au député que d'interpeller.

3° *Elle est un centre d'informations.* — La Chambre étant chargée du soin des intérêts généraux, doit avoir l'œil ouvert sur les besoins et les aspirations du pays, et par suite elle peut et doit se livrer aux investigations qu'elle juge nécessaires sur toute question d'intérêt général. Cette attribution de la Chambre se traduit notamment par le *droit d'enquête,* l'enquête pouvant avoir pour conséquence une mesure législative, ou n'ayant d'autre but que d'éclairer la nation et ses représentants sur un ordre de faits déterminé. Exemple : les enquêtes sur la Commune, sur le 16 mai, etc. Aucune loi ne détermine en quelle forme ces enquêtes peuvent avoir lieu, et ne précise les obligations des particuliers qui seraient invités à déposer. Il y a là une lacune qui sera sans doute prochainement comblée.

4° *Elle est une dernière voie de recours ouverte aux*

particuliers. — Presque toujours les particuliers qui ont des griefs à faire valoir contre l'administration trouveront un tribunal devant lequel leur prétention pourra être soutenue; mais on a voulu que dans les cas où, la législation présentant une lacune, un droit resterait sans garantie, toute personne pût s'adresser au corps le plus élevé de l'État et obtenir justice. Aussi, depuis la Constitution de 1791 et la Déclaration des Droits de l'homme (art. 32), ce droit de pétition a-t-il toujours été consacré par nos constitutions successives. Par-là aussi, les idées utiles qui seraient suggérées à un simple particulier auront accès jusqu'au parlement et pourront être utilement discutées. Mais il faut avouer qu'en fait les propositions pratiques et bien étudiées arrivées par cette voie jusqu'aux pouvoirs publics sont rares, tandis que les projets incohérents et peu réfléchis sont assez fréquents.

Les pétitions, une fois arrivées à la Chambre, sont envoyées à la Commission des pétitions, qui, suivant les cas, tantôt les renvoie au ministre compétent, tantôt soumet à la Chambre les demandes sérieuses, tantôt enfin rejette celles qui lui paraissent n'avoir aucune portée (art. 61 et suiv. du règlement). Tout député peut demander le rapport d'une pétition en séance publique. La loi du 22 juillet 1879, qui transporte à Paris le siège du gouvernement et des Chambres, défend, dans son article 6, de présenter les pétitions en personne ou à la barre, et n'autorise que celles qui seront faites par écrit.

B. DU SÉNAT.

Le Sénat ou Chambre haute est une assemblée qui a été instituée dans la plupart des pays constitutionnels,

à l'effet de modérer l'action de la Chambre basse. Nous avons vu plus haut comment s'explique la coexistence de deux assemblées parlementaires.

Mais le rôle modérateur, commun à tous les sénats, se combine souvent avec un rôle d'une nature différente, suivant les constitutions. Ainsi, dans les pays fédératifs, c'est-à-dire les nations formées du groupement d'un certain nombre de petits États, le Sénat a pour mission de garantir l'indépendance réciproque de chacun d'eux. Le plus souvent, chacun de ces États envoie, quelle que soit son importance, le même nombre de membres à la Chambre haute, afin que, si dans la Chambre basse où le nombre des députés est proportionnel à la population, l'influence des États les plus peuplés est prépondérante, ce résultat soit contrebalancé par la composition de la Chambre haute. Il en est ainsi en Suisse, où chacun des vingt-deux cantons envoie deux députés au conseil des États; de même aux États-Unis, où la législature de chaque État envoie deux sénateurs à Washington. — Il est vrai qu'au Sénat de l'empire germanique, au Bundesrath, le nombre des voix est proportionné à l'importance de chaque État; mais ce n'est pas là vraiment une Chambre haute, c'est aussi un Conseil exécutif divisé en une série de comités permanents répondant à chacun des grands intérêts de l'empire.

Dans les pays aristocratiques, la Chambre haute est destinée à assurer à certaines classes privilégiées une influence spéciale sur les affaires du pays. Aussi s'explique-t-on que tous ou presque tous les membres de ces assemblées en fassent partie par droit héréditaire. On peut en citer comme exemple la Chambre des lords en Angleterre, la Chambre des seigneurs en Prusse, etc.

Dans les pays unitaires et démocratiques, où l'élé-

ment modérateur doit être choisi en dehors des considérations qui précèdent, nous voyons que la plupart des
constitutions trouvent dans la richesse l'élément qui
doit fournir un contrepoids à la démocratie. Tantôt le
choix est fait par le gouvernement, tantôt par des électeurs ; mais ce choix ne peut porter que sur des citoyens
ayant une assez grande fortune. C'est ce qui se passe
en Belgique (2,000 fr. d'impôt direct), aux Pays-Bas,
dans l'Amérique du Sud et dans toutes les colonies
anglaises qui sont dotées d'institutions analogues à
celles qui régissent la mère patrie.

Quelquefois, à l'élément de la fortune, le législateur
joint la considération de la capacité attestée par les
postes élevés qu'occupent certains fonctionnaires. On
voit alors de hautes fonctions emporter de plein droit
pour ceux qui les remplissent le privilége d'entrer au
Sénat, ou former des catégories dans lesquelles le chef
de l'État est tenu par la Constitution de limiter ses
choix. On peut en donner comme exemple la Constitution de l'Italie.

Après avoir indiqué les caractères des diverses chambres hautes, nous allons passer au Sénat français, qui a
été établi par les lois constitutionnelles de 1875, et qui,
comme nous le verrons, a un caractère tout à fait particulier et tranche complètement avec les précédents.

Qui est électeur.

Le Sénat français se compose de trois cents membres,
dont soixante-quinze inamovibles et deux cent vingt-
cinq amovibles. Les premiers sont nommés par le sénat
lui-même, qui, de cette manière voit forcément sa majorité, quand elle s'est formée en un certain sens, se
renforcer peu à peu par suite du décès des inamovi-

bles. Le droit de nomination dont jouit le Sénat a cette heureuse conséquence de faire arriver à cette haute assemblée les personnages qui auraient pu rendre au pays de signalés services, sans toutefois avoir acquis dans une circonscription locale une notoriété suffisante.

Mais ce qui donne au Sénat son caractère particulier, c'est le collège électoral qui est appelé à nommer les 225 membres amovibles. Ce collège se compose, dans chaque département, des députés, des conseillers généraux, des conseillers d'arrondissements et des délégués de tous les conseils municipaux des communes situées dans le département. Il n'y a qu'un conseiller général par canton, et, comme le nombre des cantons est bien inférieur à celui des communes, dans la proportion de 1 contre 10 ou 12 en moyenne, il suit que les délégués des conseils municipaux sont en très grande majorité. D'autre part aucune différence n'est faite entre les communes, et la plus grande ville de France n'envoie qu'un seul délégué, comme le plus modeste village, de sorte que ce sont les communes rurales qui ont une part prépondérante dans les élections de sénateurs. On peut dès lors dire avec raison que notre sénat est le grand conseil des communes, pourvu qu'on prenne le soin d'ajouter l'épithète de rurales. On voit donc que l'élément modérateur a été ici cherché, non dans des conditions spéciales de fortune ou de capacité, mais dans l'esprit des populations des campagnes, esprit plus conservateur, moins hardi, moins porté aux innovations que celui des habitants des villes et dans lequel on a pensé trouver un contrepoids aux décisions trop hâtives et aux témérités de la chambre basse.

D'ailleurs le système adopté a toujours pour base le suffrage universel qu'aucune restriction ne vient limiter dans ses choix. Députés, conseillers généraux, con-

seillers municipaux, tous doivent leurs fonctions à ce
mode de suffrage, de manière que les électeurs sénatoriaux sont soit au premier, soit au second degré, les
élus du suffrage universel.

Qui est éligible.

Il n'y a pas d'autre condition, en dehors de celle de citoyen français jouissant de tous ses droits civils et politiques, qu'une condition d'âge ; il faut avoir quarante
ans pour pouvoir siéger au sénat.

La loi n'édicte aucune incapacité absolue. Les militaires et marins en activité de service peuvent arriver
au Sénat, sans doute parce qu'il ne faut pas priver complétement nos assemblées législatives des hommes qui
possédent des connaissances professionnelles étendues
sur les choses de la guerre. — Mais d'autre part il y a
la même série d'incapacités relatives que pour les élections à la Chambre des députés, les mêmes abus d'influence étant à redouter. Sur ce point l'art. 21 de la
loi du 2 août 1875 et l'art 12 de la loi du 30 novembre
sont identiques, à un paragraphe près. Nous ne pouvons donc que renvoyer au sujet de ces incapacités aux
explications déjà données.

Quant aux incompatibilités, la différence entre les
deux chambres est saillante. Tandis que pour la chambre des députés les fonctions publiques rétribuées sont
déclarées incompatibles avec le mandat législatif, pour
le Sénat, au contraire, il n'existe en principe aucun empêchement de ce genre, sauf les exceptions prévues par
l'art. 20. On a voulu évidemment que la chambre haute
pût bénéficier de l'expérience acquise dans l'exercice
des fonctions publiques en restreignant l'incompatibilité
à ceux des fonctionnaires qui, se trouvant plus immé-

diatement placés sous la main du pouvoir exécutif n'auraient pu vis-à-vis de celui-ci conserver une indépendance suffisante. En effet, ceux dont les fonctions sont incompatibles avec celles de sénateur sont les conseillers d'état, les membres des parquets, les trésoriers payeurs généraux, etc.

Comment se font les élections sénatoriales.

Nous renvoyons sur ce point à la loi du 2 août 1875 (art. 12 et suiv.) qui ne nécessite pas d'observations spéciales. Les électeurs se réunissent au chef-lieu du département. C'est le président du tribunal civil qui dirige les opérations électorales et statue sur les contestations qui peuvent s'élever au cours de l'élection, etc.

Comme pour les élections des députés, il faut, pour être nommé sénateur, la majorité absolue des suffrages exprimés et un nombre de voix égal au quart des électeurs inscrits. Seulement la majorité relative ne suffira qu'au troisième et non au second tour de scrutin.

D'après la loi du 2 août 1875 (art. 16) les réunions électorales peuvent avoir lieu jusqu'au jour du vote inclusivement. Elles doivent être précédées d'une déclaration faite la veille au plus tard par sept électeurs sénatoriaux et l'on ne pourra y être admis si l'on ne justifie qu'on est électeur sénatorial ou candidat.

Situation individuelle des sénateurs.

Les sénateurs amovibles sont nommés pour 9 ans, renouvelables par tiers tous les trois ans. Le renouvellement partiel et la longue durée du mandat sont des traits communs à la plupart des chambres hautes. Ils sont conformes, en effet, au but de leur institution, qui

est d'assurer un certain esprit de suite dans la gestion des affaires publiques. La durée de 9 ans est même la plus longue connue pour les sénats électifs.

L'indemnité que reçoivent les sénateurs est la même que celle qui est attribuée aux députés. C'est un usage généralement suivi dans les pays où le Sénat est électif, tandis que dans les nations aristocratiques le mandat est généralement gratuit, les membres de la chambre haute étant des représentants des familles les plus riches du pays.

Attributions du Sénat.

Ces attributions sont, comme pour la chambre basse, réglementaires ou législatives ; de plus le sénat a des attributions judiciaires.

A. Réglementaires. — Elles sont absolument les mêmes que pour la Chambre des députés : Le Sénat vérifie les pouvoirs de ses membres, nomme son bureau et fait son règlement. Il y a ici peu d'observations saillantes à faire. La vérification des pouvoirs ne donne pas lieu aux difficultés que nous avons signalées, puisqu'il n'y a jamais de renouvellement intégral. — Quant à la nomination du bureau, dans les états monarchiques, elle appartient en général au souverain. Par une disposition tout exceptionnelle, aux États-Unis, c'est le vice-président de la Confédération qui est président de droit du Sénat. On dirait que le peuple américain a été jaloux de ne pas permettre qu'un autre que lui pût élever à ces hautes fonctions.

B. Législatives. — A l'exemple de la plupart des autres chambres hautes, le Sénat français a des pouvoirs

absolument égaux en matière législative à ceux de la Chambre des députés de telle sorte qu'aucune loi n'est définitive et obligatoire que lorsqu'elle a été successivement adoptée par chacune des deux chambres. Il exerce le même contrôle en matière politique et possède les divers droits que nous avons étudiés à propos de la chambre basse, droit d'initiative, d'interpellation, d'enquête, etc.

Nous signalerons toutefois trois différences principales avec la Chambre des députés :

1° Aux termes de l'art. 8 de la loi du 24 février 1875 *les lois de finances doivent être en premier lieu présentées à la Chambre des députés et votées par elle.* Cette disposition, habituelle dans les constitutions parlementaires, est inspirée par cette pensée que la chambre qui est l'émanation la plus directe de la volonté nationale doit avoir une sorte de primauté vis à vis de l'autre chambre pour les lois qui imposent à la nation les plus lourds sacrifices. Aussi quelques constitutions (Brésil) étendent-elles cette décision au recrutement de l'armée.

Toutefois, à s'en tenir aux termes de l'art. 8, les députés n'ont qu'un droit de priorité et pour la discussion et le vote les droits des deux chambres sont les mêmes. Que décider dès lors si le même crédit est accepté par l'une d'elles, rejeté par l'autre ?

L'expérience n'a que trop démontré déjà qu'une semblable hypothèse était loin d'être imaginaire. Pour la résoudre on a vainement interrogé les traditions des anciennes chambres hautes françaises, ou la pratique des constitutions étrangères. Quant aux Chambres des pairs qui ont fonctionné en France de 1814 à 1848, il est sans exemple qu'elles aient apporté un amendement au budget présenté par la Chambre des députés. En Angleterre la Chambre des lords est devenue aujourd'hui

une chambre de révision n'ayant qu'une autorité sus-pensive(1). Donc dans aucun cas elle ne s'aviserait d'op-poser un veto absolu aux décisions de la chambre basse. En Amérique lorsqu'il y a désaccord entre les 2 cham-bres, chacune d'elles nomme cinq commissaires; les dix élus entrent en conférence et s'efforcent de trouver les éléments d'un accord (2). Si les efforts de cette commis-sion n'aboutissent pas, on en nomme une nouvelle jus-qu'à ce qu'on arrive à une entente. Or comme notre Constitution ne prévoit rien de semblable, il est dif-ficile d'invoquer, soit les précédents parlementaires, soit les lois des nations étrangères.

En nous restreignant à nos lois constitutionnelles, une seule solution est logique. Puisque pour ouvrir un crédit il faut le concours des volontés des deux chambres, ce sera la somme jusqu'à laquelle ce concours existera, qui sera définitivement inscrite au budget. Entre deux sommes différentes votées par chaque chambre, la moins élevée sera donc celle dont le gouvernement pourra disposer. C'est ce qui se passe lorsqu'il y a dé-saccord entre plusieurs juges ou jurés sur la somme à allouer dans un procès en dommages-intérêts ou dans une expropriation. Un refus absolu de l'une des deux chambres entraînerait le rejet du crédit.

2° *Le Sénat doit donner son consentement si le Prési-dent de la république veut dissoudre la Chambre des députés* avant l'expiration légale de son mandat. (article 5, loi du 25 février 1875). Cette participation au droit de dissolution, fait au Sénat une position meilleure qu'à la Chambre des députés, car le président ne peut, en s'appuyant sur cette dernière, dissoudre le Sénat.

1. Bagehot, *La constitution anglaise*, p. 154.
2. *Bulletin de la Société de législation comparée*, 1878, p. 248.

Nous reviendrons sur le droit de dissolution, à propos du pouvoir exécutif.

3° D'après la pratique de tous les pays parlementaires, *c'est spécialement dans la chambre basse que les ministres doivent être choisis.* Le gouvernement doit prendre son point d'appui dans la chambre basse, qui est plus directement la représentation de la volonté et de l'opinion du pays.

Après avoir indiqué quelles sont les attributions législatives du Sénat français, qui appartient, comme on le voit, à la catégorie des chambres hautes ayant des pouvoirs égaux à ceux des chambres basses, il faut observer qu'il y a deux autres types de Sénat, que certaines Constitutions ont adoptés : 1° Il y a des Sénats qui n'ont qu'un pouvoir suspensif et répondent à cette idée qu'une chambre haute est faite, non pour entraver, mais pour tempérer l'action d'une chambre basse. Comme nous l'avons vu, la chambre des lords anglais, rentre sinon de droit, au moins de fait, dans cette catégorie. On peut encore citer le sénat du Brésil, qui peut rejeter deux fois, dans deux sessions successives, une loi proposée par la chambre basse, après quoi la question est discutée et tranchée dans une réunion générale des deux chambres. Ce système paraît sagement combiné pour mettre fin aux dissentiments des deux chambres, dont l'hostilité permanente rendrait impossible la marche des affaires publiques. 2° Il y a enfin des Sénats qui n'ont d'autre rôle que d'être les gardiens de la Constitution. Ils n'ont pas à examiner si une loi est bonne ou mauvaise, opportune ou inopportune, ils ne peuvent que se demander si elle est conforme aux principes posés par la Constitution. C'est ainsi que la Cour de Cassation n'examine qu'au point de vue de leur conformité avec la loi les décisions des tribunaux. Rentrent

dans cette dernière catégorie, le Conseil des Anciens, le Sénat conservateur de l'an VIII, le Sénat du second empire. La mission du sénat est alors très effacée et presque insignifiante.

C. Judiciaires. — D'après l'article 9 de la loi du 24 février 1875, le Sénat peut être constitué en cour de justice pour juger soit le Président de la République, soit les ministres, et pour connaître des attentats commis contre la sûreté de l'État.

Il y a ici échec au principe de la séparation des pouvoirs, un des deux corps auxquels appartient le pouvoir législatif est investi du pouvoir judiciaire. Une autre circonstance à signaler, c'est que nous trouvons là un cas, très rare aujourd'hui dans nos lois, de peine arbitraire. Le Sénat est libre en effet de choisir dans l'échelle des peines, celle qu'il lui convient d'appliquer, et aucun texte ne limite son action. — Cette double particularité s'explique par la nature des crimes et délits qu'il s'agit d'apprécier. Il faut tenir compte des mobiles du fait incriminé, de ses conséquences sociales, de l'effet que produira sur l'opinion publique le verdict qui sera rendu, appréciations délicates, qui sortent du cercle des attributions du juge ordinaire, et que l'on a trouvé bon de confier à un corps politique, tout en choisissant celui qui est supposé être le plus calme et le moins passionné. — La procédure n'est pas plus indiquée que la peine, mais sur ce point les précédents parlementaires et la pratique des autres pays, fourniraient, le cas échéant, d'utiles indications. En Angleterre, pour des faits analogues, des procureurs spéciaux sont nommés par les Communes pour soutenir l'accusation devant la Chambre des lords.

Voyons quels sont les faits pour lesquels la poursuite

pourra avoir lieu. Quant au Président de la République, il n'est responsable que dans le cas de haute trahison. (article 6 loi du 25 février 1875). Que faut-il entendre par là? Évidemment le fait de pactiser avec l'ennemi, et au point de vue de la politique intérieure, comme le disait la Constitution de 1848 (article 68), tout attentat à la liberté ou à la sécurité des chambres. — Les ministres peuvent être poursuivis pour crime commis dans l'exercice de leurs fonctions (article 12, loi du 16 juillet 1875). De quels crimes s'agit-il? Sans doute, comme sous la Charte de 1814, de trahison et de concussion. Le procès des ministres de Charles X en 1830, et la triste affaire Teste et Despans Cubières en 1847, sont des exemples de l'un et l'autre genre de crime. — Enfin le Sénat peut être appelé à juger les attentats contre la sûreté de l'État, ce qui comprend naturellement les conspirations qui auraient pour objet de renverser l'ordre de choses établi. Nous voyons même que sous les monarchies on considère comme ayant ce caractère tous les attentats contre les souverains ou les personnes de leur famille. Sous la Restauration et le gouvernement de 1830, les Chambres des Pairs ont été souvent saisies de crimes de cette nature (Affaires Louvel, Fieschi, Louis Bonaparte, etc.)

Dans les cas où le Sénat sera appelé à se constituer en cour de justice, la loi du 22 juillet 1879 (article 3) lui réserve le droit de désigner la ville et le local où il entend tenir ses séances.

Si nous comparons au sujet de ces délits spéciaux, la Constitution française avec les autres Constitutions, nous constatons que nos lois de 1875 ont consacré le système le plus répandu, celui de nos anciennes Chambres des pairs et de la Chambre des lords en Angleterre, mais que deux autres manières de procéder sont quelquefois

adoptées, en vue surtout d'éviter de porter atteinte à la séparation des pouvoirs. 1° Plusieurs Constitutions soumettent ce genre de délits au tribunal le plus élevé dans l'ordre judiciaire, à la Cour de Cassation. C'est ce que nous voyons notamment en Belgique, dans les Pays-Bas, etc. Par là, sans doute, on évite de confondre les fonctions du législateur avec celles du juge, mais n'y a-t-il pas un inconvénient grave à confier au magistrat des appréciations d'ordre politique, et à l'exposer aux critiques et aux blâmes d'une partie de la presse, suivant le verdict qu'il aura rendu.

2° Aussi a-t-on quelquefois imaginé des tribunaux ou de hautes cours, ayant, comme les Cours d'assises, des jurés et des juges, les jurés étant tirés au sort parmi les conseillers généraux, et les juges étant pris dans le sein de la Cour de Cassation. Les Constitutions de 1848 et de 1852 en présentent des exemples. De cette manière une assemblée politique n'est pas transformée en cour de justice pour juger des individus qui seront souvent des adversaires de la majorité de cette assemblée, et d'autre part on ne défère pas à la Cour de Cassation la connaissance de faits qui sortent du cercle de sa compétence. Aussi cette manière de procéder me parait théoriquement la meilleure.

APPENDICE. — **Attributions constituantes communes au Sénat et à la Chambre des députés**.

Pour compléter ce qui a trait au pouvoir législatif, il nous reste à nous occuper d'une attribution exercée par la réunion des deux corps auxquels appartient ce pouvoir, et qui est relative à la révision des lois constitutionnelles. D'après l'article 8 (loi du 25 février 1875), si, dans chacune des deux chambres, on décide à la

majorité absolue des voix qu'il y a lieu de modifier la Constitution, les membres des deux chambres se réuniront en Assemblée nationale, et décideront, à la majorité absolue des voix, s'il y a lieu de modifier, en tout ou en partie, les lois constitutionnelles. L'Assemblée nationale siégera à Versailles (loi du 22 juillet 1879, article 3).

Dans cet article 8, comme dans les lois étrangères, nous voyons que les conditions nécessaires pour toucher à la Constitution sont toujours plus rigoureuses que celles qui sont exigées pour les lois ordinaires, et cela est tout naturel à raison de la gravité que présente toute modification à la loi fondamentale de l'État.

Toutefois si toutes les Constitutions se ressemblent sur ce point, elles diffèrent profondément quant à la manière dont sont exercées les attributions constituantes.

D'abord la plupart des constitutions monarchiques procèdent par voie d'omission ou de prohibition. Concédées le plus souvent par le chef du pouvoir exécutif, celui-ci se réserve, soit expressément, soit tacitement, le droit d'y apporter les modifications qu'il jugera nécessaires, à moins qu'il ne considère son ouvrage comme parfait et devant bénéficier d'une éternelle durée. Quelquefois même le souverain a une telle confiance dans son œuvre, qu'il défend, sous les peines les plus sévères, toute discussion de la Constitution, soit par la presse, soit par les livres, comme l'a fait le sénatus-consulte du 18 juillet 1866, qui trois ans et demi après, en janvier 1870, devait être suivi d'un changement radical dans les institutions.

A l'inverse, dans les pays les plus démocratiques, les Constitutions font participer le peuple entier à la révision des lois constitutionnelles, soit en appelant chaque électeur à voter sur les modifications proposées,

soit en l'invitant à nommer une assemblée spéciale dans laquelle ces modifications seront débattues. — Le premier mode est adopté en Suisse, où, dès que 50 000 citoyens le demandent, la question de révision doit être posée au peuple. Si la majorité se prononce pour l'affirmative, les deux Conseils sont renouvelés, ils élaborent le projet de révision, et celui-ci est définitivement accepté, s'il réunit à la fois la majorité des électeurs suisses votants et la majorité des États. — Le second est en vigueur aux États-Unis où, sur la demande des deux tiers des législatures des États, on nomme une assemblée spéciale qui prépare le projet de modification, lequel n'aura force de loi que s'il est approuvé à nouveau par les législatures des trois quarts des États.

Comme on le voit, le système français, c'est-à-dire le droit de révision confié au parlement, est intermédiaire entre les deux systèmes que nous avons indiqués. Meilleur pour les révisions de détail, car ceux qui voient fonctionner tous les jours la Constitution sauront mieux apporter les modifications nécessaires, il est peut-être inférieur aux précédents pour les questions les plus importantes. Il est, du reste, consacré par un grand nombre de Constitutions où les deux chambres sont appelées à se prononcer sur les modifications opportunes, non pas, il est vrai, simultanément, mais d'une manière successive, comme pour les lois ordinaires. Dans ce cas, les conditions exigées sont plus rigoureuses, soit pour la majorité (en Belgique, il faut les deux tiers des suffrages), soit pour le nombre des délibérations (en Suède, il faut deux délibérations en deux sessions ordinaires).

II. DU POUVOIR EXÉCUTIF.

Le pouvoir exécutif est confié à un agent principal
ayant le titre de Président de la République. Auprès de
lui se trouvent de hauts fonctionnaires qui portent le
nom de ministres, et sont attachés à la gestion et à la
surveillance de chacun des grands intérêts de l'État.
Enfin, à côté d'eux, siège un conseil qui peut, il est
vrai, être consulté par le pouvoir législatif, mais dont
la mission consiste surtout à éclairer de ses avis le
pouvoir exécutif, et à le décharger d'une partie des
affaires du gouvernement, c'est le Conseil d'État. Nous
aurons donc à étudier successivement ces agents et ce
conseil.

A. DU CHEF DU POUVOIR EXÉCUTIF.

Depuis le chef du pouvoir exécutif qui a une puissance illimitée, jusqu'à celui qui n'est que l'agent et en
quelque sorte le serviteur du pouvoir législatif, le
rôle du chef de l'État présente les caractères les plus
divers. A ce point de vue, la division la plus appa-
rente, mais non la plus réelle, est celle que l'on constate suivant que le chef du pouvoir exécutif est investi
de droits perpétuels et transmissibles par l'hérédité, ou
qu'il est désigné par l'élection et pour un certain temps.
Dans le premier cas, la Constitution est monarchique;
dans le second, républicaine.

Mais les monarques, non moins que les Présidents
de république, diffèrent profondément entre eux. Il y a
d'abord les monarques absolus résumant en eux tous
les pouvoirs, dont la volonté ne rencontre aucun obs-

tacle légal, et dont l'action est seulement tempérée en
fait par les traditions et les usages du pays. Le nombre
de ces souverains tend à diminuer tous les jours dans
le monde civilisé. Presque toujours aujourd'hui se
trouvent à côté du monarque une ou plusieurs assemblées investies du pouvoir de faire la loi. Il est essentiel de remarquer que, suivant l'étendue des droits
conférés au pouvoir législatif, on a les monarchies les
plus diverses, depuis celle qui confine le plus à l'abso-
lutisme lorsque le pouvoir exécutif est prépondérant,
jusqu'à la monarchie vraiment parlementaire, où le
pouvoir législatif domine. Nous trouvons, dans les diverses Constitutions que la France a possédées, des
exemples bien remarquables de ces différences. Si la
Constitution réserve au pouvoir exécutif le droit d'initiative et d'amendement; si elle n'admet pas le droit
d'interpellation; si elle permet au chef de l'État de ne
point sanctionner une loi une fois votée; si enfin elle
reconnaît à celui-ci le droit de dissoudre la Chambre, on
peut dire que l'assemblée législative n'a qu'une ombre de
pouvoir et n'est plus qu'un corps consultatif jouant le
rôle le plus modeste et le plus effacé à côté d'un pouvoir
exécutif tout puissant. C'est ce système qu'avait établi
la constitution de 1852. — Si l'on accorde au pouvoir
législatif le droit d'amendement et le droit d'interpellation, l'influence des chambres grandit et la monarchie
devient parlementaire; c'est ce dont la charte de 1814
nous donne un exemple. — Si, de plus, les membres
des deux assemblées ont le droit d'initiative, l'influence
du parlement s'accroît encore, comme on l'a vu sous la
Charte de 1830. — Toutes les Constitutions qui précèdent ont réservé au pouvoir exécutif le droit de se refuser à la promulgation de la loi, le droit de sanction;
mais si celui-ci ne subsistait qu'affaibli et transformé

en *veto* suspensif, l'influence du pouvoir législatif grandirait encore ; l'on peut en citer comme un exemple la Constitution de 1791. — On pourrait arriver ainsi jusqu'à une Constitution dans laquelle le souverain n'aurait d'autre rôle que d'exécuter les décisions du pouvoir législatif sans pouvoir en retarder l'application, et l'on comprend qu'alors, sous les apparences de la monarchie, la nation ne serait, en réalité, gouvernée que par ses propres représentants. C'est ce qui se passe en Angleterre, sinon en droit, au moins en fait. Ainsi organisé, un régime monarchique donne aux chambres une influence plus grande qu'un régime républicain dans lequel un droit de sanction ou de *veto* serait réservé au Président.

Les chefs du pouvoir exécutif ne diffèrent pas moins, du reste, sous les républiques que sous les monarchies. Ainsi l'on s'aperçoit, quand on compare les institutions entre elles, que tantôt le pouvoir exécutif est confié à un seul, tantôt à plusieurs, dans la crainte évidemment qu'en attribuant à un seul homme une trop grande puissance, on ne l'expose à la tentation de transformer en droit héréditaire un droit simplement électif. La constitution de l'an III avec ses cinq directeurs, celle de l'an VIII avec ses trois consuls, nous en fournissent des exemples dans notre propre histoire, sans compter la Constitution de 1793, votée par la Convention, mais qui ne fut jamais appliquée, et qui confiait le pouvoir exécutif à un conseil de vingt-quatre membres. En Suisse, le pouvoir exécutif est déféré à un conseil fédéral de sept membres nommés par le pouvoir législatif. Le président de ce conseil porte le titre de président de la confédération, et il n'est nommé que pour un an. — Une différence non moins importante existe, comme nous allons le voir, entre les Présidents de république, suivant la manière dont ils sont nommés.

Nomination du Président de la République.

C'est l'article 2 de la loi relative à l'organisation des pouvoirs publics qui indique comment cette nomination devra avoir lieu : « Le Président de la république est élu à la majorité absolue des suffrages par le Sénat et par la Chambre des députés réunis en assemblée natonale ; il est nommé pour sept ans ; il est rééligible. »

Comme on le voit, le système qui l'emporte chez nous est celui de la nomination par le parlement, tandis que dans d'autres pays, aux États Unis notamment, le Président reçoit de la nation elle-même l'investiture de ses pouvoirs. Les deux modes de nomination ont été et peuvent être vivement discutés. Sans doute, si l'on part de cette idée que les pouvoirs publics, dans un régime républicain, doivent émaner de la volonté nationale, on sera conduit à cette conséquence que, comme l'ensemble des électeurs représente cette volonté, c'est à eux seuls qu'appartient le droit de désigner le chef du pouvoir exécutif. Mais qui ne voit que la nomination faite par le parlement est loin de déroger à ce principe, car les députés étant nommés par le suffrage universel, l'élection du président est, par le fait, une élection à deux degrés, avec ce grand avantage que les électeurs secondaires sont ici des hommes politiques pouvant, mieux que tous autres, discuter les mérites et les titres des candidats à la présidence. C'est à un suffrage indirect qu'est due l'élection des sénateurs, pourquoi ne serait-ce pas à un suffrage du même genre, plus choisi encore, que serait due la nomination du personnage qui doit être placé à la tête du gouvernement ? — La nomination par le parlement a surtout ce grand avantage ("' ou de diminuer les chances de conflit entre le

législatif et le pouvoir exécutif. Si ce dernier tient son autorité du même corps électoral que le parlement, n'est-il pas à craindre qu'en cas de désaccord, les deux pouvoirs ne se fassent échec l'un à l'autre sans que l'on entrevoie d'autre solution du conflit qu'une révolution? S'il était nécessaire, notre propre histoire nous fournirait sur ce point les plus irréfutables enseignements.

Est-ce à dire qu'il faille rejeter le principe de la séparation des pouvoirs, en tant qu'il s'agit des pouvoirs législatif et exécutif? Oui, si séparation veut dire indépendance complète, c'est ce qui ressort d'une façon incontestable de la comparaison entre la constitution américaine et la constitution britannique. Aux États-Unis le président, nommé par le suffrage à deux degrés, est complètement indépendant du parlement. En Angleterre le véritable chef du pouvoir exécutif est le président du conseil des ministres, qui est désigné au choix de la reine par la Chambre des communes. Or l'expérience a démontré que ce dernier mode de désignation était celui qui exposait à moins de tiraillements et de conflits entre les pouvoirs et par suite était le plus favorable à l'expédition des affaires de l'État. De même que dans un organisme les divers membres, tout en ayant des fonctions distinctes, doivent être en harmonie les uns avec les autres, de même dans le corps social l'exécutif et le législatif, tout en ayant un rôle différent à remplir, doivent être animés du même souffle et pénétrés du même esprit.

Situation individuelle du Président.

Une fois nommé, le président est investi de ses fonctions pour sept ans. C'est la plus longue durée qui se trouve dans les constitutions républicaines. Aux États-

Unis, et dans la plupart des États de l'Amérique latine, le mandat n'est conféré que pour quatre ans.

En cas de décès ou de démission du Président de la république, les deux Chambres se réunissent immédiatement et de plein droit. Si la chambre des députés était dissoute à ce moment, les collèges électoraux seraient convoqués et le Sénat se réunirait de plein droit (art. 3 de la loi du 16 juillet 1875).

Attributions du Président.

Nous les diviserons en attributions personnelles, exécutives, législatives et judiciaires.

A. Personnelles. — Ce sont celles qui sont attachées à la personne même du chef du pouvoir exécutif. Nous en citerons comme exemple avec l'art. 3 (loi du 25 février 1875), le droit de présider aux solennités nationales, de recevoir les ambassadeurs étrangers et d'accréditer les ambassadeurs français auprès des cours étrangères. On pourrait, avec M. Bagehot[1], nommer ces attributions *imposantes* par opposition aux attributions efficientes qui ont plutôt trait à la gestion des affaires du pays.

Le Président dispose de la force armée sans avoir, bien entendu, le droit de paix et de guerre. Il nomme aux emplois civils et militaires sur la présentation des ministres. C'est ce que l'on trouve dans toutes les Constitutions, sauf toutefois aux États-Unis, où l'avis du sénat est exigé pour nommer à un certain nombre de fonctions publiques. Quand le Président est élu par la nation tout entière, il est naturel qu'une fois nommé, il récompense ceux qui lui ont rendu les services élec-

1. *Constitution anglaise*, p. 5.

loraux les plus signalés, et c'est pour empêcher qu'il ne
fasse de trop mauvais choix qu'on l'oblige à obtenir
l'approbation du sénat.

B. **Exécutives.** — Ce sont les attributions exercées
comme agent d'exécution des décisions législatives, et
ce sont naturellement les plus importantes.

Le Président peut, pour l'exécution des lois, s'adresser à ses subordonnés, les agents à tous les degrés de
l'administration, ou directement à la masse des particuliers. Le soin de diriger et de surveiller les administrateurs dans l'application des lois est presque toujours
laissé aux ministres, qui s'en acquittent, comme nous
le verrons, au moyen de *circulaires* et d'*instru tions* dont
nous apprécierons plus loin le caractère. — Quant
aux actes qui contiennent des décisions s'adressant à
l'ensemble des particuliers ou à quelqu'un d'entre eux,
ils prennent le nom de *décrets*. Ils ont, suivant les époques, porté le nom d'ordonnances sous le régime de la
Restauration et de 1830, ou d'arrêtés du gouvernement
sous le Directoire. — Il est un certain nombre de décrets
qui ne peuvent être pris qu'après l'avis préalable du
Conseil d'Etat, et on les qualifie de *règlements d'administration publique,* parce qu'ils ont le plus souvent pour
objet d'édicter un ensemble de règles applicables à quelqu'une des branches de l'administration. Si ces décrets
ne s'adressent qu'à un particulier ou à une personne
morale, on leur donne le nom de décrets *pris en la
forme* des règlements d'administration publique, pour
indiquer que, comme ces règlements, ils ont été pré'
cédés de l'avis du conseil d'État.

Les décrets ont ordinairement pour objet l'exécution
ou le complément d'une loi; le pouvoir législatif ayant
posé les principes abandonne à l'exécutif le soin de

régler les détails d'application. Toutefois ce serait
une erreur que de restreindre uniquement à l'exécution
des lois le rôle des décrets, car ceux-ci s'etendent à
beaucoup d'autres cas. Mais comment délimiter le domaine de la loi et celui du décret? Sans doute les précédents pourraient donner plus d'une utile indication,
mais ils sont loin d'être un guide sûr. Suivant les circonstances, suivant le caractère libéral ou autoritaire du
gouvernement, nous voyons l'action du pouvoir exécutif tantôt s'étendre singulièrement et tantôt se restreindre. C'est ainsi notamment que, sous le premier empire, où il n'y avait guère qu'une ombre de pouvoir
législatif, bien des matières, et des plus importantes,
furent réglées par décrets (Cour des comptes, Université,
Conseil d'État, ateliers insalubres, etc.). D'autre part,
sous les régimes parlementaires, les agents du pouvoir
exécutif sont plutôt portés à faire tout décider par des
lois pour mettre leur responsabilité à couvert.

On ne peut donc tracer d'une manière précise la ligne
de démarcation entre l'empire de la loi et celui du
décret. Tout ce qu'on peut faire, c'est de donner quelques indications générales, sans se dissimuler que,
même si elles étaient plus précises, il serait difficile
d'en sanctionner la violation.

1° En principe *c'est par la loi que doivent être prises
toutes les décisions relatives aux intérêts généraux de
l'État*, les mesures spéciales d'application étant laissées
au pouvoir exécutif. Les lois constitutionnelles elles-
mêmes nous en fournissent bien des exemples; ainsi
la loi fixant l'époque des élections à la Chambre, au
sénat, etc., c'est par décret que les électeurs sont convoqués quand cette époque est venue.

2° *La loi doit se restreindre aux objets qui intéressent la
généralité des citoyens* et qui ne sont pas susceptibles de

varier suivant les temps et les lieux. Ainsi quelques
localités étant éprouvées par une inondation ou tout
autre désastre, si un crédit est voté par les Chambres,
la répartition en sera faite par le pouvoir exécutif.

3° *La loi s'applique surtout à ce qui est permanent et
durable,* les mesures accidentelles ou passagères doivent être prises par décret. Ainsi, par exemple, une épi-
zootie sévissant dans les pays voisins, c'est le pouvoir
exécutif qui prendra les mesures nécessaires pour en
empêcher la propagation en France.

4° *La loi doit être autant que possible préparée et élaborée avec lenteur.* Dans les cas d'urgence, pour les
questions qui exigeraient une solution immédiate, le
gouvernement rendra des décrets afin de parer aux premières nécessités, sauf à rendre compte plus tard au
pouvoir législatif. C'est ce que nous verrons, par
exemple, pour les crédits supplémentaires.

C. Législatives. — Le Président de la république
exerce une certaine influence, d'une part sur le pouvoir
législatif considéré comme corps, et d'autre part sur les
décisions de ce pouvoir, sur les lois, auxquelles il concourt, comme nous allons l'indiquer.

Attributions vis à vis du pouvoir législatif. — Aux
termes de la loi sur les rapports des pouvoirs publics,
le Président de la république peut *convoquer* extraordi-
nairement les Chambres en dehors de la session ordinaire, qui s'ouvre le second mardi de janvier. De plus
le Président peut, pendant le cours d'une session, *ajour-
ner* les Chambres, cet ajournement ne pouvant excéder
le terme d'un mois, ni avoir lieu plus de deux fois
dans la même session (art. 7). Par là le Président peut,
soit hâter le vote de mesures qui lui paraissent dési-
rables, soit retarder l'adoption de décisions qui lui sem-

blent fâcheuses, et l'exercice de ce droit, qui se produira dans des cas très rares, sera de nature à influer fortement sur le pouvoir législatif.

De même le Président peut communiquer avec les Chambres en leur adressant des *messages* qui seront lus à la tribune par un ministre (art 6, loi du 16 juillet 1875). Cette manifestation solennelle de l'opinion du Président sur une question donnée est un moyen extrême qui devra être réservé pour les circonstances les plus graves.

Enfin le Président est armé, dans le cas où les deux portions du parlement seraient en hostilité au point d'entraver la marche des affaires, du droit suprême d'en appeler au pays en dissolvant la Chambre des députés, après avoir pris l'avis conforme du Sénat (art. 5, loi du 25 février). Le *droit de dissolution* ainsi organisé, est un des traits les plus caractéristiques de nos lois constitutionnelles. En général, dans les pays monarchiques, le souverain peut renvoyer l'une ou l'autre Chambre, tandis que dans les pays républicains, le Président ne peut les dissoudre, car on ne saurait concevoir que, nommé par le parlement, il renvoie ceux dont il est le délégué, ou que, élu par la nation, il porte atteinte à un corps qui représente comme lui la volonté nationale. Mais si l'on avait admis chez nous dans toute sa rigueur la séparation du pouvoir législatif et du pouvoir exécutif, on pouvait se trouver acculé à une véritable impasse, dans le cas où les deux corps qui concourent à l'élaboration de la loi étant animés d'un esprit différent ne pourraient se concilier. Il fallait nécessairement en appeler au pays, qui, sous un régime républicain, est l'arbitre naturel dans de semblables débats, et dès lors le Président était naturellement désigné pour apprécier le degré d'acuité du conflit et pour prononcer la dissolution.

Comme on le voit, la situation n'est pas égale entre le Sénat et la Chambre des députés. Le premier de ces deux corps doit concourir à la dissolution de l'autre, mais ne peut jamais être dissous lui-même. N'aurait-il pas mieux valu faire à chacun d'eux une situation égale, afin que le Président, placé au-dessus des partis, pût apprécier laquelle des deux fractions du parlement est en conformité plus grande avec l'opinion publique, laquelle au contraire s'en écarte davantage, et s'appuyer sur la première pour dissoudre la seconde?

Attributions relatives à la loi. — Ces attributions comprennent, avant le vote de la loi, le droit d'initiative; après le vote, le droit de demander une nouvelle délibération et l'obligation de promulguer la loi.

Le droit *d'initiative* doit naturellement appartenir au chef du pouvoir exécutif, qui, par ses agents de toute sorte, aura les renseignements les plus complets sur les aspirations et les besoins du pays et sur les mesures à prendre pour leur donner satisfaction. Aussi ce droit appartient-il au pouvoir exécutif dans la plupart des Constitutions, concurremment avec l'initiative parlementaire. Aux États-Unis toutefois, le Président étant renfermé exclusivement dans son rôle exécutif, il ne lui est pas permis de participer à l'élaboration de la loi en présentant des projets, et il ne peut donner que des informations.

Le *droit de demander aux deux chambres une nouvelle délibération* est accordé au Président par l'art. 7 de la loi du 16 juillet 1875, et il doit l'exercer dans le délai qui lui est accordé pour promulguer la loi. On peut considérer ce droit comme un reste du droit de sanc-tion, qui a existé sous la plupart de nos constitutions monarchiques, alors que le souverain était investi à des degrés divers d'une portion du pouvoir législatif. Le

droit de sanction, c'est-à-dire le droit de donner son consentement aux mesures votées par le législateur pour qu'elles deviennent obligatoires, existe quelquefois amoindri sous la forme du *veto* suspensif, lorsque la Constitution donne au chef de l'État le droit de s'opposer pour un certain temps à l'exécution de la loi; c'est ainsi que dans la Constitution de 1791, le roi avait un droit de *veto*, mais pour deux sessions seulement. Le pouvoir confié au président par l'art. 7 suspend forcément la mise à exécution de la loi, mais pour un temps assez bref, car la nouvelle délibération pourra avoir lieu dans la même session.

Enfin le Président de la république a le *droit de promulgation*, c'est-à-dire qu'il est chargé d'annoncer solennellement au pays que telle loi a été votée et va devenir exécutoire. Cette promulgation doit être faite dans le mois qui suit la transmission au gouvernement de la loi définitivement adoptée. Le Président doit promulguer dans les trois jours les lois dont la promulgation aura été déclarée urgente (art. 7).

La loi une fois promulguée doit être publiée, c'est-à-dire portée à la connaissance du public. La promulgation est naturellement le point de départ des délais de publication. D'après le décret du 5 novembre 1870, la promulgation résulte de l'insertion des lois à l'Officiel. La loi sera réputée connue, et par suite obligatoire, à Paris, un jour franc après la promulgation, et dans les départements, un jour franc après l'arrivée au chef-lieu du Journal Officiel. Pour les actes non publiés à l'Officiel, la promulgation résultera de l'insertion au Bulletin des lois.

D. Judiciaires. — Il n'entre pas dans le plan de cet ouvrage d'insister sur les attributions judiciaires. Nous

nous contenterons de rappeler que le chef du pouvoir exécutif influe sur le pouvoir judiciaire par le droit de nomination à tous les emplois de la magistrature. De même il possède le droit de grâce, qui a toujours été considéré comme un attribut du pouvoir exécutif, et par là il diminue ou annule les peines prononcées par le pouvoir judiciaire.

B. DES MINISTRES

Les ministres sont de hauts fonctionnaires immédiatement subordonnés au chef du pouvoir exécutif et placés à la tête des grandes divisions des services publics. — On les appelle aussi secrétaires d'État, parce qu'ils apposent leur contre-seing aux actes du chef de l'État.

Le caractère et le rôle des ministres ont varié et varient beaucoup suivant les constitutions et suivant les époques.

I. Dans les pays où le gouvernement est absolu, les ministres ne sont que les agents de la volonté du souverain, ne dépendent que du chef du pouvoir exécutif, sont nommés et révoqués par lui. C'est ce qui a eu lieu chez nous, sous notre ancienne monarchie. En remontant bien haut dans notre histoire, on rencontre de grands officiers de la couronne, c'est-à-dire des personnes sur lesquelles les rois se déchargeaient partiellement du fardeau des affaires, et ces personnages portaient les noms les plus divers : Maires du palais, Connétables, Grands Sénéchaux, Chanceliers, etc.

C'est de Louis XIII que date une organisation à peu près régulière des ministres. Un édit de 1626 créa les ministres d'état, leur assigna des départements déterminés. — Sous Louis XIV il y avait quatre secrétaires d'État : guerre, marine, maison du roi, affaires étran-

gères. Pour les finances, il y avait un surintendant, puis un contrôleur général ; pour la justice, un Chancelier; le commerce et l'instruction publique n'avaient pas de ministère.

Ce fut une loi du 27 avril-25 mai 1789 qui règlementa pour la première fois les attributions et le nombre des ministres. Elle établit l'égalité entre eux et rendit le contre-seing obligatoire.

II. Les ministres peuvent, tout en étant principalement à la disposition du pouvoir exécutif, se trouver dans une certaine dépendance vis-à-vis des chambres législatives. C'est ce qui se voit notamment aux États-Unis. Les ministres sont choisis par le Président, qui conserve le droit de les révoquer à son gré ; mais, dans le cas d'irrégularité grave ou d'indignité, ils peuvent être traduits devant le sénat, et, si celui-ci rend une sentence *d'impeachement*, la déposition en est la conséquence. Cette responsabilité ne doit pas être confondue avec la responsabilité criminelle dont nous avons parlé au sujet des attributions du Sénat.

III. Dans les pays parlementaires, les ministres sont surtout responsables devant les chambres législatives et doivent, en présence d'un acte grave d'hostilité de celles-ci, se retirer ou être remplacés par le chef du pouvoir exécutif.

Quelquefois la responsabilité des ministres devant le parlement est partagée par le chef de l'Etat ; c'est ce qui a existé en 1848 et sous l'empire de la loi du 13 août 1874. Mais nos lois constitutionnelles de 1875 ont sagement repoussé un système qui présentait les plus graves dangers. La responsabilité, pour être efficace, doit entraîner comme conséquence la démission ou la déposition du chef de l'État, et l'éventualité de la transmission du pouvoir exécutif, en présence d'un désaccord

entre le chef de l'État et la majorité parlementaire, eût
exposé la nation aux crises les plus redoutables.

Lorsque les ministres seuls sont responsables, comme
cela a lieu dans la plupart des pays parlementaires, ce
sont eux qui sont les vrais chefs du pouvoir exécutif.
Le Président ou le Roi n'a d'autre rôle que d'assister
impassible à la lutte des partis, de constater de quel
côté du parlement se trouve la majorité et de prendre
dans le sein de celle-ci les ministres auxquels sera confié
le pouvoir. L'exemple des pays constitutionnels, et notamment de l'Angleterre, montre, comme nous l'avons
vu, que c'est dans la chambre basse que les ministres
doivent être surtout choisis, car puisqu'elle représente
plus spécialement le pays, c'est elle qui doit fournir
les organes les plus actifs de la machine gouvernemen-
tale.

La responsabilité ministérielle et les changements
nombreux qu'elle peut entraîner présentent des inconvénients graves que depuis longtemps les adversaires du
régime parlementaire se sont plu à faire ressortir. Les
hommes élevés au pouvoir seront bien plus préoccupés
du soin de maintenir leur situation au parlement et
de faire triompher leurs idées politiques que de l'étude
des affaires administratives qui sont de leur ressort.
Peut-être même le jeu des institutions parlementaires
amènera-t-il au pouvoir des hommes qui, par leurs
fonctions et leur situation antérieure, seront complètement étrangers à l'ordre des choses dont on leur confie
la direction, et ceux-ci seront exposés à tomber sous un
vote hostile le jour même où ils commenceront à être
au courant des affaires. Enfin cette succession conti-
nuelle de ministres nouveaux n'empêche-t-elle pas tout
esprit de suite dans la gestion de la chose publique,
chaque ministre arrivant au pouvoir avec ses idées

personnelles et des vues qui peuvent être en complète opposition avec celles de son prédécesseur ?

Ces inconvénients sont peu contestables, mais parmi les institutions humaines celle qui ne présente aucune imperfection est encore à trouver. Si la responsabilité ministérielle n'existait pas, de deux choses l'une, ou le chef de l'État serait seul responsable ou la responsabilité n'existerait nulle part. La première solution est peu praticable, car pour qu'elle fut sérieuse, il faudrait donner aux chambres le droit de déposition et l'exercice de ce droit entraînerait une crise autrement redoutable qu'un simple changement ministériel. Quant à l'absence de responsabilité, elle est la négation du gouvernement parlementaire, car à quoi serviraient deux chambres dont les décisions pourraient être impunément mises de côté par le pouvoir exécutif? Ce serait le retour au pur despotisme.

D'ailleurs les inconvénients des institutions parlementaires ne sont-ils pas compensés par bien des avantages? Comme le dit M. Bagehot[1], « Un des principes « les plus sûrs de l'art administratif c'est que le succès « dépend d'un heureux mélange d'intelligences spécia- « listes et non spécialistes, d'esprits dont les uns se « préoccupent des moyens et les autres du but. » A ce compte l'arrivée au ministère de personnes qui n'au- raient pas une compétence spéciale serait loin d'être aussi fâcheuse qu'il le semble à première vue, et, quant à la fréquence des changements ministériels, elle n'est pas sans compensation. Selon la remarque du même auteur, « un contact prolongé du ministre avec son « administration le dépouillerait de ses qualités. Il « finirait par accepter les usages de ses bureaux, penser

1. *La Constitution anglaise*, p. 283.

« comme ses fonctionnaires et vivre de leur vie. » —
Sans doute encore la préoccupation des débats parlementaires pourra absorber une grande partie du temps
que le ministre aurait pu consacrer aux affaires de son
département, mais d'autre part s'il était pris en dehors
du parlement, il serait sans autorité sur lui et le jour
où il viendrait soutenir un projet de loi, en admettant
que le talent oratoire ne lui fit pas défaut, il ne se
se trouverait pas en présence d'une majorité dont il est
membre, qui voit en lui un représentant de ses idées
et qui est toute disposée à voter avec confiance les mesures qu'il propose.

La responsabilité ministérielle a été établie par la loi
du 25 février 1875 (art. 6) qui porte. « Les ministres
sont solidairement responsables devant la Chambre de
la politique générale du Gouvernement et individuellement de leurs actes personnels. — Le Président de la
République n'est responsable que dans le cas de haute
trahison. »

Situation particulière des ministres.

Aucune condition spéciale, sauf la qualité de citoyen
français, n'est requise pour être ministre. L'usage veut
seulement, dans les constitutions parlementaires, comme
nous venons de l'indiquer, qu'ils soient pris dans la
chambre basse. Sous les gouvernements personnels il
arrive souvent au contraire qu'il est défendu d'être en
même temps député et ministre. C'est ce qui avait lieu
sous la Constitution de 1852.

Il y a aujourd'hui 10 ministres, dont l'un porte le
titre de président du Conseil et en remplit les fonctions
en l'absence du chef de l'État. Les divers ministères
sont ceux de la Justice, l'Intérieur et les Cultes, les

Affaires étrangères, la Guerre, la Marine et les Colonies, les Finances, l'Instruction publique et les Beaux-arts, les Travaux publics, l'Agriculture et le Commerce, les Postes et Télégraphes.

Attributions des ministres.

Ils agissent, tantôt comme secrétaires d'État, tantôt en leur propre nom.

Comme secrétaires d'Etat. — Sous les gouvernements parlementaires, le plus souvent la Constitution exige, comme l'ont établi chez nous les lois de 1875, que les ministres apposent leur contre-seing aux actes du chef de l'État, et en voici le motif. Lorsque le chef de l'État prend une décision, quoiqu'en apparence il agisse en son nom propre, presque toujours le projet de décision lui a été présenté par le ministre dans le ressort duquel se trouve l'affaire qui a motivé le décret. Le chef de l'État ne fait alors qu'approuver un acte qui a été élaboré dans les bureaux d'un ministère. Le contre-seing du ministre est donc un gage de la participation de celui-ci à l'acte du chef de l'état, et il indique en même temps, le chef de l'État étant irresponsable, sur qui doit retomber la responsabilité de la mesure qui a été prise.

En leur propre nom. — Les ministres font des actes qui ne sont obligatoires que pour leurs subordonnés, ou qui sont obligatoires pour la masse du public.

Ils s'adressent à leurs subordonnés, surtout par la voie d'instructions et circulaires, c'est-à-dire par des écrits qui sont destinés à éclairer les administrateurs sur la manière dont ils doivent appliquer telle loi ou tel règlement nouveau. Ces circulaires ne sont jamais obligatoires pour les particuliers, qui peuvent toujours se

pourvoir devant les tribunaux compétents, à l'effet de discuter l'application qui leur en est faite. — Les ministres agissent vis-à-vis de leurs administrés par la surveillance et le contrôle de leurs actes, surveillance qui trouve sa sanction naturelle dans le droit de nomination ou de révocation. Ils peuvent même annuler les actes de leurs subordonnés qui leur paraîtraient illégaux ou inopportuns, mais, dans ce cas, il est à remarquer qu'ils ne pourraient leur substituer d'autres actes émanant de leur propre initiative. Si la loi veut qu'une certaine matière soit réglée par arrêté préfectoral, elle ne pourrait l'être par arrêté ministériel, sauf au ministre à faire révoquer le préfet dont il serait mécontent.

Quant aux *attributions exercées à l'égard de la masse des administrés,* elles sont de plusieurs sortes : 1° Les ministres ont des attributions contentieuses et sont même les juges de droit commun en matière administrative (nous étudierons ce groupe d'attributions à propos des juges administratifs) ; 2° les ministres statuent sur les recours gracieux formés par les administrés contre les actes des administrateurs ; 3° Les ministres sont les représentants naturels de l'État, et cela soit quand il s'agit *d'actes de gestion* intéressant le patrimoine de la personne morale, soit quand il s'agit *d'actes d'autorité* relatifs aux intérêts généraux de la nation. Nous citerons comme exemple du premier groupe d'actes les marchés de fournitures, liquidation de créances contre l'État et les ordonnancements, et comme exemple du second groupe l'homologation des tarifs de chemin de fer, la fixation des programmes d'examen, etc.

C. AGENTS ET CONSEILS AUXILIAIRES

Les ministres ont auprès d'eux de nombreux agents, qui sont destinés à les soulager dans l'accomplissement de leur tâche, et des conseils dont le rôle est de les éclairer dans toutes les occasions importantes. A la tête de ces agents se trouve ordinairement un *sous-secrétaire d'État* à qui peut être confiée par délégation une partie des attributions ministérielles. Ce sont le plus souvent des personnages qui, par leur situation parlementaire, sont désignés comme pouvant plus tard devenir ministres, et qui s'initient dans ces hautes fonctions à la connaissance et à la pratique des affaires publiques.

Au-dessous du sous-secrétaire d'État se trouve l'armée des agents *auxiliaires*, c'est-à-dire des employés des bureaux. On les désigne sous ce nom, par opposition aux ministres que l'on qualifie d'agents directs, parce qu'ils ne prennent aucune décision en leur nom propre et n'ont ni caractère ni autorité vis-à-vis du public. Les actes élaborés dans les ministères sont toujours faits au nom du ministre qui en assume la responsabilité.

Ces employés sont extrêmement nombreux. Ils sont divisés, dans chaque ministère, en directions ou divisions dans chacune desquelles se trouvent un directeur ou chef de division, des chefs de bureaux, des sous-chefs, des commis principaux, etc. Dans les départements se trouvent également en grand nombre des agents auxiliaires du pouvoir exécutif, dont quelques-uns même ont, dans des cas spéciaux, autorité vis-à-vis du public. On peut en citer comme exemple les ingénieurs en chef des Ponts et Chaussées ou des Mines, les Recteurs, les Intendants, etc.

Enfin, en dehors des agents auxiliaires, il faut remarquer qu'il y a dans chaque ministère des *conseils* dont le ministre peut, et, dans certain cas, doit demander l'avis préalable. Ainsi auprès du ministère de la guerre se trouvent les comités du génie, de l'artillerie, de l'infanterie, etc.; auprès du ministère de la marine, le conseil de l'amirauté; auprès du ministère de l'instruction publique, le conseil supérieur de l'instruction publique, etc. En matière d'administration il importe en effet que les mesures soient prises par un seul, afin que la responsabilité, ne s'éparpillant pas sur plusieurs têtes, ne devienne pas illusoire, mais, d'autre part, il faut que celui qui prend la décision puisse faire appel aux lumières des personnes les plus compétentes, et notamment des fonctionnaires qui sont arrivés aux degrés les plus élevés de la hiérarchie[1].

D. CONSEIL D'ÉTAT.

Le Conseil d'État est à la fois un conseil du gouvernement et le plus haut tribunal administratif. C'est au premier point de vue seulement que nous allons l'envisager ici.

Le Conseil d'État est un corps qui manque dans la plupart des constitutions étrangères (Angleterre, Belgique, Suisse, etc.). Il existe depuis longtemps chez nous et y a eu les caractères les plus divers.

I. Il a été d'abord le conseil du pouvoir exécutif, dépendant complètement de ce pouvoir et n'ayant par lui-même aucun droit de décision. C'est le caractère qu'il avait sous notre ancienne monarchie, où il portait le nom de *conseil du roi*. Il existait déjà en 1302, puisqu'à

---

1. Stuart Mill, *Le gouvernement représentatif*, p. 288.

cette époque nous voyons Philippe le Bel détacher de ses attributions les fonctions judiciaires et les transporter aux parlements. — En 1789, il se divisait en 4 sections : 1° le Conseil des affaires étrangères ou Conseil d'État *stricto sensu*, 2° le Conseil de l'intérieur ou des dépêches, 3° le Conseil des finances et du commerce, 4° le Conseil privé ou Conseil des parties. Ce dernier correspondait à peu près à notre section du contentieux et statuait sur les réclamations des particuliers. — En 1791 le Conseil d'Etat disparaît et ses attributions passent au Conseil des ministres, jusqu'au jour où la Constitution de l'an VIII le rétablit en lui donnant un nouveau caractère.

II. Il devient alors un véritable pouvoir politique associé par la Constitution à l'action du pouvoir législatif, sans cesser d'ailleurs d'être l'actif auxiliaire du pouvoir exécutif. Sous la constitution de l'an VIII, le Conseil d'État rédige les lois et les soutient au Tribunat, au Corps législatif et au Sénat. Tout le monde connaît la part importante qu'eut le Conseil d'État à l'élaboration du Code Civil. Bien plus, le Conseil faisait lui-même la loi dans le cas où il procédait par voie d'avis interprétatifs, avis qui, une fois approuvés par le Gouvernement et insérés au bulletin des lois, avaient la même valeur que l'acte législatif interprété. Le Conseil d'État était à cette époque un corps destiné à guider le pouvoir législatif et à le diriger au gré du pouvoir exécutif. C'est le caractère qu'il eut pendant toute la durée du premier Empire et sous la constitution de 1852.

Mais il y eut une époque où la situation inverse se produisit et où le Conseil d'État fut organisé par le pouvoir législatif pour servir à modérer et à limiter l'action du chef du pouvoir exécutif. C'est ce qui se passa sous la constitution de 1848. A cette époque le Conseil d'État

devait obligatoirement préparer les lois présentées par le
gouvernement, de plus il devait être nécessairement
consulté pour les grâces à accorder, pour les révocations
de maires, les dissolutions de Conseils généraux et municipaux, etc. Le Conseil d'État était donc un corps politique, mais il participait principalement à l'exercice
du pouvoir exécutif.

III. Aujourd'hui le Conseil d'Etat n'est plus un pouvoir politique, il n'est qu'un corps consultatif auquel le
pouvoir législatif et le pouvoir exécutif peuvent demander des avis qui ne sont jamais obligatoires pour
eux. C'est ce qui eut lieu sous les gouvernements parlementaires de 1814 et de 1830. C'est le caractère qu'il
possède en certains pays tels que la Grèce et la Hollande.
Sous un gouvernement parlementaire, surtout avec les
deux Chambres, on conçoit que l'avis du Conseil d'État
soit rarement demandé par le législateur par crainte des
retards qu'entraînerait une nouvelle délibération précé-
dant les débats nombreux que comportent les discussions parlementaires. Aussi le rôle du Conseil d'État
est-il surtout dans ce cas d'être l'auxiliaire du pouvoir
exécutif, qui trouve dans ses avis d'utiles lumières. Le
Conseil d'État vient d'être réorganisé et augmenté sans
changer de caractère, ses attributions sont restées les
mêmes, mais une section de législation a été créée, afin
de permettre au gouvernement de faire participer le
Conseil d'une manière plus active à l'élaboration des
projets émanés de l'initiative ministérielle.

Nous allons voir au sujet du Conseil d'État considéré
comme Conseil de gouvernement comment il est composé, comment il délibère, quelles sont ses attributions.

Composition du Conseil d'État.

Ce Conseil comprend des conseillers d'État en service ordinaire, des conseillers en service extraordinaire, des maîtres de requêtes, des auditeurs.

Les conseillers en service ordinaire sont au nombre de 32 et doivent être nommés, aux termes de la loi du 25 février 1875 (art. 4), par le chef de l'État en conseil des ministres. Il y a eu sur ce point de grandes difficultés, et la loi du 24 mai 1872 avait d'abord accordé ce droit au pouvoir législatif. En vertu de cette loi l'Assemblée nationale nomma les premiers membres du Conseil d'État réorganisé. Mais on a renoncé à ce mode de nomination, qui avait sa raison d'être en 1848 quand le Conseil d'État était un corps politique, tandis qu'il ne s'explique guère lorsque ce conseil est surtout, comme il l'est devenu aujourd'hui, l'auxiliaire du pouvoir exécutif. Il est naturel que celui qui a la responsabilité ait le choix des agents qui contribuent avec lui à la gestion des affaires. Le gouvernement maître de ses choix désignera des hommes qui, tout en étant au courant de la pratique admistrative, apporteront dans l'examen des questions qui leur seront soumises le même esprit dont il est lui-même animé. Le nombre des conseillers en service ordinaire, qui était de 22 d'après la loi de 1875, a été porté à 32 par la loi du 13 juillet 1879.

Les conseillers en service extraordinaire sont au nombre de dix-huit. Ce titre est purement honorifique, et il est surtout donné à des administrateurs qui ont passé leur vie dans les services publics, qui sont arrivés aux fonctions les plus élevées, et qui, par leur connaissances spéciales et pratiques, pourront jouer un rôle

fort utile dans les délibérations du conseil. C'est en l'an X qu'ils ont été institués.

Les maîtres des requêtes sont au nombre de trente. Leur rôle est de faire des rapports sur les affaires portées devant le Conseil d'État. Il sont nommés par le chef de l'État sur la présentation des présidents de section et ils ne peuvent être révoqués qu'après avis des présidents de section délibérant en commun.

Enfin il y a au Conseil d'État trente-six auditeurs dont douze de première classe et vingt-quatre de seconde. Ces derniers seuls sont nommés au concours. Le concours a été supprimé pour les fonctions d'auditeur de première classe, l'expérience ayant démontré que le résultat de ces épreuves était toujours un peu aléatoire et ne coïncidait pas exactement avec la valeur des jeunes auditeurs telle qu'elle résultait de leur participation de chaque jour aux travaux du conseil. Le tiers au moins des places de maîtres de requêtes est réservé aux auditeurs de première classe. Ces derniers peuvent remplacer les maîtres de requêtes et faire des rapports.

Sous l'empire de la loi de 1875 les fonctions de conseiller d'État étaient incompatibles avec toute fonction publique rétribuée, et avec la position d'administrateur d'une compagnie privilégiée; par exception seulement certaines fonctions élevées pouvaient être cumulées avec celle de conseiller d'État. La loi du 13 juillet 1879 a modifié ces principes en décidant, dans son art. 3, que les conseillers d'État en service ordinaire, maîtres des requêtes et auditeurs de première classe, pourraient après trois années depuis leur entrée au Conseil d'État, sans perdre leur rang au conseil, être nommés à des fonctions publiques pour une durée qui n'excèdera pas trois ans. La loi ajoute que les traitements ne pourront être cumulés et qu'il ne pourra y avoir plus du cin-

quième du nombre des conseillers, maîtres des requêtes et auditeurs dans cette situation.

Comment se font les délibérations.

Une première élaboration de l'affaire a lieu dans les assemblées de section, la délibération et la décision étant ordinairement réservées à l'assemblée générale administrative. Cette manière de procéder remonte à l'établissement du Conseil d'État en l'an VIII. Elle est fondée sur cette observation, que nous avons déjà présentée en nous occupant de la responsabilité ministérielle, qu'en administration il faut s'éclairer des lumières des hommes spéciaux, tout en interrogeant aussi les non-spécialistes. Les premiers apprécieront mieux les détails techniques et les difficultés pratiques d'un projet; les autres, au contraire, auront, par leur ignorance même des détails et des difficultés d'exécution, un esprit moins étroit et plus favorable aux innovations proposées. Aussi au Conseil d'État les affaires sont préparées dans les sections où se trouvent des hommes spéciaux et discutées en assemblée générale où tous les conseillers sont appelés à donner leur avis.

Il y a quatre sections administratives de cinq membres chacune et entre lesquelles les conseillers sont répartis par le chef de l'État : 1° intérieur, justice, instruction publique et cultes; 2° finances, guerre, marine et colonies, Algérie; 3° travaux publics, agriculture, commerce, affaires étrangères; 4° législation.

Dans les sections il faut pour délibérer au moins trois membres ayant voix délibérative. Ont voix délibérative les conseillers en service ordinaire, les conseillers en service extraordinaire pour les affaires qui dépendent du département ministériel auquel ils se rattachent, les

maîtres des requêtes et les auditeurs dans les affaires
où ils sont rapporteurs.

Dans l'assemblée générale il faut pour délibérer au
moins seize membres présents. Le président est le
ministre de la justice ou un des présidents de section.
Ont voix délibérative tous ceux qui ont voix délibérative
dans les assemblées de section et que nous venons d'indiquer, plus les ministres dans les matières qui se rattachent à leurs départements respectifs.

Attributions du Conseil d'État.

En ne considérant le Conseil d'État que comme conseil de gouvernement, on peut dire qu'il a des attributions qui s'exercent uniquement dans la sphère des
intérêts généraux, et d'autres dans lesquelles il est
chargé, concurremment avec le pouvoir exécutif, de
concilier l'intérêt général avec des intérêts privés.

Attributions qui n'ont trait qu'à des intérêts généraux.
— Le Conseil d'État peut, à ce point de vue, être consulté par le pouvoir législatif ou par le pouvoir exécutif
sur les mesures que ceux-ci se proposent de prendre.
Comme conseil du pouvoir législatif, le Conseil d'État
joue naturellement un rôle bien plus effacé sous un gouvernement parlementaire, où les projets de loi sont
soumis à l'élaboration de deux Chambres, que sous
un gouvernement personnel, où le Conseil d'État, composé d'hommes dévoués à la politique du gouvernement,
est le plus souvent associé à la préparation de la loi. Le
véritable rôle du Conseil est aujourd'hui d'être l'auxiliaire du pouvoir exécutif, qui peut toujours et, dans
certains cas, doit le consulter sur les projets de règlements et de décrets, sans être jamais tenu en droit strict
de se conformer à ses décisions. Lorsque cet avis préa-

lable doit être obligatoirement demandé, il ne saurait
être omis sans que le pouvoir exécutif s'expose à voir
annuler l'acte qu'il a pris, pour cause d'excès de pouvoir, par la section du contentieux. Aussi les règlements
d'administration publique doivent-ils porter la formule : « le Conseil d'État entendu. »

Attributions qui touchent à des intérêts privés. —
L'État peut se trouver aux prises avec les particuliers
de deux manières, soit lorsque ceux-ci réclament contre
la violation d'un droit, cas qui rentre dans la juridiction contentieuse, soit lorsqu'ils sollicitent une faveur,
ce qui est du ressort de la juridiction gracieuse. Les
attributions dont il est ici question rentrent dans cette
seconde catégorie. Le conseil d'État, sans avoir de pouvoir propre, vient en aide au pouvoir exécutif en lui
préparant la décision à prendre dans l'exercice de la
juridiction administrative gracieuse. Nous en citerons
comme exemple notamment les demandes en naturalisation, les demandes en concession de mines, les autorisations à donner aux congrégations religieuses, etc.
Dans chacune de ces affaires le conseil d'État se livre à
une instruction contradictoire ; mais tout se passe à huis
clos, sans publicité ni débat oral, à la différence de ce
qui a lieu pour les affaires contentieuses.

III. DU POUVOIR JUDICIAIRE.

Nous ne dirons rien de l'organisation du pouvoir
judiciaire, ce sujet étant étranger au droit administratif. Nous avons seulement à indiquer ici quelle est la
situation de l'autorité judiciaire par rapport aux autorités législative et exécutive, et à montrer quels sont
les motifs et quelle est la portée de cette séparation des

pouvoirs qui est la base de nos institutions politiques
et administratives.

En ce qui concerne le pouvoir législatif et le pouvoir
exécutif, nous avons déjà vu que, tandis qu'en Amérique la séparation est absolue, en Angleterre les deux
pouvoirs, tout en étant confiés à des personnes différentes, sont étroitement unis, en ce sens que les fonctions exécutives sont confiées à un comité composé de
membres pris dans le sein du pouvoir législatif et s'inspirant de l'esprit de la majorité. Comme nous l'avons
indiqué, c'est cette dernière combinaison qu'ont adoptée
les lois constitutionnelles de 1875.

Occupons-nous maintenant du pouvoir judiciaire, et
d'abord envisageons-le dans ses rapports avec le pouvoir
législatif. Ici l'indépendance des deux pouvoirs est aussi
absolue et aussi complète que possible (en laissant de
côté les attributions judiciaires du Sénat qui sont tout
exceptionnelles), et l'on peut en donner un double motif, l'un d'ordre politique, l'autre inférieur, mais non
moins réel, d'ordre économique. Il est certain d'abord
que l'indépendance des deux pouvoirs est une condition
nécessaire de la liberté. En effet, le rôle du législateur
est de prendre des mesures générales s'adressant à la
masse des citoyens; le rôle du juge est d'appliquer à
des cas particuliers ces mesures générales. Or, supposons qu'un même homme ou qu'une même assemblée
soient investis de cette double qualité de législateur et
de juge; comme le législateur est tout-puissant, qu'il
peut changer la loi quand il lui plaît, qui l'empêchera
de modifier la règle générale suivant les personnes ou
suivant les circonstances? C'est ce danger d'arbitraire
qui frappait Montesquieu lorsqu'il écrivait dans l'*Esprit
des lois* [1] : « Il n'y a point encore de liberté, si la puis-

---

1. *Esprit des lois*, l. XI, chap. VI, *de la constitution d'Angleterre.*

sance de juger n'est pas séparée de la puissance législative et de l'exécutrice. Si elle était jointe à la puissance
législative, le pouvoir sur la vie et la liberté des citoyens serait arbitraire, et le juge serait législateur. Si
elle était jointe à la puissance exécutrice, le juge pourrait avoir la force d'un oppresseur. »

Mais il ne faudrait pas s'imaginer que la séparation
des pouvoirs soit un principe spécial au droit public, et
à mon sens elle n'est pas autre chose que la division du
travail si souvent invoquée, avec tant de raison, par les
économistes et les physiologistes. Les économistes proclament que les industries les plus fécondes sont celles
dans lesquelles les opérations diverses sont réparties
entre un plus grand nombre de travailleurs ; les naturalistes, s'emparant de la même idée, admettent, à leur
tour, que l'on reconnaît le progrès organique à ce signe,
que de plus en plus les diverses facultés se localisent
dans des organes particuliers. Ne pouvons-nous pas dire
à notre tour que l'organisation sociale sera d'autant plus
parfaite que les diverses fonctions que doivent remplir
les pouvoirs publics seront plus soigneusement distinguées et confiées à des corps différents ? De même que
la localisation des facultés est plus sensible à mesure
qu'on s'élève dans l'échelle des êtres, de même la séparation des pouvoirs est plus complète quand on passe
d'un gouvernement absolu à un gouvernement tempéré.

Mais de ce que les deux pouvoirs sont distincts, il
ne s'ensuit pas qu'ils soient toujours sans influence
l'un sur l'autre. Il arrive quelquefois que le pouvoir
judiciaire sert de régulateur au pouvoir législatif et le
ramène dans la voie constitutionnelle, s'il s'en écarte.
Nous en trouvons aux États-Unis un exemple remarquable. La Constitution énumère certains principes gé

néraux, certains droits solennellement reconnus à tous
les citoyens, et comme on ne peut modifier la Constitution que suivant des formes spéciales, si le législateur
dépasse les limites dans lesquelles il est enfermé, il y
sera ramené par l'autorité judiciaire, qui refusera d'appliquer une loi qui violerait la Constitution. Tocqueville[1] énumère les avantages de cette façon de procéder
qui, sans mettre l'autorité judiciaire en état d'hostilité
déclarée avec le pouvoir législatif, sans annuler directement la loi, en détruit peu à peu la force morale et
finit par en amener l'abrogation. Par là nous voyons
comment, dans les pays les plus jaloux de la liberté,
celle-ci est garantie, non pas en donnant à une ou plusieurs assemblées un pouvoir absolu, mais, au contraire,
en circonscrivant étroitement les limites dans lesquelles
peuvent se mouvoir les corps chargés de l'élaboration
de la loi.

Voyons maintenant quelle doit être la situation du
pouvoir judiciaire vis-à-vis du pouvoir exécutif. Le
pouvoir chargé d'exécuter la loi et celui qui est chargé
de l'interpréter doivent-ils être distincts? Il faut, à mon
sens, distinguer deux sortes de lois : les unes régissent
les rapports des citoyens entre eux, et n'ont trait qu'aux
relations d'ordre privé; les autres règlent les rapports
de la puissance publique avec les particuliers et sont
relatives à l'ordre public. Quant aux premières, elles
s'exécutent sans la moindre intervention du pouvoir
exécutif, par le fait des particuliers qui s'y conforment
dans leurs relations réciproques. Intervient-il quelque
difficulté, le pouvoir exécutif ne sera pas chargé de l'interprétation, mais pourquoi? ce n'est pas qu'il ne soit
impartial, car le plus souvent il ne connaîtra pas plus

---

1. *La démocratie en Amérique*, vol. I, chap. VI.

l'une des parties que l'autre. A mon sens, c'est uniquement par la même considération qui explique la division du travail. Si la société trouve avantage à confier à un corps spécial l'application et l'interprétation des lois d'ordre privé, c'est qu'elle est sûre par là que cette partie des fonctions sociales est accomplie par des hommes possédant à la fois les connaissances et les habitudes d'esprit nécessaires.

Quant aux lois d'ordre public, celles qui règlent les rapports de la puissance publique et des particuliers, ce sont les agents du pouvoir exécutif qui veillent à leur exécution, et dès lors on est conduit à les faire interpréter par une autorité distincte de ce pouvoir, sinon les mêmes personnes seraient juges et parties dans leur propre cause. Nous verrons plus loin, en nous occupant des tribunaux administratifs, que cette conséquence n'a pas été complètement admise dans notre législation positive. Ces tribunaux sont bien pour la plupart en dehors de l'administration active, mais ils ne sont pas suffisamment indépendants vis-à-vis du pouvoir exécutif.

Ces motifs d'ordre tout théorique militent donc en faveur de la séparation du pouvoir exécutif et du pouvoir judiciaire. Mais, il faut bien le dire, si cette séparation a été consacrée par nos lois, nous le devons uniquement à des considérations historiques. On avait vu au siècle dernier les Parlements élever leur autorité en face de l'autorité royale, se refuser à l'enregistrement des édits (ceux mêmes qui étaient inspirés par Turgot n'avaient pas trouvé grâce devant eux), citer devant eux les intendants et leur adresser des remontrances : aussi l'Assemblée constituante, craignant de se trouver entravée dans son œuvre par les corps judiciaires, posa dans la loi du 16-24 août 1790 le principe que les fonctions judiciaires demeureraient toujours séparées des

fonctions administratives, et ce qui démontre bien que
c'est uniquement par défiance de l'autorité judiciaire
que ce principe a été introduit, c'est que dans son organisation on ne voit jamais apparaître la préoccupation
inverse de mettre l'autorité judiciaire à l'abri des empiètements administratifs (voir *Théorie des conflits*,
t. I, p. 24.). Cette défiance a même fait dépasser les
conséquences normales de la séparation des pouvoirs
en conduisant à retirer aux tribunaux judiciaires l'interprétation des lois administratives, contrairement à
ce qui a lieu dans les pays libres.

L'indépendance du pouvoir judiciaire et du pouvoir exécutif est-elle absolue? Elle l'est en Amérique,
où la plupart des magistrats sont, comme le chef
du pouvoir exécutif, nommés par la nation elle-même;
les deux pouvoirs tirant leur origine de la même
source, la volonté nationale, sont sans action l'un vis-à-
vis de l'autre. Il n'en est pas de même en France, où le
droit de nomination est réservé à l'exécutif. Aussi ex-
prime-t-on souvent cette situation en disant que l'autorité judiciaire n'est qu'une branche du pouvoir exécutif,
dont l'autorité administrative serait une branche distincte. Nous ne nous demanderons pas si en théorie
pure il faut distinguer à la tête de l'État trois pouvoirs
ou deux. La question nous paraît complètement oiseuse,
car elle comporte des solutions différentes suivant
chaque constitution. En France aujourd'hui le pouvoir
judiciaire et le pouvoir administratif peuvent être considérés comme appartenant au pouvoir exécutif.

DU DÉPARTEMENT

Le département est une division à la fois politique et administrative, qui occupe un rang intermédiaire entre l'Etat et la commune. Nous avons ici, comme pour l'État, à nous occuper du pouvoir chargé de la délibération et des agents chargés de l'exécution. Seulement, tandis que l'histoire de l'État, qui n'est autre chose que l'histoire même de la France, ne pouvait trouver sa place dans ce volume, nous allons résumer les traits principaux de l'histoire du département.

Historique.

En 1789, la France, par suite des accroissements successifs que la Couronne avait obtenus, se divisait en trente-deux provinces ou généralités, ayant à leur tête des agents du roi qui portaient le nom d'intendants. La situation des provinces variait beaucoup, suivant les conditions dans lesquelles elles avaient été acquises à la royauté, mais la ligne de démarcation la plus saillante était celle qui existait entre les pays d'état et les pays d'élections. Dans ces derniers, qui comprenaient les trois quarts de la France, le pouvoir de l'intendant était absolu et sans contrôle : l'intendant faisait procéder à tous les travaux publics, répartissait l'impôt entre les communes, recouvrait les sommes dues par les contribuables au moyen d'agents qu'il désignait, etc. Si ces provinces gardaient le nom de *pays d'élections,*

ce n'était que par un souvenir de ce qui s'était passé
à une époque fort ancienne, sous le règne de saint
Louis, où la commune eut le droit de nommer à l'élection certaines personnes chargées de statuer sur les
réclamations relatives à la perception des impôts. Plus
tard, et à partir de Charles VII, le besoin d'augmenter
les ressources de l'État fit transformer ces fonctions
électives en charges héréditaires et vénales, mais le nom
de pays d'élections, par un phénomène fréquent dans
l'histoire des langues, continua à désigner un ordre
de choses auquel il s'était justement appliqué jadis,
et qui avait été complètement modifié.

Quant aux *pays d'état*, c'étaient ceux dans lesquels
se tenaient des assemblées locales ayant des pouvoirs
plus ou moins étendus sur les affaires de la province,
et pouvant intervenir surtout dans la répartition des
impôts. Les membres de ces états étaient nommés suivant des modes établis dans chaque province par la
tradition. Le vote avait lieu tantôt par ordres, comme
en Bretagne, tantôt par tête, comme en Languedoc. Les
États discutaient les intérêts particuliers de la province,
surveillaient l'exécution des travaux publics, déterminaient la manière de lever les impôts royaux, etc. [1]. Les
pays d'état comprenaient, outre le Languedoc et la Bretagne, la Bourgogne, la Provence, le Dauphiné, les
comtés de Pau et de Foix, etc.

En 1787, un édit, rendu sous l'inspiration de Turgot,
institua auprès de chaque intendant une assemblée provinciale chargée de gérer les affaires de la généralité,
mais ces assemblées, soit que leurs pouvoirs fussent
mal délimités, soit que leur rôle délibérant fût mêlé
à un rôle exécutif qui ne leur appartenait guère, soit

---

1. Tocqueville, *L'ancien régime et la Révolution*, p. 313.

enfin qu'elles vinssent se heurter à des résistances opiniâtres, n'eurent d'autre effet que d'engendrer des conflits et d'entraver la marche des affaires[2].

Ce fut la Constituante qui substitua à la division en provinces la division en départements et donna aux circonscriptions qu'elle créait, au lieu des noms consacrés par la tradition, des dénominations nouvelles empruntées aux conditions géographiques, et notamment aux cours d'eau qui traversaient ces départements. La loi du 22 décembre 1789-8 janvier 1790 confia les affaires départementales à un corps de trente-six membres, choisis par un suffrage à deux degrés, parmi lesquels vingt-huit composaient le Conseil chargé de la délibération, et huit le directoire chargé de l'action. La même loi délimitait les affaires soumises aux administrations de département, tout en réservant, d'une manière expresse, l'autorité et l'approbation du roi (section III). Enfin un procureur général syndic devait être désigné par le même corps électoral et avait pour mission de veiller à l'exécution des lois et de la requérir au besoin.

La Constitution du 5 fructidor an III réduisit à cinq les trente-six membres qui composaient l'administration de département et substitua au procureur syndic un commissaire nommé par le gouvernement. Les attributions de cette nouvelle représentation départementale furent du reste les mêmes que celles de la précédente.

La loi du 28 pluviôse an VIII distingua pour la première fois avec netteté le corps chargé de la délibération et le pouvoir chargé de l'action, en instituant un Conseil de seize à vingt-quatre membres à côté du préfet, seul administrateur. D'autre part elle ne changea

1. Tocqueville, ch. VII.

pas le caractère qu'avait le département d'être une
simple circonscription territoriale n'ayant aucune personnalité civile, et elle affaiblit singulièrement la représentation départementale en décidant que les conseils
généraux seraient nommés par le chef de l'État, et que,
en dehors de la répartition de l'impôt, ils n'auraient
d'autres attributions que d'exprimer leur avis sur l'état
et les besoins du département (art. 6).

Depuis la loi de l'an VIII, les textes nombreux qui se
sont succédé ont presque tous concouru à augmenter
par degrés les libertés départementales, soit en donnant
aux habitants le droit de nommer leurs conseillers
généraux, soit en consacrant la personnalité du département, soit enfin en étendant les attributions des
assemblées départementales et en affaiblissant la tutelle
administrative qui pesait lourdement sur elles à
l'origine.

1° Les conseillers généraux furent nommés par le
pouvoir exécutif sous le premier empire et sous la
Restauration. Ce fut le gouvernement de 1830 qui, par
une loi de 1833, rendit aux habitants le droit de les
nommer, mais en établissant le régime censitaire qui
était la base des institutions de cette époque. En 1848,
le suffrage universel, rendu applicable aux élections
politiques, fut étendu aux autres élections, et notamment aux élections départementales, auxquelles il n'a
cessé de s'appliquer depuis lors.

2° La personnalité du département ne s'est dégagée
que peu à peu. En l'an VIII le département n'était guère
qu'une circonscription territoriale servant à faciliter la
répartition de l'impôt. — Une loi du 2 ventôse an XIII
mit à la charge du département un certain ordre de
dépenses, dont les unes étaient obligatoires, les autres
facultatives, mais pouvant donner lieu, de la part du

Conseil général, à un vote de centimes additionnels. Par là le département commençait à avoir un budget, dans lequel devaient s'inscrire des dépenses périodiques et des recettes correspondantes. — Vint, en 1811, un décret en date du 9 avril emportant concession gratuite aux départements de la pleine propriété de certains édifices nationaux destinés au service des tribunaux, de l'instruction publique, etc. Les termes de concession gratuite dont se servait l'auteur du décret déguisaient peu la portée d'une mesure qui n'avait d'autre but, pour faire face à des dépenses militaires qui croissaient sans cesse, que de décharger le budget de l'État de l'entretien de propriétés essentiellement improductives. A partir de 1814, la question de la personnalité du département fut vivement agitée : les uns voyaient dans le décret du 9 avril l'acquisition pour le département de propriétés immobilières, les autres se refusaient à y trouver autre chose qu'un surcroît de dépenses au passif du budget départemental. — Ce fut la loi du 10 mai 1838 qui mit fin à cette controverse en consacrant d'une manière définitive une personnalité qui depuis n'a fait que s'accroître et s'affermir de plus en plus.

3° C'est également par degrés que les attributions des conseils généraux se sont étendues, et que l'action du pouvoir exécutif sur ces conseils s'est sensiblement amoindrie. Sous le premier Empire et la Restauration ils étaient complètement placés sous l'autorité du pouvoir central. — Les lois de 1833 et 1838 déterminèrent leurs attributions d'une manière précise et les augmentèrent, sans toutefois qu'elles fussent exécutoires en dehors de l'approbation du gouvernement. — En 1852, un décret du 25 mars, sans modifier la tutelle administrative, eut pour effet de transporter plus près des

conseils généraux l'autorité investie de cette tutelle, et
donna au préfet un droit d'approbation dans la plupart des cas où jusque-là il avait fallu en référer au
Ministre ou au chef de l'État. Aussi ce décret, intitulé
décret de décentralisation, a-t-il été plus justement
appelé décret de déconcentration. — En 1866, la loi du
18 juillet reconnut pour la première fois au Conseil
général le droit de statuer d'une manière définitive sur
la plupart des matières d'intérêt départemental, le
pouvoir exécutif ne se réservant d'autre mission que de
veiller à ce que le Conseil ne sortit pas des limites qui
lui étaient assignées.

Cette loi de 1866 étendait, d'une manière notable, les
attributions des conseils généraux ; mais ces conseils ne
se réunissaient qu'en une seule session annuelle, et,
dans l'intervalle, le préfet était exclusivement chargé
de mettre à exécution les décisions qu'ils avaient prises.
Dès lors, le contrôle des conseils sur la gestion des intérêts du département était nécessairement imparfait.
Le préfet, qui est surtout un agent politique, qui est
souvent ignorant des affaires et des besoins locaux,
conservait une grande latitude pour les détails de l'exécution qui lui était confiée ; il pouvait activer tels travaux au détriment de tels autres, ne pas répartir exactement des subventions votées par le conseil, etc. Aussi
quelques publicistes proposèrent-ils de renfermer le
préfet dans son rôle d'agent du gouvernement central
en plaçant à côté de lui un autre fonctionnaire qui aurait représenté, d'une manière toute spéciale, les intérêts départementaux. La crainte des conflits qui auraient
pu s'élever entre deux autorités rivales, le désir de ne
pas multiplier les fonctions publiques dans un pays où
elles ne sont que trop nombreuses, firent écarter cette
proposition ; mais la loi du 10 août 1871 chercha à

remplacer, dans une certaine mesure, l'action exclusive du préfet par celle des mandataires élus du départe- ment, et c'est ce qu'elle fit au moyen d'une institution qu'elle emprunta à la Belgique, la commission départe- mentale. Celle-ci se compose de membres pris dans le sein du conseil général et désignés par lui, et elle a pour mission de suppléer partiellement l'action du préfet, et surtout de l'éclairer et de la contrôler au besoin en ce qui concerne les affaires départementales. La loi du 10 août est la dernière dans cette série de dispositions législa- tives qui ont presque toutes, comme on le voit, con- couru depuis l'an VIII à ce résultat, confier aux élus du département le soin des affaires locales.

A. DU PRÉFET.

Le préfet est un fonctionnaire qui est, dans le dépar- tement, le représentant de l'État, et, à ce titre, le subordonné immédiat des ministres, et qui, de plus, représente le département en faisant exécuter les déci- sions du conseil général.

Nomination et remplacement.

Il est nommé ou révoqué par le pouvoir central, qui n'est limité dans son choix par aucune condition, si ce n'est celle de désigner un citoyen français. Il réside au chef-lieu, et doit, chaque année, faire une tournée dans son département (arrêté du 17 ventôse an VIII).

Quand le préfet vient à mourir ou donne sa démis- sion, il est remplacé par le conseiller de préfecture le plus anciennement nommé ; en cas d'absence ou d'em- pêchement, il peut désigner un conseiller de préfecture

ou son secrétaire général. C'est ce dernier qui est le plus souvent désigné.

Elles sont tantôt relatives aux intérêts de l'État, tantôt à ceux du département, et se subdivisent, comme nous l'avons vu au sujet des ministres, en actes d'autorité et en actes de gestion, suivant qu'il s'agit d'ordres donnés au nom de la puissance publique ou de contrats passés pour le compte d'une personne morale.

1° **Du Préfet représentant l'État.** — Le préfet est surtout agent de l'État, et, à ce titre, le subordonné de tous les ministres qui correspondent directement avec lui, tandis que les autres fonctionnaires ne peuvent correspondre qu'avec les ministres dont ils dépendent. C'est par une conséquence de la même idée que le préfet est le chef de tous les services publics qui n'ont pas de chef spécial dans le département. Il est difficile de donner une énumération complète de tous les cas dans lesquels le préfet agit au nom de l'État. Nous nous contenterons d'indiquer les plus importants.

Actes d'autorité. — Le préfet est chargé de l'exécution des lois et décrets; il nomme un certain nombre d'employés de l'État; il doit veiller aussi aux intérêts généraux de la nation, et, à ce titre, il est le gardien du domaine public (routes, cours d'eau, etc.), il exerce une série d'attributions au sujets des travaux de l'État; enfin il est le tuteur des communes situées dans le département.

Pour l'exécution des lois, le préfet agit par lui-même ou par ses subordonnés. Le tribun Rœderer, dans son

rapport sur la loi du 28 pluviôse, disait que le préfet agissait alors par procuration d'action, et il analysait cette procuration en disant qu'elle comprenait l'instruction, la direction, la surveillance et le contrôle. C'était mettre beaucoup de subtilité à expimer ce fait si simple, que le préfet donne des instructions et veille à ce qu'elles soient remplies.

Le préfet nomme, sur la présentation des chefs de service, à un grand nombre d'emplois salariés par l'État, et qui sont énumérés dans les décrets des 15 mars 1852 et 13 août 1861. Ce sont surtout des emplois d'ordre inférieur, pour lesquels le droit de nomination a été transféré au préfet, afin de décharger d'autant les ministres, et sans doute aussi de tenir sous la dépendance d'un agent direct du gouvernement un grand nombre de petits employés.

Quant aux attributions des préfets au sujet du domaine public, des travaux publics, elles sont exposées sur chacune de ces matières. Il en est de même des pouvoirs du préfet comme tuteur des communes [1].

Actes de gestion. — Le préfet peut stipuler, au nom de l'État, dans tous les actes qui intéressent le domaine privé, ventes, échanges, baux, etc. Il représente aussi l'État dans les actions en justice, tant devant celles qui sont portées devant les tribunaux civils que celles qui sont soumises aux tribunaux administratifs. Quoiqu'il représente aussi le département, s'il y a procès entre le département et l'État, c'est, comme nous le verrons, ce dernier qu'il représente.

2° **Du Préfet représentant le département.** — Nous distinguerons encore ici les actes d'autorité et les actes de gestion.

1. Voy. t. I, p. 80, 158 et *passim*.

Actes d'autorité. — Le préfet peut, par des règlements de police, adresser des injonctions aux habitants
du département et prescrire diverses mesures en vue
de garantir la sûreté de ses administrés. Ces règlements
seront publiés à son de trompe ou par affiches (avis du
conseil d'État, 23 prairial an XIII), et ceux qui les en-
freindraient seraient passibles des peines de simple
police prononcées par l'article 471, § 15, du Code pénal.
Le juge de paix, saisi en cas de contravention, aurait
le droit d'interpréter ces règlements et d'en apprécier la
légalité.

Comme les maires ont, dans chaque commune, des
pouvoirs de police, il s'est élevé une difficulté délicate
au sujet de la délimitation des attributions respectives
des préfets et des maires. C'est la loi du 18 juillet 1837
qui contient les éléments de la solution. Dans l'article 9 elle décide que le maire est chargé, sous l'autorité de l'administration, d'exécuter les mesures de
sûreté générale, tandis que ce n'est que sous la surveillance de cette même administration, d'après l'article 10, qu'il est chargé de la police municipale et de
la police rurale. La jurisprudence a conclu avec raison
de ces articles que l'administration supérieure, c'est-
à-dire le préfet, a le droit de prendre des arrêtés de
police à cette double condition : 1° Que ces arrêtés
soient relatifs à des mesures de sûreté générale ;
2° qu'ils soient applicables à toutes les communes du
département. En effet, pour les mesures de sûreté générale,
il a le droit d'imposer sa volonté, son autorité, à tous les
agents municipaux, et, d'autre part, si le préfet pouvait prendre des décisions restreintes à une seule commune, l'autorité municipale serait complètement sup-
plantée.

Comme exemple d'arrêtés qui ont été regardés

comme valables parce qu'ils avaient trait à des mesures
de sûreté générale, je citerai les arrêtés relatifs à la
police des cabarets et débits de boissons, réglant la profession de guides pour pourvoir à la sécurité des voya-
geurs et touristes [1], interdisant des dépôts dans les
rues en vue d'empêcher des épidémies, etc. — Au
contraire, ont été regardés comme illégaux des arrêtés
de préfet relatifs à la police rurale, qui est exclusivement réservée au maire, des arrêtés fixant l'heure du
balayage de la voie publique, des arrêtés généraux pris
en vue de rendre uniformes les arrêtés municipaux qui
auraient été incomplets ou insuffisants [2].

En dehors des arrêtés de police, les préfets sont
investis, par des lois spéciales, du droit de prendre des
mesures relatives aux chemins de fer, aux chemins
vicinaux, à la chasse, à la pêche, dans l'étendue du
département.

Actes de gestion. — Enfin, quant aux actes de gestion
pris pour le compte du département, ce sont tous ceux
dans lesquels le préfet, mettant à exécution les décisions du Conseil général, passera un acte de vente,
d'échange, de bail, etc., pour le compte de la personne
morale du département. Mais, comme nous l'avons déjà
remarqué, s'il y avait opposition d'intérêts entre l'État
et le département, c'est la qualité de représentant de
l'État qui l'emporterait, les intérêts du département
étant soutenus par un membre de la Commission
départementale.

1. Cass. 10 janvier 1874. D. 74, I, 452.
2. Cass. 14 décembre 1867. D. 68, I, 285.

B. SECRÉTAIRES GÉNÉRAUX DE PRÉFECTURE.

Les secrétaires généraux de préfecture sont des agents placés à côté des préfets pour leur servir d'auxiliaires et pour remplir les fonctions de ministère public auprès des Conseils de préfecture.

Ces fonctionnaires avaient été établis par la loi de l'an VIII; ils furent supprimés en 1817, et leur institution passa par des vicissitudes nombreuses. La loi de 1865 sur les Conseils de préfecture les rétablit en leur donnant comme attribution principale de prendre la parole devant ces Conseils.

Les attributions des secrétaires généraux qui, comme les préfets, sont nommés et révoqués par le chef de l'État sur la proposition du ministre de l'intérieur, se résument de la manière suivante : 1° Ils signent les expéditions de tous les actes, et, comme conséquence, ils ont la garde et la surveillance des registres de la préfecture ; 2° ils donnent des conclusions, comme commissaires du gouvernement, dans les affaires portées en Conseil de préfecture ; 3° ils peuvent être délégués par le préfet pour le remplacer en cas d'absence ou d'empêchement ; ils pourraient même recevoir une délégation pour administrer l'arrondissement chef-lieu, mais il ne paraît pas que ces délégations soient usitées dans la pratique.

C. DES AGENTS AUXILIAIRES.

Dans les préfectures, comme dans les ministères, se trouvent un grand nombre d'agents qui, sans avoir caractère et autorité vis-à-vis du public, n'en con-

courent pas moins pour une part importante à l'élaboration des affaires administratives. Ces employés sont répartis, comme dans les ministères, en divisions et en bureaux. Ils sont nommés et révoqués par le préfet, et payés avec un fonds d'abonnement dont les quatre cinquièmes doivent être consacrés au payement du personnel, un cinquième étant réservé pour les dépenses relatives au matériel. Il est interdit au préfet de faire des économies sur la somme affectée au personnel.

A mainte reprise l'attention a été appelée sur la situation instable de ces employés et l'horizon restreint qui s'ouvre devant eux [1]. Si l'on déterminait les conditions d'avancement de manière qu'un employé pût espérer passer d'une classe inférieure à une classe supérieure et arriver plus tard, soit dans les Conseils de préfecture, soit dans les ministères, on attirerait des jeunes gens plus instruits, on stimulerait leur zèle, et on entretiendrait parmi eux une salutaire émulation.

D. DES CONSEILS GÉNÉRAUX.

Les Conseils généraux peuvent être définis des Conseils électifs qui ont pour mission de concourir à la répartition de l'impôt et de prendre des décisions sur tous les objets qui intéressent le département.

Nous allons examiner successivement ce qui est relatif à l'organisation et aux attributions de ces Conseils, en suivant à peu près les mêmes divisions que nous avons parcourues pour la Chambre des députés et le Sénat.

---

1. Voy. *Revue d'administration*, août 1878, p. 501.

Organisation des Conseils généraux.

Et d'abord *quelle est la composition du corps électoral* pour la représentation du département? La loi du 10 août 1871 applique le même principe que pour les élections politiques, c'est-à-dire le suffrage universel. Toutefois elle n'accorde le droit de vote qu'à ceux qui sont inscrits sur la liste dressée dans chaque commune pour les élections municipales, ce qui a pour résultat, comme nous le verrons, d'exiger des conditions de résidence plus rigoureuses que pour les élections des députés. On comprend en effet que, pour des élections relatives à des intérêts locaux, on exige des électeurs un séjour assez prolongé, qui sera une garantie de leur connaissance des hommes et des choses de la localité.

Quelles sont, d'autre part, *les conditions d'éligibilité?* Il faut d'abord, comme pour la Chambre des députés, être âgé de 25 ans. De plus, il faut avoir son domicile dans le département ou y être inscrit au rôle d'une des quatre contributions directes au 1er janvier de l'année où se fait l'élection (art. 6). Les conseillers qui ne seraient pas domiciliés dans le département ne doivent pas composer plus du quart du Conseil. Cette disposition est fondée sur la considération que nous venons d'exprimer. Les conseillers généraux devraient être choisis, non à cause de la nuance de leurs opinions politiques, mais à cause de leur connaissance des besoins et des intérêts du département, et cette connaissance, ils ne l'acquerront que par la résidence habituelle, non par quelques voyages ou quelques séjours accidentels dans des propriétés qui leur appartiendraient.

Il faut, de plus, pour être éligible, ne se trouver dans

aucun cas d'incapacité ou d'incompatibilité. Il n'y
a d'autre catégorie d'incapables que les individus pourvus d'un conseil judiciaire (art. 7). On a considéré qu'il
eût été singulier de charger des intérêts du département ceux que la justice a déclarés incapables de gérer
leurs propres biens. Quant aux incompatibilités, elles
sont nombreuses et peuvent être groupées sous quatre
chefs. Voici quelles sont les considérations dont elles
découlent :

1° L'obligation pour certains fonctionnaires de consacrer tout leur temps au service public dont ils sont
chargés. Ex : préfets, sous-préfets, secrétaires généraux,
commissaires de police, etc. (art. 9). L'incompatibilité
est ici absolue et existe pour tous les départements.

2° L'impossibilité de confier le soin des intérêts départementaux a des agents salariés par le département
(art. 10.) L'incompatibilité n'est ici que relative. Ex :
architecte départemental, agent-voyer, employé de bureaux, etc.

3° La crainte des abus d'influence de la part de
certains fonctionnaires ayant autorité, à divers titres,
dans le département (art. 8). Ex.: les magistrats du
parquet dans le ressort de la Cour ou du Tribunal, les
juges de paix dans leurs cantons, les ingénieurs, les
recteurs, l'inspecteur d'Académie, etc.

4° La difficulté matérielle de siéger dans plusieurs
conseils généraux à la fois. Celui qui serait élu dans
plusieurs départements devrait opter (art. 11) :

Les électeurs et les éligibles étant connus, nous
voyons dans la loi de 1871, qui n'a fait que copier les
lois antérieures, qu'il y a un conseiller général par
canton. Comme le nombre des cantons varie beaucoup,
et qu'il est tel département, comme la Corse, qui compte
62 cantons, tandis que tel autre, comme les Pyrénées-

Orientales, n'en comprend que 17, les assemblées départementales seront très-inégalement nombreuses. On pourrait reproduire, au sujet des conseils généraux, l'objection signalée pour les élections de députés, et tirée de ce que, les circonscriptions électorales étant diversement peuplées, les électeurs des divers cantons n'ont pas des droits égaux. Et cette objection a été, en effet, formulée, lors de la discussion de la loi de 1871, par des députés qui proposaient de nommer un plus grand nombre de conseillers dans les cantons urbains que dans les cantons ruraux, ces derniers étant les moins peuplés. — Ce reproche est loin d'avoir ici la même force que pour les élections politiques, et les habitants des villes ne peuvent guère prétendre qu'ils voient leurs droits sacrifiés, parce qu'il arrive très-souvent, en fait, que les cantons ruraux désignent, pour les représenter, tel propriétaire influent qui habite la ville et connaît, dès lors, les besoins et les intérêts des populations urbaines.

Enfin, les opérations électorales ayant eu lieu, le conseiller nommé est exposé à voir son élection annulée par suite d'un recours formé au Conseil d'État par un électeur quelconque du canton (loi du 31 juillet 1875). Lorsque la loi de 1871 fût faite, le législateur, s'inspirant de ce qui se passait pour la nomination des députés, avait confié aux conseils généraux le soin de prononcer la validation des pouvoirs de leurs membres. Comme la majorité de certains conseils ne parut pas se montrer suffisamment impartiale, le gouvernement proposa le projet qui est devenu la loi de 1875, et qui transférait au Conseil d'État le pouvoir de décider un moment accordé aux Conseils généraux. La réclamation doit être faite dans les dix jours qui suivent l'élection. Elle sera jugée sans frais, dans le délai de trois mois, à partir de l'arrivée des pièces au secrétariat du Conseil. La

loi de 1875 réserve au pouvoir judiciaire les questions
de capacité, et décide que, si la réclamation est fondée
sur ce motif, le Conseil d'État doit surseoir à statuer.

Cette disposition s'accorde avec la critique que nous
avons formulée plus haut à propos des élections politiques (voir page 27). Nous comprenons également que
le Conseil d'État soit saisi des questions relatives à
l'observation des formalités légales, mais il nous paraît
fâcheux que le Conseil soit appelé à se prononcer sur
les manœuvres dont l'élection serait entachée, ce qui
rentre peu dans les attributions d'un tribunal, même
administratif, dont le rôle doit être uniquement renfermé dans l'application de la loi[1].

Fonctions des Conseillers généraux.

Leurs fonctions durent six ans, mais un renouvellement partiel a lieu par moitié, tous les trois ans
(art. 21). Un mandat électif ne doit pas être trop long,
afin que le sentiment de la responsabilité se maintienne
et que l'élu ne puisse se considérer comme affranchi du
contrôle des électeurs. D'autre part, le renouvellement
partiel (que nous avons déjà rencontré pour le Sénat) est
nécessaire dans des assemblées où il est désirable de
conserver l'esprit de suite et la tradition des affaires. —
Notons quant à la durée de ces fonctions qu'elles pourraient cesser par application d'une loi du 7 juin 1873
qui permet au ministre de faire déclarer démission-
naire par le Conseil d'État tout conseiller général qui
aura refusé de remplir une des fonctions qui lui sont
dévolues par les lois.

1. A l'exemple de ce que nous avons indiqué pour les élections à la Chambre, ne pourrait-on confier cet ordre de questions à une commission spéciale
qui ne serait ni un tribunal administratif, ni un tribunal judiciaire? On pourrait, par exemple, en tirer les membres au sort sur la liste du jury.

Le mandat de Conseiller général pourait, du reste, cesser par une dissolution. La dissolution sera prononcée par décret, sauf au gouvernement à rendre compte au pouvoir législatif, s'il est en session, des motifs qui l'ont amenée. Dans l'intervalle des sessions, la dissolution sera prononcée par décret motivé, mais il faudra convoquer les électeurs pour le quatrième dimanche qui suit la date du décret (art. 34 et 35).

A quelle époque les conseillers exercent-ils leurs fonctions? Il y a deux sessions ordinaires, et autant de sessions extraordinaires que les besoins du département peuvent l'exiger. La session ordinaire la plus importante est fixée au premier lundi qui suit le 15 août (art. 23). Pour la seconde session ordinaire, la loi de 1871 avait laissé à chaque conseil général le soin d'en fixer l'époque suivant les convenances de ses membres et les exigences du service. Mais on s'est aperçu qu'il valait mieux fixer pour toute la France une date uniforme, afin que les Chambres, qui comprennent parmi leurs membres un grand nombre de conseillers généraux, puissent suspendre leurs séances et permettre à ceux qui font partie de ces conseils de retourner dans leurs départements. Aussi une loi du 18 août 1876 fixe l'ouverture de la seconde session au second lundi qui suit le jour de Pâques.

Les sessions extraordinaires ne peuvent avoir lieu que si le conseil est convoqué par décret ou si les deux tiers des membres du conseil en adressent la demande écrite au président. Celui-ci devra en donner avis immédiatement au préfet, qui convoquera d'urgence. La durée de ces sessions extraordinaires ne pourra excéder huit jours.

Attributions du Conseil général.

On peut ici distinguer, comme pour les assemblées politiques, des attributions d'ordre intérieur ou réglementaires et des attributions délibératives.

A. **Attributions réglementaires.** — Le conseil général a le droit, à l'ouverture de la session d'août, de nommer son bureau, c'est-à-dire le président, un ou plusieurs vice-présidents et des secrétaires. Le bureau est élu pour un an, jusqu'à la session d'août de l'année suivante.

Le président a la police des séances, et peut faire expulser de l'audience ou arrêter tout individu qui trouble l'ordre (art. 29), mais c'est une question qui a été très-débattue, que de savoir s'il peut, pour le maintien de la police, requérir directement la force armée. Le Conseil d'État, par un avis en date du 3 décembre 1874[1], s'est prononcé pour la négative, par cette double raison que l'assemblée départementale ne peut entrer en relation avec d'autres agents du pouvoir exécutif que le préfet seul chargé de représenter ce pouvoir auprès d'elle, et que d'ailleurs la loi du 10 août 1871 est muette sur ce point, tandis que d'autres lois, notamment celles qui sont relatives aux collèges électoraux, ont accordé explicitement aux présidents de ces collèges le droit de donner des ordres aux commandants de la force armée. — Le premier raisonnement n'est qu'une pétition de principe. Il n'est pas vrai, du reste, que le conseil général ne puisse entrer en relation avec le pouvoir exécutif que par l'intermédiaire du préfet: ainsi, le budget du département est approuvé par décret, les vœux sont transmis

1. D. 1875, 3, 60.

directement au ministre, les dons et legs sont soumis au
Conseil d'État, etc. — Le silence de la loi du 10 août n'a
pas plus de portée, car on peut l'interpréter en ce sens
que l'art. 29, posant le principe que le président a la
police de l'assemblée, n'avait pas à en déduire toutes
les conséquences d'une manière expresse. Tout revient
donc à se demander si celui qui a la police d'un corps
dont les séances sont publiques peut requérir l'autorité militaire, en vue de remplir la mission qui lui
est confiée, qui est de maintenir l'ordre et la tranquillité
dans la salle des séances. Ainsi posée, la question n'est
guère douteuse, il est naturel que celui qui est investi
d'un droit puisse l'exercer avec toutes ses conséquences,
et c'est ce que nous démontre sur ce point l'exemple
des assemblées législatives, des corps judiciaires, des
cours d'assises, des collèges électoraux, etc., dont les
présidents peuvent requérir directement la force publique.

Le Conseil général a le droit de faire son règlement intérieur (art. 26). Toutefois, un certain nombre de points
que les assemblées législatives déterminent dans leur
règlement sont ici décidés dans la loi. Ainsi, le Conseil
général ne peut délibérer, si la moitié plus un de ses
membres n'est présente. Les votes sont recueillis au
scrutin public toutes les fois que le sixième des membres
présents le demandent (art. 30). La voix du président
est prépondérante, en cas de partage, etc.

Les Conseils généraux n'ont pas de Journal officiel qui
puisse insérer *in extenso* le compte rendu de leurs débats, mais comme il importe de donner aux électeurs des
éléments d'appréciation sur les travaux du conseil et la
part qu'y prennent leurs élus, l'art. 21 décide que les Conseils généraux devront établir, jour par jour, un compte
rendu sommaire et officiel de leurs séances, qui sera tenu
à la disposition de tous les journaux du département dans

les quarante-huit heures qui suivront la séance. De plus,
les journaux qui apprécieront une discussion du Conseil
général ne pourront le faire, sous peine d'une amende
de 50 à 500 francs, sans reproduire en même temps la
portion du compte rendu afférente à cette discussion.
Quel sens faut-il donner à ce terme de discussion?
Faut-il l'entendre seulement des controverses, des débats
agités au sein du Conseil, ou doit-on l'étendre également
aux discours d'ouverture, aux propositions, aux rapports
qui ne sont pas l'objet d'observations contradictoires? La
question a été agitée, mais elle ne pouvait faire l'objet d'un
doute sérieux. La reproduction du compte rendu, en effet,
a pour but d'empêcher les journaux de dénaturer le sens
des paroles d'un conseiller général, de leur donner une
signification, une portée, qu'elles n'avaient point, et,
comme ce danger est également à redouter pour tout fait
de participation aux travaux du conseil général, la même
précaution doit toujours être prise, et le terme de discussion doit être entendu dans un sens extensif[1]. Il n'y a
que les décisions qui pourront être appréciées sans aucune insertion corrélative, car les critiques auxquelles
elles donneront lieu s'adresseront à la majorité du conseil et auront par suite un caractère moins personnel
et moins blessant.

B. **Attributions délibératives.** — Il en est qui
sont relatives aux intérêts généraux de l'État; d'autres,
les plus importantes, qui ont trait à la gestion des intérêts du département; d'autres enfin qui sont l'exercice
d'une sorte de tutelle exercée par le Conseil général sur
les communes du département.

I. Relatives aux intérêts de l'État. — A ce point de

----
1. Cass. 27 février 1874. D. 74, I, 287.

vue, le Conseil général est un rouage nécessaire dans le mécanisme de la perception de l'impôt. Comme nous le verrons, en effet, un certain nombre de contributions directes doivent être fixées par le législateur, et réparties par lui entre les départements. Le rôle du Conseil général est de répartir à son tour le contingent assigné au département entre les arrondissements, en tenant compte des facultés imposables de chacun d'eux. C'est là pour le Conseil un devoir autant qu'un droit, et, si dans sa session d'août le Conseil général omettait ou refusait de procéder à cette répartition, le préfet devrait, aux termes de l'article 39, rendre exécutoires les contingents fixés l'année d'avant pour chacune des trois contributions directes, sauf à y apporter les modifications exigées par l'exécution des lois.

De ce droit de répartition résultent diverses conséquences :

1° Le Conseil général, s'il estime que le département est surtaxé, peut émettre un vœu de dégrèvement qui sera transmis au ministre de l'intérieur par l'intermédiaire de son président. Ce vœu pourra être pris en considération lorsqu'on dressera le tableau de répartition pour l'année suivante.

2° Le Conseil général statue sur les demandes en réduction du contingent assigné aux divers arrondissements, demandes qui seront formulées par les conseils qui les représentent (art. 37, 2°).

3° Le Conseil général statue définitivement sur les demandes en réduction de contingent formées par les communes, après que le conseil d'arrondissement a donné préalablement son avis (article 38). Le Conseil joue ici le rôle d'arbitre sur les difficultés soulevées entre les communes et le Conseil d'arrondissement.

II. RELATIVES AUX INTÉRÊTS DU DÉPARTEMENT. Le Conseil

général possède dans cet ordre d'idées une série d'attributions dont les unes s'exercent sous le contrôle du pouvoir législatif, et les autres sous le contrôle du pouvoir exécutif.

a. *Sous le contrôle du pouvoir législatif.* Le Conseil général exerce un groupe d'attributions relatives aux finances départementales et aux ressources nécessaires pour subvenir aux besoins du département. Si pour ces matières c'est au pouvoir législatif et non à l'exécutif que le contrôle appartient, c'est que le législateur est chargé de déterminer les sommes destinées à subvenir aux dépenses d'intérêt national : on a donc voulu qu'il pût également apprécier le montant des impôts perçus dans un intérêt local, afin de sauvegarder les intérêts de l'État, et d'empêcher qu'on ne fasse supporter aux contribuables un trop lourd fardeau.

Il faut ranger dans cette catégorie d'attributions :

1° *Le vote des centimes additionnels départementaux,* ordinaires ou extraordinaires. Ces centimes additionnels sont ordinaires ou extraordinaires, suivant qu'ils ont pour objet de subvenir à des dépenses normales et périodiques, ou qu'ils sont affectés à des dépenses d'une nature exceptionnelle et ne se renouvelant pas chaque année. On désigne sous le nom de centimes additionnels spéciaux ceux qui sont affectés à un ordre spécial de dépenses, comme le cadastre, les chemins vicinaux, l'instruction primaire. Le Conseil ne peut voter des centimes additionnels au delà du maximum fixé annuellement par la loi de finances.

2° *Le vote des emprunts départementaux.* Le Conseil général ne peut voter des emprunts départementaux que s'ils sont remboursables dans un délai qui ne pourra excéder quinze années, sur les revenus ordinaires et extraordinaires. Au delà de ces limites, l'emprunt ne pourrait

être autorisé que par une loi. — Au sujet des emprunts, il était en effet difficile de laisser au Conseil général des pouvoirs absolus. Par cela seul que le Conseil général est électif et n'a que des pouvoirs temporaires, il est naturellement porté à donner une satisfaction immédiate au désir des populations et à faire entreprendre des travaux dont ses membres auront tout l'honneur, sauf à reporter sur un avenir plus ou moins éloigné les charges qui en résulteront. Il était donc utile que l'intervention du législateur pût servir de frein à des entraînements irréfléchis.

b. *Sous le contrôle du pouvoir exécutif.* Le Conseil général prend ici tantôt des décisions, tantôt des délibérations, soumises à l'approbation expresse ou tacite du pouvoir exécutif.

1" *Décisions.* — Le Conseil prend des décisions toutes les fois qu'il statue d'une manière absolue et définitive, sans que l'approbation de l'autorité supérieure soit nécessaire pour valider les mesures qu'il prend. Le pouvoir exécutif n'a ici qu'une mission, veiller à ce que le Conseil ne franchisse pas les limites qui lui sont tracées par la loi ; tant qu'il reste dans ces limites, le Conseil est souverain, et le pouvoir exécutif est forcé de respecter ses décisions, qu'elles soient opportunes ou inopportunes, qu'elles reposent sur des motifs sérieux ou insuffisants. C'est dans le délai de 20 jours à partir de la clôture de la session que le préfet doit déférer au Conseil d'État les décisions qui lui paraîtraient illégales (article 47). Ce délai expiré sans qu'aucun recours soit formé, celles-ci sont pleinement exécutoires. Notons ici une inexactitude de l'article 47. Puisque le recours porté au Conseil d'État est uniquement fondé sur la violation de la loi, il devrait être adressé à la section du contentieux, et c'est à tort qu'il est

décidé dans cet article qu'il sera statué par décret.

Quels sont les cas dans lesquels le Conseil général agit par voie de décision? Ces cas sont énumérés dans une série de paragraphes de l'article 46, et ils ont ce caractère commun qu'il n'y est question que des intérêts du département, qu'il s'agisse des propriétés qui lui appartiennent, ou des services publics qui en dépendent. Nous en citerons comme exemple les actes d'acquisition, d'aliénation, de gestion des propriétés départementales, les acceptations de dons et legs quand il n'y a pas réclamation des familles, les actions à intenter ou à soutenir, etc. Rentrent dans cette catégorie les délibérations relatives aux routes départementales, aux chemins vicinaux les plus importants, c'est-à-dire, les chemins de grande communication et d'intérêt commun, les chemins de fer d'intérêt local, etc. Toutefois il faut remarquer au sujet de ces derniers que la déclaration d'utilité publique qui précède une expropriation ne peut être faite que par une loi ou par un décret, ce qui revient à laisser aux pouvoirs publics un contrôle très-efficace sur ce genre de délibérations (t. I, p. 264).

2° *Délibérations soumises à approbation tacite.* — Pour tous les cas de délibération le conseil général cesse d'être souverain, et l'approbation de l'autorité supérieure est toujours exigée, alors même que le conseil se serait renfermé dans le cercle de ses attributions légales. Seulement cette approbation sera ou tacite, c'est-à-dire résultant de ce que dans un laps de temps donné la délibération n'a pas été annulée; ou expresse, c'est-à-dire accordée par un acte formel du pouvoir exécutif.

Occupons-nous d'abord des cas où l'application est tacite. D'après l'art. 49, toute délibération de ce groupe sera exécutoire, si, dans le délai de trois mois à partir

de la clôture de la session, un·décret motivé n'en a pas
suspendu l'exécution. La nécessité de motiver le décret
est une innovation de la loi de 1871, elle aura pour
résultat d'empêcher le pouvoir exécutif de prendre une
mesure arbitraire ou insuffisamment réfléchie.

Quelles sont les délibérations qui sont comprises
dans ce groupe ? Si l'on veut, comme nous l'avons fait
pour les décisions, en indiquer le caractère général, on
peut dire que l'Etat et le département y sont intéressés
tous les deux, et c'est ce qui nous explique pourquoi
le consentement du pouvoir exécutif qui représente
l'Etat doit s'adjoindre à celui des représentants du département. Nous indiquerons avec l'art. 48 l'acquisition, l'aliénation, l'échange de bâtiments affectés aux
hôtels de préfecture et sous-préfecture, aux écoles normales, aux cours d'assises et tribunaux, etc.

3° *Délibérations soumises à l'approbation expresse.* —
Il y a des délibérations du Conseil général qui ne sont
valables que si elles sont approuvées d'une manière
expresse par le pouvoir exécutif, ce sont celles qui sont
relatives au budget et aux comptes du département. Il
s'agit là, en effet, des actes les plus graves parmi ceux
qui intéressent le département, ceux dans lesquels se
résume toute la gestion du Conseil général, et le droit
de surveillance qui est réservé au pouvoir exécutif permettra à celui-ci de s'opposer aux dépenses inconsidérées,
à celles qui détruiraient l'équilibre normal du budget.

Le *budget* est l'état dans lequel sont prévues et autorisées les dépenses et recettes annuelles du département. Le projet de budget est préparé par le préfet,
qui joue ici le rôle qui appartient au ministre des
finances dans les assemblées législatives. Il est ensuite
ransmis dix jours au moins avant la session d'août à
la commission départementale, dont la mission est ana-

logue à celle de la commission du budget auprès des Chambres, puis il est délibéré par le Conseil général et définitivement réglé par décret (art. 57).

Le budget du département se divise aujourd'hui en deux parties, le budget ordinaire et le budget extraordinaire. Antérieurement à la loi de 1866 le budget départemental était divisé en six sections comprenant les recettes et dépenses ordinaires et obligatoires, ordinaires et facultatives, extraordinaires, affectées à l'instruction primaire, aux chemins vicinaux et au cadastre. Chacune de ces sections formait un petit budget spécial, mais, si les dépenses se rangeaient aisément dans chacune d'elles à raison de leur affectation spéciale, il n'en était pas de même des recettes dont le classement dans cet ordre ne pouvait être qu'arbitraire. Aussi cette complication a-t-elle disparu des budgets départementaux, et la loi de 1871 a suivi en ce point la loi de 1866.

Dans le *budget ordinaire* sont portées les recettes qui ont un caractère régulier et périodique, comme le produit des centimes additionnels ordinaires, le produit des propriétés départementales (art. 58), etc., et, d'autre part, les dépenses qui ont un caractère analogue et reviennent chaque année, comme l'entretien des bâtiments départementaux, des routes qui sont à la charge du département, etc. En décidant qu'il faut coordonner les unes avec les autres, le législateur veut qu'on ne puisse compter pour satisfaire aux dépenses normales que sur les recettes correspondantes, afin de maintenir un prudent équilibre dans les finances du département.

Au sujet du budget ordinaire, nous ferons une double observation. D'abord il est à remarquer que dans le nombre des ressources ordinaires on a fait entrer la part allouée au département sur un fonds, dit fonds *de secours*, inscrit annuellement au budget du minis-

tère de l'intérieur et réparti entre les départements conformément à un tableau annexé à la loi de finances.
Le fonds dont s'agit a été imaginé pour venir en aide
aux départements les plus pauvres, à ceux dont les
ressources sont insuffisantes par rapport à leurs besoins. Il est en effet tel département montagneux, à la
fois très étendu et peu peuplé, qui aura à entretenir des
routes fort coûteuses avec de faibles ressources, et il est
naturel que l'État, à raison de la solidarité qui relie
entre elles les diverses parties d'un même tout, vienne
en aide aux circonscriptions départementales les plus
déshéritées. Jadis le même résultat était obtenu au moyen
d'un fonds commun formé par un prélèvement opéré
chaque année sur les centimes ordinaires perçus dans
chaque département. Ce fonds commun a été remplacé
par un fonds inscrit au budget général de l'État, parce
que le but qu'on s'était proposé n'était pas atteint dans
la pratique. En effet, les départements riches étaient
ceux qui entreprenaient les travaux les plus coûteux, qui
par suite avaient le plus de besoins, et réclamaient le
plus souvent une portion de ce fonds commun. Désormais, par la création du fonds du secours, on pourra
venir plus aisément en aide aux départements les moins
favorisés de la fortune.

Il faut observer encore que les dépenses ordinaires
sont tantôt obligatoires, tantôt facultatives. Les dépenses
obligatoires sont celles qui, tout en étant à la charge du
département, sont nécessaires à l'accomplissement des
services d'intérêt général. Ainsi l'entretien des hôtels
de préfecture, les dépenses des cours d'assises, tribunaux civils et tribunaux de commerce, etc. (art. 60). Si
elles ne sont pas inscrites au budget, il y sera pourvu
au moyen d'une contribution spéciale portant sur les
quatre contributions directes et établie soit par un dé-

cret, soit par une loi (art. 61). Remarquons que ces dépenses obligatoires sont aujourd'hui moins nombreuses qu'elles ne l'étaient autrefois, et par là aussi les pouvoirs des assemblées départementales ont été singulièrement étendus.

Quant au *budget extraordinaire*, il comprend, à l'inverse du précédent, les recettes et dépenses qui ont un caractère accidentel, irrégulier, non périodique. L'art. 57 énumère parmi les recettes qui seront portées à ce budget le produit des centimes extraordinaires, le produit des emprunts, les dons et legs, etc. Les dépenses imputées sur ces recettes seront celles qui présenteront le même caractère, comme l'acquisition d'immeubles, les subventions pour des canaux, des chemins de fer, etc. (art. 59).

Il peut arriver qu'à la fin de l'exercice il y ait des fonds libres, soit parce que les crédits votés par le Conseil général n'ont pas été complètement employés, soit parce qu'il y a un excédant de recettes sur les prévisions du budget. Dans le premier cas, les sommes non employées continueront à être affectées aux dépenses auxquelles le Conseil général les avait destinées et qui ne sont pas encore terminées; c'est ce que fera le préfet, sans intervention du Conseil général, au moyen du budget de *report*. — Dans le second cas, le Conseil général a le droit, en dressant un budget *rectificatif*, de donner aux excédants des recettes tel emploi que bon lui semblera (art. 63). Ce droit lui appartient, quelle que soit la source d'où proviennent les fonds restés libres.

C'est encore par décret que doivent être approuvés les *comptes d'administration* présentés par le préfet chaque année et arrêtés par le Conseil général. Le préfet, qui est l'agent d'exécution du conseil, est l'ordon-

nateur des dépenses départementales, c'est-à-dire que
ce n'est que sur le vu de mandats délivrés par lui que le
comptable qui détient les deniers du département doit
payer. C'est également le préfet qui rend exécutoires
les rôles et états de produits servant au recouvrement
des recettes départementales. A ce double titre, il est
tenu à la préfecture des comptes qui doivent être présentés au Conseil général à la session d'août, après
avoir été communiqués, comme le budget, à la commission départementale dix jours au moins avant l'ouverture de la session. Le Conseil général vérifiera s'il y a
concordance entre les ordonnancements du préfet et les
crédits autorisés, et, d'autre part, entre les rôles et
états de produits et les recettes prévues. Il va sans
dire que le Conseil délibère dans ce cas hors la présence
du préfet.

Il ne faut pas confondre ces comptes d'administration
avec les comptes de deniers tenus par les comptables.
C'est une différence sur laquelle nous aurons plus tard
à insister. Le comptable de deniers pour le compte du
département n'est pas autre chose que le trésorier-payeur
général chargé des fonds de l'État. Rien ne s'oppose en
principe à ce que les départements aient des receveurs
spéciaux, mais en employant l'agent de l'État ils réalisent une économie sérieuse et trouvent les plus pré-
cieuses garanties d'intégrité et de solvabilité.

III. RELATIVES AUX INTÉRÊTS DES COMMUNES DU DÉPAR-
TEMENT. — Lorsqu'on élabora la loi de 1871, plusieurs
députés émirent l'avis que la tutelle des communes,
qui appartenait jusque-là aux préfets et aux Conseils de
préfecture, fût transportée tout entière aux Conseils
généraux ou à la Commission départementale prise dans
leur sein. Cette proposition parut trop hardie, trop contraire à la pratique antérieure, pour être acceptée en

principe, mais il en est resté quelques traces dans la loi, et notamment dans l'art. 46.

Tantôt ces attributions de tutelle sont exercées sous le *contrôle du pouvoir législatif.* C'est ainsi que l'art. 42 donne au Conseil général le droit d'arrêter, dans les limites fixées annuellement par la loi de finances, le maximum du nombre de centimes extraordinaires que les Conseils municipaux sont autorisés à voter. Tantôt elles sont placées *sous le contrôle du pouvoir exécutif,* comme le montrent les §§ 24 et suiv. de l'art. 46. C'est ainsi que le Conseil général approuve les délibérations de Conseils municipaux ayant pour but l'établissement, la suppression ou les changements des foires et marchés, les délibérations relatives à la prorogation des taxes additionnelles d'octroi actuellement existantes, etc. Ce sont là des cas de décision dans lesquels le Conseil général est souverain, pourvu qu'il se renferme dans les limites qui lui sont assignées.

C. **Attributions consultatives.** — Ce genre d'attributions est exercé lorsque le Conseil exprime une opinion qui n'oblige pas l'administration supérieure, et à laquelle peut toujours être substituée une décision contraire. Si cette opinion a été demandée, on dit que le Conseil a donné un avis; si elle émane spontanément de l'initiative du Conseil, on dira que c'est un vœu.

Des avis. — Les avis ne sont jamais obligatoires, mais l'administration peut, dans certains cas, être forcée de les demander, et, si elle ne le faisait point, ses décisions pourraient être annulées. L'art. 50 range dans cette catégorie les changements proposés à la circonscription du département, des arrondissements, des cantons et des communes, etc. Signalons encore la disposition de l'art. 68 relative aux subventions diverses

qui peuvent être allouées sur les fonds de l'État à des
communes, des établissements situés dans le département. Pour éviter toute injustice dans la répartition, le
ministre ne pourra répartir qu'après avoir pris l'avis
du Conseil général, qui dressera un tableau collectif des
propositions en les classant par ordre d'urgence.

En dehors des cas où l'avis doit forcément être solli-
cité, le pouvoir exécutif peut toujours consulter le Conseil général sur tout ce qui touche aux intérêts du
département.

Des vœux. — Le Conseil général peut émettre des
vœux non-seulement sur des intérêts locaux, mais
encore sur toutes les questions économiques et d'administration générale. Une seule chose lui est interdite :
former des vœux politiques (art. 51). Cet article a été
le résultat d'une transaction entre des prétentions oppo-
sées. Lors de la discussion de la loi, les uns voulaient,
avec raison, que les Conseils généraux ne pussent
émettre des vœux politiques, sinon ils seraient sortis de
la sphère administrative et auraient empiété sur le
domaine réservé aux pouvoirs politiques ; les autres
faisaient remarquer qu'il serait très-utile de connaître
l'opinion des Conseils généraux sur bien des questions
qui sortent du cercle des intérêts du département, telles
que protection ou libre échange, perception des impôts,
organisation des municipalités et des établissements
publics, etc. La loi du 10 août a tenu compte de ces
considérations diverses, et il ne reste interdit au Conseil
général que d'émettre des vœux qui porteraient sur la
Constitution, les mesures de politique intérieure, la politique étrangère, etc. Toutefois, il sera souvent difficile de
déterminer si un vœu est politique ou s'il ne porte que
sur l'administration générale. C'est ce que l'on peut
observer pour le mode de nomination des maires.

E. DE LA COMMISSION DÉPARTEMENTALE.

Cette commission a été, comme nous l'avons vu, établie en 1871 pour contrôler et même remplacer dans quelques cas l'action du préfet, en tant qu'il s'agit d'affaires purement départementales. On a voulu, sans enlever complètement au préfet le rôle qu'il joue comme agent d'exécution des décisions prises par le Conseil général, donner à l'élément local, aux personnes qui habitent le département et sont depuis longtemps au courant de ses intérêts et de ses besoins, une part plus grande dans l'exécution des mesures qui ne dépassent pas la sphère de ces mêmes intérêts. — Une considération d'une autre nature, dont la trace est évidente, est qu'on a cherché à diminuer la latitude dont jouissait le préfet pour mettre à exécution les décisions du conseil général, latitude dont il pouvait profiter dans un but électoral, en commençant tels travaux avant tels autres, en répartissant à sa guise les subventions accordées sur les fonds départementaux, etc.

Voyons brièvement ce qui est relatif à l'organisation et aux attributions de la Commission départementale.

Organisation de la Commission départementale.

Chaque année, à la fin de la session d'août, le Conseil général nomme la Commission départementale, qui doit être composée de quatre à sept membres, un par arrondissement autant que possible. S'il y a moins de quatre arrondissements, il faut néanmoins ce minimum de quatre membres en prévision du cas où l'un d'eux serait absent ou empêché.

Les membres de la Commission seront choisis parmi les conseillers généraux, et il n'y a d'autres incompatibilités spéciales que celles qui résulteraient des fonctions de maire du chef-lieu, de député et de sénateur (loi du 21 décembre 1876), sans doute afin d'éviter qu'un seul homme acquière dans le département une situation trop forte et puisse faire échec à l'autorité du préfet. D'ailleurs les membres de la Commission départementale sont indéfiniment rééligibles, ce qui permettra de maintenir dans ces fonctions les conseillers qui auraient fait preuve d'habileté et de zèle dans la gestion des affaires départementales.

La Commission est présidée par le plus âgé de ses membres. C'est là une disposition singulière. On a voulu empêcher qu'un président tenant ses pouvoirs du Conseil général n'eût, à côté du préfet, une trop grande importance, mais on n'a pas pris garde que cette disposition serait facilement éludée par le Conseil, qui pourrait choisir, s'il le voulait, des membres de la commission moins âgés que celui auquel il destine la présidence.

La Commission se réunit au moins une fois par mois, aux époques et pour le nombre de jours qu'elle détermine (art. 73). Le préfet assiste aux séances de la commission, et il est entendu quand il le demande.

Une des dispositions qui ont été le plus discutées est celle qui est relative à la gratuité du mandat (art. 75). Les uns proposaient d'allouer aux membres de la Commission un traitement fixe, afin que l'accès à ces fonctions ne fût pas seulement accessible à tous en droit, mais qu'il le fut également en fait. Cette proposition fut repoussée. Un traitement pour des fonctions électives était contraire à toutes les traditions antérieures. Les autres désiraient que, à l'exemple de ce qui se pase en Belgique, une indemnité de déplacement fût allouée

par le Conseil général aux membres de la Commission. Toutes ces propositions n'aboutirent point, l'assemblée craignant d'ajouter aux charges des budgets départementaux suffisamment grevés, et redoutant surtout d'attirer vers des fonctions de cette nature par l'appât d'une rétribution pécuniaire.

Attributions de la Commission départementale.

La commission départementale exerce une série d'attributions qui peuvent se ranger en trois groupes. Elle reçoit du Conseil général des délégations ; elle exerce une surveillance et un contrôle sur les affaires du département ; enfin elle prend des décisions dans certains cas.

Délégations. — Le Conseil général a le droit de renvoyer à sa commission le soin de régler telle affaire que ce soit qui concerne le département. Il faut observer seulement que la Commission ne pourra sortir des limites du mandat qu'elle reçoit, et que ce mandat ne pourra être donné que pour les affaires qui rentrent dans les attributions des Conseils généraux [1].

Surveillance et contrôle. — La Commission départementale exerce un droit général de surveillance sur toutes les mesures que prend le préfet dans l'intérêt du département. C'est pour cela notamment que le préfet doit lui adresser, au commencement de chaque mois, un état détaillé des mandats qu'il a délivrés concernant le budget départemental (art. 78); que le budget et les comptes doivent lui être remis avant la session d'août (art. 79); que la commission peut donner son avis au préfet sur toutes les questions que celui-ci lui soumet,

1. Décret 18 mars 1874. D. 74. 3, 64.

ou sur lesquelles elle croit devoir appeler son attention dans l'intérêt du département (art. 77), etc.

Décisions. — Il est difficile de dégager, d'une manière suffisamment nette, l'idée qui rattache les uns aux autres les divers cas de décision énumérés dans la loi du 10 août. Toutefois, on peut distinguer deux groupes : l'un dont s'occupent les art. 84 à 85, et l'autre déterminé par les art. 86 et 88.

Dans le premier groupe sont rangées une série de décisions qui paraissent avoir été confiées à la Commission départementale surtout par la crainte des abus qui pourraient avoir lieu en vue des élections politiques. Rentrent dans cette catégorie : la répartition des subventions portées au budget départemental, la détermination de l'ordre de priorité des travaux à la charge du département, la désignation des membres du Conseil général qui doivent siéger au Conseil de révision dans les divers cantons, etc. Les décisions de la Commission ne sont pas souveraines, et le préfet peut en appeler au Conseil général; ce qu'il fera à la prochaine session, s'il n'y a eu qu'un désaccord entre lui et le Conseil, ou immédiatement, s'il y a conflit. Mais quelle différence y a-t-il entre le désaccord et le conflit? D'après le conseil d'État, il n'y a là qu'une question de degré, et tout dépend de l'importance de l'affaire, de la gravité du dissentiment qui s'est élevé entre le préfet et la commission [1].

Le préfet ne pourrait-il pas se pourvoir aussi devant le Conseil d'État pour violation de la loi? Cela ne paraît pas douteux, puisque c'est le droit commun en matière administrative? Toutefois, il ferait bien de consulter préalablement le Conseil général, qui est vis-à-vis de sa

---

1. C. d'Ét. 1er juillet 1873. D. 74. 3, 63.

Commission comme un tribunal d'appel, tandis que le Conseil d'État ne joue que le rôle de Cour de Cassation.

Le second groupe comprend une série d'affaires essentiellement locales, et pour lesquelles on a pensé qu'il valait mieux les confier à des personnes habitant le département et au courant de ses besoins, qu'à un préfet qui est plutôt un personnage politique, et qui ne possède pas la même connaissance des intérêts locaux. Nous citerons comme exemple le classement, l'ouverture, le redressement des chemins vicinaux ordinaires (art. 86), l'approbation à donner au tarif des évaluations cadastrales, etc. Là encore la Commission départementale peut voir ses décisions annulées par le Conseil général, qui sera saisi, soit par le préfet, soit par les personnes ou les communes intéressées. S'il y avait violation d'une loi ou d'un règlement, un recours pourrait être adressé directement au Conseil d'État.

Telle est l'institution de la Commission départementale. Il ne serait que trop facile de critiquer les dispositions législatives qui l'ont établie; ainsi la ligne de démarcation entre les attributions de la commission et celles du préfet n'est pas toujours nettement tracée, les recours portés devant le Conseil général se combinent mal avec le recours au Conseil d'État, etc.; mais il ne faut pas oublier que cette partie de la loi de 1871 n'est qu'un essai, qu'une pierre d'attente, en vue de prendre par la suite des mesures plus franchement décentralisatrices. En Belgique, la députation permanente du Conseil provincial publie des règlements de sa propre autorité, mandate elle-même les dépenses provinciales et substitue son action à celle du gouverneur pour la plupart des affaires de la province. De même en France, si l'innovation de la loi de 1871 produit de

bons résultats, si elle suscite un peu de vie provinciale, si les membres de ces commissions ne sont ni absolument soumis à la volonté du préfet ni systématiquement hostiles, il est probable que le germe déposé dans notre législation se développera et que le préfet sera de plus en plus renfermé dans son rôle d'agent politique et de représentant du pouvoir central.

Des intérêts communs à plusieurs départements.

Lorsque la loi du 10 août fut discutée, plusieurs députés proposèrent de remanier les circonscriptions départementales, et de les restreindre en se rapprochant de l'anciennne division en provinces. On aurait ainsi, en tenant compte de la communauté des intérêts agricoles ou industriels, formé des groupes moins artificiels que le département, et en réunissant des populations plus nombreuses on eut rendu plus facile l'accomplissement de travaux d'intérêt commun. Cette proposition fut écartée, on craignit que les populations n'y vissent un retour vers le passé, et qu'il n'y eut un danger pour l'unité nationale, mais une trace de ces préoccupations est restée dans la loi. D'après les articles 89 à 91, deux ou plusieurs Conseils généraux peuvent provoquer entre eux par l'entremise de leurs présidents et après en avoir averti les préfets, une entente sur les objets d'utilité départementale compris dans leurs attributions, et qui intéressent à la fois leurs départements respectifs. Ainsi plusieurs Conseils généraux d'une même région pourraient se réunir pour faire des routes ou des chemins de fer, pour créer des établissements d'aliénés, des écoles normales primaires, etc. Dans les conférences qui auront lieu, chaque Conseil général sera représenté par sa commission départementale ou par

une commission spéciale nommée à cet effet. Les préfets des départements intéressés, pourront toujours assister à ces conférences. Les décisions qui y seront prises, ne seront exécutoires qu'après ratification des Conseils généraux intéressés, et si un décret motivé rendu dans les trois mois n'en suspend pas l'exécution.

Enfin l'article 91 prévoit le danger que présenteraient de semblables réunions, si des questions politiques y étaient discutées, et décide que, si la délibération n'a plus pour objet des questions d'intérêt départemental, le préfet du département où la conférence a lieu, déclarerait la réunion dissoute. Toute délibération postérieure à l'arrêté du préfet donnerait lieu à l'application de la loi pénale.

Du rôle éventuel des Conseils généraux dans des circonstances exceptionnelles.

Signalons enfin au sujet des Conseils généraux une loi du 15 février 1872 qui donne à ces conseils, le cas échéant, un rôle politique. Si par une catastrophe imprévue, et dont malheureusement notre histoire nous offre des exemples, un homme ou un parti voulaient se mettre au-dessus des lois et dispersaient ou incarcéraient les représentants du pays, les Conseils généraux s'assembleraient de suite au chef-lieu du département, pourvoiraient d'urgence au maintien de la tranquilité publique et de l'ordre légal, et enverraient deux délégués au lieu où auraient pu se réfugier les membres du gouvernement légal et les députés qui se seraient soustraits à la violence. L'assemblée ainsi formée serait chargée de prendre des mesures pour faciliter le retour d'un ordre de choses régulier.

Sans doute les auteurs de la loi de 1872 ont été ani-

més des meilleures intentions, mais on peut se demander si le résultat qu'ils ont poursuivi serait facile à obtenir. Espérons que les circonstances malheureuses que prévoit cette loi de 1872 ne se présenteront plus dans notre histoire, et qu'elle restera toujours sans application.

Législation comparée. — Chez presque toutes les nations on trouve des divisions qui correspondent à des intérêts généraux intermédiaires entre ceux de l'État et de la commune, et qui renferment des collectivités plus ou moins nombreuses. C'est ainsi que l'Angleterre a le comté, la Belgique la province, l'Allemagne la province, le département et le cercle, etc.

L'organisation du comté anglais est tout à fait caractéristique et montre bien la différence entre les mœurs de l'Angleterre et les nôtres. Les grands propriétaires fonciers peuvent obtenir de la couronne le droit d'être juges de paix, et ce sont ces juges de paix, dont le nombre n'est pas limité et qui ne sont pas dus à l'élection, qui, dans des sessions trimestrielles, règlent toutes les affaires du comté, veillent à la police, font exécuter les travaux publics, exercent la tutelle des communes, etc. De plus, ces mêmes personnages prononcent comme juges dans la plupart des cas qui sont attribués chez nous aux Conseils de préfecture et aux Tribunaux de simple police, et ceci est particulièrement à remarquer pour nous, qui avons emprunté à l'Angleterre, le principe de la séparation des pouvoirs, et qui en avons déduit une séparation absolue entre les fonctions de juge et celles d'administrateur.

Des trois divisions de la Prusse, c'est le cercle, division la moins étendue et correspondante à peu près à notre arrondissement, qui est la plus importante au point de vue administratif. Le cercle a à sa tête un *lan-*

drath ou sous-préfet, qui représente le gouvernement et qui est nommé par lui; il est représenté par une assemblée ou diète à laquelle on arrive par un mode de suffrage qui favorise surtout les propriétaires fonciers, et par une commission permanente choisie dans le sein de la diète et nommée par elle. Le cercle est soumis à une tutelle administrative plus rigoureuse que celle qui existe en France.

Les institutions provinciales les plus libérales sont celles de l'Italie et de la Belgique. C'est de ces dernières, comme nous l'avons vu, que se sont inspirés les auteurs de la loi du 10 août 1871.

DE L'ARRONDISSEMENT

L'arrondissement est une division administrative intermédiaire entre le département et la commune, et qui n'a pas de personnalité civile. Comme il présente un intérêt bien moindre que les autres circonscriptions administratives, nous nous contenterons de résumer brièvement ce qui le concerne.

Historique.

L'arrondissement ne remonte en tant que division nettement définie, qu'à 1789, mais déjà, antérieurement à cette date, les intendants avaient coutume d'envoyer dans les villes principales de la Province, ou dans les régions éloignées du chef-lieu, des subdélégués qui étaient pour eux à la fois des auxiliaires et des agents d'information. Ce qui distingue ces personnages de nos sous-préfets, c'est que leurs attributions n'avaient rien d'uniforme, et dépendaient de l'étendue du mandat que leur confiait l'intendant. Du reste ils n'étaient que les agents de celui-ci, nommés et révoqués par lui, et ne répondant que devant lui seul de leur administration.

La Constituante, par la loi du 22 décembre 1789 — 8 janvier 1790, en créant le département le divisa en districts, à la tête desquels devait se trouver une administration de 12 membres, analogue à celle du département,

nommée par le suffrage à deux degrés, et divisée en deux groupes, le conseil et le directoire de district.

Les auteurs de la Constitution de l'an III, voyant que le district n'était qu'une division artificielle et factice, le supprimèrent, ne laissant subsister entre le département et la commune que le canton. Ils groupèrent en municipalités cantonales les communes qui avaient moins de 5000 habitants. Cette disposition présentait de grands avantages. S'il est vrai en mécanique que tout rouage inutile ne fait que retarder le mouvement et doit être supprimé, cette vérité n'est pas moins applicable en administration. Mais, en retranchant l'arrondissement, dont l'utilité est fort contestable, on le remplaça par le canton, qui dans les campagnes représente ordinairement un groupe de communes gravitant autour d'un même centre. Les conseils de canton présentaient à la fois plus de lumières et plus de ressources que les conseils municipaux, ils étaient assez rapprochés des communes pour connaître leurs besoins, assez éloignés pour ne pas être assujettis aux préventions et aux querelles locales.

Quoiqu'il en soit, l'organisation municipale du Directoire fut renversée en l'an VIII, et la loi du 28 pluviôse rétablit les districts sous le nom d'arrondissements, la concordance toutefois n'est pas parfaite, et l'arrondissement est plus étendu que les anciens districts. Depuis le Consulat l'arrondissement n'a pas été l'objet de modifications bien importantes, la loi du 10 mai 1838 en précisa les attributions; depuis 1848 les membres de ces conseils durent être comme ceux de tous les conseils électifs nommés par le suffrage universel; enfin une loi du 23 juillet 1870 a modifié sur quelques points l'organisation des Conseils d'arrondissements.

DES SOUS-PRÉFETS.

Les sous-préfets sont des fonctionnaires qui sont sous la dépendance immédiate des préfets, et qui servent d'intermédiaires entre les préfets et les maires des communes de l'arrondissement.

De même que les préfets ils sont nommés et révoqués par décret, sur le rapport et sous le contre-seing du ministre de l'Intérieur. Comme les préfets ils ne sont soumis à aucune autre condition d'aptitude que la qualité de citoyen français.

Le sous-préfet doit résider au chef-lieu de l'arrondissement, et ne peut s'absenter sans un congé du préfet, qui doit en référer au ministre. En cas d'absence ou de maladie, le préfet pourvoit au remplacement du sous-préfet empêché. Il est d'usage de désigner un membre du conseil d'arrondissement, mais on pourrait prendre aussi un conseiller général ou un conseiller de préfecture.

Attributions des Sous-Préfets.

Les sous-préfets ne jouent dans notre organisation administrative qu'un rôle secondaire, ce sont surtout des agents de transmission et d'instruction. Ils servent, en effet, d'intermédiaires entre les préfets et les maires de l'arrondissement. Tout ce qui concerne les affaires communales doit passer à la sous-préfecture avant d'être transmis au préfet. De plus, les sous-préfets sont chargés d'instruire les affaires administratives, mais ils ne prennent pas de décisions et transmettent seulement leurs rapports au préfets.

Ce n'est que dans des cas très-rares et peu importants

que les sous-préfets peuvent agir en vertu de pouvoirs propres. Ainsi le décret de 1810 leur permet d'autoriser les établissements insalubres de troisième classe. La loi du 4 mai 1864 les charge de délivrer des alignements sur les routes nationales, départementales et les chemins vicinaux de grande communication, lorsqu'il y a un plan d'alignement régulièrement approuvé. Enfin, le décret du 13 avril 1861, dit de décentralisation administrative, a accordé aux sous-préfets le droit de décider dans divers cas peu importants qui jusque-là étaient réservés aux préfets. Nous citerons parmi les dix-neuf paragraphes relatifs aux droits des sous-préfets, les légalisations d'un certains nombre de certificats, tels que : certificats d'indigence, certificats de vie, etc.; diverses approbations à donner pour des actes intéressant les communes, notamment les tarifs des droits de place dans les halles, foires et marchés, les tarifs des droits de pesage, jaugeage et mesurage, lorsqu'ils sont établis d'après les conditions fixés par arrêté préfectoral, etc. Enfin, ils peuvent autoriser la plupart des actes qui intéressent les bureaux de bienfaisance.

DES CONSEILS D'ARRONDISSEMENT.

Les Conseils d'arrondissements sont des corps électifs qui ont pour mission de concourir à la répartition de l'impôt et d'émettre des vœux sur tout ce qui intéresse l'arrondissement.

Organisation de ces conseils.

Le nombre des membres de ces conseils est fixé à un par canton, et s'il y a moins de neuf cantons, un décret déterminera les cantons qui doivent élire plus d'un con-

seiller, afin d'arriver au chiffre de neuf. Les conditions
pour l'électorat et l'éligibilité, sont les mêmes que pour
le conseil général. Les conseillers d'arrondissements
sont nommés pour six ans et renouvelés tous les trois
ans. Depuis la loi du 23 juillet 1870 le Conseil d'arrondissement a reçu le droit de nommer son bureau, c'est-
à-dire, son président, ses vice-présidents et ses secrétaires. Enfin la dissolution des Conseils d'arrondissements peut être prononcée par décret, sans que le
chef de l'État soit obligé de rendre compte au pouvoir
législatif. Dans ce cas, il doit être procédé à une nouvelle
élection dans les trois mois de la dissolution et avant
l'époque de la réunion annuelle des Conseils d'arrondissement.

Attributions du Conseil d'arrondissement.

Ces attributions déterminées par la loi du 10 mai 1838,
sont beaucoup moins importantes que celles des Conseils
généraux, ce qui est dû à cette circonstance que l'arrondissement n'est qu'une circonscription territoriale et
n'a pas de personnalité civile. Ces attributions se divisent, du reste, suivant qu'elles sont relatives aux intérêts de l'État et à la répartition des impôts directs, ou
suivant qu'elles sont relatives aux intérêts de l'arrondissement.

1° *Relatives aux intérêts de l'État.* — Les Conseils
d'arrondissement doivent répartir les impôts directs
de répartition entre les diverses communes de l'arrondissement, dans ce but, leur session annuelle, est divisé
en deux parties.— Dans la première partie, les conseils
délibèrent pour savoir s'ils doivent réclamer au sujet
de la part qui est assignée à l'arrondissement par le
conseil général. Cette demande est portée devant le

conseil général qui statue définitivement. De plus, les conseils donnent leur avis sur les demandes en réduction formées par les Conseils municipaux au nom des communes. — Dans la seconde partie de la session, lorsque le contingent de l'arrondissement a été définitivement fixé par le Conseil général, le Conseil d'arrondissement répartira ce contingent entre les diverses communes de l'arrondissement. Si le Conseil se séparait sans avoir fait cette répartition, ou sans se conformer au chiffre fixé par le Conseil général, le préfet délivrerait les mandements d'après les bases de la répartition précédente.

2° *Relatives aux intérêts de l'arrondissement.* — En ce qui touche les intérêts de l'arrondissement, le Conseil d'arrondissement ne peut jamais procéder que par voie d'avis ou de vœu, c'est-à-dire que l'administration ne sera, dans aucun cas, liée par la décision du conseil et pourra toujours prendre une décision contraire.

En ce qui concerne les *avis*, l'administration est quelquefois tenue de les prendre, quoiqu'elle ne soit jamais tenue de les suivre. C'est ce qui se passerait notamment pour les changements proposés à la circonscription du territoire ou de l'arrondissement, des cantons et des communes, et à la désignation de leurs chefs-lieux; pour le classement des chemins vicinaux de grande communication, etc. (loi du 10 mai 1838, art. 41). L'administration peut toujours d'ailleurs demander l'avis du Conseil d'arrondissement, et les cas dans lesquels elle peut faire appel aux lumières de ces conseils ne sont nullement délimités.

Quant au Conseil lui-même, il peut spontanément émettre des *vœux* sur tout ce qui intéresse l'arrondissement, par exemple sur l'état et les besoins des différents services publics qui y sont installés, sur les pro-

priétés départementales et notamment celles qui sont
affectés à la sous-préfecture et généralement sur tous
les objets sur lesquels le Conseil général est appelé à
délibérer en tant qu'ils intéressent l'arrondissement
(art. 42).

DES COMMUNES

Les communes sont des réunions de personnes habitant le même lieu et soumises pour les affaires locales à la même administration.

Le nom de commune n'a pas toujours répondu et ne répond pas encore toujours à la même idée, celle d'une division administrative réglée par des lois faites par les représentants de l'Etat. Anciennement, dans les petites républiques grecques et dans la république romaine, la commune et l'Etat se confondaient, et la même assemblée, le sénat romain par exemple, était en même temps chargé de prendre des décisions d'ordre politique et des mesures d'intérêt municipal. Aujourd'hui même, dans certains pays, le mot de commune s'applique à des réunions de propriétaires par indivis cultivant en commun des terres qui appartiennent à la collectivité. Dans ce cas, comme on l'a fait remarquer ([1]) la commune est plutôt une unité économique qu'une unité administrative.

Nous n'avons à nous occuper ici que de la circonscription placée au degré inférieur de la hiérarchie administrative. Elle se distingue de l'arrondissement en ce qu'elle a une personnalité morale, et du département en ce qu'elle est moins étendue et constitue une division moins artificielle que celui-ci. Tandis que le département a quelque chose d'arbitraire, qu'on aurait pu le

---

1. Maurice Block, *La commune et la liberté.*

concevoir plus étendu ou plus restreint sans inconvénient, que ses habitants ne sont réunis que par un lien
ficitif et ne se connaissent pas entre eux, la commune
est créée par la force des choses, elle constitue une agglo-
mération naturelle formée en dehors de tout acte administratif, et comprend des personnes unies par des
liens de famille, d'amitié, de voisinage, qui, sauf dans les
grandes villes, se connaissent presque toutes. On pourrait être amené par là à croire que les franchises municipales sont plus grandes que les libertés départementales, mais ce serait, en l'état actuel de notre législation,
une grave erreur, et l'on constate sur ce point dans nos
lois, comme nous allons le voir, la disparate la plus
accusée.

Historique.

Les communes ont en France une double origine,
comme l'ont démontré les travaux des grands historiens
de notre siècle, et notamment ceux d'Augustin Thierry.
Le midi de la France, longtemps soumis à la domination
de Rome, avait conservé, même au milieu des troubles
du moyen âge, des vestiges des institutions municipales
romaines, caractérisées, comme on sait, par une curie
dont les membres étaient des décurions et qui avait à sa
tête des duumvirs. Ces institutions passèrent au moyen
âge par des vicissitudes diverses, puis vers le douzième
siècle, sous l'influence d'un mouvement analogue qui
se produisait dans la péninsule italienne, on vit un grand
nombre de communes du midi de la France adopter un
régime qui fut presque partout le même, et qui consistait en ce que chaque cité élisait un conseil ayant à sa
tête des consuls. Ces assemblées étaient investies, non
pas seulement d'attributions municipales, mais de droits

analogues à ceux qui à cette époque étaient réservés aux seigneurs féodaux, battre monnaie, faire la guerre, etc.

Dans le nord, ce n'est qu'à la suite de luttes fort longues, qui se poursuivirent avec acharnement dans un grand nombre de communes, que les bourgeois parvinrent à arracher aux seigneurs féodaux des chartes qui stipulaient en leur faveur certaines libertés. Mais ce serait se méprendre sur le sens de ce mouvement admirable, qui fut le premier effort des populations pour se dégager des entraves de la féodalité, que d'en restreindre la portée à l'acquisition de franchises municipales. Ce que l'on constate en effet dans les chartes de Beauvais, de Saint-Quentin [1], etc., c'est que les habitants stipulaient les libertés les plus élémentaires, le droit d'aller et de venir, de vendre et d'acheter, de laisser leurs biens à leurs enfants, etc. Le pouvoir de nommer des officiers municipaux n'était qu'un moyen de garantir les libertés acquises en confiant à certaines personnes la mission spéciale de les défendre.

Souvent, dans cette lutte des communes contre les seigneurs, les bourgeois, sentant le besoin d'un allié puissant, s'adressèrent aux rois de France qui ne demandaient pas mieux que d'abattre la puissance de leurs vassaux et de consolider sur ses débris leur propre suzeraineté. Seulement ceux-ci exigeaient souvent, en retour de leur intervention, certaines prérogatives, telles que le droit de lever des troupes, de faire la paix et la guerre, de battre monnaie, de lever des impôts, etc. Par degrés insensibles, l'autorité royale s'accroissait au détriment de l'autorité des seigneurs. Vint enfin le jour où le pouvoir royal se sentit assez fort pour procéder par voie de mesures générales et supprimer à son profit dans

---

1. Augustin Thierry, *Lettres sur l'Histoire de France*, passim.

les communes quelques-uns de ces priviléges qu'il avait
aidé les communes à acquérir contre leurs ennemis.
C'est ainsi qu'en 1556 un édit soumit les délibérations
des habitants à la surveillance des officiers royaux. En
1566 on retira aux magistrats municipaux le jugement
des causes civiles et en 1579 celui des causes criminelles. Il est vrai que les magistratures municipales res-
taient électives, mais en 1692, sous la pression des besoins financiers, on s'avisa de transformer ces fonctions
en offices héréditaires que pouvaient acheter les particuliers ou même les villes qui voudraient conserver le
droit de nommer leurs représentants locaux. L'expédient
ayant réussi, ce fut pendant tout le 18ᵉ siècle un moyen,
souvent employé, pour battre monnaie, de vendre, de
retirer, puis de revendre encore les titres municipaux [1],
ce qui les transformait en une sorte de ressource extrême
pour les besoins de l'État. En 1787 un édit, inspiré par
Turgot, devait établir dans toutes les municipalités un
régime uniforme mais ce ne fut qu'un projet, et les événements ne permirent pas qu'il fut suivi d'exécution.

C'est la révolution de 1789 qui vint, d'une manière
efficace, apporter l'unité dans les administrations
municipales. La loi du 30 décembre 1789-8 janvier 1790 organisa les communes sur un plan analogue à celui qu'on avait adopté pour les départements.
Voici quels étaient les traits caractéristiques de cette
loi : Les électeurs nommaient un corps municipal dont
un tiers était chargé de l'action et les deux autres tiers
de la délibération. La commune, avait, outre ce corps
municipal, un Conseil général composé de notables élus
en nombre double du nombre des membres du Conseil
municipal et qui s'unissaient à ce Conseil pour déli-

---

1. A. Thierry, *Essai sur le Tiers-État*, chap. x.

bérer dans les cas les plus graves. Enfin, ces corps délibérants, présidés par un maire également élu par les citoyens, étaient placés sous l'autorité et le contrôle des autorités de district et de département.

L'organisation communale de la Constituante présentait un grave inconvénient, qui était de soumettre à une organisation uniforme toutes les communes quelle que fut leur importance. La Constitution de l'an III corrigea ce défaut en établissant trois catégories de communes : les villes qui avaient moins de 5,000 habitants étaient groupées en municipalités cantonales, c'est à-dire qu'elles avaient à leur tête un agent municipal et un adjoint électif qui se réunissaient pour délibérer sur les intérêts des communes du canton. — Les communes de 5,000 à 10,000 habitants avaient une administration plus ou moins nombreuse, suivant l'importance de la population. — Enfin les grandes communes qui avaient plus de 100,000 habitants étaient partagées en sections, au moins au nombre de trois, ayant chacune à leur tête une administration municipale et reliées entre elles par nn bureau central.

Ces distinctions étaient dans leur ensemble conformes à la nature des choses et ont souvent été réclamées depuis ; elles remédiaient à l'absence de ressources et de capacités des communes rurales en les distinguant des communes urbaines et en les groupant autour du canton ; elles séparaient les grandes villes des villes moyennes, et par les assemblées de section qu'elles établissaient, avaient l'avantage d'intéresser un plus grand nombre d'habitants des grandes communes aux affaires municipales sans créer pourtant des corps assez puissants pour faire échec aux pouvoirs politiques.

Avec le Consulat et la loi du 28 pluviôse an VIII on revient à l'uniformité municipale. A la tête de la com-

mune devaient se trouver un maire chargé de l'action
et un Conseil municipal chargé de la délibération, les
uns et les autres étant nommés par le pouvoir exécutif.
C'est l'organisation qui a duré jusqu'en 1831, où les
Conseils municipaux sont devenus électifs. Depuis la
loi du 28 pluviôse un grand nombre de lois ont été
faites relativement au régime municipal. L'énumération
de toutes ces lois serait fastidieuse et ne produirait
d'autre enseignement que de montrer le contre-coup
des révolutions politiques se faisant sentir dans le
domaine administratif. Mais tandis que pour les Conseils généraux les variations successives de législation
présentent une tendance accusée dans le sens décentra-
lisateur, en matière communale, la tutelle administrative est toujours restée rigoureuse, et il n'est aujour-
d'hui aucun ordre de délibérations qui ne soient
soumises à l'approbation des agents du pouvoir exécutif et notamment du préfet.

DES MAIRES.

Les maires sont des fonctionnaires qui, dans chaque
commune, ont pour mission d'agir au nom de l'État
pour certains actes déterminés, et de représenter la
commune dans tous les actes qui intéressent celle-ci.

Les maires sont aujourd'hui nommés d'après la loi
du 12 août 1876. Dans les communes qui sont chefs-
lieux de département, d'arrondissement ou de canton,
les maires et adjoints sont nommés par décret parmi
les membres du Conseil municipal. — Dans les autres
communes, le Conseil municipal élit le maire et les
adjoints parmi ses membres, au scrutin secret et à la
majorité absolue. Si après deux scrutins aucun can-

didat n'a obtenu la majorité il est procédé à un scrutin de ballottage entre les deux candidats qui ont obtenu le plus de suffrage ; en cas d'égalité de suffrages, le plus âgé est nommé. Il découle de là que, puisque le maire doit être pris dans le sein du Conseil municipal, ses fonctions ont la même durée que celles de ce Conseil, c'est-à-dire trois ans, jusqu'au vote de la loi organique municipale.

Pour pouvoir être nommé maire il faut : 1° être membre du Conseil municipal ; 2° ne se trouver dans aucun des cas d'incompatibilité que la loi du 5 mai 1855 a édictés. Voici par quelles considérations s'expliquent les divers groupes d'incompatibilité établis par cette loi. Tantôt on a voulu respecter les rapports hiérarchiques dans le sein de l'administration. Exemple : préfets, sous-préfets, secrétaires généraux, conseillers de préfecture ; tantôt on a jugé qu'il était impossible de cumuler le rôle du maire avec des fonctions qui exigent tout le temps de ceux qui les occupent. Exemple : membres des cours et tribunaux de première instance, militaires et employés des armées de terre et de mer, etc.; tantôt enfin on a pensé que le maire, étant chargé de surveiller tous les employés de la commune, ne pouvait se trouver lui-même au nombre de ces agents. Exemple : comptables et fermiers de revenus communaux, fonctionnaires et employés des colléges communaux, etc.

Les maires peuvent être révoqués par décret du pouvoir exécutif, et dans les communes où ils sont élus ils ne peuvent en ce cas être nommés qu'au bout d'un an. Le Préfet a le droit de les suspendre, mais l'arrêté de suspension cesse d'avoir effet s'il n'est confirmé dans les deux mois par le Ministre de l'intérieur.

Attributions des Maires.

Attributions civiles et judiciaires. — Les maires ont d'abord une série d'attributions que nous ne pouvons qu'indiquer, parce qu'elles sortent de la sphère du droit administratif, ce sont toutes celles qui se rattachent à l'ordre judiciaire et sont accomplies sous la surveillance des autorités de cet ordre.

1° Le maire est officier d'état civil, et reçoit, sur un registre spécial, les déclarations de naissance, décès, reconnaissance d'enfants naturels, etc. Il est à ce point de vue placé sous la surveillance du procureur de la république.

2° De plus, les maires sont officiers de police judiciaire et peuvent dresser des procès-verbaux en matière de contraventions de police.

3° Enfin ils peuvent être chargés des fonctions du Ministère public auprès des tribunaux de police, sur la désignation du procureur général, dans les chefs-lieux de canton où il n'y a pas de commissaire de police, ou en cas d'empêchement de celui-ci (loi du 27 janvier 1873). Avant cette loi de 1873, ils étaient dans certains cas juges de simple police, mais ces fonctions, qui constituaient une grave atteinte à la séparation des pouvoirs, leur ont été complétement retirées.

Attributions administratives. — Nous restreignant aux attributions exercées dans l'ordre administratif, nous les diviserons comme nous l'avons fait pour les préfets, suivant que le maire est considéré comme représentant l'État ou comme représentant la commune.

1° DU MAIRE REPRÉSENTANT L'ÉTAT. — Ce premier groupe d'attributions est contenu dans l'article 9 de la

loi de 1837, et présente ce caractère que le maire ne peut, par négligence ou mauvais vouloir, empêcher qu'elles ne soient accomplies. Si le maire refuse de faire un de ces actes qui lui sont prescrits par la loi, le préfet, après l'en avoir requis, pourra y procéder d'office par lui-même ou par un délégué spécial (art. 15, loi de 1837).

Les actes prescrits par l'article 9 sont : 1° la publication et l'exécution des lois et règlements dans l'intérieur de la commune ; — 2° l'exercice des fonctions spéciales attribuées au maire par les lois. On peut en citer comme exemple : dresser les listes électorales, faire les tableaux de recensement pour le recrutement de l'armée, donner au contrôleur des contributions directes les indications nécessaires pour la confection des rôles, etc.; — 3° l'exécution des mesures de sûreté générale. Ces mesures se distinguent des mesures de police locale, confiées exclusivement aux maires, par l'objet qu'elles poursuivent, objet plus étendu qu'un simple intérêt communal, par exemple, le respect de l'ordre politique tel que la Constitution l'établit, ou encore le maintien des principes sur lesquels repose la société. C'est, comme nous l'avons vu, au sujet de ce dernier paragraphe de l'article 9, qu'a été soulevée la difficulté relative à la délimitation des attributions du préfet et de celles du maire.

2° DU MAIRE REPRÉSENTANT LA COMMUNE.— Nous diviserons ici nos explications, comme nous l'avons fait pour les préfets, suivant qu'il s'agit d'actes d'autorité ou d'actes de gestion.

A. *Actes d'autorité.* — Le maire est le chef de la police municipale et prend en cette qualité des règlements. D'autre part il est chargé en principe de la nomination aux emplois communaux.

I. *Arrêtés de police.* — Le soin de veiller à la police municipale constitue une des attributions les plus importantes et les plus délicates du maire. Aussi y insisterons-nous en passant successivement en revue l'objet des arrêtés de police, les personnes auxquelles ils s'appliquent, leur mise à exécution et leur sanction.

1° *Objet de ces arrêtés.* — D'après l'art. 10 de la loi de 1837, le maire est chargé de la police municipale, de la police rurale et de la voirie municipale. Il peut donc prendre des arrêtés généraux ou individuels et prescrire des mesures pour protéger la propriété rurale ou maintenir l'ordre et la sécurité sur la voie publique et dans les lieux publics. Nous examinerons quel est l'objet de ces arrêtés en nous occupant successivement de la police munipale et de la police rurale.

a. *Police municipale.* — Il faudrait bien se garder de croire que le maire ait des pouvoirs absolus en cette matière ; ses droits sont délimités par la loi du 16-24 août 1790, tit. II, art. 3 et se restreignent aux objets suivants :

1° *Maintenir la sûreté et la commodité de la voie publique*, ce qui comprend le nettoiement, le balayage des rues, l'interdiction des dépôts encombrants, etc. Toutes les mesures relatives aux alignements, aux édifices qui menacent ruine rentrent sous ce premier chef (Voy. t. I, p. 238), mais le droit de veiller à la commodité publique ne peut aller jusqu'à imposer aux particuliers l'obligation de prendre des mesures d'entretien ou d'embellissement. Le maire, comme tout administrateur, ne doit user de ses pouvoirs que d'une manière conforme au but en vue duquel ces pouvoirs lui sont accordés. Ainsi serait illégal l'arrêté par lequel le maire prescrirait aux riverains de la voie publique d'enlever l'herbe qui croît dans les interstices des pavés, et de remédier

par un sablage au déchaussement [1]. Le maire peut également, pour la commodité de la circulation, régler le service des voitures de place dans l'intérieur de la commune, mais il doit bien se garder de porter atteinte à la liberté de l'industrie en accordant un monopole à certains voituriers de préférence à d'autres [2].

2° *Réprimer les délits contre la tranquillité publique,* tels que rixes et disputes dans les rues, attroupements et tapages nocturnes. Les maires peuvent prendre des mesures en vue d'empêcher les bruits de toute nature qui, surtout pendant la nuit, pourraient porter atteinte à la tranquillité des habitants, par exemple défendre de sonner du cor à une distance déterminée des habitations. Ils pourront réglementer les heures de travail des professions bruyantes, mais ils devront s'abstenir de soumettre ces professions à des conditions incompatibles avec la liberté de l'industrie.

3° *Maintenir le bon ordre dans les réunions publiques et les lieux publics, foires et marchés, cafés, théâtres, églises,* etc. — En vertu de ce paragraphe, le maire peut défendre d'ouvrir des bals publics sans autorisation, mais il ne peut donner à un seul industriel, alors même que celui-ci paierait une redevance à la commune, le monopole de tenir des jeux et bals publics. Il dépasserait, en le faisant, les limites de ses pouvoirs, qui ne lui sont confiés que pour le maintien du bon ordre [3].

4° *Veiller à la fidélité du débit des denrées et à la salubrité des comestibles.* — Ainsi, le maire a le droit de défendre la mise en vente des fruits qui ne seraient pas suffisamment mûrs, il peut imposer aux bouchers et

1. C. d'Ét., 20 décemb. 1872, D. 73. 3, 45.
2. C. d'Ét., 2 août 1870, D. 72. 3, 27. — Cass., 27 fév. 1875, D. 76, 283.
3. Cass., 4 mai 1866, D. 67. I, 363.

On le voit, les attributions du maire sont très-étendues, mais elles ne sauraient excéder les limites que nous venons d'indiquer.

b. *Police rurale.* — Le maire a le droit de prendre des arrêtés de police en vue de protéger les champs et les récoltes, par exemple il peut ordonner l'échenillage des arbres ou l'échardonnage des champs, défendre le grapillage jusqu'à la fin de la vendange, etc. (loi du 28 septembre-6 octobre 1791, tit. III, art. 1er) [1]. Ce droit est rappelé par l'art. 475, § 1, Pén. qui décide que : « seront punis d'une amende de 6 à 10 francs ceux qui auront contrevenu aux bans de vendange et autres bans autorisés par les règlements. »

Le *ban de vendange* a eu jadis une certaine utilité; il facilitait la perception de la dîme, en déterminant les heures auxquelles on pouvait procéder à la cueillette des raisins. Aujourd'hui on l'explique en disant qu'il rend plus aisée la surveillance du maraudage, mais il me paraît fort douteux que cette considération suffise à justifier cette atteinte au libre exercice de la propriété, au droit que doit avoir chacun de récolter à sa guise et au moment qui lui convient le mieux. — Mais le maire pourrait-il prendre, en dehors des bans de vendanges, des *bans de fauchaison* ou de *moisson*? La jurisprudence reconnaît la validité des arrêtés de ce genre en se fondant sur l'énonciation que fait l'article 475 § 1 des « autres bans autorisés par les règlements ». Toutefois, je doute que cette interprétation soit exacte, car la loi du 28 septembre-6 octobre 1791 (sect. V, art. 1er, § 2) s'exprimait en ces termes : « Chaque propriétaire sera libre de faire sa récolte, de quelque nature qu'elle soit, avec tout instrument, et au moment qu'il lui conviendra,

---

1. Duvergier, *Collection des Lois*, t. III, p. 435.

charcutiers certaines obligations, par exemple interdire d'abattre les bestiaux ailleurs qu'à l'abattoir public, soumettre à un contrôle les viandes qui seraient apportées des boucheries foraines dans la ville, etc.

5° *Prévenir par des précautions convenables et faire cesser par la distribution des secours nécessaires les accidents et fléaux calamiteux, tels que, incendies, épizooties,* etc. C'est sur cette disposition que se fondent les arrêtés municipaux qui, dans un but de salubrité, enjoignent aux propriétaires de faire disparaître les dépôts qui sont de nature à répandre des exhalaisons malsaines et les mares et fossés où l'eau est croupissante, ou de prendre des mesures pour se débarrasser des eaux sales. Ici encore les maires doivent, en exerçant leurs pouvoirs, se conformer au but en vue duquel ceux-ci leur ont été attribués, et puisqu'ils ne prennent des arrêtés que dans l'intérêt de la salubrité publique, ils ne peuvent, dans les cas où la ville concède de l'eau aux habitants par abonnement, interdire à ceux-ci, pour assurer le bon emploi de l'eau, de la laisser couler inutilement sur la voie publique. Dans ce cas, l'infraction aux ordres du maire entraînerait, non une sanction pénale, mais la résiliation de l'abonnement et au besoin une indemnité [1].

6° *Obvier aux événements fâcheux qui pourraient être occasionnés par les insensés ou furieux laissés en liberté et par la divagation des animaux malfaisants ou furieux.* — Ainsi, le maire d'une commune qui a été parcourue par un chien atteint d'hydrophobie, peut prescrire l'abattage immédiat de tous les animaux mordus par ce chien [2].

---

1. Cass., 6 février 1873, D. 73. 1, 186.
2. Cass., 20 août 1874, D. 75. I, 223.

charcutiers certaines obligations, par exemple interdire d'abattre les bestiaux ailleurs qu'à l'abattoir public, soumettre à un contrôle les viandes qui seraient apportées des boucheries foraines dans la ville. etc.

5° *Prévenir par des précautions convenables et faire cesser par la distribution des secours nécessaires les accidents et fléaux calamiteux, tels que, incendies, épizooties, etc.* C'est sur cette disposition que se fondent les arrêtés municipaux qui, dans un but de salubrité, enjoignent aux propriétaires de faire disparaître les dépôts qui sont de nature à répandre des exhalaisons malsaines et les mares et fossés où l'eau est croupissante, ou de prendre des mesures pour se débarrasser des eaux sales. Ici encore les maires doivent, en exerçant leurs pouvoirs, se conformer au but en vue duquel ceux-ci leur ont été attribués, et puisqu'ils ne prennent des arrêtés que dans l'intérêt de la salubrité publique, ils ne peuvent, dans les cas où la ville concède de l'eau aux habitants par abonnement, interdire à ceux-ci, pour assurer le bon emploi de l'eau, de la laisser couler inutilement sur la voie publique. Dans ce cas, l'infraction aux ordres du maire entraînerait, non une sanction pénale, mais la résiliation de l'abonnement et au besoin une indemnité [1].

6° *Obvier aux événements fâcheux qui pourraient être occasionnés par les insensés ou furieux laissés en liberté et par la divagation des animaux malfaisants ou furieux.* — Ainsi, le maire d'une commune qui a été parcourue par un chien atteint d'hydrophobie, peut prescrire l'abattage immédiat de tous les animaux mordus par ce chien [2].

---

1. Cass., 6 février 1873, D. 73. 1, 186.
2. Cass., 20 août 1874, D. 75. I, 223.

On le voit, les attributions du maire sont très-étendues, mais elles ne sauraient excéder les limites que
nous venons d'indiquer.

b. *Police rurale.*— Le maire a le droit de prendre des
arrêtés de police en vue de protéger les champs et les
récoltes, par exemple il peut ordonner l'échenillage des
arbres ou l'échardonnage des champs, défendre le grapillage jusqu'à la fin de la vendange, etc. (loi du 28 sep-
tembre-6 octobre 1791, tit. III, art. 1er) [1]. Ce droit est rappelé par l'art. 475, § 1, Pén. qui décide que : « seront
punis d'une amende de 6 à 10 francs ceux qui auront
contrevenu aux bans de vendange et autres bans autorisés par les règlements. »

Le *ban de vendange* a eu jadis une certaine utilité ; il
facilitait la perception de la dîme, en déterminant les
heures auxquelles on pouvait procéder à la cueillette
des raisins. Aujourd'hui on l'explique en disant qu'il
rend plus aisée la surveillance du maraudage, mais il
me paraît fort douteux que cette considération suffise à
justifier cette atteinte au libre exercice de la propriété,
au droit que doit avoir chacun de récolter à sa guise et
au moment qui lui convient le mieux. — Mais le maire
pourrait-il prendre, en dehors des bans de vendanges,
des *bans de fauchaison* ou de *moisson*? La jurisprudence
reconnaît la validité des arrêtés de ce genre en se fondant
sur l'énonciation que fait l'article 475 § 1 des « autres
bans autorisés par les règlements ». Toutefois, je doute
que cette interprétation soit exacte, car la loi du 28 sep-
tembre-6 octobre 1791 (sect. V, art. 1er, § 2) s'exprimait en ces termes : « Chaque propriétaire sera libre de
faire sa récolte, de quelque nature qu'elle soit, avec
tout instrument, et au moment qu'il lui conviendra,

---

1. Duvergier, *Collection des Lois*, t. III, p. 435.

pourvu qu'il ne cause aucun dommage aux propriétaires voisins. » Cette liberté n'était restreinte dans le paragraphe suivant que pour le ban de vendanges. Or,
aucune loi postérieure n'a rétabli les bans de fauchaison
et de moisson, ils sont contraires au principe de la
liberté de la propriété, donc le renvoi conçu en termes
généraux de l'art. 475 § 1 ne suffit pas à les faire re-
vivre. — J'en dirai autant du *ban du troupeau commun,*
par lequel un maire prétendrait empêcher les propriétaires d'envoyer paître leurs troupeaux autrement que
sous la garde d'un pâtre désigné par lui. Si les usages
de la commune autorisent le maire à faire une semblable
désignation, ce doit être pour les habitants et les propriétaires une faculté de se servir du pâtre commun,
mais non une obligation rigoureuse. Ce genre de bans
n'est établi par aucun texte, et il est par trop contraire
au principe de liberté pour qu'on puisse aujourd'hui
encore le considérer comme légal.

2° *Sphère d'application des arrêtés municipaux.*— Les
arrêtés de police peuvent être individuels, et, dans ce
cas, ils ne sont obligatoires que pour la personne à
laquelle ils s'adressent, après que celle-ci en a reçu notification. Quant aux arrêtés généraux, ils ont tous les
caractères de la loi ou des règlements d'administration
publique, le maire étant investi dans l'enceinte de la
commune de pouvoirs analogues à ceux du chef de
l'État qui prend des règlements d'administration pour
le pays tout entier. De ce point de vue découlent de
nombreuses conséquences :

1° Les arrêtés généraux s'appliquent à tous les habitants de la commune, français ou étrangers, domiciliés
ou non (art. 3, c. civ.).

2° Les arrêtés ne sont obligatoires que lorsqu'ils ont
été l'objet d'une publication suffisante dans la commune.

Le plus souvent cette publication a lieu par affiches ou à son de trompe ou de caisse, mais la loi n'établit aucune forme sacramentelle, et il appartiendra au juge de police, statuant sur les poursuites pour contravention à un arrêté, d'apprécier si en fait la publication a eu lieu.

3° Il a été souvent décidé par la jurisprudence [1] qu'il ne peut dépendre du maire de dispenser de l'application d'un arrêté général un individu déterminé. Le maire, comme le législateur, ne peut se placer qu'au point de vue des intérêts généraux dont il a la sauvegarde, les détails particuliers d'application lui échappent. Bien plus, le maire ne saurait, comme représentant la commune personne civile, se soustraire à l'application des règlements qu'il aurait pris comme administrateur, en vertu de ses pouvoirs de police. Ainsi, un arrêté ayant interdit l'étalage sur la voie publique, il a été décidé qu'un second arrêté ne pouvait fixer le prix à payer par ceux qui étaleraient et vendraient leurs marchandises sur les places publiques [2] ; le maire aurait dû commencer par abroger le premier arrêté avant de faire le second.

4° Les arrêtés municipaux ne sont obligatoires que sur le territoire de la commune, mais dans le cas où celle-ci s'agrandirait, ils deviendraient, de plein droit et sans publication nouvelle, applicables à la partie annexée.

3° *Exécution et sanction des arrêtés municipaux.* — A quel moment les arrêtés du maire sont-ils exécutoires ? L'article 11 de la loi de 1837 fait ici une distinction importante entre les arrêtés temporaires et les arrêtés permanents. Les premiers peuvent être exécutés de

1. Cass., 27 avril 1866, D., 67. 5, 361.
2. Cass., 29 mars 1856.

suite, c'est-à-dire dès le lendemain de leur publication, sauf au préfet, à qui ils sont immédiatement envoyés par l'intermédiaire du sous-préfet, à les annuler ou à en suspendre l'exécution. Les autres ne sont exécutoires qu'un mois après la remise de l'ampliation constatée par les récépissés donnés par le sous-préfet. Le motif de cette distinction est évidemment que les arrêtés temporaires sont les moins graves, qu'ils ont souvent pour objet des mesures urgentes, tandis que, les arrêtés permanents devant régir la commune pour un temps indéfini, on a jugé bon de les soumettre au contrôle préalable du préfet. Il sera le plus souvent très-facile d'apprécier si un arrêté est temporaire ou permanent. Si une difficulté s'élevait à ce sujet devant le tribunal de simple police, le juge de paix, compétent pour interpréter l'arrêté municipal, aurait à décider, d'après les considérants et le dispositif, quel caractère il doit lui attribuer.

Ce délai de trente jours pour la mise à exécution des arrêtés permanents est-il obligatoire? Le préfet ne pourrait-il l'abroger et faire publier l'arrêté avant l'expiration du mois? La Cour de Cassation s'est prononcée pour la négative en s'appuyant sur ce que la disposition de l'article 11 est générale et absolue et que, la loi ne distinguant pas, il ne peut appartenir aux tribunaux d'admettre aucune distinction [1]. A quoi des auteurs ont ajouté que ce délai est nécessaire pour que les habitants de la commune intéressée puissent présenter au préfet leurs observations au sujet du règlement qui va leur être applicable.— J'avoue ne pas comprendre pourquoi le délai de l'article 11 serait un délai de rigueur. C'est là une disposition de tutelle administrative, de

___

[1]. Cass., 12 mars 1868, D. 68. 1, 462

protection pour la commune. Pourquoi donc si le préfet estime qu'il y a utilité à hâter l'exécution d'un arrêté, ne pourrait-il le faire? Pourquoi retourner contre la commune ce qui a été établi en sa faveur? Invoquera-t-on la facilité qu'il faut laisser aux habitants de présenter leurs observations? Mais dans le mois l'arrêté n'est pas publié, ils ne le connaissent pas, et, dès lors, ne peuvent le critiquer. Quant au texte, il ne statue pas en vue de l'approbation expresse et n'a, au reste, rien de prohibitif.

Le préfet peut annuler ou suspendre les arrêtés municipaux, mais pourrait-il substituer son autorité à celle du maire, remplacer l'arrêté qui lui déplaît par un autre à sa convenance, ou requérir le maire de prendre un arrêté sur tel objet de police locale, et, sur le refus de celui-ci, faire lui-même un règlement? Il faut sans hésiter répondre par la négative. Chaque fonctionnaire doit se renfermer dans le cercle des attributions qui lui sont départies, et si le supérieur hiérarchique peut contrôler les actes de l'inférieur, ce n'est pas pour attirer à lui et absorber les pouvoirs de ce dernier. La séparation des fonctions est une règle essentielle sans laquelle il n'y aurait en administration que confusion et désordre. On a pourtant essayé de soutenir que le préfet peut prendre des arrêtés municipaux, en se fondant sur l'article 15 de la loi de 1837 qui porte que, dans le cas où le maire refuse de faire un des actes qui lui sont prescrits par la loi, le préfet, après l'en avoir requis, peut y procéder lui-même. Mais ce raisonnement suppose que les arrêtés de police sont au nombre des actes prescrits par la loi, proposition très-contestable, puisque l'article 11 les place sous la surveillance seulement et non sous l'autorité de l'administration supérieure.

Remarquons enfin que les arrêtés municipaux, s'ils

ne se réfèrent pas à une loi spéciale, sont, en cas d'inexécution, sanctionnés par l'article 471, § 15, Pén. Ce
sont des actes administratifs réglementaires, et dès lors
le juge de paix peut en interpréter le sens ou en apprécier la légalité. Comme d'après l'article 15 de la loi du
25 mai 1838, on ne peut recourir contre les sentences
des juges de paix que pour excès de pouvoir, c'est-à-
dire pour violation des limites dans lesquelles la loi a
circonscrit l'autorité de ces magistrats, il suit qu'on ne
peut déférer à la Cour de cassation la sentence d'un juge
de simple police pour fausse interprétation d'un règlement municipal [1].

II. *Nomination des employés communaux.* — C'est le
maire qui a en principe le droit de nommer à tous les
emplois communaux, pour lesquels la loi ne prescrit pas
un mode spécial de nomination. Les emplois auxquels
il peut nommer doivent réunir ces deux conditions :
être rétribués sur la caisse de la commune, avoir un
caractère exclusivement communal. Rentrent dans cette
catégorie les secrétaires de mairie, les divers employés
des bureaux, les vérificateurs des décès, etc. Les décrets
de 1852 et de 1861 ont reconnu aux préfets le droit de
nomination pour un assez grand nombre d'employés
des communes, les directeurs et professeurs des écoles
de dessin, les conservateurs des musées, les receveurs
municipaux dans les villes dont les revenus sont de
30 000 à 300 000 francs (au-dessus ils sont nommés
par décret; au-dessous, c'est le percepteur qui en remplit les fonctions), les gardes champêtres, les gardes
forestiers, etc.

C'est une question qui a été souvent agitée dans la
pratique que de savoir, lorsqu'un maire remplace un

----

[1]. Cass., 12 août 1873, D. 74. I, 494.

employé, si la commune doit à l'employé révoqué une certaine somme à titre d'indemnité. Plusieurs décisions de jurisprudence ont adopté l'affirmative [1] par cette raison que, dans un contrat de louage de services fait pour un temps déterminé, le maître qui renvoie son employé sans lui reprocher aucune faute, doit lui donner un dédommagement dont, en cas de contestation, le chiffre est arbitré par les tribunaux. D'autre part, les fonctionnaires publics sont dans une situation toute spéciale et l'intérêt public exige qu'aucune entrave ne soit apportée au droit qu'a l'administration de les révoquer. — J'inclinerai à admettre les décisions de la jurisprudence par ce motif que les employés de la commune ne sont pas fonctionnaires, qu'aucun acte n'est fait en leur nom, que ce sont de simples auxiliaires pouvant trouver ailleurs (au service des grandes compagnies par exemple) des fonctions analogues, et que dès lors il est équitable de les indemniser pendant un temps suffisant pour qu'ils puissent se procurer un autre emploi.

B. *Actes de gestion*. — Le maire représente la commune dans tous les actes de la vie civile; il passe les contrats qui ont été approuvés par le Conseil municipal, il figure dans tous les procès qui intéressent la commune et comparaît pour elle, soit en demandant, soit en défendant, devant les tribunaux judiciaires ou administratifs. En principe, il n'est autre chose que l'agent d'exécution des volontés du Conseil municipal. Toutefois, il a des pouvoirs propres pour prendre des mesures conservatoires, comme interrompre une prescription, accepter à titre provisoire des dons et legs [2], etc.

Le maire gère également les finances de la commune. C'est lui qui ordonnance les dépenses communales dans

---

1. Lyon, 3 février 1872, D. 73. 2, 34.

les limites des crédits ouverts par le Conseil municipal.
Aussi, chaque année, est-il tenu de rendre ses comptes
d'administration, comme nous avons vu que le préfet
doit le faire pour les finances départementales.

DES ADJOINTS.

Les adjoints sont des auxiliaires du maire placés auprès
de lui pour l'aider dans l'accomplissement de sa tâche
et le remplacer en cas d'empêchement.

Tout ce qui a trait à leur nomination, à leur suspension, etc. est régi par les règles que nous avons exposées
au sujet des maires. Leur nombre varie d'après la loi
du 5 mai 1855 (art. 3) de la manière suivante: Au-dessous de 2500 habitants il n'y a qu'un adjoint; de 2500
à 10 000, il y en a deux; au dessus de 10 000 on pourra
nommer un adjoint de plus pour chaque excédant de
20 000 habitants.

Les adjoints agissent tantôt comme suppléants du
maire, tantôt comme délégués, tantôt en vertu d'une
vocation directe de la loi.

1° Ils sont *suppléants* dans tous les cas où le maire
ne peut ou ne veut plus exercer ses fonctions, en cas
d'empêchement ou de démission par exemple et dans ce
cas ils sont investis de la plénitude des fonctions municipales. Si les adjoints eux-mêmes étaient absents ou
empêchés, ils seraient remplacés par le conseiller municipal le premier inscrit dans l'ordre du tableau dressé
d'après le nombre des suffrages obtenus et suivant l'ordre
des scrutins.

2° Ils sont *délégués* par le maire à une partie des
fonctions municipales lorsque, dans les communes un
peu importantes, le maire ne peut de lui-même accom-

plir tous les actes dont il est chargé. Dans ce cas ils doivent indiquer dans chacun de leurs actes qu'ils agissent par délégation du maire. Ils ne peuvent du reste recevoir une délégation totale qui constituerait de la part du maire une véritable renonciation aux devoirs de sa charge dont il ne conserverait que le titre honorifique.

3° Ils *sont investis directement par la loi de certaines attributions* spéciales, comme présider les bureaux des colléges électoraux, faire partie de la commission des répartiteurs, exercer les fonctions d'officier de police judiciaire, etc.

Remarquons que dans certains cas il y a lieu de nommer des *adjoints spéciaux* ayant des fonctions plus importantes que ceux dont nous venons de parler. Lorsqu'une portion de la commune est séparée de la commune chef-lieu par un fleuve, un bras de mer ou un obstacle momentané qui rend les communications difficiles, on fait nommer un adjoint spécial en sus du nombre ordinaire pour remplir les fonctions d'officier de l'état civil et pourvoir à l'exécution des lois et règlements de police (loi du 22 juillet 1870, art. 1er § 2).

DES COMMISSAIRES DE POLICE.

Ce sont des officiers publics exclusivement préposés à la police et qui, comme tels, se trouvent être sous les ordres du maire pour la police municipale, de même qu'ils sont sous les ordres du préfet pour la police générale.

Il y a un commissaire de police dans les communes qui ont de 5000 à 10 000 habitants. Au-dessus de ce chiffre, il y aura un commissaire par chaque excédant de 10 000 habitants (loi du 27 pluviôse an VIII). Il est

d'usage d'instituer dans les communes importantes un commissaire central, qui est nommé et révoqué par le chef de l'État, et qui a sous sa direction les autres commissaires de la commune.

La nomination des commissaires de police est confiée au préfet dans les chefs-lieux de département ayant plus de 60 000 âmes, dans les autres villes c'est le maire qui les nomme, sauf l'agrément du préfet. Le maire peut les suspendre, mais le préfet seul pourra les révoquer (loi du 20 janvier 1874).

Leurs attributions sont relatives, soit à la police administrative ou préventive, soit à la police judiciaire ou répressive. Ils peuvent prendre toutes les mesures de police destinées à prévenir des accidents, des troubles, etc,. et d'autre part, ils ont qualité, comme officiers de police judiciaire, pour dresser des procès-verbaux et constater les infractions à la loi pénale ou aux arrêtés municipaux. Il sont encore, comme nous l'avons vu, organes du ministère public auprès des tribunaux de police.

Il ne faut pas confondre les commissaires dont nous venons de parler, avec les commissaires chargés de la police sur les voies ferrées et dans les gares et dépendances. Ceux-ci ont des pouvoirs spéciaux qui s'étendent à une section de la voie ferrée, et ils sont placés sous l'autorité préfectorale (décret du 22 février 1855).

DES CONSEILS MUNICIPAUX.

Les Conseils municipaux sont des corps électifs chargés de délibérer sur les affaires relatives aux intérêts de la commune.

Nous allons indiquer quelle est la composition, et quelles sont les attributions de ces conseils, en suivant

le même ordre que pour le Conseil général. Nous ferons toutefois remarquer que ce qui les distingue essentiellement de ces derniers, c'est qu'ils sont soumis à une tutelle administrative plus rigoureuse et se trouvent pour tous leurs actes placés sous l'autorité du pouvoir exécutif.

Organisation des Conseils municipaux.

Des électeurs. — Des listes sont dressées à la mairie qui comprennent les habitants remplissant les trois conditions suivantes : 1° être français et majeur; 2° ne se trouver dans un des cas d'incapacité prévus par le décret du 2 février 1852; 3° avoir deux ans de résidence dans la commune. Ce laps de temps, est réduit à un an, si l'électeur est marié dans la commune, s'il est inscrit au rôle d'une des quatre contributions directes ou au rôle des prestations en nature; à six mois, s'il est né dans la commune ou y a tiré au sort. Comme on le voit, ce n'est qu'au point de vue de la résidence, que les électeurs municipaux diffèrent des électeurs politiques. Et cela s'explique aisément. Quelle que soit la commune dans laquelle un Français se trouve, il a le même intérêt à la bonne gestion des affaires nationales; les questions municipales, au contraire, ne touchent que ceux qui sont fixés depuis quelque temps dans la commune, qui s'y sont établis et y possèdent des relations.

Comment sont formées les listes électorales? C'est la loi du 7 juillet 1874 qui détermine le mode de formation. Le maire rédige la liste avec l'assistance d'un premier délégué nommé par le préfet, et d'un second délégué nommé par le Conseil municipal. Ces délégués peuvent être pris en dehors du Conseil municipal, parmi les personnes qui, par la nature de leurs fonctions sont à même de connaître le mieux les habitants

de la commune, les notaires, les percepteurs, etc.

La liste une fois dressée et déposée à la mairie, des affiches avertissent le public que, dans un délai de vingt jours, tout électeur pourra en demander communication et réclamer, s'il a été omis, ou s'opposer à l'inscription d'un électeur qui ne remplirait pas les conditions requises. — Ces réclamations sont jugées par la commission précédente, à laquelle doivent être ajoutés deux autres délégués nommés par le Conseil municipal. Cette commission est présidée par le maire. L'électeur intéressé doit être averti sans frais. La commission apprécie la déclaration du réclamant et les pièces qui sont produites au débat. Aucun mode de preuve spéciale n'est exigé par la loi, mais l'article 6 prononce des peines sévères contre ceux qui auraient fait des déclarations frauduleuses ou produit de faux certificats. Enfin, les décisions sont notifiées dans les trois jours de leur date.

La commission ne statue que sauf recours au juge de paix. Dans les cinq jours de la notification, on pourra former appel devant celui-ci, par simple déclaration au greffe de la justice de paix. Il va sans dire que ce sont les parties intéressées et non les délégués qui ont concouru à la décision qui peuvent former appel. — La décision du juge de paix une fois rendue, elle pourra être l'objet d'un pourvoi en cassation pour violation de la loi, dans les dix jours.

Des éligibles. — Pour être éligible au conseil municipal, il faut 1° être citoyen français, 2° être âgé de 25 ans ; 3° avoir un an de domicile dans la commune, ou y payer une des quatre contributions directes, à condition qu'il n'y ait pas plus du quart des électeurs dans cette dernière situation (loi 14 avril 1871, art. 3). Il est à remarquer que les conditions de l'éligibilité sont moins

sévères que celles de l'électorat, ce qui s'explique, soit par le peu de concordance des textes qui régissent les questions municipales, soit par la considération que dans les communes rurales, il sera souvent à désirer qu'un propriétaire, quoiqu'il ne réside pas, puisse être appelé au conseil municipal, où il apportera une instruction, une habitude des affaires, qui pourraient faire défaut aux membres du conseil.

Il y a une double série d'incapacités et d'incompatibilités :

Sont incapables : 1° absolument et dans toutes communes, à raison sans doute du manque d'indépendance, les domestiques attachés à la personne, les individus dispensés de subvenir aux charges communales et ceux qui sont secourus par les bureaux de bienfaisance (loi du 1er mai 1855, art. 9). 2° Relativement et dans certaines communes seulement, certaines personnes auxquelles leur situation donne dans ces communes une influence dont elles pourraient abuser. Ex.: les ministres du culte dans les communes où ils exercent leurs fonctions, les juges de paix dans leurs cantons, les membres amovibles des tribunaux de première instance dans les communes de leur ressort (loi du 14 avril 1871).

Exercent des fonctions incompatibles avec celles de conseiller municipal : 1° les personnes rétribuées sur les fonds de la commune, les comptables de deniers communaux, entrepreneurs de services communaux, parce qu'on ne peut être à la fois contrôleur et contrôlé ; 2° les préfets et sous-préfets, etc., à cause des rapports hiérarchiques dans l'administration ; 3° les militaires et employés des armées de terre et de mer, à cause du manque de fixité ; 4° les personnes qui appartiennent déjà à un autre Conseil municipal, à raison de l'impossibilité matérielle de siéger simultanément dans plusieurs

conseils. Ajoutons que dans les communes qui ont plus de 500 habitants, des parents, au degré de père, fils, frère ou alliés au même degré, ne peuvent être membres du même Conseil municipal, dans la crainte qu'un Conseil municipal ne se transforme en conseil de famille, et qu'une seule influence ne devienne prépondérante. Dans les toutes petites communes, on est bien forcé d'admettre la présence de parents proches à cause de la difficulté où l'on serait sans cela de recruter le Conseil, mais, au-dessus de 500 habitants, les parents nommés dans le même Conseil, devraient s'entendre pour ne laisser qu'un des leurs investi des fonctions municipales.

Nomination des conseillers. — Chaque électeur vote pour la totalité des conseillers, à moins que la commune ne soit divisée en circonscriptions électorales dont chacune élira un nombre de conseillers proportionnel à la population. Dans ce cas, le sectionnement est fait par le Conseil général (loi du 14 avril 1871, art. 3).

Le nombre des conseillers varie suivant la population; il est déterminé par l'art. 6 de la loi du 5 mai 1855. Au-dessous de 500 habitants, il y a dix conseillers; au-dessus de 60 000, trente-six; le nombre des conseillers varie entre ces limites, d'après les différences de population.

La vérification des pouvoirs est ici confiée au Conseil de préfecture (voir à ce sujet les observations présentées pour les Conseils généraux).

Sessions des Conseils municipaux. — Ces Conseils ont quatre sessions ordinaires par an, qui sont fixées au commencement des mois de février, mai, août et novembre. Chacune de ces sessions est close au bout de dix jours. La plus importante est celle du mois de mai, qui est consacrée à l'examen du budget et des comptes

de la commune. En dehors de ces sessions, les Conseils municipaux pourront être convoqués par le préfet en session extraordinaire pour délibérer sur un objet spécial, soit d'office, soit sur la demande du maire ou du tiers des Conseillers municipaux.

Suspension et dissolution. — Les Conseils municipaux peuvent être suspendus par arrêté préfectoral ou dissous par décret. La suspension ne peut durer que deux mois, à moins que le ministre de l'intérieur ne l'étende à un an. Pour remplacer les Conseils, des commissions municipales seront nommées, en cas de suspension, par le préfet, en cas de dissolution, tantôt par décret pour les chefs-lieux de département, d'arrondissement ou de canton, tantôt par arrêté préfectoral pour toutes autres communes. Ces commissions ne peuvent être maintenues au delà de trois ans.

Attributions des Conseils municipaux.

Nous allons suivre à ce sujet les mêmes divisions que pour les conseillers généraux. Il importe pourtant de bien observer que la tutelle administrative est ici beaucoup plus étroite, et qu'il n'est aucune délibération du Conseil municipal que le pouvoir exécutif soit tenu de respecter.

ATTRIBUTIONS RELATIVES AUX INTÉRÊTS DE L'ÉTAT. — Le Conseil municipal intervient, il est vrai, dans la répartition des contributions directes, mais avec un rôle bien plus effacé que le Conseil général. Ses attributions à cet égard se réduisent à un double objet : 1° *formuler les demandes en dégrèvement du contingent communal*, demandes qui sont soumises d'abord au Conseil d'arrondissement et ensuite au Conseil général, qui statue d'une manière définitive; 2° *indiquer chaque année les*

habitants qui, en raison de leur indigence, doivent être affranchis totalement de l'impôt personnel et mobilier, ou soumis seulement à la taxe personnelle. Par là le Conseil intervient dans la répartition, car il exonère certains contribuables et reporte sur d'autres les taxes dont il soulage les premiers.

Mais le Conseil municipal n'est pas chargé de la répartition des impôts entre les habitants de la commune, à la différence du Conseil général qui les répartit entre les arrondissements. C'est une commission spéciale, dite Commission des répartiteurs, à laquelle ce soin est confié. Pourquoi en est-il ainsi? C'est que le Conseil municipal, nommé par les efforts d'un parti politique ou d'une coterie locale, aurait pu être suspecté de partialité dans la répartition; on eût pu l'accuser de taxer ses amis avec modération et de réserver ses rigueurs pour ses ennemis.

2° ATTRIBUTIONS RELATIVES AUX INTÉRÊTS DE LA COMMUNE. — En suivant le parallèle avec le Conseil général, nous sommes arrivés à distinguer le contrôle du pouvoir législatif et celui du Conseil exécutif.

Sous le contrôle du pouvoir législatif se trouvent placées les délibérations relatives au vote des emprunts et aux centimes additionnels: 1° C'est par une loi que doivent être approuvés les emprunts qui dépassent un million, ou dont le montant joint à celui d'autres emprunts non remboursés dépasse ce chiffre; on s'attache donc, pour exiger l'approbation législative au sujet des emprunts communaux, au montant des sommes empruntées et non à la période de remboursement, comme on le fait pour les emprunts départementaux. Ce dernier procédé me paraît préférable; la gravité d'un emprunt est chose relative et dépend des ressources de la commune. On apprécierait donc mieux s'il est onéreux en recherchant dans

quel délai il peut être remboursé, eu égard à ces ressources. 2° le législateur fixe encore le maximum du nombre des centimes additionnels spéciaux à l'instruction primaire, des centimes additionnels extraordinaires, etc.

Sous le contrôle du pouvoir exécutif, les délibérations du Conseil municipal ne sont dans aucun cas dispensées d'autorisation; mais les unes ne sont soumises qu'à l'approbation tacite résultant de l'expiration d'un certain délai, les autres à l'approbation expresse du pouvoir exécutif, d'autres enfin sont mixtes et tiennent le milieu entre les deux premières catégories.

1° *Délibérations réglementaires ou soumises à approbation tacite.*— Ce sont les délibérations qui sont envoyées au préfet par l'intermédiaire du sous-préfet, et qui deviennent exécutoires si dans un délai de trente jours, à partir de la date du récépissé donné à la sous-préfecture, elles n'ont pas été annulées par le préfet (loi de 1837, art. 18). Le préfet a pour ces délibérations un pouvoir discrétionnaire; non-seulement il pourrait prononcer l'annulation pour violation de la loi ou des formes, mais encore pour inopportunité de la délibération ou appréciation inexacte des faits.

Les objets qui rentrent dans cette première catégorie ont ce caractère commun qu'ils sont relatifs à l'administration et à la jouissance des biens communaux. L'article 17 les énumère de la manière suivante : 1° le mode d'administration des biens communaux; 2° les conditions des baux à ferme ou à loyer dont la durée n'excède pas dix-huit ans pour les biens ruraux et neuf ans pour les autres biens; 3° le mode de jouissance et la répartition des pâturages et fruits communaux autres que les bois; 4° les affouages en se conformant aux lois forestières (Voy. t. I, p. 75).

2° *Délibérations mixtes.* — Ce sont celles qui sont

soumises aux mêmes règles que les précédentes si le maire approuve la délibération de son Conseil municipal, et qui sont soumises à l'approbation expresse du préfet si le maire les désapprouve. La loi du 24 juillet 1867, en instituant cet ordre de délibérations, a donc regardé le maire comme une sorte de tuteur des communes ayant à donner son avis, cet avis rendant nécessaire, quand il est défavorable, l'intervention du préfet; mais ce point de vue qui s'expliquait à la rigueur quand le maire était nommé par le chef de l'État et pouvait être regardé comme agent du Gouvernement auprès du Conseil municipal ne saurait être adopté, aujourd'hui que le maire est, dans la plupart des communes, nommé par le Conseil municipal.

La loi de 1867 a énuméré limitativement (art. 1, 3 et 9) les délibérations qui rentrent dans ce groupe qu'elle créait, et l'on peut donner cette idée générale des exemples qu'elle donne qu'il s'agit d'actes plus graves que des actes d'administration, et moins importants toutefois que des actes de disposition. Ainsi les baux à loyer des maisons lorsque le bail a une durée de neuf à dix-huit ans, l'affectation d'une propriété communale à un service public, l'acceptation ou le refus de dons et legs lorsqu'il n'y a ni affectation immobilière, ni réclamation des familles, etc.

3° *Délibérations soumises à approbation expresse.* — Il s'agit ici des actes les plus graves, actes de disposition et autres analogues. Le rôle du Conseil municipal est de prendre des délibérations qui ne sont obligatoires que si l'administration supérieure manifeste expressément son approbation. Toutefois l'administration ne peut imposer à la commune une décision contraire à celle de son Conseil municipal. A la différence du tuteur du droit civil, les tuteurs de la commune ne peu-

vent accomplir eux-mêmes en principe aucun des actes qui intéressent celle-ci.

Quel est le représentant du pouvoir exécutif qui donnera son approbation ? Ce sera le plus souvent le préfet, et c'est ce qu'a lieu en effet pour les aliénations, échanges, partages, acquisitions d'immeubles dépassant le dixième des revenus de la commune, baux de plus de dix-huit ans, etc. Quelquefois c'est un décret en Conseil d'État, comme pour les acceptations de dons et legs quand il y a réclamation de la famille, ou la loi elle-même comme pour les emprunts dépassant un million. Ajoutons le Conseil de préfecture pour les autorisations de plaider, et, comme nous l'avons vu, les Conseils généraux pour certains cas prévus par l'article 46, *in fine*, de la loi du 10 août 1871.

Quant au *budget de la commune*, qui est l'acte le plus important parmi ceux que doit voter le Conseil municipal, celui dans lequel se résument toutes les affaires communales, il est homologué par le préfet si la commune a moins de cent mille francs de revenu ou s'il ne donne pas lieu à des impositions extraordinaires, sinon il est approuvé par décret. Comme le budget du département, celui de la commune se divise, d'une part, en budget ordinaire contenant les recettes et dépenses normales et périodiques qui doivent, autant que possible, s'équilibrer, et d'autre part, en budget extraordinaire contenant les recettes et dépenses non périodiques ou extraordinaires.

Dans le budget ordinaire, nous distinguons divers groupes de recettes périodiques : les produits des propriétés communales ou des capitaux de la commune, les centimes additionnels et taxes assimilées, les octrois, les amendes et produits divers. Parmi les centimes ordinaires, on comprend 5 centimes additionnels à l'im-

pôt foncier et à l'impôt personnel et mobilier qui sont
inscrits au budget sans vote spécial, plus des centimes
spéciaux pour les chemins vicinaux, l'instruction primaire et les gardes-champêtres. Les taxes assimilées
comprennent la taxe sur les chiens, les prestations en
nature, les taxes pour le pavage et les trottoirs. Notons
encore que les amendes dont il s'agit sont les amendes
de simple police, et un tiers des amendes de police
correctionnelle qui est attribué aux communes pauvres.

Les recettes extraordinaires comprennent les dons et
legs, le produit des biens aliénés, les coupes extraordinaires de bois, les centimes extraordinaires et les
emprunts. La combinaison des lois de 1837 et 1867
conduit à un système fort compliqué pour les autorisations à donner au sujet des centimes extraordinaires.
Nous avons vu que la loi de finances fixait une première limite au-dessous de laquelle le Conseil général
adoptait un maximum. Or, si le Conseil municipal, en
votant des centimes extraordinaires, ne dépasse ni ce
maximum, ni le délai de douze ans, sa délibération sera
approuvée par le préfet; l'approbation de ce dernier
sera expresse ou tacite suivant que le Conseil aura
excédé ou non 5 centimes, ou cinq ans. — Si le Conseil
municipal dépasse le maximum fixé par le Conseil
général ou le délai de douze ans, la délibération ne
pourra être approuvée que par un décret, qui sera
rendu au Conseil d'État ou non suivant que la commune aura plus ou moins de 100 000 francs de revenu.
Des distinctions analogues ont été établies pour les
emprunts inférieurs à 1 million.

Les dépenses ordinaires se subdivisent à leur tour en
obligatoires ou facultatives. Les dépenses obligatoires
sont celles qui peuvent être inscrites d'office au budget,
soit par arrêté du préfet, soit par décret, suivant que

le revenu de la commune est inférieur ou supérieur à 100 000 francs (art. 39, loi de 1837). Elles sont énumérées dans l'article 30, et on peut les rattacher à une double idée : les unes sont celles qui intéressent l'État, et pour lesquelles on s'explique que les représentants de l'État doivent intervenir, ainsi les frais nécessités pour l'état civil, le recensement de la population, les justices de paix, etc. Les autres ne touchent qu'aux intérêts de la commune, et présentent un caractère de nécessité, comme l'entretien de l'Hôtel-de-ville, les frais de bureau, le paiement des divers employés, l'acquittement des dettes exigibles, etc. Ajoutons que la loi de 1837 et des lois spéciales ont rangé parmi les dépenses obligatoires certaines dépenses relatives aux cultes (logement des desservants, grosses réparations des églises, etc.), d'autres qui ont trait à l'instruction publique (minimum de traitement pour les instituteurs et institutrices), et quelques-unes relatives à l'assistance publique (part contributoire pour les aliénés et enfants assistés). Les dépenses obligatoires ne correspondent pas à une division spéciale du budget, mais en pratique des indications spéciales seront faites à la marge sur les imprimés destinés aux budgets communaux. En cas d'insuffisance des ressources de la commune, il pourra y être pourvu par des impositions extraordinaires.

Comme pour le budget départemental, le maire pourra présenter en cours d'exercice un budget supplémentaire ou rectificatif, dans lequel il portera, dans des chapitres distincts, les recettes nouvelles qu'il juge à propos d'ajouter aux ressources du budget et les crédits supplémentaires qu'il demande au Conseil municipal de voter.

Les opérations prévues par le budget sont accomplies par le maire, qui doit tenir des *comptes d'admi-*

nistration et les soumettre chaque année à l'approbation du Conseil. La délibération relative à ces comptes est la seule que ne préside pas le maire ; celui-ci pourra y assister pour répondre aux observations qui lui seront adressées, mais devra se retirer au moment du vote. Il ne faut pas confondre les comptes d'administration avec les comptes de deniers, qui sont tenus par les receveurs municipaux et qui sont soumis au Conseil de préfecture ou à la Cour des comptes, suivant que les revenus sont au-dessous ou au-dessus du chiffre de 30 000 francs.

Attributions consultatives. — Enfin les Conseils municipaux peuvent, comme les Conseils généraux, donner des avis ou émettre des vœux qui n'ont jamais de caractère obligatoire pour l'administration. Les *avis* peuvent toujours être demandés par l'administration supérieure et doivent l'être dans quelques cas qu'énumère l'article 21 (loi de 1837), les changements de circonscription de la commune, les projets d'alignement de grande voirie dans les villes, bourgs et villages, etc. Quant aux *vœux*, ils ne peuvent, aux termes de l'article 24, porter que sur les objets d'intérêt local, à la différence des vœux des Conseils généraux qui peuvent s'étendre aux questions économiques et d'administration générale.

Comparaison avec les législations étrangères. — Ce serait une étude très-intéressante que la comparaison entre le régime municipal français et les régimes étrangers. Ne pouvant la faire complétement sans sortir des limites de cet ouvrage, nous nous contenterons d'indiquer les points principaux par lesquels les institutions communales des autres peuples diffèrent des nôtres.

1° D'abord il est à remarquer que tandis que les lois françaises établissent la plus grande uniformité entre

les communes, et soumettent aux mêmes règles les centres les plus populeux et les plus humbles hameaux des campagnes, beaucoup de pays distinguent entre les communes urbaines et les communes rurales. Ce qui fait défaut dans ces dernières, ce sont, d'une part, les ressources, et de l'autre des connaissances suffisantes chez les membres des corps municipaux. On s'expliquerait donc, comme nous l'avons indiqué à propos de la Constitution de l'an III, que dans les petites communes on permît des réunions cantonales des délégués des Conseils municipaux, de manière à réunir les subsides de plusieurs communes pour des objets d'utilité publique, tels que travaux publics intéressant plusieurs communes (chemins, canaux, écoles primaires supérieures, etc.). — D'autre part, les communes rurales présentent moins de garanties que les communes urbaines à raison de l'insuffisance d'instruction chez leurs représentants. On comprendrait dès lors que la tutelle administrative fût plus sévère pour les premières, plus relâchée pour les secondes. — La distinction entre les communes rurales et les communes urbaines est consacrée en Angleterre, en Prusse, en Danemarck, etc. Sans parler de l'Angleterre, où l'organisation des communes rurales est sans analogie avec la nôtre, nous remarquerons qu'en Prusse une loi du 13 décembre 1873 autorise les communes rurales à se décharger sur des administrations de baillage (ces baillages comprennent plusieurs villages ou des villages et des propriétés indépendantes), des attributions de police, de voirie, etc., qui incombent à la commune. Dans certains pays on remarque que la tutelle est plus rigoureuse pour les communes rurales que pour les autres. Ex. le Danemarck.

Même entre les communes urbaines, la force des

choses conduit à admettre des différences indispensables. C'est ainsi qu'à Paris il n'y a pas de mairie centrale et que l'état civil a été confié à des maires d'arrondissement. A Londres, en dehors de la *cité* dont les institutions singulières sont un legs du moyen âge, il n'y a pas de Conseil municipal s'occupant des intérêts divers de la commune, mais pour chaque ordre d'affaires (assistance publique, état civil, police) des districts spéciaux dans lesquels des commissions ou des fonctionnaires locaux veillent aux intérêts qui leur sont confiés. La division des plus grandes communes en municipalités de quartier, reliées entre elles, lorsque ce serait nécessaire, par une Commission centrale, n'aurait-elle pas pour conséquence d'intéresser un plus grand nombre de personnes à la gestion des affaires locales et de maintenir dans la sphère des intérêts locaux les assemblées municipales des grandes villes?

2° Au point de vue des *agents placés à la tête de la commune*, l'examen des législations étrangères fait ressortir une différence frappante. Au lieu d'être seul chargé de l'exécution et d'en avoir la responsabilité, le maire a le plus souvent auprès de lui un Comité permanent, choisi par le Conseil municipal ou pris dans son sein, et qui est associé à tous les actes de la vie municipale. Ce sont les *aldermen* dans le bourg municipal anglais, c'est la *Junte* en Italie, le Collège échevinal en Belgique, le *magistrat* en Prusse. Cette uniformité des législations étrangères montre le sens qu'il faut donner à la formule si souvent citée : agir est le fait d'un seul. Elle ne signifie pas qu'il faut confier à un seul l'ensemble des fonctions municipales, mais que chaque ordre de fonctions déterminé (voirie, police, etc.) doit être confié à un individu distinct, afin que l'on sache, le cas échéant, sur qui faire retom-

ber la responsabilité des mesures qui seraient prises. Aussi Stuart Mill dit-il excellemment : « Les devoirs exécutifs de la localité doivent, à la vérité, être divisés en plusieurs départements par la même raison que ceux de l'État, parce qu'ils sont de différentes sortes, parce que chacun d'eux exige un genre particulier de savoir, et demande, pour être bien accompli, toute l'attention d'un fonctionnaire possédant les qualités voulues[1]. » Nous ferons pourtant remarquer que cette division du travail, à l'exemple de celle qui se produit au point de vue commercial et industriel, doit être d'autant plus accusée qu'elle s'applique à une plus grande commune. Dans une commune rurale elle ne produirait qu'une complication sans avantage réel.

3° Si nous passons au *mode d'élection des corps municipaux*, nous rencontrons des différences considérables analogues à celles que nous avons signalées pour les élections politiques. Dans les villages et communautés agricoles de la Russie et de la Suisse il n'y a même pas de système représentatif municipal. C'est la réunion des chefs de famille qui constitue l'assemblée communale, et veille à la répartition des biens de la commune dont la propriété est indivise et appartient à la collectivité. Toutefois le système représentatif est le seul qui puisse être appliqué à des agglomérations un peu importantes, et c'est celui qui est le plus fréquemment adopté. A ce sujet on pourrait faire au point de vue municipal les observations que nous avons présentées pour les élections politiques. Le suffrage, en effet, est tantôt universel et direct (France, Etats-Unis), tantôt restreint (Belgique, Italie), ou simplement gradué d'après la fortune (Prusse), tantôt enfin par catégories, c'est-à-dire

1. Stuart Mill, *Le gouvernement représentatif*, p. 321.

attribué à des groupes d'industries ou à des groupes de
contribuables (Espagne). Il est difficile, au contraire,
de trouver des exemples du suffrage à deux degrés, car
l'utilité qu'auraient les électeurs à se décharger du soin
de choisir leurs représentants sur des personnes plus
compétentes ne se présente pas pour les communes où
chacun se connaît, et peut apprécier en connaissance
de cause les titres des candidats aux fonctions municipales. — Nous aurions à présenter au sujet de la représentation des minorités les mêmes observations que nous
avons faites au sujet des élections politiques, et nous
ferons remarquer que cette représentation serait ici
d'autant plus facile que le vote n'est pas uninominal,
qu'il se fait au scrutin de liste et que, dès lors, l'application du vote limitatif serait très aisée. Soit un certain
nombre de conseillers à nommer, en ne tenant compte
à chaque électeur que des deux tiers des noms inscrits
sur sa liste, la minorité serait sûre de faire passer le
tiers de ses candidats. Pour ceux qui considèrent que
l'existence d'une opposition dans un corps représentatif
est une chose désirable parce qu'elle tient en éveil ceux
qui ont la charge des affaires et assure la critique de
leurs actes, ce mode de votation limitative donnerait une
entière satisfaction.

4° Une observation non moins importante que sug-
gère l'examen des législations comparées est relative au
renouvellement partiel du Corps municipal et du Comité
exécutif choisi dans son sein. Presque partout (Angleterre, Belgique, Espagne), les corps municipaux se
renouvellent par tiers ou par moitié à de certains intervalles. Par là, on sauvegarde à la fois l'esprit de suite
et l'esprit d'initiative qui, en bonne administration,
doivent être combinés. Le maintien trop prolongé des
mêmes hommes dans un corps délibérant conduit à la

routine; d'autre part, des changements trop absolus exposent une assemblée nouvelle aux fautes qu'entraîne nécessairement le manque d'expérience. Le renouvellement partiel évite l'un et l'autre inconvénient, et il sera d'autant plus facile d'alléger la tutelle à laquelle sont soumis les corps municipaux, que l'esprit de suite, l'expérience, y seront mieux garantis. Nous avons déjà vu, du reste, ce mode de renouvellement appliqué aux conseils généraux par la loi du 10 août 1871.

5° Rien de moins uniforme que les législations municipales en ce qui concerne les *attributions* qu'elles confient aux représentants de la commune. La gestion des propriétés communales (acquisition, aliénation, échange, etc.) leur est, il est vrai, constamment accordée; mais à part cette catégorie d'affaires, tantôt nous voyons, comme en France, l'assistance publique, les hospices et les hôpitaux, confiés à des commissions spéciales qui ne sont soumises à la tutelle des Conseils municipaux que pour les actes les plus graves ; tantôt nous voyons, comme dans le bourg anglais, l'instruction publique faire l'objet d'un service spécial; tantôt la police est considérée comme une attribution de l'État, et n'est, comme en Prusse, confiée au bourgmestre que comme à un agent d'exécution des volontés du pouvoir central. Est-il utile de diviser ainsi les attributions et de ne pas confier toutes les affaires purement locales aux représentants de la commune? Comme le fait remarquer Stuart Mill[1], les motifs en faveur de la subdivision qui s'appliquent à l'exécution ne s'appliquent pas au contrôle. « La besogne du corps électif n'est pas de faire l'ouvrage, mais de veiller à ce qu'il soit convenablement fait, à ce que rien de nécessaire ne soit omis. Cette fonc-

1. Stuart Mill, *Le gouvernement représentatif.*

tion peut être remplie pour tous les départements par
le même corps investi du contrôle supérieur ; » et plus
loin : « La perspective d'avoir à traiter toute la besogne
locale de leur ville n'est pas de trop pour décider des
hommes propres aux affaires par leurs goûts et leurs
connaissances à devenir membres d'un simple corps
local, y consacrant le temps et les soins nécessaires
pour que leur présence serve à autre chose qu'à couvrir de leur responsabilité des tricheries subalternes. »
On ne voit pas, en effet, pourquoi, tandis que les assemblées politiques ont dans leurs attributions tous
les grands intérêts de l'État, les conseils locaux n'em-
brasseraient pas la totalité des affaires locales et ver-
raient à côté d'eux une série de commissions diverses
dont les membres ne sont pas pris dans leur sein.

6° Reste la question la plus discutée et la plus grave
de toutes, celle de la *tutelle administrative* et de l'étendue qu'elle doit avoir. Sur ce point, la comparaison
des pays étrangers nous montre que, tandis que dans
les pays anglo-saxons l'autonomie communale est presque complète, dans toutes les autres contrées les conseils municipaux sont soumis à la tutelle administrative. Seulement celle-ci, au lieu d'être toujours confiée
aux représentants du pouvoir exécutif (comme en France,
en Prusse), appartient souvent à l'assemblée provinciale
ou à la commission permanente qui en est l'émanation
(Belgique, Hollande, Italie). L'exemple de ces derniers
pays fit proposer, en 1871, de substituer à la tutelle du
préfet sur les communes celle du Conseil général ; mais
cette proposition fut repoussée, et il n'en est resté,
comme nous l'avons vu, que quelques faibles traces
dans la loi du 10 août.

Un autre point de vue, déjà signalé du reste, c'est
que l'on conçoit que la tutelle administrative pèse plus

lourdement sur les communes rurales composées de
conseillers municipaux ignorants et peu capables, que
sur les communes urbaines dont les représentants présenteront ordinairement plus de garanties. C'est ainsi
qu'en Italie un projet de loi a été présenté, qui propose
d'affranchir de toute tutelle les communes qui ont un
centre de population agglomérée d'au moins 4,000 habitants.

La question de la tutelle administrative n'est autre
chose que celle de la centralisation, et sans y insister
autant que le comporterait l'importance du sujet, nous
signalerons brièvement les raisons les plus sérieuses
invoquées par ses partisans les plus autorisés : 1° L'im-
mixtion de l'autorité centrale est nécessaire dans l'intérêt
des minorités. Il arrive souvent que les conseillers
municipaux doivent leur élection aux votes d'un parti
politique ou d'une coterie ; ne sont-ils pas dès lors exposés à résoudre les questions communales, moins par
l'appréciation des éléments qui leur sont soumis, que
par esprit d'opposition contre certaines personnes et de
faveur pour certaines autres ? Le pouvoir central, placé
en dehors de ces questions de parti ou de clocher, restera
impartial entre ces Capulet et Montaigu de village, écou-
tera les raisons de la minorité et ne permettra pas d'exécuter des décisions qui paraîtraient systématiques ou
oppressives. — 2° La tutelle administrative est nécessaire dans l'intérêt des générations à venir. Il est, en
effet, une tendance qui résulte forcément du caractère
temporaire et électif des corps locaux, c'est que ceux-
ci sont portés à obtenir un avantage immédiat dont ils
recueilleront tout l'honneur, sauf à laisser à leurs successeurs à venir le soin de pourvoir aux dépenses dont
ils auront grevé le budget municipal. L'autorité centrale interviendra utilement pour s'opposer à cette ten-

dance, pour amener ce résultat que les biens de la commune, dont l'acquisition est due aux efforts des générations disparues, soient, autant que possible, transmis intacts aux générations futures. — 3° On invoque enfin l'expérience plus grande, et, par suite, la capacité administrative supérieure des agents de l'àutorité centrale. En matière d'administration, comme en toute autre, le progrès est le plus souvent le résultat d'expériences fréquemment répétées. Or, des fonctionnaires placés au centre du pays, attirant à eux et réunissant les documents sur toutes les parties de l'administration municipale, contrôlant les expériences faites et les résultats obtenus sur tous les points du territoire, pourront diriger dans la voie du progrès les corps municipaux qui, sans eux, s'obstineraient peut-être dans une étroite routine.

Voyons quel est la valeur de ces motifs. — Quant à l'intérêt des minorités, on pourrait d'abord le garantir en assurant à ces minorités une représentation dans le parlement local, comme nous l'avons indiqué plus haut. Et puis le gouvernement sera-t-il toujours cet arbitre impartial entre une majorité triomphante et une minorité opprimée? Ne sera-t-il pas porté par sa situation, par sa nature même, à écouter plus favorablement le parti qui se rapproche le plus de la nuance politique qu'il représente? Enfin, en supposant que le pouvoir central a plus d'impartialité, sera-t-il aussi éclairé quant à l'affaire qui lui sera soumise? En connaîtra-t-il, aussi bien que les habitants de la commune, toutes les circonstances et tous les éléments d'appréciation? Pour donner l'alignement d'une rue, ceux qui la connaissent et y passent tous les jours n'ont-ils pas plus de compétence que ceux qui ne peuvent que se faire communiquer le plan de la commune? Pour décider s'il y a lieu

de réparer des édifices communaux, y a-t-il de meilleurs juges que ceux qui ont ces édifices sous les yeux et y pénètrent tous les jours?

La tendance à laquelle sont exposés des corps électifs et temporaires de procurer à la cité la satisfaction immédiate de besoins réels ou factices, en reportant sur l'avenir les charges qui en résulteront, est un des arguments les plus sérieux qu'on ait invoqués en faveur de la tutelle administrative, et il est difficile, sans s'exposer aux plus graves dangers, de soustraire, au sujet des emprunts à long terme et des centimes additionnels, les conseils locaux à la surveillance de l'État, mais il n'en est pas de même s'il s'agit des actes ordinaires de la vie communale, actes d'administration, baux, ventes, achats, actions en justice, etc. Pourquoi ne pas laisser aux représentants de la commune des pouvoirs très étendus sous leur responsabilité vis-à-vis de leurs concitoyens? Alléguera-t-on que les actes d'aliénation diminuent le patrimoine de la commune et que ce patrimoine, dû aux acquisitions des générations antérieures, doit être sérieusement ménagé? Ce raisonnement est exact, mais ne justifie pas la tutelle administrative. On pourrait en effet l'appliquer aux biens d'un particulier, et dire que ces biens lui ont été transmis par sa famille, qu'il est désirable qu'il les conserve pour les transmettre à son tour à sa descendance; mais qui soutiendra que ce motif suffit pour enlever aux particuliers la disposition de leurs biens et pour les soumettre à la nécessité d'une autorisation quelconque?

Enfin, si le pouvoir central est plus éclairé, il doit faire profiter les autorités locales de ses lumières en agissant non par voie de coercition, mais par persuasion. Comme le dit encore Stuart Mill[1], « la principale besogne de

---

1. *Le gouvernement représentatif*, p. 332.

l'autorité centrale devrait être de donner l'instruction,
celle de l'autorité locale de l'appliquer. » Que l'autorité
centrale soit constamment en communication avec les
localités, qu'elle centralise les renseignements venus
des divers points du territoire sur chaque partie de
l'administration, et qu'elle mette ensuite ces renseignements à la portée de tous, là est son rôle régulier;
mais il y a loin de là à la tutelle administrative procédant par voie de surveillance et de prohibition. Les
pouvoirs locaux sont plus directement intéressés au
résultat, ce sont eux qui subiront les conséquences
bonnes ou mauvaises des mesures qu'ils prendront;
dès lors, leur intérêt les tient en éveil, et le mieux est
de les laisser agir librement sous leur responsabilité.

ÉTABLISSEMENTS PUBLICS ET D'UTILITÉ PUBLIQUE.

I. ÉTABLISSEMENTS PUBLICS SPÉCIAUX.

L'État, le département et la commune sont des établissements publics généraux, puisqu'ils sont institués pour la satisfaction d'intérêts multiples et qui ne se limitent pas à un seul objet. A côté d'eux, se trouvent des établissements d'une bien moindre importance qui ont pour but de satisfaire à des besoins publics d'ordre spécial et parmi ceux-là, au premier rang, se trouvent les institutions consacrées à l'assistance publique, hospices, hôpitaux, bureaux de bienfaisance, maisons d'aliénés, maisons d'enfants assistés, etc.

Les hospices sont les maisons dans lesquelles on recueille les pauvres âgés et sans ressources ; les hôpitaux sont celles où l'on reçoit et traite gratuitement les indigents pendant leurs maladies ; les bureaux de bienfaisance sont les établissements qui ont pour mission de fournir des ressources à domicile.

Règle commune aux hôpitaux, hospices et bureaux de bienfaisance. — Composition des commissions administratives.

D'après la loi du 5 août 1879, les Commissions administratives se composent du maire et de six membres dont deux sont nommés par le Conseil municipal, et les quatre autres par le préfet. La durée des fonctions

est, pour les délégués du Conseil municipal, la même
que celle du corps dont ils émanent, pour les autres
de quatre ans. Chaque année un membre sort et la
Commission se renouvelle par quart. — La loi nouvelle
supprime les privilèges accordés antérieurement à certains ministres du culte d'être membres de droit, elle
fait une part importante à l'élément municipal, elle
abroge le droit de présentation que les commissions
avaient possédé jusqu'ici, et par là elle permet aux
préfets de renouveler complètement les Commissions
administratives.

Règles spéciales aux hospices et hôpitaux.

Les hospices et hôpitaux ont pour la plupart des biens
qui remontent à une époque antérieure à 1789. Il est
vrai que la Convention voulant abolir le paupérisme,
mit l'assistance publique à la charge de la nation et
attribua à l'Etat les biens qui constituaient le patrimoine des hospices. Mais on ne tarda pas à se con-
vaincre que la suppression du paupérisme était une
charge trop lourde pour être accomplie par l'État et une
loi du 16 vendémiaire an V fit restituer aux hospices
ceux des biens qui leur avaient été enlevés et que l'État
détenait encore. Quant aux biens déjà vendus, la loi de
vendémiaire décida qu'ils seraient remplacés en biens
nationaux du même produit. Certaines conditions étaient
mises à ce remplacement et, comme tous les hospices
ne purent les remplir, beaucoup d'entre eux ont été dé-
pouillés d'une manière définitive d'une partie des biens
qu'ils possédaient avant 1789.

Dans le cours de ce siècle, les biens des hospices ont
été accrus par un grand nombre de libéralités testa-
mentaires. Nous ne pouvons, sur ce point, que renvoyer

aux explications que nous avons données au sujet des
dons et legs s'adressant aux communes. Notons toutefois que l'acceptation à titre provisoire est autorisée
pour les hospices (art. 11, loi du 7 août 1851).

Il faut ajouter aux modes d'acquisition ordinaires des
droits de succession établis par des lois spéciales. D'après
la loi du 15 pluviôse an XIII, les hospices succèdent aux
biens des mineurs non émancipés décédés avant leur
sortie de l'hospice, si les héritiers ne se présentent pas.
L'hospice n'a ici d'autre avantage que d'être préféré à
l'État. — De plus, un avis du Conseil d'État du 3 novembre 1809 attribue à l'hospice les effets mobiliers
apportés par les malades qui y sont décédés. Par ces
mots d'effets mobiliers il faut entendre seulement les
linges et hardes, et non l'argent, les bijoux, etc., qui
appartiendraient au malade.

Toutes les délibérations de la Commission des hospices
sont soumises à l'approbation du préfet. Seulement,
pour les actes d'aministration, cette approbation résulte
du silence gardé pendant trente jours après la notification officielle par l'autorité supérieure. Quant aux
actes les plus graves, budget, achats, aliénations, etc.,
il faut, outre l'autorisation du préfet, l'avis du Conseil
municipal (art. 9 et 10, loi de 1851). Pour les actions
en justice, l'autorisation du Conseil de préfecture est
exigée ainsi que l'avis d'un comité consultatif formé de
trois jurisconsultes. Les difficultés qui s'élèveraient au
sujet de ces actions, seraient résolues d'après les règles
que nous avons indiquées pour les communes.

Règles spéciales aux bureaux de bienfaisance.

Les bureaux de bienfaisance peuvent être créés par
simple arrêté du préfet, après avis du Conseil muni-

cipal de la commune. C'est là une dérogation importante au principe que les établissements publics ne peuvent recevoir la personnalité morale que par décret en
Conseil d'État.

Les libéralités adressés directement aux bureaux de
bienfaisance seront acceptées par eux avec l'autorisation
du Conseil d'État. Mais qu'en est-il de ces legs si fréquents adressés par un testateur aux pauvres en général, sans autre désignation? Sur ce point, la jurisprudence du Conseil d'État a complètement changé.
Jusqu'en 1873, elle décidait que ces libéralités devaient
être acceptées par les bureaux de bienfaisance. Il est
vrai que l'ordonnance du 2 avril 1817 [1], art. 3, portait
en termes formels que ces legs seraient acceptés par le
maire de la commune, mais on interprétait cette ordonnance en disant qu'il fallait la restreindre aux communes qui n'avaient pas de bureau de bienfaisance. En
1873, le Conseil d'État s'est ravisé et a pris à la lettre
l'ordonnance de 1817. Aujourd'hui donc l'acceptation
sera faite par le maire et s'il s'agit d'une fondation,
d'un capital à placer, le titre sera immatriculé au nom de
la commune. Toutefois le maire pourra envoyer les revenus qu'il percevra annuellement au bureau de bienfaisance, en le chargeant de les distribuer aux pauvres.
De cette manière seront conciliés les droits de la
commune et les attributions de l'établissement chari-
table.

Mais la commune et le bureau de bienfaisance ont-ils
le monopole de la représentation des pauvres? Ne pourrait-on léguer à une fabrique, par exemple, à une cure,
à une congrégation religieuse, des sommes qui devraient
être distribuées aux indigents? Sur ce point encore, l'a-

---

1. C. d'Ét., 6 mars 1873, D. 73. 3, 97.

vis du Conseil d'État que nous venons de citer, a inauguré une jurisprudence nouvelle. Antérieurement à 1873, l'immatriculation du titre de rente était faite conjointement au nom du bureau de bienfaisance et de l'établissement désigné dans le testament, et le bureau qui était alors le véritable acquéreur, veillait à l'exécution des dispositions charitables. L'arrêt du 6 mars, au contraire, invoquant les anciennes traditions et l'absence de texte prohibitif, décide qu'une fabrique peut accepter un legs en faveur des pauvres et faire immatriculer le titre en son nom. Toutefois, lorsqu'il s'agit d'une fondation perpétuelle dont les revenus seuls doivent être distribués, il y a lieu d'autoriser le maire de la commune à accepter le bénéfice qui résulte pour les pauvres de cette fondation et de prescrire qu'un duplicata de l'inscription de rente lui sera délivré, afin, non pas qu'il exerce un contrôle sur l'emploi des revenus, mais qu'il puisse s'assurer que le capital de la fondation est conservé. — La question résolue par l'arrêt touche à l'un des plus graves problèmes juridiques. Un établissement public peut-il être chargé d'un service en dehors de ses attributions? N'ayant qu'une existence conventionnelle, créé en vue de remplir dans l'organisme social un ordre de fonctions déterminé, peut-il sortir du cercle où l'a renfermé le pouvoir qui lui a donné la personnalité morale? Je ne le pense pas, et la jurisprudence qui a prévalu me paraît avoir pour conséquence la confusion la plus grande entre les services administratifs. Déjà, elle a eu pour effet de faire reconnaître aux fabriques le droit d'accepter des libéralités à la charge d'ouvrir et d'entretenir des écoles[1]; de là possibilité de conflits entre la commune et la fabrique. D'autres décrets ont permis à

---

1. C. d'Ét., 24 juillet 1873, D. 73. 3, 98.

des fabriques ou à des curés de recevoir des capitaux pour
fonder des asiles, hospices et établissements charitables[1].
Quelle est, dans ce dernier cas, la situation des conseils
de fabrique? Sont-ils soumis aux mêmes règles que les
commissions des hospices? Pour les autorisations, les
regarde-t-on comme fabriques ou comme hospices?
Jouissent-ils pour la gestion de l'hospice d'une liberté
complète, tandis que, pour les affaires de la fabrique,
ils restent enserrés dans les liens administratifs? Il me
semble que, pour avoir déserté les principes, on s'expose
à d'inextricables difficultés.

Aux ressources qui résultent des dons et legs il faut
ajouter l'impôt établi en faveur des pauvres sur les
théâtres et spectacles publics, d'après la loi du 5 frimaire an V. L'impôt est de un décime par franc, en sus
du prix de chaque billet d'entrée dans tous les spectacles,
bals, concerts, courses, exercices de chevaux, où les
spectateurs paient. Dans les établissements autres que
ceux où se jouent des pièces de théâtre, il est du quart
de la recette brute. L'Assistance publique peut percevoir
cette taxe par la régie simple ou par voie d'abonnement.
— Le droit des pauvres était jadis perçu séparément du
prix des places à un guichet spécial et personne alors ne
le critiquait. Depuis qu'on a réuni les deux perceptions
pour simplifier, des réclamations nombreuses ont été
formulées dans la presse à différentes reprises. Au fond,
ce droit rentre dans la catégorie des taxes somptuaires
qui sont les plus justes de toutes puisqu'elles ne frappent pas les objets de première nécessité, mais qui
doivent être assez modérées pour ne pas décourager la
consommation.

Les Commissions administratives des bureaux de

1. *Journal des Fabriques,* 1878 p. 212-217.

bienfaisance sont soumises, pour les actes de disposition les plus graves, aux mêmes autorisations que les hospices ; ainsi l'aliénation ne peut avoir lieu qu'avec l'avis du Conseil municipal et l'approbation du préfet. Pour les actes les moins graves, baux, achats de meubles, etc., l'autorisation du sous-préfet suffit. (Décret du 13 avril 1861, article 6 § 14 et suivants.)

Établissements d'aliénés.

Ce sont des établissements qui appartiennent au département et rentrent dans les attributions du Conseil général. Les aliénés y sont entretenus non pas seulement à l'aide des finances départementales, mais aussi avec le concours de la commune, sauf recours, si faire se peut, sur les biens des aliénés et de ceux à qui ils pourraient demander des aliments. La part contributive de la commune est fixée par le Conseil général, sur l'avis du préfet ; d'après des instructions ministérielles les Conseils généraux doivent établir des proportions différentes, suivant les revenus et la richesse de chaque commune, ainsi pour celles qui ont plus de 100,000 fr. de revenu, un tiers ; plus de 50,000, un quart, etc.

Les établissements d'aliénés, à la différence des autres établissements d'assistance publique, ont à leur tête un directeur responsable, nommé par le ministre, ayant auprès de lui une Commission de cinq membres nommés par le préfet. Ceux-ci n'administrent pas et ne font que donner leur avis sur les intérêts de l'asile et les questions de règlement. Par cette responsabilité directe et personnelle qui retombe sur le directeur, on a voulu garantir l'accomplissement des mesures exigées par la loi pour l'admission et la sortie des aliénés.

Le service des enfants assistés est encore un service

départemental, mais l'Etat et la Commune concourent aux dépenses. A cet effet la loi du 5 mai 1869 divise ces dépenses en intérieures, telles que les frais occasionnés par le séjour des enfants à l'hospice, et extérieures, telles que les allocations pour les enfants placés à la campagne ou en apprentissage. L'État doit une subvention égale au cinquième des dépenses intérieures et les communes doivent un contingent qui est réglé chaque année par le Conseil général et qui ne peut excéder le cinquième des dépenses extérieures. Les frais d'inspection et de surveillance sont à la charge de l'État.

II. ÉTABLISSEMENTS D'UTILITÉ PUBLIQUE.

Ces établissements sont, comme nous l'avons dit ailleurs, ceux qui ne poursuivent directement que la satisfaction d'intérêts privés, mais qui néanmoins, rendant indirectement des services au public, sont reconnus par décret en Conseil d'État comme étant d'utilité publique. Nous en donnerons comme exemple les associations syndicales autorisées, les sociétés de secours mutuels, les caisses d'épargne, etc. Nous bornerons nos explications aux associations syndicales.

DES ASSOCIATIONS SYNDICALES.

Parmi ces établissements d'utilité publique, il en est peu de plus importants que les associations syndicales, associations formées par des propriétaires et ayant pour but un travail agricole d'utilité collective. On ne peut pas dire que ces associations soient des sociétés dans les conditions indiquées par le Code civil; il n'y a pas en effet d'apports réciproques et de bénéfices à partager,

ce qui explique pourquoi on désigne ces réunions de propriétaires sous le nom d'associations. Elles ont été régies jusqu'en 1865 par des règles qui étaient éparses dans divers textes ou résultaient de la jurisprudence du Conseil d'État. Le desséchement des marais et l'endiguement étaient notamment réglés par la loi du 16 septembre 1807, le curage des petits cours d'eau par la loi du 14 floréal an XI, etc. Mais la loi du 21 juin 1865 a coordonné ces règles diverses, en cherchant à faciliter la formation de ces sociétés qui jouent un rôle si utile au point de vue agricole. Nous allons voir quels sont les principes posés par cette loi.

La loi de 1865 distingue deux sortes d'associations, les associations syndicales libres et les associations autorisées. 1° Les unes et les autres sont caractérisées par ce fait qu'elles ont à leur tête un syndicat composé de membres choisis par l'assemblée générale des intéressés. Les syndics choisissent entre eux un directeur de l'association; 2° de plus les associations libres ou autorisées constituent des personnes morales, pourvu que certaines conditions de publicité aient été remplies. Le législateur s'est ici conformé aux vrais principes juridiques d'après lesquels les personnes morales qui n'ont pas un caractère public peuvent être librement constituées par les parties intéressées à la seule condition de faire connaître par des formalités de publicité la création de cette nouvelle personne (art. 3); 3° enfin pour les deux sortes d'associations, la loi a favorisé les incapables en accordant à leurs représentants les pouvoirs exceptionnels dont ceux-ci peuvent user quand il s'agit, en matière d'expropriation, de consentir une cession amiable.

Des associations libres.

La condition essentielle pour créer ces associations, c'est le consentement unanime des propriétaires intéressés, et la loi se sert, du reste, de la formule la plus générale pour caractériser l'objet en vue duquel ces associations pourront se former ; ce sera pour toute amélioration agricole ayant un caractère d'intérêt collectif. La loi a d'ailleurs laissé une latitude complète aux propriétaires associés quant aux conditions dans lesquelles l'association pourrait se constituer ; ce sera l'acte d'association qui fixera les limites du mandat confié aux administrateurs ou syndics, qui règlera le mode d'administration de la Société, déterminera les voies et moyens nécessaires pour subvenir à la dépense, ainsi que le mode de recouvrement des cotisations.

En cas de difficulté les contestations relatives aux associations syndicales libres seront portées devant les tribunaux judiciaires, puisque la puissance publique n'est intervenue à aucun degré dans la formation de ces associations. Les principes d'après lesquels les tribunaux devront statuer ne sont pas autres que ceux du droit civil.

Notons enfin que ces associations libres pourront être converties en associations autorisées par arrêté préfectoral, pourvu que les conditions nécessaires pour la formation de ces dernières soient remplies dans l'espèce. Ce caractère nouveau de l'association entraînerait pour elle une série d'avantages, comme nous allons le voir en nous occupant des associations autorisées.

Des associations autorisées.

Nous aurons à examiner successivement, au sujet de ces associations, dans quels cas elles peuvent être constituées, comment elles sont administrées et quels sont les priviléges qui leur appartiennent.

Comment se forment les associations autorisées. — Les associations autorisées ne peuvent être formées aux termes de l'art. 12, que si la majorité des intéressés représentant les deux tiers de la superficie des terrains ou les deux tiers des intéressés représentant plus de la moitié de la superficie ont donné leur adhésion et si le préfet a, dans ce cas, accordé son autorisation (art. 12). C'est ici une exception aux principes du Code civil et un cas dans lequel la majorité fait la loi à la minorité. Aussi faut-il entendre restrictivement le droit de coercition dont pourra user la majorité.

Quels sont les cas dans lesquels une association syndicale pourra être autorisée? La loi ne se sert pas ici, comme pour les syndicats libres, du terme général d'améliorations agricoles, elle spécifie dans l'art. 9 les diverses entreprises pour lesquelles un préfet pourra autoriser une association de ce genre. Ce sont par exemple les endiguements, les travaux de curage, de desséchement des marais, d'assainissement des terres insalubres, etc. Si l'on cherche à donner une idée générale des diverses hypothèses réunies dans cette énumération, on peut dire que le législateur permet à la majorité des propriétaires d'imposer sa volonté à la minorité dans les cas seulement où il s'agit de préserver celle-ci d'un dommage. Pour nous servir d'expressions souvent employées dans la langue du droit, nous dirons

qu'il ne peut y avoir d'associations autorisées que lorsqu'il s'agit pour les propriétaires, *de damno vitando* et *non de lucro captando*. On comprend, en effet, qu'on puisse imposer à quelqu'un un sacrifice quand il s'agit d'éviter une perte, mais non pour lui procurer une amélioration.

Cette distinction n'a pas seulement une importance théorique et n'est pas utile uniquement pour marquer la séparation entre les associations libres et les associations autorisées, elle nous servira encore à décider si tel ordre d'opérations peut ou non être effectué par une association autorisée. C'est ainsi que le colmatage, qui consiste à recouvrir des terrains avec le limon d'un cours d'eau, pourra donner lieu à un syndicat autorisé ou seulement à un syndicat libre, suivant que ce colmatage aura pour objet d'assainir des terrains marécageux, cas auquel il rentrerait dans le § 5 de l'art 1er, ou suivant que il aurait uniquement pour objet l'exhaussement ou la fertilisation de terrains déjà salubres, ce qui ne rentrerait que dans le § 8 du même article et ne permettrait qu'un syndicat libre.

Enfin parmi ces travaux qui ont pour but d'éviter un dommage, la loi de 1865 fait une sous-distinction; il en est pour lesquels les propriétaires dont les biens seront compris dans le périmètre de l'association auront le droit de délaisser, ce sont les dessèchements de marais, les assainissements des terres humides et insalubres, les étiers et ouvrages nécessaires à l'exploitation des marais salants; pour tous autres travaux, le délaissement ne sera pas possible. Cette distinction n'a pas été admise sans difficulté, et elle s'explique sans doute par cette considération qu'il est difficile d'imposer à un propriétaire des sacrifices d'argent pour améliorer des terrains improductifs, alors qu'il n'est pas sûr

d'obtenir le bénéfice en vue duquel ces sacrifices lui seraient imposés. Dans le cas où il y aurait lieu à délaissement, les propriétaires doivent faire une déclaration à la préfecture, et l'indemnité qui leur sera accordée sera fixée par le petit jury d'expropriation conformément à la loi du 21 mai 1836.

L'association syndicale autorisée est définitivement constituée par l'arrêté préfectoral qui approuve la délibération des propriétaires. Cet arrêté sera affiché dans les communes intéressées avec un extrait de l'acte d'association. Il peut être attaqué soit par la voie contentieuse en Conseil d'État pour violation de la loi ou des formes, soit par la voie gracieuse en sollicitant du ministre des travaux publics le retrait de l'arrêté. Mais, aux termes de l'art. 17, après le délai de quatre mois à partir de la notification du premier rôle des taxes, nul propriétaire ne pourra contester sa qualité d'associé ou la validité de l'association.

Comment l'association autorisée est-elle administrée? — On peut se faire une idée de cette administration en assimilant l'association syndicale à une petite Commune. La réunion des propriétaires représente la masse des électeurs, les propriétaires nomment les syndics qui correspondent aux Conseillers municipaux, et ceux-ci choisissent le directeur dont les fonctions sont analogues à celles du maire. Il y a toutefois cette différence que, dans la réunion des propriétaires, le suffrage, au lieu d'être égal, est proportionnel à l'intérêt de chacun d'eux dans l'association. Ainsi l'art. 20 de la loi de 1865 décide que l'acte constitutif de l'association fixe le minimum d'intérêt qui donne droit à chaque propriétaire de faire partie de l'assemblée générale. Celui qui possédera une surface territoriale comprenant plusieurs fois ce minimum aura plusieurs voix, de même

que chaque usine aura un nombre de voix proportionné
à son importance. Enfin les propriétaires de parcelles
inférieures au minimum fixé pourraient se réunir pour
se faire représenter à l'assemblée générale par un ou
plusieurs d'entre eux, en nombre égal au nombre de
fois que le minimum d'intérêt se trouve compris dans
leurs parcelles réunies.

Cette assemblée générale désignera les syndics, et, si
l'État ou le département accorde une subvention au
syndicat, le préfet nommera un nombre de syndics
proportionné à la part que la subvention représente
dans l'ensemble de l'entreprise (art. 23). S'il s'élevait
une contestation relativement à l'élection des syndics,
quel est le tribunal devant lequel elle devrait être portée ? La question est embarrassante, parce que la loi
n'en a rien dit et que les syndicats autorisés, à la différence des syndicats libres, ont le caractère d'établissements d'utilité publique. Le Conseil d'État a décidé que
la difficulté relative à l'élection des syndics était d'ordre administratif, puisqu'elle intervenait relativement
à la formation d'un corps qui jouit de priviléges analogues à ceux de la puissance publique, et, comme
d'autre part, aucune juridiction administrative n'est
spécialement compétente, ce sera le juge du droit commun, c'est-à-dire le ministre, et ici le ministre des travaux publics, qui prononcera sur la contestation. C'est
ainsi du reste que le ministre des cultes statue sur les
élections aux Conseils de fabrique, le ministre de la
justice sur les nominations aux Chambres de notaires, etc.[1].

Quelle est l'étendue des pouvoirs des syndics ? Sur ce
point la loi est complétement muette, et la jurisprudence,

1. Cons. d'État, 19 février 1875, D. 75. 3, 81.

qui a dû combler cette lacune, s'est inspirée de l'analogie qui existe entre les communes et les associations syndicales. Ces dernières sont des communautés territoriales qu'il convient de régir à peu près par les mêmes règles que les premières. C'est ainsi, par exemple, que le syndicat sera chargé de la délibération pour la plupart des affaires qui intéressent l'association, le directeur ayant pour mission d'exécuter ces mêmes délibérations. Ainsi le syndicat prépare le budget, reçoit les comptes du directeur, prépare le rôle de répartition des dépenses entre les propriétaires, procède aux ventes et achats qu'il y a lieu d'opérer, et décide enfin s'il faut agir en justice, soit comme demandeur, soit comme défendeur. Le directeur, de son côté, signera les actes qui intéressent l'association, présidera aux adjudications de travaux, délivrera les mandats de payement, représentera l'association en justice, etc. De cette manière l'analogie qui existe avec les communes permettra de déterminer qu'elle est l'étendue des fonctions respectives du directeur et des syndics.

Mais doit-on poursuivre cette analogie au point de soumettre les syndicats à une tutelle administrative semblable à celle qui pèse sur les communes ? En principe il faut décider négativement quoique ce point soit contesté. L'association syndicale est sans doute d'intérêt public, mais elle ne fait pas partie intégrante de l'administration, et celle-ci n'a pas le même intérêt à intervenir dans la gestion de ses affaires ; c'est l'idée générale que nous avons vue à propos des établissements d'utilité publique. Toutefois il est certains cas dans lesquels, par exception, des autorisations seront exigées, par exemple s'il y a lieu de déclarer l'utilité publique préalablement à une expropriation, s'il faut faire des travaux qui aient une action sur le régime des eaux courantes, etc. Le

Conseil d'État ajoute à cette énumération les délibérations qui comportent des engagements financiers et décide qu'elles doivent être approuvées par le préfet. Le motif qu'il en donne est que, les taxes du syndicat étant recouvrées par les agents des finances publiques, il importe dès lors que l'État veille à ce que ces agents ne soient pas employés au recouvrement de taxes exorbitantes, dont la perception ferait plus tard obstacle à la rentrée régulière des impôts nécessaires pour les services publics.

Priviléges accordés aux associations syndicales autorisées. — Les faveurs faites par la loi à ces associations peuvent se ranger sous quatre chefs :

1° Les travaux qu'elles font sont considérés comme travaux publics. Aussi l'art. 16 de la loi de 1865 porte-t-il que les contestations relatives à la fixation du périmètre des terrains compris dans l'association, à la division des terrains en classes, au classement des propriétés et à l'exécution des travaux sont jugées par les Conseils de préfecture. Toutefois lorsqu'il y a lieu à l'établissement de servitudes au profit d'associations syndicales, les contestations sont portées devant le juge de paix (art. 19). C'est une nouvelle simplification.

On s'est demandé à ce sujet si les actions qui tendent à faire déclarer la dissolution de l'association syndicale sont également de la compétence du Conseil de préfecture ou doivent être portées devant les tribunaux civils. On pourrait sans doute prétendre que les Conseils de préfecture n'ont qu'une compétence d'attribution et que l'art. 16 ne parle pas de dissolution. Mais l'opinion qui prévaut est favorable à la juridiction administrative[1]; les procès en dissolution porteront en effet sur les engage-

---

1. Poitiers, 14 février 1875. D. 76. 2, 119.

ments pris par les associés relativement à l'exécution des travaux, sur la manière dont ces travaux s'exécutent, ils rentrent donc *lato sensu*, d'après les termes de la loi de 1865, dans la compétence des Conseils de préfecture.

2° Les associations syndicales peuvent recourir, pour les terrains qui leur sont nécessaires à la voie de l'expropriation (art. 18). Cette disposition est le corollaire de la précédente ; la déclaration d'utilité publique sera prononcée par décret en Conseil d'État et le règlement de l'indemnité sera fait par le petit jury.

Faut-il une enquête préalable au décret d'expropriation? Quoiqu'on puisse le contester, puisqu'une première enquête a dû nécessairement précéder la formation de l'association syndicale, il faut néanmoins admettre l'affirmative. Les considérations qui ont motivé l'autorisation donnée pour constituer l'association ne sont point nécessairement les mêmes que celles qui sont invoquées en faveur de l'expropriation.

3° Le recouvrement des taxes perçues dans l'intérêt de l'association se fait comme en matière de contributions directes (art. 15), le rôle des taxes est dressé par le syndicat, approuvé et rendu exécutoire par le préfet, puis publié dans la commune. La publication est le point de départ des réclamations contre les taxes. Ces réclamations doivent se faire dans les trois mois. Elles jouissent du bénéfice des dispenses de frais accordées en matière de contributions directes, notamment pour le recours au Conseil d'État[1]. Il n'est pas nécessaire qu'elles soient accompagnées de la quittance des termes échus car elles ne sont pas payables par douzièmes[2].

4° Les comptes des receveurs des associations syndi-

1. C. d'Ét., 21 novembre 1873, D. 74. 3, 66.
2. C. d'Ét., 18 juillet 1872, D. 73. 3, 9.

cales doivent être apurés selon les règles établies pour
les comptes des receveurs municipaux (art. 16 *in fine*).
Si donc le revenu annuel de l'association est supérieur
ou inférieur à 30,000 francs, l'apurement sera fait par la
Cour des comptes ou par le Conseil de préfecture.

DES TRIBUNAUX ADMINISTRATIFS

Après les agents et les Conseils administratifs, nous avons à nous occuper des Tribunaux. Le législateur a considéré qu'il était conforme au principe de la séparation des pouvoirs de porter les affaires administratives, les débats dans lesquels la puissance publique est en conflit avec les particuliers, devant des tribunaux spéciaux composés de juges amovibles, placés sous la surveillance de l'administration et mieux initiés que des juges ordinaires au fonctionnement de la machine administrative.

Sans nous inquiéter, pour le moment, de la valeur des motifs pour lesquels les juridictions administratives ont été établies, nous remarquerons qu'elles sont en principe soumises aux mêmes règles générales que les tribunaux judiciaires. Ainsi les articles 4 et 5 du Code civil sont applicables : le juge administratif ne peut refuser de rendre la justice en prétextant l'obscurité de la loi; il ne peut statuer par voie de dispositions générales et réglementaires; il ne peut prononcer que sur les matières dont il est saisi et dans les limites de la demande, etc. — De même, les tribunaux administratifs doivent être assimilés aux tribunaux judiciaires au point de vue de la force exécutoire. Les mêmes voies d'exécution, saisie-arrêt, saisie-immobilière, pourront être employées, la contrainte par corps sera exercée pour le recouvrement des amendes au profit de l'État, etc.

Les tribunaux administratifs sont nombreux. Les

uns, comme le Conseil de préfecture et le Conseil d'État, sont composés de plusieurs juges; les autres, comme les ministres, les préfets, ne comprennent qu'un juge unique. — On a longtemps agité la question de savoir lequel de ces tribunaux devait être considéré comme le tribunal de droit commun. Étant donné qu'une affaire est administrative de sa nature, et que, d'autre part, la loi n'en a déféré la connaissance à aucun tribunal déterminé, quelle est la juridiction qui doit en être saisie? Nous n'insisterons pas longuement sur cette difficulté qui est aujourd'hui considérée comme résolue, en doctrine comme en jurisprudence. Ce sont les ministres qui, chacun pour les affaires qui ressortissent à son département ministériel, sont les juges de droit commun en matière administrative. La loi du 27 avril-25 mai 1791 relative à l'organisation des ministères portait, en effet, dans son article 17, qu'un Conseil, composé du roi et de ses ministres, aurait pour fonctions, notamment « l'examen des difficultés et la discussion des affaires dont la connaissance appartient au pouvoir exécutif, tant à l'égard des objets dont les corps administratifs et municipaux sont chargés sous l'autorité du roi, que sur toutes les autres parties de l'administration générale ». Or depuis cette loi, on ne peut citer aucun texte qui ait expressément enlevé aux ministres cette compétence. Pour attribuer au Conseil de préfecture la juridiction de droit commun, on s'était prévalu de l'exposé des motifs de la loi du 28 pluviôse et des considérants d'un décret rendu en Conseil d'État à la date du 6 décembre 1813, mais aucun de ces arguments n'était assez sérieux pour que l'on put en conclure une modification de la loi de 1791, des exposés de motifs ou des considérants de décrets ne pouvant prévaloir contre un texte de loi. Ce

qui explique la naissance et la prolongation de la controverse, c'est que la solution consacrée par notre législation est peu rationnelle ; il est difficile en raison
d'interpréter d'une manière extensive cette compétence
des ministres qui, placés à la tête de l'administration,
disposés par leurs fonctions à soutenir leurs agents
dans les débats qu'ils auront avec leurs administrés,
seront loin de présenter des garanties d'impartialité
suffisantes.

On peut diviser les tribunaux administratifs de
diverses manières, selon le point de vue auquel on se
place. — Les uns statuent en premier ressort à charge
d'appel, tels sont les ministres, les Conseils de préfecture ; les autres, en dernier ressort, comme le Conseil
d'État et la Cour des comptes. — Les uns sont généraux,
c'est-à-dire prononcent sur des affaires de nature diverse,
comme les Conseils de préfecture, le Conseil d'État ; les
autres sont spéciaux, c'est-à-dire ne statuent que sur
des affaires d'un genre particulier, comme les Conseils
de révision, la Cour des comptes. — Enfin ces tribunaux sont tantôt composés d'un seul juge et tantôt de
plusieurs, et c'est la division que nous adopterons dans
les explications qui suivent.

I. TRIBUNAUX ADMINISTRATIFS GÉNÉRAUX

A. DES ADMINISTRATEURS JUGES

Les ministres, les préfets, les maires, se trouvent
dans cette situation que tantôt ils statuent comme
administrateurs et tantôt comme juges. Aussi se présente-t-il pour eux une difficulté spéciale, qui est de
distinguer parmi les actes auxquels ils se livrent ceux
qui ont le caractère d'actes de juridiction. Pour com-

prendre la question qui se pose à ce sujet, il faut observer que les actes des administrateurs peuvent être ran-
gés dans l'une ou l'autre de ces trois catégories :
1° Actes contractuels ou de gestion, qui, comme nous
l'avons vu ailleurs, ne concernent que les intérêts
privés d'une personne morale, vente, bail, etc. Les
liquidations de créance rentrent dans cette catégorie,
car celui qui s'adresse à un ministre pour lui demander une liquidation est dans la situation d'un créancier
qui demande à son débiteur ce que celui-ci reconnaît
devoir, et la réponse du débiteur ne saurait être qu'un
acte de gestion de son patrimoine ; 2° Actes de puissance publique ou d'autorité, qui consistent en des
ordres donnés par les représentants des intérêts généraux et au nom de ces intérêts, ainsi la défense
d'ouvrir un atelier insalubre prononcée par un préfet,
l'interdiction d'exploiter une mine dans un rayon déterminé auprès d'un chemin de fer, etc.; 3° Actes de juridiction ou de contentieux administratif dans lesquels
l'administrateur prononce sur la lésion d'un droit,
ainsi lorsqu'un préfet statue sur le débat soulevé entre
l'administration des domaines et l'adjudicataire d'un
bien de l'État, alors que ce dernier n'a pas payé le
prix de l'adjudication. Si l'on examine avec attention
un acte quelconque d'un administrateur, on reconnaîtra qu'il se range forcément dans l'un ou l'autre de
ces trois groupes.

Or, parmi les actes de gestion passés par les administrateurs, et notamment par les ministres, il en est
un certain nombre auxquels le législateur a attaché les
mêmes effets qu'aux jugements, c'est-à-dire qu'ils peuvent être mis à exécution par toutes les voies de droit,
ils emportent hypothèque, ils deviennent définitifs et
acquièrent l'autorité de la chose jugée si, dans les trois

mois de leur notification, ils ne sont pas attaqués en Conseil d'État. La question qui se pose et qui est surtout discutée pour la liquidation des pensions de retraite, les liquidations de créances et les marchés de fournitures, est donc celle-ci : ces actes ayant la même autorité que des jugements ne sont-ils pas de véritables actes de juridiction ?

Au premier abord la question paraît oiseuse, car de quelque manière qu'on les qualifie, les effets de ces actes seront les mêmes. Pourtant il est aisé d'indiquer, en dehors de l'intérêt théorique indiscutable que la question présente, divers intérêts pratiques. Ainsi le ministre, déterminant la situation d'un particulier vis-à-vis de l'État et déclarant que l'État est débiteur, fait-il acte de gestion, comme il n'est que le mandataire du pouvoir législatif, celui-ci pourrait modifier et annuler, au besoin, la décision ministérielle ; fait-il acte de juridiction, le pouvoir législatif ne pourrait toucher à un jugement sans violer le principe de la séparation des pouvoirs. C'est ce qui a été discuté il y a quelques années à l'Assemblée nationale, à propos des pensions de retraite. — De même, les ministres sont-ils juges, on appliquera la distinction des jugements contradictoires ou par défaut, et celui qui n'aura pas été entendu pourra former opposition ; ne le sont-ils point, l'opposition sera impossible.

Abordant la difficulté nous voyons que l'on invoque à l'appui de l'opinion qui veut que le ministre fasse acte de juridiction : 1° L'assimilation des décisions ministérielles avec des jugements, au double point de vue de la force exécutoire et de l'autorité de la chose jugée. Pourquoi, dit-on, se refuser à considérer le ministre comme faisant acte de juridiction, puisque la décision qu'il prend en a tous les caractères ? 2° La nécessité

que les affaires dont il s'agit soient soumises à deux
degrés de juridiction. La règle du double degré de juridiction admise en matière judiciaire, doit l'être également en matière administrative, et elle ne serait pas
observée si, le ministre faisant acte de gestion, le Conseil d'État était le seul tribunal qui fut saisi.

Il est aisé de répondre à ce double argument : 1° Si
les décisions du ministre ont les mêmes effets que les
jugements, c'est parce que les actes émanant des administrateurs emportent présomption de vérité et ont la
force exécutoire. C'est ce qui est vrai dans bien des cas
où personne ne saurait prétendre qu'il y a acte de juridiction, par exemple pour les contraintes délivrées par
les receveurs de l'enregistrement, des douanes, etc. De
même, les inscriptions au rôle des contributions directes
ne peuvent être attaquées et ont acquis l'autorité de la
chose jugée, lorsque trois mois se sont écoulés depuis leur
publication. 2° La règle du double degré de juridiction
n'est écrite nulle part; pour les tribunaux administratifs, il peut y avoir plus de deux degrés, mais il peut
aussi n'y en avoir qu'un seul, comme nous le verrons en
nous occupant des attributions contentieuses du Conseil
d'État.

Ce qui me paraît décisif, c'est qu'on ne saurait admettre, à moins de s'incliner devant des textes précis,
que le ministre représentant les intérêts de l'État qui
est partie en cause, soit en même temps juge entre
l'État et son prétendu créancier ou débiteur. Je sais
bien que les anomalies sont nombreuses dans la matière des juridictions administratives, mais ce n'est pas
un motif pour en grossir le nombre quand il est possible
de l'éviter. Ajoutez à cela que le ministre vient défendre
lui-même sa décision devant le Conseil d'État, preuve
évidente qu'il n'a pas statué comme juge, car jamais

on n'a vu un tribunal venir défendre lui-même devant
une juridiction supérieure le bien fondé des décisions
qu'il aurait prises.

Mais alors quels sont les cas dans lesquels le ministre sera juge? Il est vrai que l'opinion que je sou-
tiens a pour effet d'en restreindre considérablement le
nombre, et c'est un grand avantage, cette juridiction
étant peu rationnelle ; mais il restera encore un certain
nombre de questions contentieuses sur lesquelles statuera
le ministre. Ainsi il prononcera sur les nominations des
membres des conseils de fabrique ou des consistoires
protestants, sur les élections des conseils de discipline,
des administrateurs des caisses d'épargne, etc. Ici le
ministre n'est pas, comme dans les cas précédents, à
la fois juge et partie. On peut citer encore la loi du
18 juillet 1860 sur l'émigration qui donne au ministre
le droit de statuer sur les indemnités dues aux émi-
grants par les agences, dans le cas où celles-ci n'ont
pas rempli leurs engagements.

Dans le cas où le ministre statue comme juge, la procédure à suivre est fort simple. On lui adresse une pétition sur papier timbré, et il n'y a d'autres conditions à
remplir que la signature du demandeur ; mais le pétitionnaire peut, depuis un décret du 2 novembre 1864
(art. 5 et 6), exiger qu'il lui soit donné récépissé de sa
réclamation, de manière que si, dans les quatre mois,
le ministre n'avait pas statué, le demandeur serait en
droit de s'adresser au Conseil d'État, comme si sa réclamation avait été repoussée. On a voulu par là éviter
que, la demande dormant indéfiniment dans les cartons
ministériels, le pétitionnaire ne pût obtenir justice.

Quant aux administrateurs autres que les ministres,
les cas dans lesquels ils statuent comme juges sont fort
peu nombreux. Pour les préfets notamment, la loi du

21 juin 1865 a restreint leurs attributions contentieuses en transférant au Conseil de préfecture les cas dans lesquels ils statuaient antérieurement en Conseil de préfecture. Nous citerons, comme actuellement en vigueur, la compétence du préfet pour prononcer, sur la demande de l'administration des domaines, la déchéance des acquéreurs de biens de l'État qui ne payent pas le prix de l'adjudication. Nous ferons remarquer, à ce sujet, que les actes le plus souvent donnés comme exemple dans les auteurs sont plutôt des actes d'autorité que des actes de gestion, tels sont les autorisations en matière d'ateliers insalubres, l'interdiction des travaux entrepris en contravention aux lois et règlements sur les mines, etc. L'appel des décisions contentieuses du préfet doit être porté devant le ministre, et de là au Conseil d'Etat, à moins que la loi ne décide que le préfet statue sauf recours en Conseil d'État. Aucun délai n'est imparti pour en appeler au ministre ; aussi le recours pourrait-il toujours avoir lieu, à moins qu'il n'y ait eu un acquiescement ou un fait qui le fasse supposer.

Pour le maire, nous citerons avec la loi de 1837 (art. 16) le cas où il prononcera, assisté de deux conseillers municipaux, sur les difficultés préalables à l'adjudication de biens de la commune. De même, d'après la loi du 23 mai 1792 — 18 janvier 1793, il statue sur les indemnités dues par les officiers voyageant sans troupes aux habitants qui ont été forcés de leur fournir le logement. Dans ces divers cas, il peut y avoir jusqu'à quatre degrés de juridiction, car les intéressés peuvent en appeler du maire au préfet, du préfet au ministre, et de ce dernier au Conseil d'Etat. Donc quatre juridictions différentes se seront prononcées sur la même affaire.

B. DES CONSEILS DE PRÉFECTURE

Les Conseils de préfecture sont des tribunaux institués auprès des préfets, pour donner leur avis dans les cas déterminés par la loi, pour exercer certains actes de tutelle administrative, et pour juger les matières contentieuses qui leur sont spécialement déférées.

Ces conseils n'existaient pas avant 1789. L'ordre administratif n'était pas séparé de l'ordre judiciaire aussi nettement qu'aujourd'hui, et les Parlements qui intervenaient dans l'ordre législatif par l'enregistrement des édits royaux, statuaient également sur un grand nombre d'affaires administratives. L'Assemblée constituante, en posant dans la loi du 16-24 août 1790, le principe de la séparation des pouvoirs, interdit aux tribunaux judiciaires d'intervenir, en aucune façon, dans les affaires qui touchaient de près ou de loin à l'administration. Il fallait donc décider devant quelle autorité les affaires administratives seraient désormais portées. Ce furent les Directoires de département et de district, déjà chargés, comme nous l'avons vu, de l'administration active, qui furent investis de la juridiction administrative par un décret du 7-11 septembre 1790. Mais ce procédé présentait des inconvénients graves, il était singulier de voir les administrations de département décider elles-mêmes dans les contestations qui étaient soulevées au sujet de leurs propres actes ou des agissements de ceux qui les représentaient. Aussi la loi du 28 pluviôse an VIII, qui est l'origine de nos institutions administratives, a-t-elle placé les Conseils de préfecture à côté des préfets et des Conseils généraux, en les chargeant surtout du contentieux administratif. Il est regrettable que, en faisant

des Conseils de préfecture de vrais tribunaux, on leur ait laissé un certain nombre d'attributions qui sont purement administratives.

Organisation du Conseil de préfecture.

Cette organisation, après avoir été établie par la loi du 28 pluviôse an VIII, a été modifiée à diverses reprises. La loi actuellement applicable est du 21 juin 1865. Le nombre des Conseils de préfecture est égal à celui des départements; il y a dans chaque Conseil, trois membres, sauf dans quelques départements importants où ce nombre est fixé à quatre. Dans le département de la Seine, il est porté à huit.

Les conseillers de préfecture sont nommés et révoqués par le chef de l'État, sur le rapport du ministre de l'intérieur. Ils doivent être âgés de vingt-cinq ans, être licenciés en droit, ou avoir exercé pendant dix ans des fonctions rétribuées dans l'ordre administratif ou judiciaire. On pourrait même choisir des conseillers parmi les personnes, qui auraient, pendant dix années, siégé au Conseil général, ou rempli les fonctions de maire. Un conseiller de préfecture ne peut cumuler ses fonctions avec quelque autre profession que ce soit, et il ne saurait être, en même temps, conseiller général, d'arrondissement ou municipal.

Le préfet a entrée au Conseil de préfecture et il en est de droit président. Toutefois, comme, dans la plupart des départements, il est trop occupé pour siéger souvent au Conseil, on désigne chaque année, par décret, un membre du Conseil qui préside à sa place, et qui prend le titre vice-président. Trois membres suffisent pour la délibération, et, dans le cas où ce nombre ne serait pas atteint par suite d'un empêchement légitime

des conseillers de préfecture, on remplacerait les conseillers absents par des conseillers généraux, pourvu que ceux-ci n'appartinssent pas à l'ordre judiciaire.

Procédure devant le Conseil de préfecture.

Cette procédure a été établie peu à peu par la jurisprudence du Conseil d'État et définitivement fixée dans ses traits généraux, par un décret du 12 juillet 1865. Elle présente cette différence avec la procédure ordinaire, qu'elle est beaucoup plus simple et beaucoup plus rapide, et qu'elle contient peu de formalités prescrites à peine de déchéance. Cette jurisprudence a été en effet élaborée par le Conseil d'État avant d'être sanctionnée par décret, et ce Conseil, statuant comme simple tribunal, ne pouvait créer des nullités qui n'étaient point prononcées par le législateur.

Le demandeur dépose un mémoire au greffe de la préfecture. Aucune formalité n'est prescrite pour la rédaction de cette demande : il suffit qu'elle soit sur papier timbré et signée par celui qui la forme. Le président du Conseil désigne un rapporteur. Ce dernier, après avoir pris connaissance du mémoire introductif d'instance, fait avertir le défendeur par voie administrative ou par lettre chargée. Le défendeur répondra à son tour par un mémoire, et le rapporteur réglera la communication qui devra en être faite au demandeur.

Le rapport une fois terminé, l'affaire étant inscrite au rôle, les débats auront lieu publiquement, au jour fixé d'après l'ordre d'inscription des affaires. Les parties seront averties administrativement et auront le droit de faire présenter des observations orales par les avocats qu'elles auront choisis. Enfin, le secrétaire général de la préfecture, qui joue auprès de ces Conseils

le rôle de ministère public, donnera ses conclusions.

La décision rendue par le Conseil de préfecture prend le nom d'arrêté, nom qui indique bien que les attributions du Conseil de préfecture sont encore à moitié administratives. Ces arrêtés, comme les jugements des tribunaux ordinaires, peuvent se diviser en avant dire droit ou définitifs, suivant le caractère des condamnations qu'ils prononcent ; en contradictoires ou par défaut, suivant que le défendeur aura fait ou non une production écrite. Ils doivent indiquer, à peine de nullité, que l'audience a été publique, que les parties ont été admises à présenter leurs observations et que le ministère public a été entendu. L'exécution de ces arrêtés aura lieu par les modes ordinaires indiqués au Code de procédure civile. Mais les incidents qui seraient soulevés sur l'une de ces voies d'exécution, telle que la saisie immobilière, seront réservés aux tribunaux civils.

Les arrêtés des Conseils de préfecture sont susceptibles d'opposition, d'appel ou de tierce opposition. L'opposition pourra toujours être formée contre les arrêtés pris par défaut ; et comme il ne peut y avoir ici qu'un défaut contre partie, elle sera recevable jusqu'à ce qu'il y ait un acte d'exécution nécessairement connu de la partie défaillante. — Quant à l'appel, il peut être formé contre toute décision contradictoire du Conseil de préfecture, et doit être, en principe, porté devant le Conseil d'État, dans un délai de trois mois à partir de la notification de l'arrêté. A la différence de l'appel en matière civile, il n'a pas d'effet suspensif, les matières administratives étant censées urgentes ; toutefois, le Conseil pourrait subordonner l'exécution de sa décision, en cas de recours, à la charge de donner caution ou de justifier d'une solvabilité suffisante. — Enfin, la tierce opposition est

ouverte à toute personne qui aurait été lésée par la décision du Conseil de préfecture, alors qu'elle n'aurait pas figuré dans le procès. Ce recours sera porté devant le Conseil lui-même, et dans un délai de trente ans à partir du jour où l'arrêté a été connu de la partie intéressée.

Attributions du Conseil de préfecture.

D'après la définition que nous en avons donnée, les Conseils de préfecture ont trois sortes d'attributions : consultatives, délibératives, contentieuses.

Les attributions *consultatives* sont exercées toutes les fois que le Conseil statue sous forme d'avis que l'administration peut demander, mais qu'elle n'est pas tenue de suivre. Il est des cas particuliers dans lesquels la loi impose au préfet l'obligation de solliciter cet avis avant de prendre une délibération ; l'arrêté préfectoral doit alors porter dans les considérants la formule « le Conseil de préfecture entendu », sinon il serait entaché d'excès de pouvoir et pourrait être annulé par le Conseil d'État.

Les attributions *délibératives* sont celles dans lesquelles le Conseil de préfecture exerce un pouvoir propre en matière administrative. Le Conseil joue alors un rôle analogue à celui qui est accordé au préfet et peut être considéré à ce point de vue comme un auxiliaire de celui-ci. C'est ainsi que les Conseils de préfecture sont investis d'une partie de la tutelle administrative en ce qui concerne les communes et les établissements publics. Nous avons déjà vu que, pour les autorisations de plaider, c'est à ces conseils que les communes doivent s'adresser; ceux-ci statuent alors, non plus comme juges, mais comme simples tuteurs.

Les attributions *contentieuses* sont de beaucoup les plus importantes de celles qui sont attribuées aux Conseils de préfecture. En fait, les Conseils de préfecture sont les tribunaux administratifs qui décident le plus grand nombre d'affaires comme juges du premier degré. Toutefois, comme nous l'avons déjà vu, et par une bizarrerie de nos institutions administratives, ces Conseils ne sont pas les juges de droit commun, c'est-à-dire que lorsqu'une affaire a un caractère administratif et qu'un texte exprès n'indique pas le tribunal devant lequel elle doit être portée, c'est la juridiction ministérielle et non celle des Conseils de préfecture qui doit être saisie. Dans bien des cas, cependant, la jurisprudence a montré une tendance manifeste à accroître la compétence des Conseils de préfecture au détriment de la compétence ministérielle, et cette tendance, que nous ne pouvons qu'approuver, se présente notamment en matière de travaux publics, d'associations syndicales, etc. — La loi du 28 pluviôse, en instituant les Conseils de préfecture, leur a donné compétence pour quatre ordres principaux d'affaires, les contributions directes, la grande voirie, le domaine public et les travaux publics. Ce sont, encore aujourd'hui, les matières principales dont les Conseils de préfecture ont à s'occuper. Toutefois, des lois spéciales ont ajouté plusieurs termes à cette énumération. C'est ainsi que pour les élections des Conseils municipaux ou d'arrondissement, les Conseils de préfecture sont juges de la vérification des pouvoirs, ainsi que nous l'avons indiqué. En matière de comptabilité publique, nous verrons également que les Conseils de préfecture vérifient les comptes des comptables pour les communes qui ont moins de 30,000 francs de revenus.

C. DU CONSEIL D'ÉTAT STATUANT AU CONTENTIEUX

Nous nous sommes déjà occupé du Conseil d'État en le considérant comme un conseil supérieur du gouvernement, placé à côté des pouvoirs publics pour les aider dans l'accomplissement de leur tâche. Nous avons à nous en occuper maintenant à un autre point de vue, et à considérer ce Conseil comme un tribunal administratif statuant sur l'appel de toutes les matières administratives contentieuses, et jouant également le rôle d'une Cour de cassation vis-à-vis des décisions des juridictions inférieures ou des administrateurs.

Historique.

Le Conseil d'État considéré comme tribunal est l'héritier, à ce point de vue, des attributions de l'ancien Conseil du Roi. Dans ce conseil une section spéciale, désignée sous le nom de Conseil privé ou des parties, avait pour mission de statuer sur les réclamations soulevées par les intérêts privés contre les actes des agents de la royauté. Lorsque, en l'an VIII, le Conseil d'État fut établi, les affaires contentieuses ne furent pas distinguées des affaires administratives. Ce n'est que par un décret du 11 juin 1806 que fut créée une commission du contentieux, chargée d'élaborer les affaires qui devaient être ensuite portées au Conseil d'État en assemblée générale.

Le Conseil d'État eut alors le même caractère qu'avait eu le Conseil du Roi; il était moins un tribunal que l'organe de la justice retenue par le chef de l'État. Les décisions étaient prises au nom de ce dernier, qui, à la

rigueur, aurait pu refuser son approbation à l'avis de son Conseil, et prendre même une décision contraire. Ce caractère que présentait le Conseil d'État permettait, comme nous l'avons vu en matière de contravention de voirie, d'abaisser les peines édictées par la loi, au-dessous du minimum fixé par celle-ci; car la décision du Conseil étant prise au nom du chef de l'État, et celui-ci ayant le droit de grâce, il pouvait, dans sa décision, faire remise d'une partie de la peine à laquelle le contrevenant aurait dû être condamné. — Remarquons également, sous le décret de 1806, que la justice administrative était considérée à cette époque comme une concession du pouvoir exécutif. Ainsi quand le demandeur avait adressé sa requête, il fallait qu'une ordonnance de soit communiqué fut rendue pour que le défendeur put être averti et que l'affaire fut mise au rôle. Quoique cette ordonnance ne fût en fait jamais refusée, elle indiquait néanmoins que le chef de l'État se réservait le droit de ne pas prononcer sur la réclamation qui était soumise à son Conseil. — A la même époque encore, le Conseil statuait sans publicité et sans que les parties pussent faire présenter des observations orales.

La juridiction du Conseil d'État a subi de nombreuses et d'utiles modifications depuis le décret de 1806. C'est ainsi que l'ordonnance du 2 février 1831 a établi la publicité des audiences du Conseil d'État statuant au contentieux, la possibilité pour les parties de faire présenter des observations orales par des avocats au Conseil d'État, et enfin la présence d'un ministère public pouvant prendre la parole sur chaque affaire et donner des conclusions. Par là, le Conseil d'État se rapprochait beaucoup des tribunaux judiciaires, mais il continuait à n'avoir pas de pouvoir propre et à n'être, en matière contentieuse, que l'organe du chef de l'État.

La loi du 24 mai 1872 est venue enfin introduire le
principe que désormais les décisions du Conseil seront
prises en son nom propre. Quoique les divers chefs du
pouvoir exécutif aient rarement refusé de donner leur
sanction aux arrêts du Conseil d'État, il n'est plus à
craindre dans l'avenir que, par suite d'un caprice ou
d'une passion politique, les arrêts de ce Conseil puissent être écartés par le Gouvernement, et ne soient pas
suivis d'exécution comme les décisions des autres tribunaux.

Organisation du Conseil d'État statuant au contentieux.

Lorsque le Conseil d'État statue au contentieux, on
suit la même marche que pour les matières administratives. L'affaire est préparée en section, et elle n'est définitivement résolue qu'en assemblée générale. La section du
contentieux est composée de sept membres, dont trois au
moins sont nécessaires pour délibérer ; en cas de partage, on appellera le maître des requêtes le plus ancien
attaché à la section. D'après la loi du 4 août 1874,
il y a un président spécial pour la section du contentieux. A la différence des affaires administratives, aucun
ministre n'a entrée à la section, pas même le ministre
de la justice.

Lorsque l'affaire a été préparée en section, elle est
portée à l'assemblée générale du Conseil d'État statuant
au contentieux. Cette assemblée est composée des membres de la section, plus six conseillers en service ordinaire, pris au nombre de deux dans chacune des trois
sections administratives, et choisis par le président
de la République, après délibération des présidents de
de section. Pour que l'assemblée générale puisse déli-

bérer, il faut qu'elle comprenne au moins neuf membres, et que ceux-ci soient toujours en nombre impair. Les maîtres des requêtes attachés à la section du contentieux ont voix délibérative dans les affaires où ils sont rapporteurs. Enfin aucun ministre ni conseiller en service extraordinaire n'a accès à l'assemblée du contentieux. Ce sont les audiences de cette assemblée qui sont publiques, et dans lesquelles ont lieu les plaidoiries et les conclusions du ministère public.

Il est quelques affaires qui ne seront pas portées à l'assemblée générale et qui seront résolues par la section. Ce sont celles dans lesquelles les parties n'ont pas constitué d'avocat, à moins que le renvoi en assemblée générale ne soit demandé par le ministère public ou par un conseiller.

Procédure devant le Conseil d'État.

Cette procédure a été réglée par le décret du 22 juillet 1806. Le demandeur introduit son recours, en général, par l'intermédiaire d'un avocat au Conseil, qui déposera une requête au secrétariat du contentieux. Cette requête introductive d'instance doit contenir l'exposé de la demande et une indication sommaire des moyens à l'appui. Le président de la section du contentieux désignera un rapporteur, et lorsque le travail de celui-ci sera terminé, il ordonnera que la requête soit communiquée au défendeur. La communication doit être faite par l'huissier dans le délai de deux mois, à partir de l'ordonnance (décret du 2 novembre 1864). Le défendeur, à son tour, constituera avocat et fournira ses défenses dans un délai qui varie de quinze jours à deux mois, suivant la distance de Paris au ressort de la Cour d'appel. Une fois l'instance liée, l'instruction se fera par

l'échange de mémoires, mais il n'entrera en taxe que deux requêtes, y compris la requête introductive de la demande et de la défense. .

Ces formalités peuvent être simplifiées. En effet, il est des cas dans lesquels le recours au Conseil d'État sera formé par une simple déclaration au greffe du Conseil de préfecture. C'est ce qui a lieu pour les réclamations en matières de contributions directes et de police du roulage. — Il en est d'autres où le recours pourra être introduit sans l'intermédiaire d'un avocat, la demande étant adressée directement au secrétariat du contentieux du Conseil d'État. C'est ce qui arrive pour les pourvois relatifs aux élections des membres des Conseils municipaux ou d'arrondissement, et pour les recours formés contre les décisions des autorités administratives arguées d'incompétence ou d'excès de pouvoir.

Le recours au Conseil d'État, lorsqu'il constitue un appel contre la décision d'une juridiction inférieure, doit être formé dans un délai de trois mois à partir de la notification de la décision attaquée. Cette notification ne doit pas être faite nécessairement par huissier, elle pourrait être formée par voie administrative.

Le recours est dévolutif, mais, comme nous l'avons vu en nous occupant du Conseil de préfecture, il n'est pas suspensif. Toutefois, non-seulement les Conseils de préfecture peuvent subordonner l'exécution de leurs arrêtés à la charge de donner caution, mais le Conseil d'État lui-même pourrait ordonner un sursis à l'exécution, lorsqu'il est à craindre que, la décision du Conseil de préfecture étant réformée, celui contre lequel elle a été rendue se trouve en présence d'un insolvable, et ne puisse former un recours efficace contre lui (art. 24, loi du 24 mai 1872).

Telles sont les règles générales de la procédure ; mais

il faut remarquer que des faveurs spéciales sont accordées à l'État :

1° Lorsque celui-ci est demandeur, il est dispensé de constituer avocat et de déposer une requête au secrétariat du Conseil. — Le Conseil peut être saisi par un simple rapport du ministre compétent.

2° Si l'État est défendeur, il n'y aura pas d'ordonnance de soit communiqué. L'instance sera liée par un seul acte, le dépôt du mémoire introductif d'instance.

3° Le délai de trois mois court à partir du jour où la partie qui veut se pourvoir a eu connaissance de la décision intervenue; il n'est pas nécessaire qu'il y ait une notification, même administrative, faite par l'État à son adversaire.

4° Lorsque l'État est en cause, il n'est pas condamné aux dépens, alors même qu'il perd son procès. On a cherché à justifier cette faveur en disant que lorsque l'État plaide il administre, mais alors comment expliquer que devant les tribunaux judiciaires l'État qui perd son procès soit toujours condamné aux dépens? Aussi un décret du 2 novembre 1864 est-il venu restreindre l'importance de la prérogative accordée à l'État, et, sans abroger le principe de l'exonération il décide que l'État sera condamné aux dépens dans certaines affaires qu'il spécifie, lorsqu'il s'agit de biens domaniaux, de marchés de fournitures ou de travaux publics. Ce sont, il est vrai, les procès les plus importants, mais il eut mieux valu que le décret de 1864 fît à l'État l'application pure et simple du droit commun.

Enfin la décision du Conseil d'État est susceptible des voies de recours ordinaires, l'opposition et la tierce-opposition, et du recours extraordinaire de la requête civile. L'opposition pourra être formée contre les arrêts par défaut, dans les deux mois de la signification, et à la diffé-

rence du droit commun, elle ne sera pas suspensive, à moins qu'il n'en soit autrement ordonné par le Conseil. — La tierce-opposition pourra être formée par toute personne qui, n'ayant pas figuré dans le procès, en subirait néanmoins un préjudice. Le délai sera encore ici de trente ans. — Enfin il y aura lieu à requête civile, lorsque l'on se trouvera dans des circonstances analogues à celles qui sont prévues au code de Procédure civile, c'est-à-dire lorsque la décision du Conseil d'État aura été rendue sur pièces fausses, en violation de formalités essentielles ou à défaut de pièces décisives retenues par l'adversaire.

Attributions du Conseil d'État.

Ces attributions se divisent d'une manière naturelle suivant que le Conseil d'Etat statue en premier et dernier ressort, comme Cour d'appel ou comme Cour de cassation.

Comme tribunal en premier et dernier ressort, le Conseil d'Etat joue un rôle relativement restreint. Toutefois, nous ferons remarquer qu'avec l'interprétation que nous avons donnée de la juridiction ministérielle, lorsque le Conseil d'Etat sera saisi d'un recours contre un acte de gestion émanant d'un administrateur, il statuera au premier degré, et sur une contestation qui n'aura été soumise à aucun tribunal antérieur. Nous renvoyons sur ce point aux explications précédemment données. — En dehors de ce cas, on peut citer quelques lois ou décrets dans lesquels le Conseil d'Etat a été investi de la compétence directe sur certaines affaires. C'est ainsi que la loi du 22 avril 1806 sur la Banque de France donne compétence au Conseil d'Etat pour diverses difficultés relatives à la police et à l'administration de cette Banque (art. 21). De même encore, la

décret du 1er mars 1808 donne au Conseil d'Etat une certaine compétence au sujet des majorats.

Comme Cour d'appel le Conseil d'Etat est investi de la juridiction la plus étendue. Toutes les affaires qui ont été jugées par un tribunal administratif et qui ne sont pas déférées en appel à un tribunal spécial peuvent être portées au Conseil d'Etat. C'est ce qui a lieu pour les décisions prises par les Conseils de préfecture (à l'exception toutefois des affaires de comptabilité), pour les décisions prises par les préfets, les ministres statuant comme juges, etc.

Comme Cour de cassation, le Conseil d'Etat statue en vérifiant si les décisions des tribunaux administratifs rendues en dernier ressort ne contiennent aucune violation de la loi ou des formes. Dans le cas où le Conseil d'Etat constaterait une violation de ce genre, il casserait la décision et renverrait devant un tribunal de même ordre, comme le fait la Cour de cassation, ou devant une autre section du même tribunal. C'est ce qui a lieu pour la Cour des comptes, pour les décisions des jurys de révision, pour le Conseil supérieur de l'Instruction publique, etc. — C'est également dans les attributions exercées par le Conseil comme Cour de cassation qu'il faut ranger les recours formés pour excès de pouvoirs contre les actes des agents ou des Conseils administratifs. Ici encore, le Conseil annulera l'acte entaché d'irrégularité, mais sans rien mettre à la place et sans substituer sa décision propre à celle d'un administrateur. — Notons enfin que le Conseil d'Etat pourra être consulté par les ministres dans l'intérêt de la loi lorsque, en dehors de tout débat, un ministre voudra connaître l'avis du Conseil au sujet de l'interprétation d'une loi ou d'un décret, afin de baser sur cet avis les instructions qu'il donnera à ses agents. Ce droit a été

établi, moins par la loi elle-même que par la jurisprudence, à l'instar de celui qui appartient au procureur général à la Cour de cassation, dans des cas analogues.

Législation comparée.

Le contentieux administratif n'existe pas dans les pays anglo-saxons, et l'autorité judiciaire y prononce à la fois sur les litiges entre particuliers et sur ceux qui s'élèvent entre les particuliers et l'Etat. — En Belgique et en Hollande, presque tout le contentieux administratif est soumis aux tribunaux ordinaires, il n'y a d'exception que pour les contributions directes et le service militaire qui sont de la compétence des Conseils provinciaux, mais sauf recours à la Cour de cassation. — En Italie la loi du 28 mars 1865 a abrogé les tribunaux administratifs et décidé que toutes les contestations qui leur étaient attribuées seront dévolues aux juridictions judiciaires, s'il y a lésion de droit, aux autorités administratives par voie de recours gracieux, s'il n'y a lésion que d'un intérêt. — Le système allemand est celui qui se rapproche le plus du nôtre. Le contentieux administratif est soumis en première instance à la Commission exécutive de l'arrondissement, puis en appel à un tribunal administratif de département, et enfin à une Cour suprême du contentieux administratif, analogue à notre Conseil d'Etat.

Que faut-il penser de cette variété de législation ? Doit-on distinguer le contentieux administratif du contentieux judiciaire ? Nous ne pouvons, sans sortir des limites de cet ouvrage, donner à cette question tous les développements qu'elle comporte, nous nous contenterons de signaler les principaux arguments invoqués en

faveur des tribunaux administratifs, et de montrer en quoi ils nous paraissent inexacts.

Les partisans des juridictions administratives invoquent la notion théorique de la séparation des pouvoirs, et une série de considérations pratiques tirées notamment de la rapidité et de l'économie de la procédure, de la spécialité des matières administratives, des tendances de l'autorité judiciaire.

La séparation des pouvoirs, disent certains auteurs, a pour corollaire indispensable la justice administrative. Si l'autorité judiciaire connaissait des causes dans lesquelles l'Etat est intéressé, elle s'exposerait à méconnaître les volontés des administrateurs et à entraver la marche des affaires. — Je pense, au contraire, que c'est à tort que l'institution des tribunaux administratifs est présentée comme une conséquence normale de la séparation des pouvoirs. Que résulte-t-il en effet de ce principe? Que l'autorité administrative doit être souveraine dans la sphère des intérêts généraux, qu'elle doit les apprécier à sa guise sans craindre ni critique ni injonctions de la part de l'autorité judiciaire. Mais de même que le particulier, libre dans le cercle de ses intérêts privés, voit son droit limité par celui de son voisin, de même l'autorité administrative n'a pas des pouvoirs illimités, et la sphère des intérêts généraux où elle se meut est circonscrite par les lois et décrets qui ont stipulé en faveur des particuliers diverses garanties. Si donc l'administration dépasse les limites qui lui sont assignées, si elle enfreint les dispositions protectrices des droits privés, elle doit être ramenée à leur observation par les tribunaux, et pour que ces tribunaux présentent toute garantie d'impartialité, il faut qu'ils ne dépendent pas du pouvoir exécutif, puisque ce pouvoir est en cause et qu'il s'agit de se prononcer sur ses em-

piètements. Ce raisonnement nous paraîtrait peu discutable, si nous n'étions habitués à envisager la séparation
des pouvoirs, telle qu'elle a été organisée par les lois de
l'époque intermédiaire, comme un ensemble rationnel,
sans songer que ce sont des motifs d'ordre transitoire, la
méfiance des tribunaux judiciaires de la part de la Constituante, les tendances autoritaires du premier consul
en l'an VIII, qui ont amené cette organisation. Nous con-
sidérons comme essentielle une séparation rigoureuse
entre l'autorité administrative et l'autorité judiciaire,
telles que l'une et l'autre ont été constituées en France,
alors qu'il n'y a de fondée en raison que la distinction
entre celui qui exécute la loi et celui qui l'interprète.
Mais ce qui devrait nous éclairer sur ce point et nous
montrer le vrai sens de la séparation des pouvoirs, c'est
l'exemple des pays voisins, et surtout de ceux qui
sont le plus attachés aux institutions libérales, dont les
uns n'ont jamais connu des tribunaux administratifs et
dont les autres les ont supprimés sans que se soit jamais
produite cette désorganisation qui, d'après les partisans
des juridictions administratives, aurait dû en être la
conséquence [1].

La procédure administrative est, dit-on, plus simple,
moins coûteuse que la procédure ordinaire. — Cela est
très-vrai, et c'est une critique très-juste de cette dernière.
Mais ne pourrait-on, s'il nous faut attendre longtemps
encore des simplifications depuis longtemps réclamées,
en transportant le contentieux administratif aux tribunaux ordinaires, transporter en même temps la procédure qui leur est applicable?

Mais, ajoute-t-on, les matières administratives sont spé-

1. Voir de Broglie, *Revue française*, 1828. — Tocqueville, *l'Ancien régime*, p. 81. — Rapport de M. de Marcère, *Journal officiel* du 22 décembre 1872.

ciales, et les tribunaux judiciaires qui en seraient saisis
ne les connaîtraient pas d'une manière suffisante! —
L'objection est plus spécieuse que solide. Les principes
du droit administratif sont au fond les mêmes principes
de justice qui dominent notre législation civile. Les
tribunaux judiciaires, qui interprètent les conventions
les plus diverses entre particuliers, ne peuvent-ils
interpréter les cahiers des charges des marchés de
travaux publics? Ils appliquent les articles 1382 et suivants aux cas de responsabilité entre personnes pri-
vées : pourquoi ne peuvent-ils le faire quand l'auteur
du dommage est un agent de l'Etat? Dans un cas
comme dans l'autre n'y a-t-il pas une faute ou une
négligence à apprécier?

Enfin on invoque les tendances des membres de
l'autorité judiciaire, qui seront naturellement portés
à défendre les intérêts privés et pourront sacrifier les
intérêts généraux, tandis que des tribunaux administratifs obéiront à des tendances inverses et feront passer
l'intérêt général avant l'intérêt privé. — On pourrait
d'abord répondre, qu'en fait, les tribunaux judiciaires
se sont rarement montrés disposés à sacrifier les intérêts généraux, et la différence entre la jurisprudence de
la Cour de cassation et celle du Conseil d'Etat en
matière d'alignement en est une preuve frappante. De
même, pour les contributions indirectes, la petite
voirie, etc., la compétence judiciaire n'a jamais apporté
d'entraves sérieuses à l'action administrative. Mais,
pris en lui-même, le raisonnement qu'invoquent les
partisans des juridictions administratives est on ne
peut plus dangereux. Il revient à dire qu'un juge peut
obéir à des tendances différentes en interprétant la loi.
Rien à mon sens n'est plus faux. Il n'y a pas deux justices, l'une administrative et l'autre judiciaire, et le

juge, quel qu'il soit, n'a qu'une chose à faire : dans les contrats, rechercher l'intention des parties ; dans les lois impératives, rechercher l'intention du législateur et s'y conformer dans sa décision.

En dehors de cette réforme radicale de la suppression des tribunaux administratifs, ne pourrait-on obtenir certaines réformes de détail qui nous paraissent indispensables et que nous résumerons en quelques mots : Supprimer toute juridiction confiée aux administrateurs, — attribuer aux Conseils de préfecture la juridiction de droit commun, — séparer les Conseils de préfecture de l'administration active, et notamment enlever la présidence aux préfets, — distinguer et organiser à part le Conseil d'État agissant comme Conseil du gouvernement et le Conseil d'Etat tribunal, faire de ce dernier un corps tout à fait distinct dont les membres seraient plutôt des jurisconsultes que des administrateurs, rendre les membres de ce tribunal inamovibles, etc.

II. TRIBUNAUX ADMINISTRATIFS SPÉCIAUX

En dehors des tribunaux dont nous venons de nous occuper, et qui sont des tribunaux administratifs généraux comprenant dans leurs attributions les matières les plus diverses, se trouvent des tribunaux spéciaux qui ne jugent qu'un ordre d'affaires déterminé : ainsi les Conseils de révision pour le recrutement de l'armée, le Conseil supérieur de l'Instruction publique pour certaines difficultés relatives à l'enseignement, la Cour des Comptes pour la vérification des comptes des agents de l'Etat, etc. Nous bornerons nos explications à ce dernier tribunal en les faisant précéder d'une exposition sommaire de notre organisation financière.

DE LA COUR DES COMPTES

Notions générales de comptabilité publique.

La gestion des finances de l'État est soumise à un triple degré de contrôle : le contrôle législatif, le contrôle administratif et le contrôle judiciaire. Le législateur intervient tout d'abord pour déterminer quelle est la quote part d'impôts qui sera perçue de chaque citoyen, et pour affecter les sommes touchées ainsi par l'État à des dépenses déterminées. De cette manière il ne peut se faire sur toute l'étendue du territoire aucune opération, soit en recette, soit en dépense, sans que le législateur en ait pris l'initiative. Plus tard, lorsque toutes ces opérations auront été effectuées, le législateur interviendra encore pour vérifier si ses instructions ont été ponctuellement exécutées, et si les recettes et les dépenses ont eu lieu dans les conditions qu'il avait prescrites.

Mais cette intervention du législateur serait insuffisante, s'il ne s'y joignait dans le sein de l'administration elle-même un contrôle nouveau. Ce contrôle se traduit par une surveillance incessante exercée par des inspecteurs sur les personnes qui détiennent les deniers de l'État, et aussi par la séparation à tous les degrés de l'administration financière entre deux agents, dont l'un donne l'ordre de disposer d'une portion des deniers publics, et l'autre, sur le vu de cet ordre, accomplit l'opération demandée. De cette manière le concours de deux personnes est nécessaire pour toute opération financière et l'accord entre les constatations que fera chacune d'elles sera un moyen facile de contrôle et de surveillance.

Enfin, le législateur n'a pas voulu que l'administra-

tion active fût seule chargée de la vérification des comptes des agents financiers de l'État. On a craint que l'administration des finances pût dissimuler les malversations de quelques-uns de ses agents en gardant le silence à ce sujet, et l'on a institué un corps composé de personnes indépendantes de l'administration, jouissant du privilège de l'inamovibilité, afin d'être mieux à l'abri des suggestions du pouvoir exécutif, et ce haut tribunal, qu'on appelle la Cour des comptes, a pour mission de vérifier individuellement tous les comptes tenus par les agents financiers de l'État.

Après avoir donné cette idée générale de notre organisation administrative au point de vue financier, nous allons étudier successivement le rôle que jouent le législateur, l'administration et la Cour des comptes, dans la gestion des deniers de l'État.

De la comptabilité législative.

L'intervention du législateur se traduit, comme nous l'avons vu, par une première loi qu'on appelle *loi de finances* ou loi du budget, laquelle contient l'état préparé d'avance des dépenses et des recettes qui doivent s'effectuer pendant une période déterminée. L'État, comme un particulier, doit, avant le commencement de chaque année, vérifier l'état de ses ressources et faire coordonner ses dépenses avec les recettes problables qu'il effectuera dans l'année.

Que contient la loi de finances? — Les deux divisions essentielles de cette loi prennent ordinairement le nom de *crédits accordés* et d'*impôts autorisés*. Dans le premier de ces deux états, le législateur indique quelles sont les sommes qui doivent être affectées à tel ou tel ordre de dépenses; dans le second, la loi du budget

mentionne les impôts dont la perception est autorisée conformément aux lois existantes. Une troisième division vient s'ajouter aux deux premières, c'est l'*évaluation des voies et moyens*. Dans cette section, le législateur se livre à l'indication détaillée du rendement de chaque impôt. Pour les uns, les impôts de répartition, les sommes indiquées rentreront nécessairement dans les caisses de l'État; pour les autres, la loi ne contient qu'une évaluation approximative obtenue en faisant la moyenne du rendement de l'impôt dans les années antérieures. De cette façon, et en faisant la somme des évaluations des divers impôts, on obtient le chiffre total des recettes qui doit, pour équilibrer les finances, être exactement égal au chiffre des crédits accordés.

A côté des divisions précédentes, le budget de l'État contient encore deux sections distinctes : l'une est intitulée : *Budget des dépenses sur ressources spéciales,* ce sont les dépenses payées pour les départements et les communes avec des sommes qui sont touchées par les agents de l'État. L'une des principales ressources, en effet, des départements et des communes, se trouve dans les centimes additionnels, qui sont perçus par voie d'adjonction aux contributions directes. Les agents de l'État touchent ces centimes additionnels départementaux ou communaux, et c'est la somme de ces centimes qui est mentionnée chaque année au budget de l'État : de cette manière, le législateur se rend un compte plus exact des charges qui pèsent sur les contribuables, puisque, à côté des sommes affectées aux dépenses de l'État, se trouve une partie de celles qui sont consacrées aux dépenses départementales ou communales. Pour compléter ces indications, il serait utile que l'on joignît au budget de l'État un tableau contenant l'évaluation approximative du rendement des octrois et des taxes spéciales. Par là on au-

rait sous les yeux toutes les sommes qui, à des titres divers, sont payées par les particuliers aux représentants de la puissance publique.

Enfin un dernier chapitre porte pour titre : *Des services spéciaux rattachés pour ordre au budget de l'État.* Ce chapitre comprend une série de services qui ont des revenus et des dépenses propres. Si on les mentionne annuellement dans le budget de l'État, c'est parce que ces services sont d'intérêt public et qu'il importe dès lors au législateur d'exercer sur leur comptabilité une surveillance régulière. Nous citerons parmi ces services : l'Imprimerie nationale, la Légion d'honneur, l'École centrale des arts et manufactures, etc.

Il est à remarquer, à propos du budget de l'État, à la différence des budgets des départements et des communes, qu'il n'y a pas de corrélation entre un certain ordre de recettes et des dépenses correspondantes. Toutes les sommes perçues à quelque titre que ce soit, ayant un caractère périodique ou anormal, forment un ensemble qui doit subvenir aux dépenses de toute nature. Toutefois, il faut observer qu'une nouvelle division a été introduite dans les budgets les plus récents. C'est celle qui correspond aux dépenses extraordinaires pour une série de travaux publics approuvés par le législateur. La loi portant fixation du budget de l'année 1879, en décidant que des crédits spéciaux seront accordés pour dépenses sur ressources extraordinaires, prescrit qu'il sera pourvu à ces dépenses au moyen d'obligations amortissables à court terme, et qui ne pourront être émises qu'au fur et à mesure des besoins de l'État justifiés par la situation des paiements exigibles.

Comment le budget est-il préparé ? — C'est la direction de la comptabilité du ministère des finances qui, char-

gée de centraliser toutes les opérations financières, ayant sous la main tous les documents nécessaires, doit préparer le budget. Bien entendu elle devra tenir compte des modifications que proposera chaque ministre pour son budget spécial. Le travail de la préparation du budget doit commencer quinze mois avant l'année pour laquelle le budget sera applicable. Ce délai a été justement critiqué, parce que des variations nombreuses peuvent avoir lieu dans les besoins des services publics, à partir du moment où le budget est préparé jusqu'au moment où il est voté.

Le projet émané du ministère des finances est envoyé aux Chambres législatives et dans chacune d'elles une Commission du budget sera nommée, qui vérifiera l'un après l'autre les articles portés au projet, et qui discutera individuellement avec les ministres ou les agents principaux des ministères les réductions ou les suppléments qui peuvent être demandés. — En Angleterre, l'élaboration du budget, au lieu d'être confiée à une Commission, est faite par la Chambre tout entière dans des séances qui ne sont pas publiques. On y trouve cet avantage que tous les membres de la Chambre peuvent proposer les modifications qu'ils désirent. Le débat public en sera bien abrégé lorsque la discussion définitive aura lieu, et les observations pourront être présentées avec plus de détails dans des discussions sommaires et dépourvues de toute forme oratoire.

Comment est voté le budget? — Le budget étant préparé, comme nous venons de l'indiquer, les Chambres sont appelées à lui donner leur approbation. Les pouvoirs des deux Chambres sur ce point ont varié beaucoup suivant les divers gouvernements et les phases historiques par lesquelles la France a passé. Sous la Restauration, on commença par donner aux Chambres le droit

de voter par *ministère*, c'est ce qui résulte de la loi du 25 mars 1817. De cette façon, le gouvernement n'était lié que par le chiffre alloué pour chaque département ministériel, mais il pouvait, dans les limites de ce département, faire au moyen de virements passer une somme affectée à une certaine dépense à des dépenses d'un autre ordre. Plus tard, une ordonnance du 1er septembre 1827 substitua au vote par ministère le *vote par section*, c'est-à-dire que l'on réunit ensemble des services ayant entre eux une certaine affinité, et le législateur eut à se prononcer sur chacune de ces sections. Son pouvoir de contrôle était ainsi considérablement augmenté. Enfin en 1830 le vote par section fit place au *vote par chapitre*, les chapitres comprenant un groupe de services du même ordre. — A partir de 1852, la France fut ramenée subitement, au point de vue financier, à la situation créée par la loi de 1817, le vote ne put avoir lieu que par ministère. Puis le second Empire suivit progressivement le même chemin que celui qui avait été parcouru jusqu'en 1830. Un sénatus-consulte du 31 décembre 1861 rétablit le vote par sections, un sénatus-consulte du 8 septembre 1869 (art. 9) prescrivit le vote par chapitres, et après la chute du second Empire une loi du 16 septembre 1871 consacra définitivement ce dernier système.

Dans ce débat, continuellement agité, on le voit, entre le pouvoir exécutif et les Chambres législatives, on a fait valoir de part et d'autre des arguments d'ordre financier et d'ordre politique. Ainsi le pouvoir exécutif a soutenu qu'il était difficile à un gouvernement d'avoir les mains liées par le pouvoir législatif; il se peut, en effet, que, au cours d'un exercice, on s'aperçoive qu'un service a reçu une dotation insuffisante, tandis que, sur tel autre service, des économies auront été réalisées. Pour-

quoi dès lors ne pas permettre au pouvoir exécutif de transporter une somme d'un service à un autre, de combler des déficits avec les excédants dont on peut disposer? Mais, d'autre part, les raisons les plus sérieuses militent en faveur de la spécialité des crédits. Il faut que le contrôle exercé par le législateur en matière financière soit un contrôle sérieux, et il ne peut pas dépendre du pouvoir exécutif de réaliser des économies sur certains chapitres, de les reporter sur d'autres services au gré des caprices d'un ministre ou de la faveur dont peut jouir tel ou tel fonctionnaire. — Du reste, dans une question de ce genre, à côté des arguments d'ordre financier il ne faut point se dissimuler que les considérations politiques sont surtout déterminantes. Suivant que le pouvoir exécutif se sera attribué la prépondérance dans la gestion des affaires publiques, ou que la nation aura repris l'influence qui lui appartient dans la direction de ses destinées, on verra le principe de la spécialité des crédits être admis ou repoussé en matière budgétaire ; mais, comme dans ce conflit entre les deux pouvoirs c'est le pouvoir législatif qui doit avoir la prépondérance, on peut dire que nous sommes aujourd'hui revenus sur ce point aux véritables principes.

Quand le budget est-il voté? — Le vote du budget a lieu toutes les années quelques mois avant l'année même où le budget sera applicable. On comprendrait toutefois que certaines sommes fussent soustraites à ce principe de l'annualité du vote. C'est ainsi qu'en Angleterre les intérêts de la dette et la liste civile ne sont pas votés chaque année ; il en est de même en Prusse pour le budget de la guerre. Ce sont là des dépenses obligatoires au paiement desquelles une nation ne saurait se soustraire sans compromettre de la manière la plus grave son crédit et même son existence. Mais, d'autre part, le

système adopté en France présente cet avantage de rappeler chaque année à ceux qui votent le budget les charges qui se sont accumulées sur notre pays et de présenter un tableau complet des dépenses que l'État doit supporter.

Crédits supplémentaires et extraordinaires. — Après avoir vu ce qui est relatif au budget, il nous reste à dire un mot des charges qui viennent s'ajouter périodiquement à celles qui sont prévues par la loi de finances par la voie des crédits supplémentaires et extraordinaires. Ce serait une grave erreur de s'imaginer que les dépenses portées au budget sont les seules que supporte la nation. Régulièrement, au contraire, un certain nombre de crédits supplémentaires vient s'ajouter aux prévisions du législateur et détruire l'équilibre qu'il avait laborieusement édifié. Les crédits sont supplémentaires lorsqu'ils ont pour objet d'ajouter certaines sommes à celles qui ont déjà été votées pour un chapitre du budget. On appelle extraordinaires les crédits qui sont demandés pour des besoins qui n'ont pas même été prévus par la loi de finances, et qui se sont fait sentir inopinément dans le cours de l'année. Ces divers crédits ne peuvent être ouverts que par une loi, et, si l'on se trouve dans l'intervalle des sessions législatives, par un décret en Conseil d'État, sauf au Gouvernement à solliciter plus tard du législateur l'approbation de ce qu'il aura fait.

De tout temps ces crédits supplémentaires ont été un sérieux obstacle à la bonne gestion des finances. Aussi, bien des mesures ont été proposées pour essayer, sinon de les supprimer, ce qui serait impossible, tout au moins de les maintenir dans des mesures restreintes. C'est ainsi qu'une loi de 1834 décida que les crédits supplémentaires ne pourraient plus être ouverts que pour

des services spécialement indiqués dans la loi. Il est,
en effet, certains services dont il est impossible d'évaluer le montant, même d'une manière approximative,
par exemple, les fournitures de vivres ou de fourrages
pour l'armée, le prix de ces objets étant soumis à une
série de fluctuations suivant l'état des récoltes ; de
même, les crédits extraordinaires ne devaient plus avoir
lieu que pour des besoins qu'il était absolument impossible de prévoir au moment du budget ; enfin, le ministre des finances devait, en demandant un crédit supplémentaire ou extraordinaire, indiquer les ressources sur
lesquelles il comptait pour pourvoir à ses dépenses. Mais
les mesures prises en 1834 ne produisirent pas tous les
résultats qu'on en attendait, et l'on conçoit fort bien,
du reste, qu'il en ait été ainsi, car la limite qui est imposée au législateur peut être facilement dépassée,
puisqu'il n'y a pas d'autorité supérieure à celle de la
loi et qu'une loi spéciale peut toujours déroger à une
loi générale. Toutefois, en ce moment même, un projet est
soumis aux Chambres visant le même objet que la loi
de 1834, et cherchant par des moyens analogues à
mettre une barrière à l'augmentation toujours croissante des crédits supplémentaires.

Loi des comptes ou d'exercice expiré.— L'intervention
du législateur, qui s'est manifestée par la loi du budget
avant l'ouverture de l'exercice, se produit une dernière
fois lorsque l'exercice est expiré, par le vote de la *loi
des comptes*. Toutes les opérations financières qui se
sont exécutées au cours de l'année ayant été centralisées au ministère des finances, la direction de la comptabilité de ce ministère transmet aux Chambres législatives un état de ses opérations. Le législateur aura donc
à vérifier si les dépenses ont été faites dans les limites
des crédits qu'il avait ouverts, si les recettes ont eu

lieu conformément aux indications qu'il avait données, et constatera de combien le rendement de ces recettes a été supérieur ou inférieur aux évaluations approximatives de la loi de finances. Le résultat de cet examen sera suivi du vote de la loi emportant règlement définitif des comptes du budget de telle année. Toutes les opérations financières de cet exercice seront par là terminées et l'année aura disparu léguant quelquefois des excédants, mais le plus souvent des déficits, aux budgets des années postérieures.

De la comptabilité administrative.

La comptabilité administrative est celle qui comprend toutes les opérations qui s'accomplissent entre la loi du budget et la loi des comptes. Comme nous l'avons vu, les opérations de cette comptabilité sont confiées à deux ordres de personnes bien distincts, les ordonnateurs et les comptables. Nous allons nous occuper successivement de chacun d'eux.

1° **Des Ordonnateurs.** — Les ordonnateurs sont ceux qui, comme le nom l'indique, donnent l'ordre d'accomplir des opérations financières, soit en recettes, soit en dépenses. Pour les finances de l'État, ce sont les ministres qui, chacun pour son département ministériel, sont ordonnateurs. Toutefois, dans les départements, les ministres envoient à chaque préfet des ordonnances de délégation en vertu desquelles ceux-ci pourvoient aux dépenses nécessitées par les services publics dans les limites qui leur sont tracées par le mandat qu'ils ont reçu.

L'ordonnancement doit être précédé de la liquidation de la créance. Nous avons vu que cette liquidation doit

être faite par le ministre, et que la décision que prend celui-ci n'est pas un acte de juridiction et peut donner lieu à un litige devant le Conseil d'État. Si le ministre refuse d'ordonnancer, non pas en contestant la validité de la créance, mais en déclarant qu'il n'a point de fonds disponibles ou qu'il a épuisé ceux qui étaient destinés à pourvoir au service public pour lequel la réclamation lui est adressée, le créancier ne peut user vis-à-vis de l'État d'aucune voie de coercition. Il est en effet de principe qu'on ne peut payer aucune somme qui n'ait été préalablement portée au budget. Cette décision, rigoureuse pour les créanciers de l'État, est la conséquence des principes que nous avons exposés au sujet de l'intervention nécessaire du législateur. Le créancier devra donc attendre qu'une somme correspondante à sa créance soit inscrite au budget, ou réclamée par voie de crédit supplémentaire.

Les créances peuvent être ordonnancées non pas seulement pendant l'année où elles ont pris naissance, mais encore pendant toute la durée de l'*exercice*. Ce terme d'exercice, si fréquemment employé en matière financière, comprend toute la période d'exécution des services d'un budget, laquelle ne finit, pour les ordonnancements, que le 31 juillet de l'année qui suit celle qui donne son nom à l'exercice, et pour les payements au 31 août de la même année. Ainsi, une créance née du 1er janvier au 31 décembre 1879 devra être ordonnancée au plus tard le 31 juillet 1880 et payée le 31 août. Si l'ordonnancement ou le payement n'ont pas eu lieu dans ces délais, le ministre annulera les crédits qui n'ont pas été employés. Ceux-ci ne seront pas reportés de plein droit aux chapitres correspondants d'un exercice postérieur, et pour se faire payer il faudra un nouvel ordonnancement. On s'explique très bien, soit que l'exercice se

prolonge au delà de l'année, parce qu'il est impossible
que le créancier fasse immédiatement liquider et ordonnancer sa créance, surtout pour les services rendus
dans les derniers mois de l'année, soit que les crédits
non employés soient annulés, afin de ne pas reporter
sur d'autres budgets une charge qui empêcherait de les
mettre en équilibre.

Est-ce à dire qu'il y ait déchéance des créances qui
n'ont pas été payées? Nullement. Le créancier pourra
obtenir le payement de ce qui lui est dû pendant un délai
de cinq ans, à partir du premier janvier de l'année dans
laquelle sa créance a pris naissance. Il y a, en effet, au
budget de tout exercice, et pour chaque ministère, un
chapitre spécial intitulé : *Dépenses des exercices clos*.
C'est sur ce chapitre, qui n'est mentionné que pour mémoire dans la loi de finances, que sera imputée la
créance tardive, et dans la loi des comptes on inscrira
à ce chapitre les sommes qui auront été payées. La
prescription de cinq ans, dont il s'agit, présente cette
particularité qui est à noter, qu'elle commence à courir
avant la date de la créance. Cette disposition, qui est
contraire aux principes de droit civil, s'explique par la
nécessité d'établir d'une manière définitive les opérations financières relatives à un exercice, et de ne pas
traîner à la suite de chaque budget le résidu des budgets antérieurs.

Il peut même arriver qu'une créance soit payée
lorsque le délai de cinq ans, dont nous venons de parler, sera expiré. On s'explique, en effet, que pour les
créances contre l'État, comme pour toutes les autres, il
puisse y avoir des causes de retard qui ne sont pas im-
putables au créancier et qu'il serait injuste de lui faire
supporter ; c'est ce qui arriverait, par exemple, si la
créance était à terme ou conditionnelle, ou si le sort

même de la créance était mis en question par un procès
pendant entre l'Administration et un particulier. Aussi
trouve-t-on, dans chaque budget, à côté du chapitre
relatif aux exercices clos, un autre chapitre intitulé :
Dépenses des exercices périmés, sur lequel s'imputera le
payement des créances appartenant à des exercices qui
remontent au delà de cinq ans.

Les ordonnateurs n'interviennent pas seulement dans
les dettes de l'État, ils interviennent encore dans les
recettes qui s'opèrent pour son compte. C'est ainsi que,
lorsque les rôles des contributions directes ont été pré-
parés par l'Administration, ils sont envoyés à la préfecture, et ils ne peuvent être mis en recouvrement par
le comptable que lorsqu'ils ont été approuvés par le
préfet, et que l'ordre a été donné par lui de faire rentrer
les sommes qui y sont portées.

2° **Des comptables.** — Les comptables sont ceux
qui sont chargés des payements à effectuer ou des re-
couvrements à opérer en vertu des ordres des ordonnateurs. Ces comptables sont soumis, de la part de l'État,
à une série d'obligations qui sont autant de garanties
que l'État s'est réservées contre tout acte d'improbité ou
de malversation. Ainsi les comptables doivent donner
un cautionnement. — Ils doivent faire les versements
des sommes qu'ils ont touchées à des époques fixées par
les règlements, et très rapprochées les unes des autres. —
Ils sont même responsables des agents inférieurs placés
sous leurs ordres : c'est ainsi que les trésoriers-payeurs
généraux sont responsables des receveurs particuliers,
lesquels, à leur tour, répondent de leurs percepteurs,
de telle sorte que l'État aurait un triple recours contre
les détournements commis par ces derniers. — Ajoutons
que les comptables doivent tenir leurs livres en partie

double, de manière que pour une seule opération il y ait à la fois un débité et un crédité ; par là, la comparaison des livres mettrait aisément sur la voie de toute opération irrégulière. — Enfin, il y a pour chaque administration financière des vérificateurs et inspecteurs qui ont le droit d'aller chez le comptable quand ils le veulent, de demander communication des livres et de vérifier si le contenu de la caisse est d'accord avec les comptes tenus par le comptable. Les inspecteurs feront ensuite des rapports dans lesquels ils signaleront leurs observations.

Toutes les opérations des ordonnateurs et des comptables sont centralisées dans chaque ministère et de là au ministère des finances. Chaque mois, dans les dix premiers jours, les trésoriers-payeurs généraux remettent aux préfets des bordereaux constatant les payements qu'ils ont effectués pour chacun des services publics. Ces bordereaux sont visés et transmis aux divisions spéciales qui, dans chaque ministère, sont chargées de la comptabilité. De cette sorte, on connaît dans chaque ministère, mois par mois, quelles sont les dépenses qui ont été faites pour le compte de ce ministère dans toutes les parties du territoire.

Toutes ces divisions de la comptabilité des ministères sont en relation constante avec la direction générale de la comptabilité publique du ministère des finances, qui centralise les opérations des comptables et celles des ordonnateurs et connaît ainsi l'exposé complet de la situation financière de l'Etat.

Ce sont les comptes tenus par les divers ministères et par la direction générale de la comptabilité qui servent, après la clôture de chaque exercice, à préparer la loi des comptes qui emporte règlement définitif de l'exercice. Ainsi que nous l'avons vu, c'est également

par l'intermédiaire de ces divisions que les comptes des comptables sont transmis à la Cour des Comptes, dont nous allons nous occuper.

De la comptabilité judiciaire.

La comptabilité judiciaire est celle qui est confiée à un corps organisé sur le modèle des corps judiciaires, et chargée de vérifier tous les comptes qui sont tenus par les comptables sur toute l'étendue du territoire.

L'institution de la Cour des Comptes est très-ancienne et remonte jusqu'à saint Louis, qui, en 1256, créa une Chambre des Comptes dans ses États. L'utilité de cette Chambre était si évidente que, lorsque la royauté ajoutait une province à son domaine, elle y créait le plus souvent une Chambre des Comptes. En 1789 on pouvait en compter jusqu'à 10, à Grenoble, Aix, Bordeaux, etc. Ces Chambres avaient des attributions politiques, en ce qu'elles enregistraient les ordonnances du roi sur les finances ; administratives, en ce qu'elles donnaient des instructions aux commissaires envoyés en province par ordre du roi ; judiciaires, en ce qu'elles étaient chargées de la vérification des Comptes, comme l'est aujourd'hui notre Cour des Comptes.

En 1789, les Chambres des Comptes disparurent avec les institutions anciennes et, d'après une loi des 17-29 septembre 1791, les comptes individuels des comptables furent soumis à l'Assemblée constituante. Un bureau de comptabilité nationale fut chargé d'examiner préalablement les comptes et de donner son avis sur lequel l'Assemblée statuait d'une manière définitive. C'était un système peu pratique, car on ne saurait confier à une assemblée nombreuse le soin de vérifier les détails infinis de la gestion des comptes.— Aussi la Constitution

du 5 fructidor an III donna le pouvoir de prononcer sur les comptes à une Commission de 5 membres élus par le Corps législatif. — Ce fut la loi organique du 16 septembre 1807, suivie d'un décret du 28 septembre de la même année, qui organisa la Cour des Comptes telle qu'elle existe encore aujourd'hui. Voyons successivement quelle est l'organisation et quelles sont les attributions de cette Cour.

Organisation de la Cour des comptes.

La Cour des Comptes comprend : un premier président, 3 présidents de Chambre, 18 conseillers-maîtres, 84 conseillers référendaires, dont 24 de première classe et 60 de seconde; enfin 25 auditeurs, dont 15 de première et 10 de seconde classe. Il y a auprès de la Cour un procureur général et un greffier en chef. Les présidents, conseillers-maîtres et référendaires, jouissent du privilége de l'inamovibilité, et ils sont nommés par décret sur la proposition du Ministre des finances.

Les conditions d'aptitude sont : pour être auditeur, d'être licencié en droit, d'être âgé de 21 ans au moins et de 28 au plus et de passer un examen spécial. Pour être référendaire de seconde classe, il faut avoir au moins 25 ans, et pour être conseiller-maître 30 ans. La moitié des places de référendaires de seconde classe est réservée aux auditeurs.

Voici maintenant quel va être le rôle de chacun des membres de la Cour. La Cour des Comptes est divisée en trois Chambres, composées chacune de six conseillers-maîtres. La première Chambre est chargée des comptes de recettes nationales et départementales; la seconde des dépenses du même ordre; la troisième de la comptabilité tant en recette qu'en dépense des com-

munes et établissements publics. Lorsque les comptes sont remis à la Cour, le premier président en fait la distribution aux référendaires, en indiquant la Chambre à laquelle le rapport doit être fait. Le référendaire a alors une triple mission : 1° refaire par lui-même intégralement toutes les opérations arithmétiques en compte ; 2° de plus, vérifier si le comptable s'est strictement conformé à toutes les règles de comptabilité qui résultent des règlements et circulaires ; 3° enfin comparer les recettes avec les lois qui les autorisent et les crédits ouverts aux dépenses. Il fera ensuite un rapport dans lequel il consignera les observations que lui suggèrera l'examen du compte. S'il s'agit de comptes compliqués, la vérification sera faite par trois référendaires dont un de première classe.

Lorsque le travail du référendaire est terminé, il est soumis à la Chambre compétente, qui désignera un conseiller-maître pour en faire la révision. Ce conseiller-maître a pour fonction de s'assurer que le référendaire a soigneusement accompli la besogne qui lui était confiée, et pour cela il vérifiera diverses parties de la ligne de compte. De plus, il devra examiner les observations presentées par le référendaire et rechercher si elles sont fondées.

Quant au Procureur général, son rôle est uniquement d'être l'agent du pouvoir exécutif auprès de la Cour des Comptes. Il doit s'assurer de l'exactitude des comptables à présenter leurs comptes à la Cour, et c'est lui qui doit également requérir l'application des peines ou amendes lorsque ces comptables sont en retard.

Attributions de la Cour des comptes.

Ces attributions sont de deux ordres : tantôt la Cour des Comptes exerce une véritable juridiction et rend des jugements ; tantôt, au contraire, elle n'exerce qu'un simple contrôle et n'agit que comme Conseil chargé de donner des avis.

Attributions de juridiction. — Les attributions de juridiction qui appartiennent à la Cour des Comptes s'exercent sur tous les comptables de droit ou de fait, mais non sur les ordonnateurs ni sur les comptables en matière. Les *comptables de droit* sont ceux qui sont nommés par le Ministre des finances ou par décret et qui sont officiellement chargés de la recette ou de la dépense des deniers publics. Il faut comprendre au nombre de ces comptables non-seulement ceux qui détiennent des deniers, comme les trésoriers-payeurs généraux, mais encore les comptables d'ordre. On désigne sous ce nom les comptables qui sont préposés à la gestion de certains titres, tels que les rentes sur l'État, les traites de la Marine, etc.

D'autre part, les *comptables de fait* sont ceux qui, sans avoir caractère officiel, par erreur ou par suite d'une intention coupable, se sont immiscés dans le maniement des deniers publics. Ce cas s'est présenté quelquefois en pratique, par exemple, lorsqu'un maire a empiété sur les fonctions d'un receveur municipal, lorsqu'un desservant a recueilli une souscription pour une église qui appartient à la commune, etc. Dans ces divers cas, le Conseil d'État n'a pas hésité à déclarer la Cour des comptes compétente[1].

1. C. d'État, 15 avril 1867, D. 58, 3, 1.

Enfin, la juridiction de la Cour des comptes ne s'étend pas aux comptables en matière, lesquels, comme nous le verrons, ne sont soumis qu'au contrôle de la Cour. Toutefois, et par exception, il est certains de ces comptables que l'on soumet à la juridiction de la Cour des Comptes : ce sont ceux qui sont chargés des poudres et salpêtres, du tabac, du papier timbré, des postes, etc.

Les comptables soumis à la juridiction de la Cour étant ainsi indiqués, quelle va être la fonction de la Cour et quel sera le résultat de ses arrêts? S'il s'agit d'un comptable en recette, la Cour recherchera s'il a fait rentrer la totalité des rôles ou états de produits qui lui ont été remis ; s'il s'agit de comptables en dépense, l'arrêt de la Cour décidera si le comptable est quitte, s'il est en retard ou s'il est en avance :

1° Si le comptable est quitte envers l'État, l'arrêt qui constate ce fait prend le nom d'arrêt de *quitus* et décharge régulièrement le comptable.

2° Si le comptable est en retard, l'arrêt de la Cour aura contre lui tous les effets d'un jugement et pourra être mis à exécution par toutes les voies ordinaires. Il faut remarquer à ce sujet que l'État aurait sur les biens du comptable une hypothèque légale aux termes de l'art. 2121 du Code civil, hypothèque qui n'est pas dispensée de l'inscription. De plus, une loi du 5 septembre 1807 accorde au Trésor un privilège sur les biens acquis par les comptables ou par leurs femmes depuis leur nomination.

3° Enfin, si le comptable est en avance, la Cour le constatera par son arrêt, mais l'État ne sera pas condamné à rembourser au comptable le montant de cette avance. Le comptable seulement pourra s'adresser au Ministre des finances, qui le fera rembourser, si un crédit suffisant a été ouvert au budget. Remarquons, en

terminant sur ce point, que la Cour des Comptes est seule compétente pour statuer sur la restriction de l'hypothèque légale qui pèse sur les biens des comptables.

La décision de la Cour des Comptes est, en principe, à la fois en premier et dernier ressort. Elle n'est susceptible que d'un recours en Conseil d'État dans les trois mois, pour violation de la loi ou des formes, ou d'un recours en révision, si elle a été rendue par erreur, sur pièces fausses ou avec omission de pièces essentielles. Cette demande en révision peut être formée sur l'initiative du comptable ou d'office sur celle du Procureur général. Toutefois, s'il s'agit d'une commune qui a un revenu inférieur à 30,000 francs, la Cour des Comptes statue comme tribunal d'appel, le Conseil de préfecture étant le juge de premier degré (loi de 1837, art. 66).

Attributions de contrôle. — La Cour des Comptes exerce un simple contrôle en ce qui concerne les *comptes matière*, c'est-à-dire les comptes qui portent sur les valeurs qui garnissent les bâtiments et arsenaux de l'État. Les comptes matière sont transmis de chaque Ministère à la Cour avec les pièces à l'appui. Celle-ci les vérifie et les retourne à chaque Ministre avec les observations qu'ils lui ont suggérées. De cette manière la Cour, sans imposer sa décision comme pour les comptes deniers, fournira à chaque Ministre un moyen précieux de s'assurer de la bonne gestion des comptables qui ressortissent à ce Ministère. Ce droit de contrôle a été conféré à la Cour des Comptes par une loi du 6 juin 1843, et il est regrettable qu'il n'ait pas été transformé depuis en une véritable juridiction qui aurait les plus grands avantages.

Le contrôle de la Cour des Comptes sur les finances

de l'Etat se traduit encore par les *déclarations de conformité*. Comme la Cour a entre les mains tous les
comptes tenus par les comptables, elle peut vérifier s'il
y a accord entre les résultats de ses arrêts et les résumés
généraux qui sont dressés au Ministère des finances
par nature de comptabilité ou par branche de service.
Toutes les années, la Cour des Comptes doit, en audience
solennelle et publique, prononcer sa déclaration générale de conformité, et cette formalité doit être accomplie
avant le premier septembre de l'année qui suit celle
de la clôture de l'exercice expiré. Ainsi, pour l'exercice 1879, qui est clos le 31 août 1880, la déclaration
de conformité devra avoir lieu avant le 1er septembre 1881. S'il y avait désaccord entre les résultats des
travaux de la Cour et les comptes généraux dressés dans
les Ministères, les pouvoirs publics en seraient solennellement avertis et devraient rechercher à quel événement il faudrait en faire remonter la cause.

Enfin, la Cour des Comptes doit, chaque année, rédi-
ger un *rapport annuel* sur les résultats généraux de
l'Administration financière et sur les améliorations qu'il
paraîtrait opportun à la Cour d'introduire dans cette
organisation. Ce rapport sera rédigé par une réunion
composée des divers présidents, du procureur général et
de trois conseillers-maîtres délégués par chaque chambre, et il sera adressé au chef du pouvoir exécutif.

DES ATTRIBUTIONS DE L'ÉTAT

Après avoir étudié les personnes administratives, il
nous reste à examiner quelles sont les attributions de
ces personnes, c'est-à-dire quelles sont les matières au
sujet desquelles elles sont en rapport avec les particuliers et quels sont les principes qui président à ces
rapports. Comme nous l'avons déjà vu, le nombre de
ces matières n'est pas délimité chez nous et l'État intervient en fait au sujet de la plupart des manifestations de
la vie sociale. Quant aux principes qui régissent cette
intervention, et que nous avons reconnus être les principes de 1789, on doit les considérer bien plutôt comme
un idéal à atteindre que comme susceptibles d'une application immédiate et rigoureuse. Ce sont les limitations,
les atténuations qu'ils comportent, leur manière d'être,
qui constituent notre législation administrative. Quoi
qu'il en soit, les attributions de l'État que nous avons à
exposer se divisent en deux groupes : les attributions
essentielles, celles en vue desquelles l'État est organisé
et qui sont relatives à l'existence de l'État et à sa sécurité, l'armée, la justice, et comme corollaire indispensable les impôts, et les attributions facultatives, celles
qui pourraient ne pas exister et qui en fait manquent
chez quelques nations, l'État n'ayant d'autre rôle que
de garantir la liberté de chacun de ses membres, et
qui sont relatives aux cultes, à la presse, à l'industrie,
à l'instruction publique, etc. Pour nous conformer
au programme, nous restreindrons nos explications aux
attributions de l'État en matière d'impôt, de culte,
d'industrie manufacturière et d'industrie agricole.

ATTRIBUTIONS DE L'ÉTAT AU SUJET DES IMPOTS

Quelle que soit l'étendue que l'on donne aux attributions de l'État, qu'on les restreigne au maintien de la sécurité extérieure et intérieure ou qu'on les étende à tous les objets d'intérêt public, il y a toujours des services publics à payer, des biens communs à entretenir : il faut donc des ressources au gouvernement, quel qu'il soit.

On pourrait concevoir divers moyens de subvenir aux dépenses publiques. Supposons qu'un Etat soit doté de biens immeubles dont les revenus serviraient à couvrir ses dépenses, il serait inutile de réclamer chaque année aux particuliers une partie de leurs ressources, mais qui ne voit les inconvénients d'un semblable état de choses ? une masse énorme de propriétés placées hors du commerce et frappées d'inaliénabilité, l'absence de relation entre des revenus à peu près fixes et des besoins publics variables, la difficulté de trouver des ressources pour les dépenses exceptionnelles, etc. — Que si, au lieu de propriétés, l'État se réserve le monopole de certaines industries, comptant pour payer les charges publiques sur les bénéfices qu'il réalisera, les mêmes inconvénients se produisent, peut-être même aggravés. Non-seulement, en effet, les revenus manqueront de l'élasticité nécessaire pour se proportionner aux dépenses, mais encore l'industrie deviendra languissante, privée qu'elle sera de l'excitation salutaire que la concurrence produit et confiée à des agents appointés, sans intérêt dès lors à découvrir et à introduire d'utiles améliorations. On voit que ce ne peut être qu'à titre exceptionnel et comme moyen sup-

plémentaire que l'État doit compter sur les revenus de son domaine privé ou les produits d'un monopole industriel. — Sa ressource normale doit consister dans une contribution exigée chaque année des habitants, dans l'impôt, que nous définirons de la manière suivante : un prélèvement opéré chaque année sur la fortune des habitants d'un pays et qui a pour objet l'acquittement des charges publiques.

Suivant que ces charges seront plus ou moins étendues, l'impôt aura tel caractère plutôt que tel autre. Si les fonctions de l'État se bornaient au maintien de la sécurité de chacun et consistaient uniquement à garantir la paisible jouissance des biens et le respect de la personne, l'impôt serait une véritable prime d'assurance, chacun consentant un léger sacrifice sur sa fortune pour s'assurer la paisible possession du reste. Si, au contraire, comme dans la plupart des États modernes, les attributions de l'État sont plus complexes, s'étendent à une foule d'objets, les contribuables ne sont plus dans la situation de gens qui s'assurent contre des risques de perte, mais dans celle d'associés qui mettent en commun une partie de leurs ressources pour obtenir une série d'avantages corrélatifs de tout ordre, travaux publics, beaux-arts, instruction, culte, etc. C'est là un point de vue saillant et fécond en conséquences, comme nous le verrons plus loin.

Nous rappellerons au début de cette matière les principes non contestés qui la dominent et qui ont été pour la première fois formulés par Adam Smith :

1° L'impôt doit être défini et non arbitraire quant à la somme à payer, à l'époque et au mode de paiement. Il est essentiel que, entre les agents chargés de recevoir l'impôt et les contribuables, existent des règles précises dont les premiers ne puissent se départir vis-à-vis des

derniers. Ce principe était loin d'être appliqué au siècle dernier comme il l'est aujourd'hui chez la plupart
des pays européens.

2° L'impôt doit être levé à l'époque et de la manière
qui conviennent le mieux au contribuable. C'est ce que
l'on a mis en pratique chez nous en établissant le paiement
de l'impôt direct par douzièmes. On peut dire aussi que
les impôts sur les consommations de luxe répondent à
cette donnée ; comme il est libre de ne les acheter que
quand il lui plaît, le consommateur peut attendre l'époque qui lui convient le mieux.

3° L'impôt doit être perçu de manière que tout ce qui
est payé par le contribuable rentre dans les caisses du
Trésor. On fait allusion par là aux organisations financières dans lesquelles la perception de l'impôt est un
objet de spéculation pour ceux qui en sont chargés,
comme dans nos anciennes fermes générales ; or l'impôt
n'est dû qu'à l'État et ne doit pas être une occasion de
bénéfice pour les particuliers.

4° L'impôt doit être établi de façon que ceux qui
y sont soumis ne puissent s'y soustraire. L'impôt en
effet est une charge commune, et si quelques-uns peuvent
s'y dérober, ils en font retomber le poids sur les autres.
Aussi ne faut-il jamais que l'impôt soit tellement élevé
que certaines personnes soient tentées de s'y soustraire
par l'appât d'un gain trop considérable.

5° L'impôt doit être égal pour tous, c'est-à-dire
que chacun des membres de la nation, participant aux
avantages dont jouit la collectivité, doit contribuer à
supporter les charges corrélatives. De ce principe résulte
une première conséquence incontestée, c'est qu'il ne doit
plus y avoir de classes privilégiées au point de vue de
l'impôt. Nous verrons s'il faut avec Adam Smith en faire
découler le principe de la proportionnalité.

Historique.

Il y avait, avant 1789, des impôts atteignant directement, nommément le contribuable, ce que nous appelons impôts directs, et des impôts qui ne l'atteignaient qu'indirectement, en frappant certains faits de production, de circulation ou de consommation, ce que nous nommons impôts indirects.

a. Les *Impôts directs* étaient la taille, les vingtièmes, la dîme, les corvées, la capitation.

Taille (l'étymologie de ce mot est incertaine. Il vient peut-être de *tagl are*, couper, car l'impôt coupe, rogne une partie de la fortune du contribuable).— A l'origine c'était un impôt levé au profit des seigneurs, mais qui fut prélevé pour le compte du roi à partir de Charles VII, alors que la royauté substituait peu à peu son pouvoir à celui des seigneurs féodaux (ordonnance de 1439).

Les tailles étaient *personnelles* ou *réelles*. Les *tailles personnelles* étaient d'un sou par livre des facultés présumées de chacun. C'était un impôt sur le revenu d'environ 1/20, et ni le clergé ni la noblesse n'y étaient soumis. On le payait dans la paroisse qu'habitait le contribuable. La taille était surtout personnelle dans les pays d'élection, pays dans lesquels l'impôt était fixé par les officiers du roi et qui comprenaient les quatre cinquièmes de la France, surtout le Nord. Les élus, c'est-à-dire les fonctionnaires d'abord élus par les habitants et ensuite nommés par les gouverneurs, répartissaient les tailles avec l'aide des assesseurs et collecteurs entre les paroisses de chaque élection et les contribuables de chaque paroisse. Les réclamations soulevées à l'occasion de la perception des tailles étaient portées devant les bureaux d'élections, c'est-à-dire des commissions d'élus.

Les *tailles réelles* existaient surtout dans les pays d'État et correspondaient à l'impôt foncier. Elles comprenaient la taille d'exploitation sur les immeubles non bâtis et la taille d'occupation pesant sur les maisons destinées à l'habitation. Ces tailles étaient inhérentes aux fonds roturiers, et les nobles y étaient soumis pour les fonds de cette nature qu'ils détenaient. On les payait au lieu où était le fonds. La taille était réelle dans les pays d'État (Provence, Languedoc, Dauphiné, Bretagne, Bourgogne). Les Etats provinciaux votaient chaque année la somme à fournir, répartissaient cette somme entre les communes et nommaient des officiers pour le recouvrement.

Vingtièmes. — C'était, comme le nom l'indique, un impôt qui pesait sur les facultés de chacun, dans la proportion du vingtième du revenu. Etabli à l'époque des croisades, aboli lorsque la taille devint permanente, les malheurs de la France le firent rétablir vers la fin du règne de Louis XIV, en octobre 1710. Il rencontra de grandes résistances, et le roi, dès 1711, consentit des abonnements. Cet impôt de un, deux ou trois vingtièmes, subit des vicissitudes diverses jusqu'en 1789, où il rapportait 25 millions par vingtième. Il frappait tous les sujets du roi, sauf le clergé.

Dîme. — Elle consistait dans un prélèvement, au profit du clergé, d'une fraction des produits bruts de l'agriculture. Cette fraction variait, suivant l'usage des lieux, du huitième au vingt-quatrième. La dîme était prélevée avant toute déduction, soit des frais, soit des tailles. Les tenanciers des héritages soumis aux dîmes devaient, avant d'emporter les fruits du fonds, faire signifier et publier au prône le jour où ils voulaient le faire, afin que les ecclésiastiques ou leurs fermiers pussent être présents.

Corvées (*corrogata*). — C'étaient des services personnels imposés aux habitants d'une seigneurie pour l'entretien des routes et les travaux publics (les corvées
existent encore dans certains pays, par exemple, en
Égypte; chez nous les prestations en nature rappellent,
mais de très-loin, les anciennes corvées). Elles étaient
personnelles, c'est-à-dire dues par la personne indépendamment de la propriété, ou *réelles*, dues par le fonds,
quel qu'en fût le possesseur. Les nobles et les ecclésiastiques pouvaient donc devoir celles-ci, mais, bien
entendu, ne les accomplissaient pas en personne. Elles
étaient de douze par an, sauf titre ou usage contraire.
Les corvées personnelles furent abolies en 1790, les
réelles en 1793.

Capitation. — Cet impôt était établi, non sur les biens,
mais sur la personne du contribuable (*caput*). Il date
d'une ordonnance du roi Jean de 1355. Bientôt abrogé,
il fut rétabli par Louis XIV (ordonnance du 18 janvier
1695). Ce devait être un impôt provisoire, mais il se
maintint jusqu'en 1789. Il était établi de la manière
suivante : la population était divisée en vingt-deux
classes ; la première payait 2,000 livres, et la capitation diminuait de classe en classe jusqu'à la vingt-
deuxième, qui payait 20 sous. Le clergé en fut affranchi
moyennant le payement de 4 millions. Cet impôt fut
plusieurs fois remanié et augmenté de surtaxes.

b. Quant aux *impôts indirects* de l'ancien régime, ils présentaient une extrême diversité. Les principaux étaient
les aides et entrées, les gabelles, les traites et douanes,
les droits sur les métiers, etc. Ils offraient ce trait commun que l'État ne percevait pas lui-même, mais affer-
mait le produit de ces diverses taxes. C'est le système
des fermiers généraux et des traitants. Ceux-ci payaient
à l'État une somme déterminée, et prenaient l'opération

à forfait; ils arrivaient souvent à de gros bénéfices par les exactions qu'ils commettaient. C'est à partir de Colbert seulement que ces fermes furent mises en adjudication.

Aides et entrées. — Le mot d'*aide* vient de ce que, à l'origine, c'étaient des subsides attribués aux rois par leurs sujets dans des circonstances difficiles et quand les revenus de leur domaine ne suffisaient pas à faire face aux besoins de l'État; plus tard, elles devinrent permanentes et forcées. Dans les pays d'État, les aides n'étaient pas perçues directement, la province payait une somme de ... pour en tenir place. Dans les autres provinces, les aides portaient sur les boissons vendues en gros, en détail, transportées; sur les fers, les huiles, les papiers, les draps et les cuirs, etc. Avant la Révolution, les aides étaient affermées pour plus de 50 millions. On tirait 10 millions des pays d'État. Les neuf dixièmes de ces sommes étaient produits par les boissons.

Gabelle (peut-être du saxon *gabe*, tribut) s'appliqua, dans l'origine, à divers impôts indirects, puis fut exclusivement réservé à l'impôt du sel; l'État s'était attribué le monopole de la vente et en fixait le prix. Les gabelles produisaient plus que les aides. Cet impôt fut un des plus vexatoires de l'ancien régime. Divers édits le transformèrent en impôt direct en calculant la quantité de sel que chacun devait normalement consommer dans l'année. D'autres édits réprimèrent sévèrement les fraudes auxquelles l'impôt des gabelles donnait lieu. Aussi aujourd'hui encore les taxes sur le sel ont hérité d'une partie de l'impopularité dont cet impôt était l'objet[1].

Traites et douanes. — C'étaient les droits payés à l'entrée de certaines provinces. Au point de vue des traites

---

1. Taine, *L'ancien régime.*

générales, c'est-à-dire perçues au profit du roi, il y avait division de la France en deux parts. Les provinces des cinq grosses fermes étaient les provinces qui entouraient l'Ile de France, l'Orléanais, la Touraine, le Nivernais (Picardie, Champagne, Bourgogne, etc.). Les marchandises passant par leur frontière, soit pour entrer, soit pour sortir, payaient les droits de traite foraine, de traite domaniale, de haut passage, sans compter d'autres droits perçus à titre de traites locales.

Disons un mot de la *législation intermédiaire* avant d'arriver à la législation actuelle.

Un décret de l'Assemblée constituante en date du 5 novembre 1789 établit en ces termes le principe de l'égalité et de la proportionnalité : « Toutes contributions et charges publiques, de quelque nature qu'elles soient, seront supportées proportionnellement par tous les citoyens et par tous les propriétaires à raison de leurs biens et facultés. » Par application de ce principe la Constituante établit trois contributions directes : la foncière, la mobilière, les patentes. Elle supprima les contributions indirectes, à l'exception de l'enregistrement et des hypothèques. Un manifeste voté le 24 août 1791 renfermait l'explication des réformes accomplies. La contribution foncière était établie sur le revenu et ne pouvait dépasser le sixième du produit ou de la valeur locative. La contribution mobilière était basée sur la valeur locative des lieux habités par le contribuable et avait pour but d'atteindre le produit des capitaux mobiliers ; mais on devait faire une double réduction, l'une correspondante à l'impôt foncier en prouvant que cet impôt avait été acquitté, et l'autre relative à l'impôt des patentes. Ce dernier impôt était très-modéré. On le calculait à raison de la valeur locative des lieux consacrés à l'industrie.

La Constituante ajouta à ces trois impôts une taxe *personnelle* de la valeur de trois journées de travail et de plus une taxe *progressive* sur les domestiques et chevaux non employés aux exploitations rurales.

DIVISION DES IMPOTS

Les impôts se divisent en impôts directs et indirects, de répartition ou de quotité.

Directs, c'est-à-dire qui se perçoivent au moyen de rôles nominatifs susceptibles d'être suivis de voies d'exécution.

Indirects, qui se perçoivent à l'occasion de certains faits de production, de consommation ou de transmission, sans qu'on ait à s'inquiéter de la personne qui est l'auteur de ces faits. Cet impôt est donc perçu sur les manifestations de la richesse; celle-ci est atteinte lorsque se produit un fait qui la manifeste.

De répartition, ce sont ceux qui, avant d'être exigibles du contribuable, sont soumis à certains degrés de répartition. Le chiffre en est fixé d'avance par la loi de finances votée chaque année.

De quotité, c'est-à-dire qui sont exigibles en vertu de tarifs déterminés par la loi. Tous les impôts indirects sont de quotité, et parmi les impôts directs il y en a un, l'impôt des patentes, qui est de quotité, puisqu'il est perçu d'après des tarifs établis suivant la profession qu'exerce le contribuable; mais il l'est au moyen d'un rôle nominatif. On comprend d'après le caractère de ces impôts qu'il est impossible de savoir d'avance quel sera le rendement des impôts de quotité.

DES IMPOTS DIRECTS

I. IMPOT FONCIER

C'est un impôt direct de répartition qui frappe le revenu net des propriétés bâties et non bâties. On dit quelquefois de cet impôt qu'il est *réel*, en ce sens qu'il est dû à raison de la détention de l'immeuble, qu'il est payable dans la commune où les propriétés foncières sont situées et que les causes d'exemption dépendent, non de particularités relatives au propriétaire, mais de la condition même de l'immeuble.

Propriétés sur lesquelles pèse l'impôt foncier.

Ce sont tous les immeubles bâtis et non bâtis, auxquels une loi du 18 juillet 1836 (art. 2) ajoute les bains et moulins sur bateaux, les bacs, bateaux de blanchisserie et autres semblables, quoiqu'ils ne soient retenus que par des amarres. C'est surtout l'importance de ces objets qui les fait assimiler aux immeubles au point de vue de l'impôt foncier.

Exemptions permanentes. — Comme l'impôt foncier ne porte que sur le revenu des immeubles, il suit que les immeubles de l'État, des départements et des communes qui, à raison de leur affectation, sont improductifs, échappent à l'impôt. Ainsi les biens du domaine public sont en principe exempts, et c'est ce qui a lieu pour les routes, rues, rivières navigables et flottables, mais les canaux et les chemins de fer, quoique domaniaux, sont soumis à la taxe foncière à cause des revenus qu'ils produisent. Même observa-

tion pour les immeubles affectés à un service public ; c'est ainsi qu'un abattoir communal, un théâtre[1], sera imposé, tandis qu'un presbytère[2], le logement d'un officier dans un immeuble de l'État, ne devra pas l'être. Lorsqu'il s'agit d'immeubles qui appartiennent à l'État, il paraît inutile de les déclarer exempts de l'impôt foncier, puisque l'État serait, au sujet de ces biens, à la fois créancier et débiteur et qu'il ne peut se payer lui-même. Toutefois, comme l'impôt foncier est un impôt de répartition, on comprend combien il importe de préciser la situation de ces biens, car, s'ils ne sont pas compris au nombre de ceux sur lesquels pèse l'impôt, les propriétés des particuliers supporteront une plus forte part dans le contingent assigné à la commune.

Enfin les bois et forêts de l'Etat sont également exemptés (loi du 19 ventôse an IX); mais ce privilége a été peu à peu restreint, et aujourd'hui ces bois et forêts sont soumis aux centimes additionnels affectés aux dépenses des départements et des communes (loi du 24 juillet 1867, art. 4) dans la proportion de la moitié de leur valeur imposable.

Exemptions temporaires. — Lorsqu'un propriétaire a élevé des constructions ou livré à la culture un sol non cultivé, la loi, en retour de cette augmentation de la fortune publique, l'exempte temporairement de l'excédant d'impôt qui aurait dû être la conséquence de ces améliorations.

C'est ainsi que pour les propriétés bâties, en cas de construction ou de reconstruction d'un édifice, on est exempté de la contribution foncière pendant deux années pleines à partir de l'achèvement de la maison (art. 88, loi du 3 frimaire an VII). Si l'édifice a plu-

1. C. d'État, 20 juillet 1864.
2. C. d'État, 26 décembre 1873. D. 74. 3, 65.

sieurs parties, le délai court pour chacune d'elles à partir du jour où elle est terminée et occupée[1]. Quelquefois des lois spéciales, en vue de hâter la construction le long de certaines rues, ont accordé des immunités plus considérables ; ainsi, à partir de l'époque de leur construction, les maisons de la rue de Rivoli, à Paris, ont été exemptées d'impôts pendant trente ans.

Pour les propriétés non bâties, les articles 111 et suivants de la loi de l'an VII édictent une série d'exemptions qui sont, en cas de dessèchement de marais, de vingt-cinq ans, en cas de mise en culture de terres vaines et vagues, de dix ou quinze ans, etc.; pour jouir de ces divers avantages, il faut une déclaration préalable à la mairie, suivie d'une enquête (art. 117).

Personnes qui doivent l'impôt foncier.

L'impôt foncier frappant le revenu net est payé par celui qui perçoit ce revenu, c'est-à-dire en général le propriétaire. S'il y a un usufruitier et un nu propriétaire, c'est l'usufruitier qui paye l'impôt. Dans le cas d'antichrèse, dans le cas où une propriété est vendue sans condition résolutoire, c'est l'antichrésiste ou l'acquéreur qui doivent l'impôt parce qu'ils perçoivent les fruits. C'est ce qui explique encore pourquoi les compagnies de chemins de fer supportent l'impôt foncier; retirant les avantages de l'exploitation du chemin, elles subissent les charges corrélatives.

Les fermiers ou locataires sont tenus de payer à l'acquit des propriétaires et usufruitiers ; mais ceux-ci doivent déduire du prix de fermage ou du loyer le montant des quittances de contributions, si le contraire n'est stipulé dans le bail. Une difficulté s'est produite dans le

1. C. d'Ét., 5 février 1875, D. 75. 3, 112.

cas où des bâtiments avaient été élevés par le locataire,
à condition qu'il en aurait la jouissance, mais qu'à la fin
du bail ceux-ci seraient acquis au propriétaire. Par qui
dans ce cas l'impôt devait-il être supporté? On pourrait
être tenté de le mettre à la charge du locataire qui
retire tous les avantages de la construction qu'il a élevée
sans payer de loyer. Mais la jurisprudence s'est plus
justement prononcée contre le propriétaire[1]; car, s'il
est vrai qu'il ne retire actuellement aucun revenu de
ces constructions, cet inconvénient est compensé par
l'acquisition à la fin du bail.

Opérations au moyen desquelles l'impôt foncier est perçu.

L'impôt foncier frappe le revenu net des immeubles,
et, comme il serait impossible de faire chaque année
une évaluation nouvelle du revenu de chaque propriété,
on obtient, au moyen d'une série d'opérations qu'on
appelle opérations cadastrales, une évaluation du revenu moyen, évaluation qui servira de base à la détermination annuelle de l'impôt.

Le plan cadastral est un registre qui contient le
plan de toutes les parcelles de terrain situées dans la
commune. Pour dresser ce plan la commune est divisée
en sections, et, dans chaque section, les parcelles ont
un numéro d'ordre. On entend par parcelles les terrains
qui sont distincts par leur mode de culture ou par leurs
propriétaires.

Le plan cadastral étant dressé, ce qui est l'œuvre
de géomètres employés par la commune, des commissaires classificateurs procèdent à une triple série d'opérations administratives. Ces classificateurs sont au

1. Paris, 26 novembre 1872, D. 73, 3, 104.

nombre de cinq, choisis par le Conseil municipal délibérant avec l'adjonction des plus imposés ; deux des cinq doivent être pris en dehors de la commune, afin de présenter de complètes garanties d'impartialité. Ils se livrent à trois ordres d'opérations :

1° La *classification*, c'est-à-dire la division des terres de la commune en classes, suivant leur nature et leur degré de fertilité. Il y a, par exemple, des classes distinctes pour les terres labourables, les prés, les bois, etc. Pour les propriétés non bâties, il ne peut y avoir plus de cinq classes par nature de culture. Quant aux propriétés bâties, la classification n'a lieu que dans les communes rurales et ne peut comprendre plus de dix classes. Les maisons des villes, ainsi que les fabriques et manufactures de toutes les communes, sont évaluées séparément.

2° Le *classement*, c'est-à-dire l'opération par laquelle les classificateurs prennent individuellement chaque parcelle, et la rangent dans l'une ou l'autre des classes qu'ils ont formées, suivant le genre de culture ou la fertilité de ces parcelles. Ce qui sert à faire ce classement, c'est que l'on choisit dans chaque classe deux parcelles, dont l'une doit servir de type supérieur, et l'autre de type inférieur des terrains de la classe à laquelle elles appartiennent. Le classement s'opérera donc en comparant chaque parcelle à celles qui sont considérées comme types.

3° Le *tarif des évaluations*, opération qui consiste à évaluer le revenu net à l'hectare des terrains de chaque classe ; ce calcul se fait d'une manière différente, suivant qu'il s'agit des propriétés non bâties et des propriétés bâties. Pour les propriétés non bâties, d'après la loi de l'an VII (art. 56 et suiv.), on fait le calcul au moyen du revenu des quinze dernières années en retran-

chant les deux meilleures et les deux plus mauvaises : la
moyenne ainsi obtenue donnera le chiffre du revenu
net à l'hectare des parcelles choisies comme type, et.
par suite, de toutes les autres. Ce tarif sera déposé à la
mairie, où, pendant quinze jours, chacun pourra faire
ses observations, et il ne sera définitif que lorsqu'il
aura été approuvé par le Conseil municipal assisté des
plus imposés.

Quant aux propriétés bâties, d'après la loi du 15 septembre 1807 (art. 34, 35 et suiv.), il faut évaluer le
revenu en tenant compte à la fois de la superficie et de
la construction. La superficie s'évalue sur le pied des
meilleures terres labourables ; la construction, en calculant d'après la valeur locative le revenu brut des dix
dernières années, déduction faite d'un quart pour les
frais d'entretien. La loi de frimaire a, du reste, fixé pour
ces propriétés bâties un minimum qui varie d'après le
nombre des étages. Ainsi une maison qui n'a qu'un
rez-de-chaussée ne peut être cotisée au-dessous du
double des meilleures terres labourables de la commune,
du triple, si elle a un étage, etc. Les bâtiments servant
aux exploitations rurales tels que granges, greniers,
écuries, sont imposés sur le pied des meilleures terres
labourables ; on ne les considère pas comme étant productifs de revenus par eux-mêmes, ce ne sont que des
instruments nécessaires pour la culture des propriétés.

Pour certaines natures de terre, la loi a fixé l'évaluation du revenu en décidant que les unes seraient imposées comme les meilleures terres labourables, et d'autres
comme les terres environnantes. Sont imposés comme
les meilleures terres labourables les parcs, jardins,
parterres, et autres terrains cultivés pour l'agrément.
Même chose pour les canaux de navigation, pour les
chemins de fer et leurs dépendances, assimilés à ces

canaux comme voies de communication productives de revenu, etc. — Sont taxés, au contraire, comme les terres environnantes, les mines et carrières, les tourbières, les canaux d'irrigation, etc. — Pour les terres vaines et vagues, le minimum de la cotisation est de dix centimes par hectare. Mais la loi accorde au propriétaire le droit de délaisser au profit de la commune, afin de s'exempter de l'impôt.

Recours des particuliers. — Les diverses opérations que nous venons de passer en revue peuvent-elles donner lieu à des réclamations contentieuses, de la part des personnes qui prétendraient qu'elles leur ont causé un préjudice?

Quant à la classification, tout d'abord, il est difficile de concevoir la possibilité d'une réclamation de la part des particuliers. Qu'il y ait en effet un plus ou moins grand nombre de classes pour tel ou tel genre de terrain, peu importe au propriétaire, pourvu que ses parcelles soient rangées dans une classe dont le revenu corresponde exactement à leur revenu réel. Il ne saurait donc y avoir aucun recours.

Pour le classement, au contraire, l'ordonnance du 3 octobre 1821 (art. 9) porte que « tout propriétaire est admis à réclamer en Conseil de préfecture contre le classement de son fonds, pendant les six mois qui suivent la mise en recouvrement du premier rôle cadastral. » Ici le propriétaire peut être directement lésé, si ses terrains sont placés dans une classe supérieure à celle qui correspond à leur revenu réel.

Enfin, quant au tarif des évaluations, d'après la loi du 15 septembre 1807 (art. 26), il n'y a pas de recours contentieux; mais une réclamation gracieuse pourra être adressée au préfet, qui statuera sur le rapport du directeur des contributions directes, et après avoir pris l'avis

du Conseil de préfecture. Cette différence entre les réclamations contre le classement et celles qui sont dirigées contre les évaluations se concilie à merveille avec les principes généraux du droit administratif. Tandis, en effet, que, dans les contestations relatives au classement, le propriétaire doit seul profiter de la réclamation qu'il soulève et que par suite son intérêt particulier est seul aux prises avec l'intérêt général, dans les contestations relatives au tarif des évaluations, ce sont des intérêts collectifs qui sont en présence. Si le propriétaire triomphe dans sa prétention, l'évaluation inexacte sera modifiée, non pas à son profit exclusif, mais au profit de tous les propriétaires qui ont des terrains dans la classe pour laquelle il a réclamé. Il y a donc ici des intérêts généraux et collectifs opposés entre eux, et l'on sait qu'il appartient à l'administration active, et non aux tribunaux administratifs, de les concilier.

Cela est si vrai, que le Conseil de préfecture deviendrait compétent pour prononcer sur les réclamations dirigées contre le tarif des évaluations, dans le cas où le réclamant posséderait seul ou presque seul toute une nature spéciale de propriétés dans la commune (ordonnance du 15 mars 1827, art. 84). Si, en effet, un seul particulier possédait, par exemple, tous les bois de la commune, le revenu assigné à ces bois dans cette commune pourrait être modifié sans qu'un autre propriétaire eût à subir les conséquences de cette modification. Un intérêt privé serait donc aux prises avec l'intérêt général de la commune.

Lorsque les réclamations ont été faites conformément aux observations que nous venons de présenter, il faut bien remarquer que les évaluations cadastrales sont définitives, en ce qui concerne tout au moins les propriétés non bâties ; c'est ce qu'on appelle le principe de

la fixité des évaluations cadastrales. Quels que soient les
événements qui modifient d'une manière avantageuse
ou fâcheuse le revenu de la propriété foncière, ce revenu ne peut être augmenté par l'administration des
contributions directes. On a voulu sans doute, par cette
fixité, encourager l'agriculture et pousser les propriétaires à faire des améliorations sans qu'ils aient à s'inquiéter des aggravations d'impôts qui en seraient la
conséquence, d'autant plus que les frais qu'entraînent
les opérations cadastrales sont considérables, et qu'on a
voulu éviter à la commune d'avoir à les recommencer
trop souvent.

Ce principe de la fixité des évaluations cadastrales
comporte néanmoins quelques exceptions.

1° Lorsque la propriété a été dégradée ou détruite par
cas fortuit, par exemple, si des terrains sont emportés
par la crue d'un fleuve, le propriétaire, dans ce cas,
pourra demander décharge ou réduction, pourvu qu'il
réclame dans les six mois de l'événement qui a porté
à sa propriété une si grave atteinte[1].

2° Une loi du 21 mars 1874 prescrit la cotisation en
accroissement du contingent foncier de chaque commune
des parcelles classées, lors du cadastre, comme incultes
ou improductives, et mises ultérieurement en culture.

3° Enfin la commune peut, d'après la loi du 7 août
1850, refaire le cadastre à ses frais, pourvu qu'elle soit
cadastrée depuis trente ans au moins. Ce n'est guère
que dans le cas de confection d'un cadastre nouveau
qu'il y aurait lieu d'appliquer ce que nous avons dit
pour les exemptions temporaires en cas de défrichement
de terres incultes. En effet, il n'y a pas d'augmentation
d'impôt tant que le cadastre reste le même, à raison du
principe de la fixité des évaluations cadastrales.

1. Cons. d'Ét., 29 mai 1874, D. 75, 3, 48.

En ce qui concerne les propriétés bâties, le principe
de la fixité ne s'applique pas; le revenu des maisons
est susceptible de varier par suite de trop nombreuses
circonstances, pour que l'on ait pu adopter à leur égard
le principe de la permanence du revenu. Aussi pourrait-
on se pourvoir en réduction, si, par suite d'un cas fortuit, la valeur d'une maison venait à diminuer.

Confection des rôles. — Après avoir indiqué la manière dont se font les opérations cadastrales, et les
réclamations que ces opérations comportent, il ne nous
reste plus qu'à montrer comment sera dressé le rôle
annuel contenant pour chaque propriétaire l'indication
de l'impôt qu'il doit à l'État. On se servira à cet effet
du registre des états de section, et du registre que l'on
appelle la matrice du rôle. — Les *états de sections* sont
dressés suivant les diverses sections entre lesquelles
le territoire de la commune est divisé. Chaque section
contient les diverses parcelles de propriété avec leur numéro d'ordre. En regard de chaque parcelle se trouvent
la contenance de la parcelle, le nom du propriétaire et
l'évaluation du revenu. — La *matrice du rôle* est établie,
non d'après les sections, mais d'après les noms des
propriétaires qui sont désignés par ordre alphabétique.
En regard du nom de chaque propriétaire se trouvent
toutes les parcelles qui lui appartiennent dans la commune, avec la contenance et le revenu imposable de
chacune d'elles. On connaît donc, par la matrice du
rôle, le revenu foncier de chacun, revenu déterminé
d'après les opérations cadastrales.

La matrice donnera dès lors très-aisément le moyen
de dresser le *rôle* annuel, c'est-à-dire l'état qui con-
tiendra pour chaque propriétaire le montant de l'impôt
foncier dû pour l'année. D'une part, on connaît le contingent assigné à la commune par le Conseil d'arrondis-

sement; d'autre part, on sait quel est le revenu net total de la commune, puisqu'on l'obtient en faisant la somme des revenus de chaque propriétaire porté sur la matrice du rôle. D'après cela on déterminera quelle proportion il faut prendre de chaque revenu pour avoir la *cote*, c'est-à-dire la somme d'impôt que chaque propriétaire devra supporter. Soit, par exemple, le contingent demandé 100 000 francs ; le revenu net de la commune, d'après la matrice du rôle, 1 000 000 : on voit qu'il faudra demander à chaque propriétaire le dixième de son revenu.

Le rôle dressé doit être envoyé au préfet, qui l'arrête et le déclare exécutoire; il est alors renvoyé de la préfecture dans chaque mairie, la publication en est faite dans la commune, et le percepteur procédera au recouvrement de la manière que nous indiquerons plus loin.

Critique. — Le système actuel de répartition de l'impôt foncier présente des inconvénients graves qui pourront être atténués, mais sans jamais disparaître complétement. Pour qu'il y eût vraiment péréquation de l'impôt foncier, il faudrait qu'une même Commission pût à un moment donné comparer entre elles les propriétés de tous les départements et en évaluer le revenu avec la même base d'appréciation. La difficulté est évidemment insurmontable et le législateur, après avoir essayé de faire établir la péréquation dans le canton, a dû y renoncer pour borner les opérations cadastrales au territoire de la commune. Les trois autres degrés de répartition entre les départements, les arrondissements et les communes, sont accomplis d'après les renseignements fournis par l'administration des contributions directes et, par suite, ne donnent jamais que des résultats approximatifs.

Depuis que les opérations cadastrales ont été termi-

nées dans toute la France, c'est-à-dire depuis 1845,
des modifications considérables ont eu lieu dans la propriété foncière; quelques cultures, telles que la garance,
la vigne, ont disparu de certaines régions, tandis que
d'autre part beaucoup de terres incultes ont été défri-
chées. Aussi la loi du 21 mars 1874 a-t-elle, comme nous
l'avons vu, prescrit une nouvelle évaluation des terres
anciennement en friche mises en culture depuis le cadastre. Tout récemment un projet de loi vient d'être déposé[1] qui, en vue de préparer une meilleure répartition
des contingents départementaux, propose une série de
mesures importantes dont nous résumons les principales comme il suit :

1° Sans refaire partout le cadastre, ce qui exigerait
une trop forte dépense, les Conseils généraux auraient
le droit, sur l'avis des Conseils municipaux, de désigner
les communes où les plans et les opérations cadastrales
devraient être révisés en tout ou en partie.

2° En convoquant les propriétaires et en leur faisant
signer un procès-verbal de reconnaissance des limites,
on ferait concourir le cadastre à la preuve de la propriété.
Cette innovation est excellente et le projet ne nous
paraît sur ce point manquer que de hardiesse. Si l'on
rendait le bornage obligatoire de manière que le cadastre
fît toujours foi de la contenance entre les propriétaires,
sans doute on s'exposerait sur le moment à un grand
nombre de contestations, mais on tarirait la source
d'une infinité de procès dans l'avenir. On faciliterait
par là la réunion du service des hypothèques à celui
du cadastre, amélioration éminemment désirable, déjà
adoptée en Allemagne et qui ne saurait manquer d'être
introduite un jour chez nous.

1. *Journal officiel* du 10 juin 1879.

3° Le projet sépare les propriétés bâties des propriétés non bâties. Cette séparation réalisée déjà dans la plupart des Etats européens permet de tenir compte de l'accroissement de valeur plus rapide de la propriété bâtie. Le contingent de ces constructions, calculé d'après le revenu cadastral qui leur est afférent, sera augmenté pour les maisons nouvellement construites à raison de 5 pour 100 du revenu net imposable desdites propriétés. On veut rapprocher l'impôt foncier du taux uniforme de 5 pour 100 de la valeur locative nette des constructions imposables.

II. IMPOT PERSONNEL ET MOBILIER.

C'est un impôt direct qui comprend deux taxes, dont l'une, la taxe personnelle, est de la valeur de trois journées de travail, et l'autre, la taxe mobilière, frappe la valeur locative des lieux d'habitation. La première taxe correspond à la capitation de l'ancien régime, tandis que la seconde a été établie pour frapper les revenus qui n'étaient pas soumis à d'autres impôts. L'Assemblée constituante, à laquelle nous devons la contribution mobilière, partait de cette idée que le loyer de l'appartement qu'il habite est en proportion de l'ensemble des revenus de chaque contribuable, et qu'en déduisant une somme correspondante aux revenus fonciers et industriels, le reste représente tous les autres revenus mobiliers.

En quoi consiste l'impôt personnel et mobilier.

La taxe personnelle est de la valeur de trois journées de travail, valeur que détermine chaque année le Conseil général en se renfermant entre les limites légales

d'un maximum de 1 fr. 50 et d'un minimum de 50 centimes. Cette taxe n'est due qu'une fois par chaque personne dans la commune où elle a son domicile réel, c'est-à-dire où elle compte une résidence d'au moins six mois.

Quant à la taxe mobilière, elle est proportionnelle à la valeur locative des lieux affectés à l'habitation personnelle du contribuable. Mais que faut-il entendre par valeur locative? Est-ce la valeur du loyer? Non, car la perception de l'impôt ne saurait être à la merci des caprices ou d'un concert frauduleux du propriétaire et du locataire. C'est moins ce que paye le locataire que ce qu'il doit normalement payer que doivent apprécier les répartiteurs. Ainsi encore les fonctionnaires ou employés de l'Etat, des départements et des communes, qui seraient logés gratuitement dans des locaux appartenant à l'Administration, n'en supporteraient pas moins l'impôt mobilier (loi de 1832, art. 15), et la valeur locative de la partie des bâtiments qu'ils occupent sera appréciée par comparaison avec les locaux du même genre. Le logement qui leur est affecté est en effet en rapport avec leur situation et par suite avec leurs revenus.

Mais pourrait-on, puisqu'il s'agit d'atteindre l'ensemble des revenus, ne pas s'attacher strictement à la valeur locative? Ainsi un homme qu'on sait très-riche habite une mansarde, faut-il ne le cotiser que pour cette mansarde? Oui, car, si l'on ne s'attache plus à la valeur locative, on est en plein arbitraire.

Il faudra, pour apprécier la valeur locative, faire deux séries de déductions : 1° On ne tiendra pas compte des dépendances du bâtiment qui ne servent pas à l'habitation : ainsi les cours, jardins d'agrément, jardins potagers, etc. Les pavillons meublés qui se trou-

vent dans les jardins sont imposables, s'ils peuvent
servir à l'habitation ; 2° on déduira les locaux servant
à l'exercice d'une industrie ou d'une profession, car ils
servent déjà à l'établissement de l'impôt des patentes ;
ainsi l'étude d'un notaire, d'un avoué, le cabinet d'un
avocat, d'un médecin[1], etc. — Par contre, si le contribuable a plusieurs habitations distinctes, par exemple,
à la ville et à la campagne, il sera, pour chacune
d'elles, soumis à la taxe mobilière, car jouir de plusieurs habitations est l'indice de plus grands revenus
que se contenter d'une seule.

Qui doit l'impôt personnel et mobilier.

Ce sont tous les habitants français ou étrangers
jouissant de leurs droits et non réputés indigents. L'expression jouissant de leurs droits, qui pourrait prêter
à équivoque, est définie par la loi de 1832 (art. 12) :
« Sont considérés comme jouissant de leurs droits les
veuves et les femmes séparées de leurs maris, les gar-
çons et les filles majeures ou mineures ayant des
moyens suffisants d'existence, soit par leur fortune
personnelle, soit par la profession qu'ils exercent, lors
même qu'ils habitent avec leur père et mère, tuteur ou
curateur. » La pensée de la loi est donc celle-ci : peu
importe la nationalité, le sexe, l'âge du contribuable,
toute personne ayant des revenus personnels doit
l'impôt personnel et mobilier. Ainsi le mineur qui
a une fortune personnelle supporte la taxe ; il en est de
même de la femme séparée de corps, parce qu'elle a des
ressources et un domicile distincts de celui de son
mari. Quant aux femmes séparées de biens, elles ne

1. C. d'Ét., 1er mai 1869, D. 70. 3, 92.

payent point la taxe, parce que, habitant avec leur mari, celui-ci est imposé pour la valeur locative de leur logement commun.

Lorsque plusieurs personnes habitent en commun et qu'elles ont des moyens personnels d'existence, chacune d'elles peut être soumise à l'impôt mobilier, mais, comme la même valeur locative ne peut être imposée plusieurs fois, il y a lieu, soit à réduire celle qui aurait été surtaxée, soit à diviser la cote lorsque chacune a un logement distinct et affecté à son usage exclusif. Cette division donne lieu à des difficultés délicates et n'est pas toujours accordée par le Conseil d'Etat. Ainsi il n'y a pas lieu à diviser la cote lorsque des frères demeurant avec leur mère n'ont qu'une chambre et un cabinet affectés à leur usage personnel [1].

Les locataires en garni ne payent le mobilier qu'à raison de la valeur locative de leur logement évaluée comme un logement non meublé (loi de 1832, art. 16). Le loyer qu'ils payent correspond en effet à la location de l'appartement et à celle des meubles, or il ne serait pas juste de tenir compte de cette dernière partie dont on ne tient pas compte aux autres contribuablès.

On est exempté de l'impôt quand on est réputé indigent: mais que faut-il entendre par là? C'est le Conseil municipal qui, chaque année, aura, d'après les renseignements qu'il aura pu se procurer et en consultant surtout l'état des personnes secourues par les bureaux de bienfaisance, à désigner les indigents qui seront exemptés de la taxe personnelle et mobilière. Le Conseil municipal fait ici un acte d'administration pour lequel il a des pouvoirs souverains, et contre lequel on ne peut

1. C. d'Ét., 20 juillet 1874, D. 75. 3, 70.

se pourvoir au contentieux devant aucun tribunal, pas même le Conseil de préfecture [1].

Signalons enfin une exemption d'impôt pour les officiers des armées de terre et de mer (art. 14, loi de 1832), motivée sans doute sur ce qu'ils n'ont pas de domicile fixe et sont exposés à se transporter subitement d'une extrémité du pays à l'autre, mais l'exemption cesserait, s'ils avaient des habitations particulières pour eux ou pour leur famille, ce qui supposerait des éléments de fortune appréciables.

Comment se perçoit l'impôt personnel et mobilier.

Chaque année la loi de finances détermine la somme que doit atteindre la contribution personnelle et mobilière et la répartit entre les départements. Lorsque le contingent assigné à la commune est fixé, on commence par calculer la taxe personnelle en multipliant la somme qui représente les trois journées de travail par le nombre des personnes soumises à cette taxe, nombre facile à connaître d'après les tableaux de recensement. La taxe personnelle ainsi obtenue, le montant en est déduit du contingent assigné à la commune pour l'impôt personnel et mobilier, et ce qui reste est réparti proportionnellement à la valeur locative. On voit par là comment l'impôt personnel et mobilier est un impôt unique de répartition, quoique de prime abord il paraisse difficile d'y voir autre chose que deux taxes distinctes.

Le contingent départemental doit être tenu par les agents des contributions directes au courant des changements qui se manifestent. Aussi une loi du 10 août 1844 décide que le contingent départemental sera

1. C. d'Ét., 24 janvier 1872, D. 73. 3, 51.

diminué du montant des cotisations afférentes aux maisons qui auront été détruites. D'autre part ce contingent
sera augmenté proportionnellement à la valeur locative
des maisons construites ou reconstruites à mesure que
ces maisons seront imposées à la contribution foncière,
et l'augmentation sera du vingtième de la valeur locative
réelle des locaux consacrés à l'habitation personnelle.
On a choisi cette proportion du vingtième parce que le
législateur savait par les rapports de l'Administration
que certains départements étaient taxés au-dessus et
d'autres au-dessous de cette fraction, et qu'en s'arrêtant
au vingtième il prenait à peu près le taux moyen.

La taxe personnelle mobilière étant une contribution
de répartition est due par toute personne qui, au
1er janvier de l'année pour lequel le rôle a été dressé,
se trouvait dans les conditions voulues pour y être soumise. Le contribuable vient-il à mourir, ses héritiers
doivent supporter la taxe sans réduction ; de même, s'il
change de domicile, l'impôt n'en est pas moins dû pour
toute l'année.

Dans le cas de déménagement, la loi de 1832
(art. 22) a établi la responsabilité des propriétaires et
principaux locataires qui doivent, un mois au moins
avant l'époque du déménagement, se faire représenter
par leurs locataires les quittances de leurs contributions, faute de quoi ils seront tenus sous leur responsabilité personnelle de donner dans les trois jours avis
au percepteur. — En cas de déménagement furtif, le
propriétaire sera responsable, s'il ne fait constater dans
les trois jours ce déménagement par le maire, le juge
de paix ou le commissaire de police.

Le propriétaire est-il responsable de toutes les années
échues? Non, le percepteur est en faute de ne pas s'être
fait payer pour les années antérieures.

Dispositions exceptionnelles.

Dans les villes ayant un octroi (art. 20, loi de 1832), le contingent personnel et mobilier pourra être payé en totalité ou en partie par les caisses municipales, sur la demande qui en sera faite aux préfets par les Conseils municipaux. Ces Conseils détermineront la portion du contingent qui devra être prélevée sur les produits de l'octroi.

C'est là un moyen, usité dans quelques grandes villes, d'affranchir de l'impôt personnel et mobilier les personnes pauvres qui payent de faibles loyers et n'en contribuent pas moins pour une large part au payement des droits d'octroi. Le législateur a voulu les exonérer d'un côté, tandis qu'elles étaient grevées de l'autre.

A Paris, l'impôt personnel et mobilier est perçu sous une forme progressive, mais les contribuables peuvent demander réduction de la taxe, lorsque le tarif a mis à leur charge un impôt plus élevé que celui qu'ils auraient supporté, s'il y avait eu répartition proportionnelle entre tous les contribuables [1].

Résumé des différences entre ces deux taxes.

1° La contribution personnelle est fixe, la mobilière proportionnelle ;

2° L'une a été impôt de quotité et y ressemble beaucoup, l'autre a toujours été de répartition ;

3° La taxe mobilière peut être due dans plusieurs communes, la personnelle dans une seule ;

4° On peut être exempté de l'une et de l'autre pour

1. C. d'État, 21 juillet 1876, D. 76, 3, 57.

indigence, mais on ne peut être exonéré de la personnelle que si on l'est déjà de la mobilière, tandis que l'inverse n'est pas vrai ;

5° On ne peut être exempté de l'impôt mobilier par suite du prélèvement opéré sur les produits de l'octroi, que si tous les contribuables de la commune sont affranchis de la personnelle (art. 20) ;

6° Enfin les centimes additionnels ne portent ici que sur la taxe mobilière. La taxe personnelle n'est jamais imposée qu'en principal, parce qu'elle peut atteindre des contribuables pauvres.

Critique. L'impôt personnel a été souvent attaqué et non sans de sérieux motifs. Dans un système d'impôt basé sur la proportionnalité il échappe à cette règle fondamentale et, comme on l'a écrit, il est progressif à rebours, c'est-à-dire qu'il prend à chaque contribuable une proportion de sa fortune d'autant plus élevée que celle-ci est moindre. Ainsi 3 francs sur un revenu de 300 francs, c'est 1 pour 100 ; sur 3000 francs un pour mille, etc. Aussi serait-il plus juste de joindre le montant de cette taxe à l'impôt mobilier. On s'est quelquefois placé pour la défendre au point de vue politique, en disant que, dans un pays de suffrage universel, chacun prenant part au gouvernement du pays doit concourir au payement des impôts, mais, outre que ce résultat se produit, puisque tout le monde supporte les contributions indirectes, un impôt fixe comme l'impôt personnel ne remplit guère le but à atteindre, qui est de rendre sensibles à chaque électeur les conséquences de ses votes par les augmentations ou diminutions d'impôt.

Quant à l'impôt mobilier, il repose sur cette présomption que la valeur de l'appartement occupé par les contribuables est proportionnelle à leur fortune et à

l'ensemble de leurs revenus. Comme toutes les présomptions, celle-ci sera souvent vraie, quelquefois inexacte. Tel homme très-riche ne consacrera à son loyer qu'une somme insignifiante, tandis que tel autre de fortune médiocre sera conduit à y employer une portion importante de son revenu, soit à cause des nécessités de sa profession, soit à raison du nombre des membres de sa famille. Aussi cet impôt serait-il avantageusement remplacé par une contribution générale sur l'ensemble des revenus dans laquelle, comme nous le verrons plus loin, on évaluerait séparément les produits donnés par chacun des éléments de la fortune des contribuables.

Dans tous les cas du reste, ces deux impôts devraient être séparés. Avec le système actuel il se produit entre les départements de grandes inégalités qui ne sont nullement dues aux variations de la journée de travail, laquelle est presque partout supérieure à 1 fr. 50. Suivant que le Conseil général est plus ou moins favorable aux classes pauvres, il se rapproche du minimum de 0,50 ou du maximum de 1,50, d'où une augmentation ou une diminution correspondante de l'impôt mobilier. Mieux vaudrait rendre ces deux impôts absolument indépendants l'un de l'autre.

III. IMPOT DES PORTES ET FENÊTRES.

C'est un impôt direct de répartition qui porte sur les ouvertures des maisons d'habitation. Cet impôt fut introduit en France sous le Directoire par la loi du 4 frimaire an VII, à l'exemple de l'Angleterre, où il n'existe plus aujourd'hui. Il fut établi comme une sorte de complément de l'impôt mobilier, et pour suppléer à ce que celui-ci avait d'arbitraire. Il devint

en 1831 impôt de quotité, mais, la perception se faisant dès lors d'une manière plus rigoureuse, des réclamations très-vives furent soulevées et on lui rendit le caractère d'impôt de répartition par la loi du 21 avril 1832.

Ouvertures soumises à l'impôt.

D'après la loi de l'an VII (art. 2), cette contribution est établie « sur les portes et fenêtres donnant sur les rues, cours ou jardins des bâtiments et usines sur tout le territoire de la République ». Il faut entendre cet article en ce sens que ce qui est soumis à l'impôt, ce sont toutes les ouvertures qui donnent du jour ou une issue à une maison habitée, c'est-à-dire qui la font communiquer avec l'extérieur. C'est ainsi que, d'après la jurisprudence, les ouvertures pratiquées dans les toits pour donner du jour à un escalier, à des chambres, sont soumises à la taxe, et il en est de même de celles qui donnent sur une cour couverte d'un vitrage [1]. Par contre, ne sont pas imposables les portes intérieures d'une maison, les portes entre deux cours, ou les ouvertures pratiquées dans les murs des cours ou jardins et donnant sur la voie publique ; même solution pour les châssis vitrés établis dans la toiture d'une gare de chemin de fer [2].

Trois sortes d'ouvertures échappent à l'impôt des portes et fenêtres :

1° Les ouvertures des bâtiments affectés à un service public. Cela résulte du caractère qu'a cet impôt d'être un complément de l'impôt mobilier auquel les personnes morales publiques, État, commune, etc., ne sont

---

1. C. d'Ét., 25 août 1865, D. 66. 5, 200.
2. C. d'Ét., 31 mars 1870, D. 71. 3. 31.

pas soumises. Ce même motif explique pourquoi les fonctionnaires logés gratuitement dans ces bâtiments sont, depuis 1832, soumis à la taxe des portes et fenêtres pour la partie qui est affectée à leur logement personnel; supportant l'impôt mobilier, ils doivent acquitter la taxe qui le complète.

2° Les ouvertures qui servent à aérer ou éclairer les bâtiments affectés à l'exploitation agricole et qui ne sont pas destinés à l'habitation personnelle de l'homme. Cette exemption admise en faveur de l'agriculture s'applique aux granges, bergeries, écuries et remises, bûchers et buanderies, etc.

3° Les ouvertures pratiquées pour éclairer les manufactures (loi du 4 germinal an XI, art. 19). Mais que faut-il entendre ici par manufactures? La loi qui a établi cette exemption paraît avoir laissé à la jurisprudence toute latitude, car, sans définir ce qu'il faut entendre par cette expression, elle porte que, « en cas de difficulté sur ce que l'on doit considérer comme manufacture, il y sera statué par le Conseil de préfecture. » Certains auteurs ont pensé que pour se conformer au vœu de la loi il fallait distinguer entre les ateliers dans lesquels la prépondérance appartient au travail de l'homme, au travail manuel, et ceux dans lesquels le rôle dominant est dévolu aux machines; les premiers seuls seraient exemptés de la taxe. Mais la jurisprudence la plus récente du Conseil d'État paraît ne pas s'attacher à une distinction de ce genre. Elle se fonde sur la comparaison entre le nombre des ouvriers et celui des ouvertures des ateliers où ils travaillent: y a-t-il peu d'ouvertures eu égard au nombre des ouvriers, on ne taxera pas, afin de ne pas pousser l'usinier à fermer quelques ouvertures et à aggraver des conditions d'aération déjà défectueuses; y a-t-il beaucoup d'ouvertures et peu d'ouvriers, l'usinier supportera

la taxe des portes et fenêtres, qui devient dès lors sans inconvénient [1]. Ainsi ce n'est pas à la nature de l'industrie, mais à des circonstances de fait, qu'on s'attache pour déterminer s'il y a ou non exemption d'impôts. Cette jurisprudence fait une saine application de la loi de l'an XI, qui laisse toute liberté d'appréciation aux tribunaux administratifs.

Qui doit l'impôt des portes et fenêtres.

Puisque cet impôt est un supplément de l'impôt mobilier, c'est celui qui occupe l'habitation, c'est-à-dire le locataire, qui doit le supporter. Toutefois l'art. 12 de la loi de l'an VII déclare qu'il est exigible contre le propriétaire, sauf le recours que celui-ci peut exercer, recours qui dure 30 ans conformément au droit commun. Cette dernière disposition a conduit dans plusieurs localités à un résultat contraire à la décision de la loi. Dans les villes populeuses où les locations sont faciles le propriétaire peut aisément réclamer à ses locataires l'impôt des portes et fenêtres, mais il n'en est pas de même dans les communes qui sont peu habitées. Aussi l'usage s'est-il établi dans bien des localités que le propriétaire supporte l'impôt sans aucun recours, et la validité de ces usages locaux est reconnue par la jurisprudence [2].

S'il y a dans un édifice des ouvertures dont l'usage est commun à plusieurs locataires, comme on ne peut faire légitimement supporter par aucun d'eux la taxe qui y est afférente, c'est le propriétaire qui payera.

---

1. C. d'Ét., 29 mai 1874, D. 75. 5, 124 (29 ouvertures, 80 ouvriers; non taxé); C. d'Ét., 2 juillet 1875, D. 75. 5, 123 (96 ouvertures, 10 ouvriers; taxé).
2. Cass., 23 mars 1869, D. 70. 1, 104.

Comment se perçoit l'impôt des portes et fenêtres.

Cet impôt, qui a le caractère des impôts de répartition, est néanmoins perçu au moyen de tarifs. Cela paraît, au premier abord, contradictoire, mais il faut l'entendre en ce sens que les tarifs servent seulement à calculer une somme provisoire qui sera augmentée ou diminuée d'après le contingent assigné à la commune.

Les tarifs sont établis par la loi du 21 avril 1832, et combinés de manière à tenir compte de la population de la commune où se trouve l'habitation, du nombre des ouvertures, de l'étage où ces ouvertures sont placées. Ainsi la loi établit six classes de communes, de 5000 à 100 000 habitants ; elle distingue ensuite pour chaque classe, suivant que la maison a moins ou plus de cinq ouvertures ; au-dessous de cinq ouvertures, le tarif ne varie que suivant le nombre de ces ouvertures ; au-dessus, le tarif tient compte de l'importance des ouvertures et de l'étage où elles sont placées.

On comprend, d'après cela, que la matrice des portes et fenêtres est obtenue par l'application des tarifs, suivant que la commune appartient à l'une ou à l'autre de ces six classes, ce que l'on connaîtra d'après le chiffre des recensements officiels. La matrice contient donc le nom de chaque propriétaire et en regard la somme qu'il doit payer pour chacun de ses immeubles, somme calculée d'après les tarifs. Chaque année, quand on connaîtra le contingent assigné à la commune à la suite des divers degrés de répartition, on saura quelle augmentation ou réduction proportionnelle il faut faire subir à chacun des chiffres portés sur la matrice pour avoir le rôle annuel. Soit, par exemple, une commune taxée à une somme de 100 000 francs pour les portes et fenêtres ; la

somme obtenue par l'application des tarifs étant de 150 000, il faudra diminuer tous les nombres portés sur la matrice d'un tiers.

Malgré ces combinaisons, on comprend que l'impôt des portes et fenêtres est loin d'être toujours proportionnel à la fortune de chaque contribuable, et l'une des iniquités les plus visibles qu'il consacre, c'est qu'il taxe également tous les immeubles de la même ville sans tenir compte des quartiers dans lesquels ils sont situés. Aussi un décret du 17 mars 1852 a-t-il autorisé la ville de Paris à tenir compte de la valeur locative dans l'établissement de l'impôt des portes et fenêtres, et une loi du 22 juin 1854 a étendu la même disposition à la ville de Lyon.

Critique. — L'impôt des portes et fenêtres résiste peu à la critique et ne rentrera probablement pas longtemps encore dans notre système d'impôts. Quoiqu'il ait été établi comme supplément de l'impôt mobilier, dans les villes où les locations sont difficiles, c'est, comme nous l'avons vu, le propriétaire qui le supporte, et la jurisprudence a sanctionné, à diverses reprises, cet usage contraire à la loi. Il peut donc être considéré tantôt comme supplément de l'impôt foncier, tantôt comme supplément de l'impôt mobilier. Il serait donc plus simple de le supprimer en en reportant la charge sur ces deux autres impôts.

D'ailleurs, cet impôt est contraire à l'hygiène publique, puisqu'il peut porter les propriétaires à restreindre le nombre des ouvertures de leurs maisons, et, par suite, à diminuer l'air et la lumière qui y pénètrent. Il repose enfin sur cette proposition qu'il y a une relation entre l'ensemble des revenus d'un contribuable et le nombre des fenêtres du logement qu'il habite, et il en est peu de moins exacte. Tel appartement au centre

d'une ville, quoique ayant peu de fenêtres, suppose souvent une fortune bien plus grande qu'un appartement qui aurait beaucoup d'ouvertures, mais qui serait situé dans un quartier excentrique.

IV. — IMPOT DES PATENTES.

C'est un impôt direct de quotité qui a pour objet de frapper les produits d'un commerce, d'une industrie ou d'une profession quelconque.

Ce n'est pas sans difficulté que le législateur est arrivé à résoudre le problème de la taxation des contribuables dans la mesure des bénéfices qu'ils retirent de leur profession. Il n'y avait que trois procédés à suivre : ou se fier aux déclarations des intéressés, ou donner à des commissions administratives le droit de faire des recherches, ou enfin procéder par voie de présomptions et induire de certaines circonstances aisément appréciables le revenu des commerçants et industriels. Les deux premiers moyens furent écartés, l'un comme trop incertain, l'autre comme trop vexatoire, et l'on eut recours au dernier. — L'Assemblée constituante, en même temps qu'elle abolissait les droits de maîtrise et de jurande, établit en 1791 la patente à raison de la valeur locative des lieux consacrés à l'habitation et à l'exercice de l'industrie. C'était un premier degré d'approximation, mais bien insuffisant, car telle industrie portant sur des marchandises encombrantes peut exiger la location de locaux très vastes sans que les bénéfices soient supérieurs à ceux d'une industrie qui n'exigera qu'un simple bureau. — L'impôt des patentes, un moment supprimé fut rétabli par la loi du 4 thermidor an III, qui divisa les professions en divers groupes soumis à un tarif gra-

dué variant avec la population. Cette loi s'attachait donc à
deux éléments nouveaux, la nature de la profession et la
population de la commune. Mais ici se présentait un inconvénient d'un autre genre, c'est que dans la même
ville tous les commerçants du même groupe payaient le
même impôt, quelle que fût l'importance de leur établissement.—Aussi une loi du 6 fructidor an IV, combinant
les considérations dont tenaient compte les deux lois
antérieures, établit un mode de perception qui est encore
aujourd'hui en vigueur : on perçoit un droit fixe variant
d'après la nature de l'industrie exercée et la population
du lieu où elle s'exerce, et un droit proportionnel variant suivant la valeur locative de l'établissement industriel ou commercial. Ce système a servi de base à la
loi du 25 avril 1844, qui révisa les anciens tarifs, classa
les industries nouvelles et, malgré quelques innovations
de détail, régit aujourd'hui encore cette matière. Diverses modifications à la législation des patentes ont
été apportées en 1850, 53, 58, en 1872, et cette dernière
loi décide qu'il sera procédé à la révision de la loi des
patentes. Les changements survenus dans l'industrie, la
création de professions nouvelles, le désir de proportionner l'impôt au rendement présumé, expliquent ces
variations nombreuses qui découlent de la nature des
choses.

On voit par là quels sont les *caractères par lesquels*
l'impôt des patentes se distingue des autres impôts :

1° C'est un impôt de quotité dont on ne connaît pas
d'avance le produit; la loi de finances ne peut contenir
à son sujet qu'une évaluation approximative d'après la
moyenne des années antérieures;

2° Au lieu d'être perçu au moyen d'un seul droit
proportionnel, il comprend également un droit fixe;

3° Il n'est pas prélevé uniquement au profit de

l'Etat; d'après la loi de 1844, huit centimes par franc pris sur le principal de l'impôt doivent être attribués à la commune. Aussi verrons-nous que dans la détermination de l'impôt le maire assiste le contrôleur ;

4° Chaque contribuable inscrit au rôle des patentes reçoit une pièce qui certifie cette inscription. C'est une sorte de permis d'exercer sa profession, et le patentable sera, d'après la loi de 1844 (art. 27), tenu de l'exhiber à première réquisition des agents de police judiciaire. Cette licence est un souvenir de l'époque des maîtrises et des jurandes, où l'on ne pouvait exercer une profession sans y être autorisé; elle n'a plus de raison d'être aujourd'hui où chacun est libre d'embrasser la profession qu'il veut.

Professions soumises à patente.

En principe toute profession est soumise à la patente alors même qu'elle ne serait pas prévue dans les tarifs. Dans ce cas un arrêté du Préfet déterminera par analogie quelle est la taxe applicable.

Mais il y a divers groupes d'exemptions totales ou partielles.

Exemptions totales : 1° Les fonctionnaires publics, les employés salariés par l'État, les départements ou les communes, car la patente équivaudrait pour eux à une diminution de traitement. Bien entendu la dispense n'existe que pour l'exercice de leur fonction publique et non pour la profession qu'ils pourraient y joindre. Ainsi un médecin inspecteur d'un établissement thermal sera très légitimement taxé au lieu de son domicile;

2° Un certain nombre de professions libérales, les peintres, sculpteurs, dessinateurs, considérés comme artistes, professeurs, artistes dramatiques, etc. Ce sont

sans doute les variations, les incertitudes de leur revenu, qui ont motivé cette exemption;

3° Les laboureurs et cultivateurs pour la vente des récoltes et fruits provenant des terrains qui leur appartiennent ou qu'ils exploitent et pour le bétail qu'ils y élèvent. Si même le cultivateur achète pour engraisser des bestiaux des produits d'exploitations voisines, l'exemption persiste;

4° Les commis, les personnes travaillant à gages, à façon et à la journée dans les magasins, ateliers et boutiques des personnes de leur profession, ainsi que les ouvriers travaillant chez eux ou chez les particuliers, sans compagnon, enseigne ni boutique. Des lois postérieures de 1858, 1862, 1868, ont étendu cette catégorie d'exemptions à l'ouvrier travaillant avec des métiers à lui, à celui qui a une maison ou une boutique, à celui qui travaille avec un apprenti de moins de seize ans. — Au sujet du commis une question délicate a été souvent agitée en jurisprudence : comment le distinguer du commissionnaire ou du représentant du commerce qui sont assujettis à patente (art. 20, loi du 18 juillet 1866)? Faut-il s'attacher à la circonstance qu'il reçoit des remises proportionnelles sur les ventes par lui opérées? ce serait insuffisant, aujourd'hui surtout que les commis à l'intérieur des magasins jouissent souvent de semblables remises. Faut-il se demander s'il a loué en son nom un local servant de dépôt aux marchandises? à ce compte beaucoup de représentants échapperaient à la patente. D'après le Conseil d'État[1], on devra sans doute tenir compte de toutes ces circonstances, mais le point sur lequel doit se porter l'examen des agents des contributions directes, c'est la nature des

1. C. d'État, 15 mai 1873, D. 75. 3, 47.

relations qui existent entre la maison de commerce et l'employé. Ce dernier conserve-t-il une certaine initiative et une certaine indépendance ou ne fait-il qu'exécuter les ordres qu'il reçoit? Ses intérêts et ceux de la maison sont-ils distincts ou sont-ils confondus? Voilà surtout le point à examiner.

Exemptions partielles. — 1 Du *droit fixe*. La loi du 18 mai 1850 en a établi une nombreuse catégorie. Elle soumet à la patente une série de professions libérales qui jusque-là en étaient exemptées, mais en les exonérant du droit fixe et en leur faisant supporter un droit proportionnel qui est aujourd'hui du quinzième de la valeur locative. Ce sont les professions d'avocat, officier ministériel, notaire, médecin et officier de santé, chef d'institution et maître de pension. En 1858 on a ajouté à cette liste les ingénieurs civils.

2° Du *droit proportionnel*. Ne sont soumises qu'à un droit fixe les professions indiquées dans les dernières classes des tarifs, quand elles sont exercées dans les localités qui ont moins de 20 000 habitants.

Comment l'impôt des patentes est établi et perçu.

a. Les droits fixes sont perçus d'après trois tableaux, A, B et C, annexés à la loi de 1844, mais qui depuis ont subi diverses modifications partielles apportées par des lois subséquentes.

Le tableau A établit huit classes de professions d'après leur nature et leur rendement présumé; pour chaque classe le droit fixe varie avec la population de la commune. La loi récente du 30 juillet 1879 a modifié le droit fixe pour les patentables compris dans la quatrième classe du tableau A.

Le tableau B comprend diverses professions qui ne

sont pas rangées par groupe et pour chacune desquelles
la loi établit un tarif en le graduant suivant la population. Ex. : banquiers, agents de change, entrepreneurs
de fiacres, etc.

Dans le tableau C enfin se trouvent divers établissements industriels qui sont placés souvent hors des
villes et dont l'importance ne dépend pas de la population ni du milieu où ils sont placés. Ici le tarif est calculé d'après le nombre de métiers ou d'ouvriers
employés, ou encore de machines qui servent à la fabrication. La loi de 1872 a rehaussé d'un cinquième le
droit fixe des patentes qui se trouvent dans le tableau C,
et de plus elle a supprimé le maximum établi par les
lois antérieures.

b. Quant au droit proportionnel, il est établi d'après la
valeur locative tant des lieux consacrés à l'exercice du
commerce ou de l'industrie que de l'habitation du
patentable. Remarquons que cette valeur locative doit
être ici plus rigoureusement établie que pour l'impôt
mobilier. Comme ce dernier est un impôt de répartition,
il suffit que la proportion soit observée pour que personne ne puisse se plaindre, tandis que, comme l'impôt
des patentes est un impôt de quotité, toute appréciation
inexacte entraînerait un préjudice pour le patentable ou
pour l'État.

La loi de 1844 a fixé le droit proportionnel au vingtième de la valeur locative. En 1872 la loi du 29 mars
a augmenté ce droit en le portant au dixième pour les
patentables de la première classe du tableau A et pour
les industries du tableau B, ainsi que leurs annexes et
tableaux modificatifs résultant des lois subséquentes;
au quinzième pour les deuxième et troisième classes du
tableau A, en tenant compte des modifications correspondantes. Par contre, la loi du 30 juillet 1879 a réduit

du vingtième au trentième les patentables compris dans les cinquième et sixième classes du tableau A. La tendance du législateur est donc d'augmenter le droit proportionnel pour les industries qui sont censées les plus productives et de l'abaisser pour les autres.

D'après ce que nous venons de dire rien ne sera plus facile que de dresser la matrice du rôle des patentes. Le contrôleur des contributions, assisté du maire, met en regard du nom de chaque patentable sa profession et la valeur locative des lieux qu'il occupe, et pour dresser le rôle il n'y a plus qu'à appliquer le tarif afférent à la profession et à prendre la fraction voulue de la valeur locative.

Critique. L'impôt des patentes présente des inconvénients qui sont inséparables du procédé qui a été adopté en l'établissant. Du moment que l'on part de certains indices pour en induire les bénéfices réels d'un commerce ou d'une profession, le résultat que l'on obtient pourra être tantôt assez proche, tantôt sensiblement éloigné de la vérité. On comprend néanmoins que, plus on multipliera ces indices, et plus l'approximation obtenue se rapprochera du revenu réel. Aussi a-t-on proposé d'ajouter aux éléments dont on tient compte aujourd'hui divers éléments nouveaux tels que le nombre des commis et employés, le nombre des chevaux-vapeur employés comme force motrice, etc.

Les tableaux dressés en 1844, bien qu'ils aient été à diverses reprises l'objet d'importantes modifications, ont du reste besoin d'une révision sérieuse. Depuis l'époque où ils ont été dressés, les progrès des sciences et les applications qui les ont suivis, les changements dans les conditions économiques, ont entraîné des variations considérables dans la situation des diverses industries, et il est devenu nécessaire de mettre les rôles

des patentes en accord avec ces modifications. C'est là du reste une question à l'ordre du jour, et, si l'exacte proportionnalité aux revenus peut être considérée comme un idéal impossible à atteindre, il est permis d'espérer que les solutions approximatives que l'on obtiendra seront pratiquement suffisantes.

TAXES ASSIMILÉES AUX CONTRIBUTIONS DIRECTES.

Il y a une série de taxes qui, comme les impôts dont nous venons de parler, sont perçues au moyen de rôles nominatifs et qui portent pour ce motif le nom de taxes assimilées. On peut les ranger en divers groupes suivant le but pour lequel elles ont été instituées. Les unes, comme la taxe des biens de mainmorte, ont pour objet de suppléer des impôts directs ou indirects ; les autres sont des taxes somptuaires frappant des objets de luxe ; les dernières enfin sont des taxes de recouvrement ayant pour objet de faire rentrer l'État dans les avances qu'il a faites.

I. Taxe des biens de mainmorte.

Cette taxe a été établie sur les biens immeubles passibles de la contribution foncière appartenant aux établissements publics, sociétés anonymes, etc., afin de suppléer à l'absence de droits de mutation, les possesseurs de ces biens aliénant rarement et ne mourant jamais.

Comment cette taxe est-elle calculée ? On prend 62 centimes 1/2 (aujourd'hui 70 centimes, loi du 30 mars 1872) par franc du principal de la contribution foncière. Voici par quelle série de raisonnements on est arrivé à cette proportion. On est parti de cette idée qu'il y a en moyenne une mutation tous les vingt ans, c'est-à-dire que tous

les vingt ans l'État reçoit une somme de 5,50 pour
100 qui représente le droit de mutation entre vifs. —
Or 5 pour 100, c'est un an de revenu calculé au taux
légal. Le problème revient donc à obtenir par une taxe
annuelle le vingtième du revenu. — Mais ce revenu a
déjà été calculé pour la perception de l'impôt foncier et,
d'après les évaluations approximatives qui ont été faites,
on peut dire que l'impôt foncier représente en moyenne
le douzième du revenu. Il n'y a donc qu'à calculer le
vingtième d'une somme dont on connaît le douzième,
ce qui revient à prendre les 0,62 centièmes du nombre
qui représente l'impôt foncier.

*A quelles conditions sera établie la taxe des biens
de mainmorte?* Il faut : 1° qu'il s'agisse d'immeubles
soumis à l'impôt foncier, et 2° que ces immeubles
appartiennent à des personnes de mainmorte.

La première condition découle de la loi de 1849 et du
mode de calcul adopté par cette loi; puisque cette taxe
est une fraction de la contribution foncière, elle ne pourra
être perçue quand celle-ci ne le sera pas. Il faut déduire de
là que les immeubles qui jouissent d'une exemption permanente, c'est-à-dire les immeubles improductifs affectés à
un service d'utilité publique, et ceux qui sont l'objet d'une
exemption temporaire, par exemple, les terrains assainis
ou défrichés, ne sont pas soumis à la taxe de mainmorte. Pourtant on aurait pu soutenir que les motifs
qui expliquent l'exemption de l'impôt foncier ne s'appliquent pas à cette taxe. Les terrains incultes qui sont
défrichés sont affranchis de l'impôt par une faveur spéciale pendant un certain temps; mais, s'ils étaient pos-
sédés par des particuliers au lieu de l'être par des personnes de mainmorte, ils seraient exposés aux mutations
habituelles : on aurait donc compris qu'ils fussent soumis
à l'impôt. Toutefois la jurisprudence s'est décidée en

sens contraire, parce que l'article 1ᵉʳ de la loi de 1849 est formel, et qu'en matière fiscale il serait dangereux d'étendre un texte par interprétation.

La seconde condition a soulevé des difficultés plus délicates encore que la première. La taxe porte sur les immeubles *appartenant* aux personnes de mainmorte: mais faut-il entendre ces expressions seulement de la pleine propriété, et que décider, si des personnes morales avaient l'usufruit, la nue propriété ou l'emphytéose de biens immeubles? — S'il s'agit seulement d'un usufruit, la taxe ne sera pas perçue, car elle est établie pour suppléer les droits de mutation, et ces droits n'en seront pas moins touchés par l'Etat, puisque l'usufruit n'est que temporaire et qu'en cas de transmission de nue propriété le droit entier est perçu. — S'il s'agit de la nue propriété acquise par un établissement de mainmorte, il y a de sérieux motifs de douter. D'un côté la taxe est établie sur les mêmes bases que l'impôt foncier, et, comme celui-ci est dû par l'usufruitier et non par le nu propriétaire, il paraît rigoureux de faire supporter la taxe de mainmorte sur ces immeubles à celui qui n'en retire pas les fruits ; de l'autre, du jour où la nue propriété est acquise elle est soustraite à toute possibilité de mutation et dès lors elle doit être soumise à la taxe. C'est en ce dernier sens que s'est avec raison prononcée la jurisprudence du Conseil d'Etat[1]. Le principe de l'impôt étant admis, reste à savoir comment on le calculera, et c'est ce qui se fait dans la pratique en prenant la moitié de la taxe que supporterait la pleine propriété.

Enfin quelles sont les personnes de mainmorte? La loi de 1849 énumère « les départements, communes,

---

1. C. d'Ét., 14 décembre 1868. D. 69.

hospices, congrégations religieuses, sociétés anonymes et tous les établissements publics légalement autorisés. » L'énumération n'est pas limitative et il faut ajouter aux établissements publics les établissements d'utilité publique, car les uns comme les autres ne meurent pas et les immeubles qu'ils possèdent sont dans la même situation. Il ne faudrait pas comprendre parmi les congrégations religieuses celles qui ne sont pas autorisées; elles ne sont pas personnes morales et les immeubles dont elles paraissent propriétaires appartiennent à des particuliers à la mort desquels le droit de mutation est perçu. Quant aux sociétés anonymes, il faut noter la loi du 14 décembre 1875 d'après laquelle les immeubles qui seraient achetés par une société qui aurait pour objet exclusif l'achat et la vente d'immeubles ne subiraient pas la taxe de mainmorte. Cette décision législative est en parfait accord avec l'esprit de la loi de 1849 et la complète heureusement.

Les contributions sur les mines rentrent dans cette première catégorie, car elles ont pour objet de suppléer l'impôt foncier. Nous ne pouvons que renvoyer sur ce point aux explications données dans notre premier volume [1].

II. Taxes somptuaires.

Un second groupe de taxes porte sur certains objets ou certains faits qui sont censés être pour leurs détenteurs ou leurs auteurs des indices de fortune. Comme tous les impôts somptuaires, ceux-ci ne comportent aucun reproche au point de vue de la justice, mais ils sont peu productifs, surtout lorsque la taxe est assez élevée,

1. T. I, p. 324.

la matière imposable se dérobant aisément à l'action du fisc.

1° L'impôt sur les chevaux et voitures est perçu d'après un tarif qui est établi suivant la population des localités dans lesquelles il est applicable. Il varie de 25 à 5 francs pour les chevaux d'attelage ou de selle; de 60 à 10 francs pour les voitures à quatre roues et de 5 à 40 francs pour les voitures à deux roues. Il y a une série d'exemptions, notamment pour les chevaux et juments destinés à la reproduction, pour les chevaux et voitures appartenant aux marchands de chevaux et destinés à la location, pour ceux qui sont employés habituellement pour le service de l'agriculture ou d'une profession quelconque donnant lieu à l'application d'un droit de patente, etc.

Une loi a été votée par la Chambre des députés, le 23 juillet 1879, afin de soumettre à la taxe les mules et mulets, et d'autre part pour assimiler aux communes de 3000 âmes et au-dessous les agglomérations qui auraient une population égale, quoiqu'elles fassent partie d'une grande commune.

2° Un impôt a été établi par la loi du 16 septembre 1871 sur les *billards* publics et privés; l'impôt varie de 60 à 5 francs suivant la population.

3° La même loi frappe les *abonnements aux cercles,* sociétés et lieux de réunion où se payent des cotisations, d'une taxe de 20 pour 100 des cotisations payées par les associés. Diverses exceptions résultent de la loi de 1871 et d'une loi postérieure du 5 août 1874. Ne sont pas assujetties à la taxe : les sociétés de bienfaisance et de secours mutuels, les sociétés exclusivement scientifiques, littéraires, agricoles, musicales, dont les réunions ne sont pas quotidiennes ; de même les sociétés ayant pour but des jeux d'adresse, exercices gymnastiques, etc.

III. Taxes de recouvrement.

Un certain nombre de taxes ont été assimilées aux
contributions directes dans des cas où l'État, ayant
avancé les frais de travaux utiles à des particuliers,
cherche à rentrer dans ses avances. Nous citerons comme
exemple le curage et l'entretien des cours d'eau, les travaux de dessèchement auxquels les propriétaires doivent contribuer d'après la loi du 16 septembre 1807
(art. 26), etc.

DU RECOUVREMENT DES CONTRIBUTIONS DIRECTES.

Comment se fait le recouvrement.

Quand les rôles sont dressés, ils sont rendus exécutoires par le Préfet et ensuite publiés dans la commune
par les soins du maire. Celui-ci avertit le public par affiches que le rôle est déposé entre les mains du percepteur
et que chacun peut en prendre connaissance. La date de
la publication est très importante parce que, comme
nous le verrons, elle est le point de départ du délai de
trois mois pendant lequel les particuliers peuvent former des demandes en décharge ou réduction. De plus, le
percepteur envoie à chaque contribuable un bulletin
qui lui fait connaître d'une manière officieuse le montant des diverses cotes qu'il doit acquitter.

Sur le vu de ce bulletin, le contribuable payera le percepteur qui lui remettra quittance et en même temps
émargera sur le rôle. Si le payement n'avait pas lieu, le
percepteur aurait recours aux moyens suivants :
1° une sommation sans frais de payer dans les huit
jours. Cette sommation peut, d'après la jurisprudence,

être remplacée par une lettre[1]; 2° une sommation avec frais; 3° un commandement; 4° la saisie et la vente des meubles, et, à défaut de meubles, des immeubles. La saisie immobilière ne peut avoir lieu qu'après autorisation du ministre des finances.

Jusqu'en 1877 notre législation fiscale avait conservé un mode de poursuite singulier et particulièrement vexatoire, la garnison. Celle-ci consistait en ce que le percepteur avait le droit d'envoyer au domicile du contribuable un agent nommé garnisaire qui devait être logé et nourri jusqu'à parfait paiement. Il est vrai que dans la pratique ce mode de contrainte était peu employé et avait été remplacé sous le nom de garnison collective par le droit de faire payer au contribuable une somme de tant par jour d'après un tarif déterminé. Ce procédé fiscal, qui n'était plus en harmonie avec l'état de nos mœurs et qui était presque tombé en désuétude, a été définitivement abrogé par la loi du 9 février 1877, qui a supprimé la garnison individuelle et donné à la garnison collective son nom véritable, celui de sommation avec frais.

Lorsque l'État est obligé de faire procéder à la vente des biens du contribuable, il peut exercer les privilèges qui lui sont accordés par la loi du 12 novembre 1808. Il faut ici distinguer suivant qu'il s'agit du recouvrement de l'impôt foncier ou des autres impôts directs : 1° Pour l'impôt foncier le privilège porte sur les récoltes, fruits, loyers et revenus des biens immeubles sujets à contribution; 2° pour les autres impôts directs, sur tous les meubles et autres effets mobiliers appartenant au redevable, en quelque lieu qu'ils se trouvent. Dans les deux cas le privilège existe pour l'année échue et l'année courante

1. Cass., 19 mars 1873, D. 73. 1, 235.

(art. 1). — Ce privilège a de plus pour conséquence une action directe donnée au Trésor contre ceux qui détiennent les sommes qui y sont affectées, tels que fermiers, locataires et autres dépositaires ou détenteurs de ces deniers (art. 2). Ceux-ci seront tenus, sur la demande qui leur en sera faite, de payer en l'acquit des redevables et sur le montant des fonds qu'ils doivent ou qui sont entre leurs mains, jusqu'à concurrence de tout ou partie des contributions dues par ces derniers. — Le privilège du Trésor et l'action directe sont fondés sur les principes qui dominent la matière des privilèges du Code civil. L'Etat se servant de l'impôt pour accomplir des services d'intérêt général et faisant l'affaire de tous, il est juste qu'il passe avant tous autres dans la distribution des deniers du contribuable.

L'exercice du privilège a subi quelques difficultés. Ainsi le privilège relatif à l'impôt foncier subsiste-t-il lorsque l'immeuble assujetti a cessé d'appartenir au redevable ? la Cour de cassation a répondu affirmativement[1] en invoquant cette circonstance que l'art. 1, § 1, est général et ne distingue pas si les biens ont changé de maître ou s'ils sont restés aux mains du même propriétaire, tandis que, au contraire, le § 2 du même article ne frappe du privilège à raison de la contribution mobilière que les effets mobiliers qui n'ont pas cessé d'être entre les mains des redevables. — Nous ne saurions adopter cette manière de voir tout à fait contraire aux principes, les privilèges mobiliers spéciaux n'emportent jamais droit de suite et le privilège relatif à l'impôt foncier ne peut avoir d'autre caractère.

On s'est demandé également, au sujet de l'art. 2, si l'officier public, commissaire-priseur ou huissier, qui

1. Cass., 6 juillet 1852, D. 52. 1, 165.

touche les deniers provenant de la vente des meubles, ne devrait pas, avant de remettre cette somme aux créanciers, s'assurer du payement des contributions? Ce qui fait la difficulté est qu'une loi du 5 août 1791 imposait cette obligation, tandis que la loi du 12 novembre 1808 (art. 2) dit seulement que le dépositaire des deniers sera tenu de payer sur la demande qui lui en sera faite par le percepteur. Faut-il admettre que la loi de 1808 a abrogé sur ce point la loi de 1791? Non pas, car les deux lois sont aisément conciliables. L'officier ministériel avertira le percepteur et, lorsque ce dernier ainsi prévenu formera une réclamation, la somme due à titre d'impôt devra lui être payée. La jurisprudence paraît se fixer en ce sens [1].

Notons en terminant, au sujet des fermiers et locataires, qu'il ne sont tenus de payer que si la réclamation qui leur est faite est relative aux impôts de l'année échue et de l'année courante. Pour les années antérieures, le percepteur, ne pouvant réclamer un privilège, sera obligé de recourir à la voie de la saisie-arrêt, et ne pourra se contenter d'une simple demande. Dans ce cas, du reste, il concourrait au marc le franc avec les autres créanciers.

Jusqu'à quelle époque peut-on faire le recouvrement.

Le percepteur est chargé de mettre le rôle en recouvrement, suivant les règles que nous venons d'indiquer, mais il n'a pour cela qu'un délai de trois ans, à partir du jour où il a reçu le rôle et a pu faire rentrer les sommes qui y sont portées. Aussi la réception du rôle

---

1. Foix, 1er août 1866, D. 66. 3, 77.

est-elle constatée par un reçu, donné sur un état d'é-margement que les receveurs particuliers envoient à la Direction des contributions directes.

Quel est le fondement de cette prescription ? Il faudrait bien se garder de croire que, à l'exemple de la prescription libératoire du droit commun, il y a ici présomption de paiement, ce qui entraînerait par suite l'obligation de payer pour le contribuable qui reconnaîtrait qu'il ne l'a pas fait. Cette prescription est surtout dirigée contre les percepteurs, elle a pour objet de les forcer à faire les rentrées d'une façon régulière, de manière à ne pas laisser s'accumuler les impositions qui sont à la charge des contribuables. Ceux-ci doivent payer chaque année, et ce serait aggraver leur situation que de leur demander en une seule fois le montant de plusieurs annuités. Il découle de ce point de vue que le percepteur ne saurait poursuivre au bout de trois ans, alors même que le contribuable avouerait n'avoir pas payé, et qu'il ne pourrait déférer le serment au contribuable sur le point de savoir si celui-ci a acquitté ses contributions. Cette prescription serait interrompue par un acte de poursuite tel qu'un commandement à fin de saisir, mais une sommation avec ou sans frais ne produirait pas d'effet interruptif.

Comment est organisée la responsabilité du percepteur.

Le percepteur est en principe responsable du recouvrement des rôles. Il doit tous les dix jours verser ses recettes chez le receveur particulier, qui est responsable des percepteurs de sa circonscription, comme le trésorier-payeur général l'est des receveurs particuliers.

Mais cette responsabilité conduirait à un résultat trop

rigoureux, si dans aucun cas le percepteur ne pouvait en être affranchi. Il arrivera, en effet, fréquemment que des erreurs ou des illégalités auront été commises sur le rôle, ou bien que, telle personne qui a été très régulièrement inscrite se trouvant absente ou étant devenue insolvable, le percepteur ne pourra en fait procéder au recouvrement. Aussi est-il permis au percepteur d'obtenir dans ce cas décharge de la responsabilité. A cet effet, il dressera d'abord dans les trois mois, à partir de la publication des rôles, un état des *cotes indûment imposées* comprenant les cotes au sujet desquelles des illégalités ont été commises, et il enverra cet état au Conseil de préfecture. Celui-ci prononcera la décharge, s'il y a lieu. Le montant des décharges ainsi prononcées sera ajouté au rôle de la commune de l'année suivante, car le contingent assigné à la commune à titre d'impôt de répartition doit rentrer intégralement dans les caisses de l'État; il doit être supporté par toutes les personnes qui sont légalement taxées dans la commune, et celles-ci ne peuvent trouver une cause de bénéfice dans les erreurs, souvent inévitables, qui ont été commises en dressant le rôle.

D'autre part, à la fin de chaque année, dans les deux mois à partir du 31 décembre, le percepteur fera un état des *cotes irrecouvrables* sur lequel il portera les cotes qui, quoique établies régulièrement à l'origine, n'ont pu être perçues en fait à raison de l'insolvabilité ou de l'absence du contribuable. Cet état sera envoyé au préfet, qui verra s'il y a lieu d'en décharger le percepteur. A la différence de ce qui se passe pour les cotes indûment imposées, le montant des cotes irrecouvrables doit s'imputer sur un fonds spécial inscrit chaque année au budget et réparti par décret entre les départements, et qu'on appelle le *fonds de non-valeurs*. Il n'y a

pas de réimposition l'année suivante, parce que ces cotes ont été établies conformément à la loi et que, si on
les mettait à la charge des autres contribuables de la
commune, ceux-ci supporteraient un fardeau plus lourd
que la loi ne l'a voulu. D'autre part, il ne faut pas que
l'État soit exposé à nn trop grand déficit dans les impôts de répartition, et c'est pour cela que le fonds
de non-valeurs a été imaginé. Il est constitué au moyen
de centimes additionnels ajoutés au principal des quatre
contributions directes.

Par ces deux états ainsi dressés, le percepteur peut
mettre sa responsabilité à couvert. Toutefois, les percepteurs ne peuvent pas toujours découvrir, dans les
trois premiers mois à partir de la publication des rôles,
toutes les cotes indûment imposées, et, comme il leur
arrivait d'en comprendre un certain nombre dans les
états de cotes irrecouvrables dressés en fin d'année, une
loi du 22 juin 1854, art. 16, leur permet de se faire
décharger du montant de ces taxes par le Conseil de
préfecture. Par là on évitera de trop puiser dans le fonds
de non-valeurs qui suffit à peine aux cotes irrecouvrables.

Le percepteur qui n'a pas obtenu du Conseil de préfecture la décharge qu'il sollicitait peut se pourvoir en
Conseil d'État, mais dans la pratique le pourvoi doit
être approuvé par le ministre des finances, car les ministres ont seuls qualité pour représenter en Conseil
d'État le service public à la tête duquel ils sont placés [1].

RÉCLAMATIONS DES CONTRIBUABLES.

Le principe est posé dans la loi du 28 pluviôse
an VIII, qui porte : « Les Conseils de préfecture pro-

1. C. d'Ét., 27 avril 1854, D. 54. 3, 62.

noncent sur les demandes des particuliers tendant à
obtenir la décharge ou la réduction de leur cote de
contributions directes ; » à quoi il faut ajouter les dispositions d'une loi du 4 frimaire an VII, qui disait déjà
dans son article 16 : « Les différends qui pourraient
s'élever sur le paiement des contributions ci-dessus
seront décidés sur simple mémoire par les administrations de département. » Or, nous avons vu que les
Conseils de préfecture ont hérité des attributions contentieuses de ces administrations.

Les deux textes établissent la compétence administrative pour les réclamations relatives aux contributions directes, et cela s'accorde avec les principes de
notre droit administratif. Les rôles de la perception sont
des actes administratifs individuels que les tribunaux
judiciaires ne sauraient interpréter. D'ailleurs, ils ne
sont dressés qu'à la suite d'une longue série d'opérations confiées aux agents de l'autorité administrative,
opérations que les tribunaux ne pourraient pas être
appelés à contrôler ou à réviser sans enfreindre le principe de la séparation des pouvoirs.

Nous aurons à étudier successivement les diverses
réclamations que peuvent former les particuliers : 1° demandes en décharge ou réduction ; 2° réintégrations au
rôle ; 3° mutations de cotes ; 4° contestations relatives au
paiement.

Demandes en décharge ou réduction.

Ce sont celles qui sont formées par le contribuable
lorsqu'il prétend qu'il a été illégalement taxé et qu'on a
violé un droit à son préjudice. Ainsi, un particulier prétend qu'on l'a soumis à l'impôt foncier pour des constructions qu'il vient de bâtir, à l'impôt mobilier, quoi-

qu'il soit officier dans l'armée ou dans la marine, à l'impôt des portes et fenêtres pour une manufacture, etc.

Si le Conseil de préfecture prononce la décharge, il se passera ici ce que nous avons vu pour les cotes indûment imposées présentées par le percepteur, et pour la même raison le montant des décharges prononcées ou des réductions opérées sera ajouté l'année suivante au contingent que doit supporter la commune. Ce sont, en effet, des cotes indûment imposées, avec cette seule différence que la décharge est prononcée sur l'initiative du contribuable, au lieu de l'être sur la demande du percepteur.

Toutefois la réimposition n'aura pas lieu pour les décharges relatives à l'impôt des patentes. Comme c'est un impôt de quotité, le montant n'en est pas connu d'avance, et l'État ne peut compter sur la rentrée intégrale de la somme approximative portée au budget pour cet impôt. Mais ce qui est bizarre, c'est qu'il en est de même pour l'impôt des portes et fenêtres, dont les décharges sont, comme pour les patentes, imputées sur le fonds de non-valeurs. On ne peut donner sur ce point qu'une explication historique : L'impôt des portes et fenêtres a été à l'origine un impôt de quotité, ne donnant pas lieu dès lors à la réimposition. Cette règle aurait dû changer lorsque l'impôt est devenu de répartition, mais la pratique administrative est restée la même, malgré le nouveau caractère de l'impôt.

Les demandes en décharge doivent être soigneusement distinguées : 1° des demandes en *dégrèvement de contingent* formées par l'arrondissement ou la commune, demandes sur lesquelles le Conseil général statue définitivement ; 2° des demandes *en remise ou modération*, c'est-à-dire des demandes dans lesquelles le contribuable, tout en reconnaissant que la loi a été justement appli-

quée, sollicite une exemption de tout ou partie de la cote qui lui a été assignée en se fondant sur un événement imprévu, une circonstance fâcheuse qui l'empêche d'obtenir le revenu sur lequel il comptait. Ainsi il allègue que sa maison est détruite par un incendie, que ses récoltes sont endommagées par la grêle, etc. Les demandes de cette nature rentrent dans le gracieux et non dans le contentieux administratif, puisqu'elles ne sont pas fondées sur la lésion d'un droit; elles sont en conséquence adressées, non pas à un tribunal, mais à un administrateur, le préfet de chaque département. Celui-ci examinera s'il doit y satisfaire et dans quelle mesure, et le montant des remises qu'il aura accordées sera joint au montant des cotes irrecouvrables qui lui ont été transmises par le percepteur et imputé sur le fonds de non-valeurs. Ce fonds est formé, comme nous l'avons vu, au moyen de centimes additionnels, et il est distribué chaque année entre les départements. De cette manière l'État comblera le déficit que ces remises auraient pu produire dans la perception des impôts directs et obtiendra intégralement la somme fixée par le législateur à titre d'impôt de répartition.

La procédure des demandes en décharge ou réduction est réglée par la loi du 21 avril 1832 (art. 28 et suiv.). La demande doit être 1° formée dans les trois mois de la publication des rôles; 2° sur papier timbré; 3° accompagnée de la quittance des douzièmes échus.

Le délai de trois mois est de rigueur et peut être opposé d'office par le Conseil de préfecture, alors même que l'administration n'aurait pas soulevé d'exception et aurait discuté la prétention des réclamants. On ne peut en effet renoncer à un moyen d'ordre public établi dans l'intérêt de l'État. — Le point de départ du délai de trois mois est le jour où des affiches ont été appo-

sées dans la commune, avertissant les contribuables qu'ils pouvaient se rendre à la mairie pour prendre communication des rôles. Toutefois cette prescription n'est pas appliquée par le Conseil d'État avec trop de rigueur, et, si des contribuables ne sont ni domiciliés ni représentés dans la commune, le délai de trois mois ne courra contre eux qu'à dater du jour où ils ont reçu le bulletin individuel[1]. Il en serait de même à plus forte raison, s'il n'y avait pas publication. — L'obligation relative au papier timbré n'existe pas, si la cote est inférieure à 30 francs.

Enfin la quittance des termes échus ne fait pas obstacle à ce que l'administration puisse réclamer le payement des termes à échoir dans les trois mois qui suivront la réclamation. On a craint qu'un contribuable ne recourût la demande en décharge, pour retarder indéfiniment le payement des contributions. Toutefois, si dans les trois mois le Conseil de préfecture ne s'est pas prononcé, le contribuable pourra se refuser au payement des termes qui sont échus après ce délai[2].

La demande une fois formée sera renvoyée au contrôleur des contributions directes. Si celui-ci est du même avis que le réclamant, il fera son rapport, et le Conseil de préfecture prononcera. Si, au contraire, il est d'un avis différent, son rapport sera transmis à la sous-préfecture, et le contribuable sera invité à en prendre communication et à faire connaître dans les dix jours s'il veut fournir de nouvelles observations ou recourir à la vérification par voie d'experts. Lorsque l'expertise est demandée, elle est de droit, à moins que le Conseil ne prenne pour base de sa décision des faits reconnus comme vrais par le contribuable. Deux experts seront

1. C. d'Ét., 29 décembre 1870, D. 72.
2. C. d'Ét., 14 avril 1870, D. 71.

nommés, un par le sous-préfet, l'autre par le réclamant, et, sur leur rapport, le Conseil de préfecture statuera.

La décision du Conseil de préfecture pourra être attaquée en Conseil d'État, conformément au droit commun, c'est-à-dire dans les trois mois de la notification faite au réclamant. Le recours peut être formé directement sans ministère d'avocat, mais dans ce cas il ne peut être enregistré qu'à la Préfecture, on ne pourrait le former au secrétariat de la section du Contentieux du Conseil d'État[1].

Demandes en réintégration au rôle.

Elles sont la contre-partie des précédentes. Ce sont les demandes formées par un contribuable qui se plaint d'avoir été omis sur le rôle. On comprend qu'elles soient beaucoup moins fréquentes que les précédentes, mais elles devaient avoir une certaine importance avant 1848, sous le régime censitaire, et on peut très bien concevoir aujourd'hui qu'elles aient leur utilité.

1° Ainsi, pour être Conseiller général (loi du 10 août 1871, art. 6) ou Conseiller municipal (loi du 14 avril 1871, art. 4), l'inscription au rôle d'une des quatre contributions directes peut suppléer la condition de domicile.

2° On peut même comprendre, en dehors de tout intérêt électoral, et au seul point de vue d'intérêts purement civils, l'utilité d'une demande en réintégration. Payer l'impôt foncier est une des conséquences normales de la propriété, et il peut être très utile au possesseur d'un immeuble de faire constater qu'il est soumis

---

1. C. d'Ét., 7 août 1874, D. 75. 3, 72.

à l'impôt, afin de se prévaloir de cette circonstance dans un débat ultérieur sur la prescription.

3° La réintégration au rôle sera encore utile dans le cas prévu par l'art. 49 de la loi du 18 juillet 1837, lorsqu'un contribuable voudra exercer une action appartenant à la commune; de même pour faire partie des plus imposés, dans les divers cas où ceux-ci doivent s'adjoindre au conseil municipal, etc.

Les demandes en réintégration doivent être exercées dans le même délai de trois mois que les demandes en décharge. Si des réintégrations sont prononcées, le montant en sera déduit du contingent de la commune pour l'année suivante. C'est l'inverse de ce qui a lieu pour les demandes en décharge, l'État ne devant pas faire payer à la commune au delà du contingent assigné à celle-ci dans les impôts de répartition.

Mais ces réintégrations sur le rôle ne pourraient-elles pas être exercées par l'administration elle-même, qui, constatant des omissions commises, dresserait pour les réparer des rôles supplémentaires? Puisque le percepteur peut demander que celui qui a été illégalement porté sur le rôle soit déchargé, ne peut-il demander que celui qui, contrairement à la loi, n'y a pas été inscrit, soit soumis à l'impôt? La question a fait quelque doute, mais elle est aujourd'hui résolue par la négative. Une fois la répartition faite et le contingent que doit supporter la commune déterminé, on ne peut obtenir des habitants de cette commune une somme plus élevée. Le dernier article des lois de finances défend en effet, d'une manière expresse, aux agents de l'État de percevoir plus que ces lois ne permettent. Mais ne pourrait-on pas objecter que le percepteur a contre les contribuables une action qui dure trois ans à partir du jour où il a reçu le rôle? Non, car cette prescription ne

s'applique qu'aux individus portés sur ce rôle ; pour ceux qui n'y sont pas inscrits, on ne peut dire que l'action s'éteint, elle n'a jamais pris naissance.

Ce que nous venons de dire est inapplicable aux patentes, auxquelles le caractère d'impôt de quotité fait une situation exceptionnelle. La loi du 4 juin 1858 (art. 13) permet d'imposer, au moyen de rôles supplémentaires, les individus omis aux rôles primitifs qui exerçaient, avant le 1er janvier de l'année de l'émission des rôles, une profession soumise à patente. Comme le rendement des patentes n'est pas fixé *à priori*, rien n'empêche d'ajouter aux sommes portées sur le rôle.

Demandes en mutation de cote.

Ce sont les réclamations dans lesquelles un contribuable demande qu'on transporte à un autre la cote qui est établie sous son nom. Cette réclame peut se produire, soit lorsque celui qui est taxé demande qu'un autre nom soit substitué au sien, soit encore lorsqu'un particulier soutient qu'il est propriétaire et prétend faire figurer son nom sur le rôle, au lieu de celui d'un simple possesseur. Aussi, dans les demandes en mutation de cote, le défendeur est-il beaucoup moins l'administration que le particulier intéressé, et l'on comprend qu'en pratique le Conseil de préfecture doive mettre en cause, à côté de celui qui se prétend indûment inscrit, les personnes au nom desquelles il désire que la mutation soit faite[1].

Le Conseil de préfecture doit, d'après une loi du 24 floréal an VIII, statuer sur les mutations de cote pour l'impôt foncier. C'est ainsi par exemple que lorsque, à

---

1. C. d'Ét., 23 mai 1873, D. 73. 3, 94.

la suite du partage d'un terrain, l'un des copartageants estime que la somme qui lui est réclamée à titre d'impôt foncier ne répond pas à la valeur et au revenu de la parcelle qui lui a été allouée, il doit procéder par la voie de la mutation de cote [1]. Si, comme il arrivera fréquemment dans des débats de cette nature, il s'élève incidemment une question de propriété, le Conseil de préfecture doit surseoir et renvoyer devant les Tribunaux judiciaires.

Jusqu'en 1852, il n'y avait pas de demande en mutation de cote contentieuse pour les deux autres impôts de répartition. Si un contribuable était inscrit au rôle à la place d'un autre, il ne pouvait procéder que par la voie de la demande en décharge. Quant à celui qui, au contraire, désirait se faire inscrire, il pouvait seulement réclamer la réintégration. Mais ces deux procédés étaient loin de remplacer pour l'État les demandes en mutation de cote. Quant aux réintégrations, il y en avait fort peu, car celui qui n'est pas inscrit sur le rôle aura, en général, peu de tendance à réclamer. Les demandes en décharge étaient plus fréquentes, mais, le Conseil de préfecture ne pouvant procéder par voie de mutation de cote et substituer un nom nouveau à celui du contribuable exonéré, l'État subissait une perte. Sans doute, pour l'impôt personnel et mobilier, cette perte n'était que temporaire, puisque le montant des décharges devait être réimposé l'année suivante ; mais pour l'impôt des portes et fenêtres le dommage était plus sensible, car les décharges en sont imputées, comme nous l'avons vu, sur le fonds de non-valeurs, et ce fonds est à peine suffisant pour faire face aux dépenses auxquelles il doit pourvoir. C'est ce qui explique que la loi du 8 juillet 1852,

---

1. C. d'Ét., 7 août 1874, D. 75. 3, 76.

visant l'inconvénient qui était le plus vivement res-
senti, ait attribué compétence au Conseil de préfecture
pour prononcer sur les mutations de cote seulement
pour les portes et fenêtres. En l'absence de texte, il ne
saurait donc y avoir lieu à mutation de cote pour l'impôt personnel et mobilier [1]. Tout ce que l'on pourra
faire sera donc de s'adresser à l'administration des
Contributions directes par voie gracieuse, et de la prier
d'opérer la mutation.

Pour la contribution des patentes, il va sans dire qu'il
n'y a pas d'action en mutation de cote distincte de la
demande en décharge. Comme la somme portée au budget pour cet impôt n'est qu'une évaluation approximative, peu importe qu'un contribuable n'y soit pas remplacé par un autre. Il pourra même y avoir mutation de
cote au cours de l'année lorsqu'il y aura eu cession de
l'établissement commercial. La patente sera, sur la demande du cédant, transférée à son successeur, et la
mutation de cote sera réglée par arrêté du préfet (loi du
25 avril 1843, art. 23). — Le Conseil de préfecture ne
peut pas non plus prononcer de mutation de cote pour
les taxes assimilées aux contributions directes; il ne
peut procéder que par voie de décharge.

Contestations relatives au paiement.

Le principe est, comme nous l'avons vu, la compétence des Conseils de préfecture. Toutefois, il y a bien
des cas où les Tribunaux judiciaires sont compétents, et
nous allons examiner comment on peut tracer une ligne
de démarcation entre ces deux ordres de tribunaux.

1° Il se peut d'abord que le contribuable poursuivi

1. C. d'Ét., 9 juin 1876, D. 76. 3, 95.

oppose l'illégalité ou l'irrégularité du titre en vertu duquel l'impôt est réclamé. Celte contestation peut être portée, comme nous le savons, devant le Conseil de préfecture sous la forme de demande en décharge ; d'autre part, toutes les lois de finances se terminent par un article qui porte que « toutes autres contributions que celles qui sont autorisées par ladite loi sont formellement interdites, à peine contre ceux qui auraient fait la perception d'être poursuivis comme concussionnaires, sans préjudice de l'action en répétition qui pourrait être portée pendant trois ans devant les tribunaux judiciaires. » Cette disposition est une garantie que l'on a voulu donner aux particuliers contre les perceptions illégales ; ils pouvaient craindre de ne pas trouver une indépendance suffisante dans des juges amovibles, tandis qu'ils n'auront rien à redouter de juges que leur inamovibilité rend indépendants du pouvoir exécutif.

Mais comment concilier la compétence administrative et la compétence judiciaire ? Dans les trois mois, à partir de la publication des rôles, le contribuable a le choix entre le Conseil de préfecture et les Tribunaux judiciaires [1] ; mais lorsque, par l'expiration de ce délai, toute demande en décharge est devenue impossible, il ne peut exercer qu'une action devant les tribunaux civils pendant trois ans à partir du jour où il a payé. Ce n'est qu'une action en répétition, et le paiement des douzièmes échus n'est pas suspendu par son exercice, car les mandements émanés de l'administration emportent force exécutoire et sont présumés conformes à la loi [2]. De plus, elle doit être dirigée contre l'agent de perception et non contre l'Etat. — Il va sans dire que cette action en répétition pendant trois ans est exclusive de l'action ordinaire en

1. C. d'Ét., 30 juin 1876, D. 76. 3, 95.
2. C. d'État, 21 octobre 1871, D. 72. 3, 61.

répétition de l'indu qui dure trente ans. La loi, tout en permettant une action en recours contre les percepteurs, ne veut pas qu'ils restent trop longtemps exposés aux réclamations des particuliers[1].

2° Si le contribuable oppose à la demande du percepteur une cause de libération, une contestation de cette nature étant relative au paiement serait de la compétence des Conseils de préfecture. Ce point est admis en principe, mais une décision contraire a été rendue par le Conseil d'État au sujet de l'exception tirée de la prescription de trois ans, exception qui a paru rentrer dans la compétence de l'autorité judiciaire[2]. Cette décision, à mon sens, est erronée : le Conseil de préfecture, compétent pour statuer sur la poursuite faite par le percepteur, doit examiner toutes les exceptions qui peuvent être soulevées devant lui, aussi bien l'exception de prescription que toutes les autres. Les termes généraux de la loi de frimaire an VII me paraissent s'opposer à toute distinction.

Si la libération du contribuable résulte d'un paiement fait par le percepteur pour son compte, devant quel tribunal ce dernier pourrait-il poursuivre son remboursement? On pourrait soutenir, sans doute, que l'État est désintéressé et que l'affaire cesse dès lors d'avoir un caractère administratif pour devenir judiciaire ; mais ce raisonnement serait inexact, le percepteur pourra actionner le contribuable devant le Conseil de préfecture, en se prévalant de l'art. 1251, C. civ. Le percepteur est tenu du recouvrement des impôts, il en est débiteur vis-à-vis de l'État en même temps que le contribuable, et dès lors il peut user de toutes les actions que l'État pouvait employer. Il en serait autre-

1. Cass., 25 mars 1874, D. 74. 1, 201.
2. C. d'Ét., 26 décembre 1862, D. 63. 3, 10.

ment, si l'avance avait été faite par un tiers non tenu
au paiement de l'impôt; le recours de ce dernier ne
pourrait être que judiciaire.

3° Quant aux contestations soulevées au sujet des
actes de poursuite et relatives à leur validité, il faut
distinguer les actes qui ont un caractère administratif
et ceux qui sont plutôt judiciaires. Les difficultés relatives aux sommations avec ou sans frais, aux contraintes
délivrées par le percepteur, sont de la compétence des
Conseils de préfecture; mais si, à la suite du commandement, l'administration procède à des saisies-arrêts,
à des saisies-mobilières ou immobilières, les incidents
qui peuvent surgir sont portés devant les Tribunaux
judiciaires, chaque autorité devant conserver le contrôle des actes accomplis par ses agents.

Législation comparée et critique.

D'après l'ensemble de notre législation sur les impôts directs, on voit que les caractères principaux qui
la distinguent sont les suivants : l'impôt est perçu d'une
manière proportionnelle, il porte sur le revenu et non sur
le capital, il est multiple, c'est-à-dire qu'il atteint séparément chaque source distincte de revenus. Il est vrai que
les revenus fonciers et ceux qui proviennent de l'exercice
d'une profession sont les seuls qui soient atteints d'une
manière spéciale, mais l'impôt mobilier cherche à frapper l'ensemble des revenus, et il faut remarquer que, depuis 1872, les revenus provenant des valeurs mobilières
sont, comme nous le verrons plus bas, taxés sous la
forme indirecte. Or, si l'on compare notre loi fiscale
à celle des pays étrangers, on est frappé de cette circonstance que tantôt, comme dans certains cantons de
la Suisse (à Zurich notamment), l'impôt est perçu sous

la forme progressive, tantôt il porte sur le capital (également en Suisse, canton de Neufchâtel), tantôt, enfin, on réunit dans une même taxe, unique et supplémentaire, les divers revenus (*income-tax* en Angleterre, *Einkommen steuer* et *Classensteuer* en Allemagne). Examinons sommairement les motifs sur lesquels sont fondées ces différences de législation.

1° *L'impôt doit-il être multiple ou unique?* — Les partisans de la multiplicité de l'impôt prétendent que par là l'impôt est moins lourd et moins sensible pour le contribuable. « Plus les impôts sont diversifiés, a-t-on dit, moins ils pèsent. On a reconnu, en fait de gymnastique, qu'un homme qui serait accablé sous un poids réuni en un seul volume le porte aisément, s'il est réparti sur tout son corps. La même observation est applicable à l'impôt[1] ». — On invoque, en outre, la difficulté pratique qu'il y a à connaître la totalité du revenu d'un contribuable. On ne peut, en effet, concevoir que trois moyens de connaître l'intégralité du revenu d'un particulier : ou la déclaration de celui-ci, ce qui laisse la porte ouverte à la fraude et donne une prime à la malhonnêteté; ou la taxation d'office par des commissions spéciales, et par là l'inconvénient de soumettre les particuliers à des mesures vexatoires, à des recherches domiciliaires, au grand détriment de leur tranquillité et quelquefois de leur crédit; ou, enfin, l'induction tirée de certains indices que l'on suppose en corrélation plus ou moins étroite avec la totalité des revenus. Mais nous avons vu déjà comment ce dernier procédé pouvait être inexact, même en prenant comme base d'appréciation quelque chose d'aussi visible que la valeur locative de l'appartement habité par le contribuable.

1. Thiers, *De la propriété.*

Aucun élément de la fortune n'est en rapport si étroit avec le revenu pour qu'on puisse en faire l'assiette d'un impôt unique. — Enfin, dans un impôt portant sur l'ensemble des revenus, il serait injuste de les traiter tous de la même manière, quelle que soit la nature d'où ils sont tirés. La même somme ne peut être également taxée, qu'elle provienne de capitaux fixes et constitue un revenu permanent, ou qu'elle soit le produit de la profession, de l'activité personnelle du contribuable, et ne constitue qu'un revenu temporaire. Dans ce dernier cas, l'impôt doit être moins élevé, une partie du revenu n'étant pas destinée par son détenteur à ses dépenses annuelles.

Il est inutile de réfuter le premier ordre de considérations. Qu'importe au contribuable qui paie une certaine somme à titre d'impôt, que cette somme constitue un prélèvement sur l'ensemble de ses revenus ou représente le total d'impôts divers calculés séparément sur chaque élément de sa fortune! En quoi dans ce dernier cas le fardeau qu'il supporte sera-t-il allégé? — On objecte les difficultés pratiques, mais l'exemple des nations étrangères montrerait aisément qu'elles ne sont pas insurmontables. Ainsi, en Angleterre, l'*income-tax* est perçu au moyen de cédules qui permettent d'atteindre séparément les terres, les maisons, les valeurs mobilières, etc. On n'a recours à la déclaration du contribuable que pour les revenus qui proviennent du commerce ou d'une profession (cédule D), sauf aux agents du Trésor à contrôler ces déclarations après coup. Pour éviter ces déclarations et les récriminations qu'elles ont soulevées chez nos voisins, ne pourrait-on procéder, sur ce point, comme on le fait pour l'impôt des patentes, en établissant le revenu par des présomptions tirées de divers indices? — Enfin, quant à la distinction entre les revenus temporaires et les revenus permanents, il serait facile

d'admettre que les premiers ne rentrent que pour partie, moitié par exemple, dans l'impôt général du revenu.

La considération dominante en matière d'impôts est celle de la justice et de l'égalité dans la répartition. A ce point de vue il est difficile de contester qu'un impôt général sur l'ensemble des revenus serait plus juste que la multiplicité des taxes perçues aujourd'hui. Pourquoi frapper séparément, et par suite d'une manière inégale, les revenus tirés de l'industrie agricole et ceux qui sont tirés de l'industrie manufacturière? N'est-il pas juste que celui-ci qui a, par exemple, 100 000 francs de revenus, contribue également aux charges de l'État, quelle que soit la source d'où ces revenus proviennent? Ne convient-il pas enfin de soumettre à l'impôt certains revenus qu'il est, en effet, difficile de taxer séparément, mais qu'il serait si aisé de comprendre dans un impôt général, les rentes sur l'État, l'intérêt des créances, le traitement des fonctions publiques? etc.

Toutefois il ne faudrait pas s'imaginer qu'un impôt sur l'ensemble des revenus peut jouer le rôle d'impôt unique, et l'exemple des nations étrangères démontre que ce genre d'impôts ne peut suffire à toutes les dépenses d'une grande nation ; mais il permettrait tout au moins de supprimer des impôts peu justifiables, comme l'impôt personnel et l'impôt des portes et fenêtres, il enlèverait toute raison d'être à l'impôt mobilier, et surtout il aurait le grand avantage de permettre d'alléger la charge des contributions indirectes qui pèsent si lourdement sur les classes les moins favorisées de la fortune.

2° *L'impôt doit-il porter sur le capital ou sur le revenu?* Ceux qui regardent l'impôt comme une prime d'assurances sont naturellement conduits à lui donner pour

base le capital, la prime devant être calculée d'après le montant des valeurs mobilières ou immobilières soumises à l'assurance. Mais, comme nous l'avons remarqué, ce point de vue, exact dans un État où le pouvoir central se bornerait au maintien de la sécurité, nous paraît inadmissible en présence de la multiplicité d'attributions qui chez nous sont confiées à l'État. Tant que ces attributions seront aussi étendues qu'elles le sont aujourd'hui, l'idée de l'assurance ne peut servir de base à un système d'impôts.

On ajoute que, si l'impôt portait sur le capital, la base en serait plus sûre, plus facile à déterminer, car le capital se voit, tandis que le revenu se présume. — L'impôt serait aussi plus égal, il frapperait tous les individus qui ont un même capital, quel que soit l'emploi qu'ils en fassent. Par là seraient soumis à l'impôt les détenteurs de tableaux, de diamants, de ces objets de luxe qui sont un signe certain de richesse; par là encore la production serait énergiquement stimulée; chacun, étant taxé d'après son capital, chercherait à en tirer parti et le consacrerait à l'emploi le plus lucratif.

Sans entrer dans les développements que la question comporte, nous ferons remarquer notamment que l'estimation du capital n'est guère plus facile que celle du revenu. Comment connaître la valeur d'une terre, d'une maison, si l'on ne tient pas compte du revenu qu'elles produisent, et ne pourrait-on soutenir que la valeur du revenu est plus aisée à déterminer, puisque dans le capital il faut tenir compte d'éléments divers, tels que la valeur d'agrément, dont l'évaluation est toujours incertaine et aléatoire? Comment, du reste, évaluer le capital correspondant au revenu des professions libérales? Serait-il juste de les exempter, et, si on ne le fait pas, comment pourra-t-on les taxer sur le capital?

On ajoute que l'impôt serait plus égal et frapperait certains objets de luxe qui aujourd'hui échappent à l'impôt parce qu'ils sont improductifs de revenus. L'idée serait exacte, quoiqu'elle ne dût sans doute procurer à l'État qu'un bénéfice insignifiant, mais est-elle pratique? Comment ne pas prévoir la facilité si grande qu'auraient les détenteurs de ces objets pour les dérober aux agents du fisc? Faudrait-il donc, pour un avantage modeste, introduire l'usage des recherches à domicile, si contraires à nos mœurs? Enfin, l'évaluation de ces tableaux, de ces objets d'art, serait-elle chose facile, et les agents du fisc auraient-ils compétence pour la faire avec quelque certitude?

3° *L'impôt doit-il être proportionnel ou progressif?* La question se pose également quelle que soit l'assiette de l'impôt, qu'il s'agisse du capital ou du revenu, mais elle n'est discutable que pour un impôt qui porterait sur l'ensemble des revenus ou du capital, ou qui, comme notre impôt mobilier, serait proportionnel à cet ensemble. Si, en effet, l'impôt progressif s'appliquait séparément à divers impôts, foncier, des patentes, etc., pour la même somme de revenus, celui qui aurait divers éléments de fortune et celui qui n'en aurait qu'un seul supporteraient l'impôt dans des proportions différentes, ce qui serait souverainement injuste. — Remarquons d'autre part que, dans tous les cas où l'impôt a été établi sous forme progressive, on a eu soin d'arrêter la progression à un certain chiffre; sinon on arriverait à l'absurde, et l'on finirait par attribuer à l'État la totalité de la matière imposable.

Le motif sur lequel se fondent les partisans de la progressivité est l'inégalité de sacrifices qui résulte de la perception proportionnelle de l'impôt. Si l'on prend un dixième de leur revenu à deux contribuables dont

l'un a 2000 et l'autre 20 000 francs de revenu, le premier, qui perd 200 francs, est atteint dans les consommations nécessaires à son existence, tandis que le second, qui en donne 2000, conserve même de quo pourvoir à des dépenses de luxe. D'où l'idée de la taxe progressive, qui consiste en ce que, quand la base de l'impôt augmente, on prend une quote-part plus considérable de la matière imposable.

Ce raisonnement est plus spécieux que solide, et il est aisé de démontrer que l'impôt progressif n'atteint pas le but pour lequel il est établi, qu'il présente des inconvénients graves pour la perception de l'impôt, sans parler des dangers, si souvent signalés, qu'il ferait courir sur le terrain économique et sur le terrain politique. L'impôt progressif n'atteint pas le but qu'il poursuit; car, en supposant qu'on prenne toujours au contribuable pauvre un dixième de son revenu, soit 200 fr., si l'on fait payer au contribuable riche une fraction plus élevée du sien, un cinquième, soit 4000 francs, il restera encore à ce dernier 16 000 francs, et l'égalité dans le sacrifice sera loin d'être obtenue. — Ce qui serait plus exact, ce serait de déterminer un revenu minimum correspondant aux choses nécessaires à la vie, d'exempter ce minimum d'impôt, comme on le fait en Angleterre pour l'*income-tax*, ou de ne l'imposer qu'à un taux très-modique, et de faire porter l'impôt proportionnel sur les sommes qui excèderaient ce minimum. L'inégalité de sacrifice est en effet saillante, si l'on compare des gens taxés sur le nécessaire et d'autres qui ne sont atteints que dans leur superflu; elle ne l'est plus au delà du chiffre qui correspond aux consommations indispensables.

Le mode progressif de taxation présente de plus cet inconvénient que l'impôt obtenu par ce procédé ne

suit pas aussi exactement que l'impôt proportionnel les variations de la fortune publique et ne fait pas rentrer dans les caisses de l'État une même somme à égalité de matière imposable. Soit deux communes ayant un revenu égal d'un million : dans l'une, la fortune est très-divisée, et l'État, ne pouvant réclamer que les taux les plus bas de la progression, n'obtient à titre d'impôt qu'une somme minime ; dans l'autre, la fortune est concentrée sur un petit nombre de têtes, et l'État obtient un impôt considérable, parce qu'il peut appliquer les taux les plus élevés. Donc, l'impôt progressif dépend non de la quantité de matière imposable, mais de la manière dont celle-ci est répartie, et les prévisions du budget seront le plus souvent inexactes, puisque, pour une matière imposable donnée, on ne pourra déterminer quelles seront les perceptions correspondantes.

Au point de vue économique, on a souvent remarqué que l'impôt progressif pourrait décourager l'épargne et entraîner l'émigration des capitaux à l'étranger. Si le contribuable est frappé d'un impôt de plus en plus élevé à mesure que sa fortune s'accroît, il sentira s'affaiblir le stimulant qui le pousse à augmenter son capital par le travail et par l'épargne, à moins qu'il ne cherche à dissimuler l'accroissement de sa fortune par des placements à l'étranger. Dans l'un et l'autre cas le résultat obtenu est également déplorable pour l'intérêt national.

Enfin, au point de vue politique, il est aisé de voir que le taux de la progression, étant toujours arbitraire, pourrait, après avoir été établi d'une manière supportable et s'écartant peu de la proportion, être brusquement élevé sous l'influence d'événements politiques, et servir ainsi de machine de guerre dans les rivalités et les luttes de partis.

DES IMPOTS INDIRECTS

Les impôts indirects sont ceux qui sont perçus en dehors de tout rôle nominatif, à l'occasion de certains faits de production, de consommation ou de transmission, sans que l'on ait à s'occuper de l'auteur de ces faits. Comme on le voit, ces impôts frappent les divers éléments de la richesse publique au moment où ils se manifestent et peuvent être aperçus et taxés par les agents du fisc.

Ces impôts sont appelés indirects parce que ceux qui les paient à l'État, producteurs ou commerçants, les font ensuite retomber sur le consommateur, en élevant le prix des marchandises qui ont supporté la taxe, de telle sorte que ce dernier, le vrai contribuable, ne supporte l'impôt qu'indirectement. On explique encore cette expression en disant que c'est la marchandise qui est directement atteinte, le contribuable ne l'étant que par contre-coup, comme détenteur d'un objet soumis à la taxe.

Comme nous l'avons vu, toute contribution indirecte est un impôt de quotité, c'est-à-dire qu'on ne peut la percevoir qu'en vertu de tarifs votés par le législateur ou déterminés par des règlements d'administration publique.

On peut diviser les impôts indirects en se plaçant à divers points de vue : 1° D'après le fait qui donne lieu à la perception de l'impôt, car tantôt la taxe pèse sur la production de certaines marchandises (sels, sucres indigènes, etc.) ; tantôt sur la circulation, et les droits de douane, l'enregistrement, les impôts sur les transports rentrent dans cette catégorie ; tantôt enfin sur la con-

sommation au moment où les objets soumis à l'impôt sont vendus aux particuliers, tabac, poudres à feu, etc.

2° D'après le lieu où s'effectue la perception. Suivant que celle-ci se produit à l'extérieur lorsque les marchandises entrent en France, ou suivant qu'elle s'effectue à l'intérieur, on a les droits de douane ou les droits d'accise.

3° D'après la manière dont l'impôt indirect est perçu, il se divise en monopoles ou en contributions indirectes proprement dites. Dans le premier cas, l'impôt est obtenu par une addition au prix réel des objets dont l'État s'est réservé la fabrication; dans le second, l'impôt est perçu sur les produits obtenus par l'industrie privée. Le tabac et les allumettes sont des exemples de monopoles; la plupart des autres impôts indirects rentrent dans la seconde catégorie.

Nous nous occuperons tout d'abord de l'enregistrement, à raison de son importance et des rapports qu'il présente avec le droit civil, puis nous examinerons successivement les droits de douane, les droits d'accise et les octrois.

I. DROITS D'ENREGISTREMENT.

Les droits d'enregistrement sont ceux qui sont perçus par l'État sur certains actes qui sont présentés à ses agents et mentionnés sur des registres spéciaux, ou sur certaines transmissions indépendamment de la présentation de tout acte. Il y a donc deux sortes de droits d'enregistrement : ceux qui ne peuvent être perçus que sur la production d'un acte, et que pour cette raison on nomme droits d'acte, et ceux pour lesquels cette production n'est pas nécessaire et qu'on nomme **droits de mutation.**

Droits d'acte. — Les droits d'acte se subdivisent en droits fixes, proportionnels ou gradués, suivant la manière dont ils sont perçus. Les droits sont fixes lorsque leur quotité est invariable, quelle que soit l'importance de l'acte ou de la somme qui s'y trouve mentionnée; proportionnels lorsqu'ils varient proportionnellement à la valeur qui est portée dans l'acte; gradués lorsqu'ils sont établis au moyen de catégories, le droit restant fixe pour toutes les valeurs comprises dans l'une d'elles et s'élevant lorsqu'on passe d'une catégorie à l'autre. Cette dernière sorte de droits a été établie par la loi du 28 février 1872.

Quand les droits d'acte sont-ils fixes, proportionnels ou gradués? La distinction entre les droits fixes et les droits proportionnels est très-nettement établie par la loi du 22 frimaire an VII (art 3. et 4) : le droit *proportionnel* est établi « pour les obligations, libérations, condamnations, collocations ou liquidations de sommes et valeurs, et pour toute transmission de propriété, d'usufruit ou de jouissance de biens meubles ou immeubles, soit entre-vifs, soit par décès ». On peut généraliser cette énumération et dire que l'on perçoit le droit proportionnel lorsqu'il y a *mouvement de valeurs* dans le patrimoine des personnes qui figurent à l'acte, c'est-à-dire lorsqu'il y a création, transmission ou extinction d'un droit réel ou d'un droit de créance. Il est vrai que les jugements emportant condamnation ou collocation de sommes sont soumis au droit proportionnel, alors que pourtant ils n'ont qu'un effet déclaratif et ne constatent que des droits déjà acquis au patrimoine de celui qui triomphe dans le procès. Aussi a-t-on essayé d'expliquer ce résultat par l'idée romaine de la novation judiciaire, mais rien de semblable à la *litis contestatio* ne se produit dans notre droit, et tout ce qu'on peut faire

c'est de constater que la loi fiscale regarde comme attributifs de droits nouveaux des actes qui n'ont pas ce caractère dans la loi civile.

Les actes dans lesquels on perçoit le droit proportionnel étant déterminés, donneront lieu au droit *fixe* tous les autres actes dans lesquels il n'y a pas de mouvement de valeurs, ou dans lesquels ce mouvement ne serait pas prévu et taxé par la loi fiscale. Exemple : des actes de procuration, des actes respectueux, des actes de notoriété, etc.

Quant aux droits *gradués*, ils sont établis sur certains actes limitativement énumérés par la loi du 28 février 1872 et pris parmi les plus importants de ceux qui étaient antérieurement assujettis à un droit fixe, par exemple les actes de société, les contrats de mariage, les partages, les délivrances de legs. Le législateur, poussé à cette époque par la nécessité d'augmenter les ressources de l'État, a frappé d'un droit gradué les sommes mentionnées dans ces actes, quoiqu'elles ne donnent lieu en réalité à aucun mouvement de valeurs. Le droit est de 5 francs pour les valeurs au-dessous de 5000 francs, de 10 francs pour les valeurs supérieures à 5000 francs et inférieures à 10 000, etc. Il frappe dans le contrat de mariage le montant net des apports personnels des futurs époux, dans les partages le montant de l'actif net partagé, dans les délivrances de legs la valeur des objets légués, etc.

Droits de mutation. — Les droits de mutation sont ceux qui sont perçus à l'occasion de certaines transmissions, en dehors de la présentation de tout acte. Ces droits sont proportionnels et n'existent que dans trois cas strictement délimités : 1° pour toute transmission par succession légitime ou testamentaire ; 2° pour les transmissions entre vifs d'immeubles en propriété ou en

usufruit; 3° d'après la loi du 23 août 1871, pour les mutations de jouissance d'immeubles à titre de bail. Antérieurement à 1871, le droit de bail n'était qu'un droit qui ne pouvait être perçu que sur présentation de l'acte à la régie.

Pour ces transmissions, qui sont les plus usuelles et les plus importantes, la régie a le droit de rechercher le fait de la transmission indépendamment de tout acte. Elle pourra, d'après la loi de frimaire (art. 12), se servir de l'inscription du nom au rôle de l'impôt foncier, des baux passés par le nouveau propriétaire, des transactions et autres actes ou moyens qu'elle pourra employer. Les particuliers sont même tenus, sous la sanction d'un double droit, de faire leur déclaration, pour les successions dans les six mois, pour les mutations dans les trois mois. — S'il s'agit, au contraire, d'opérations juridiques ne donnant pas lieu à mutation, des ventes de meubles par exemple, ou des obligations, des paiements, en principe aucune déclaration, n'est nécessaire. Ce ne sera que si les actes qui les constatent sont authentiques, ou si, étant sous seing privé, ils sont mentionnés dans des actes publics ou produits en justice à l'appui d'une prétention, qu'ils donneront lieu à la perception de droits d'enregistrement. Dans ce cas, c'est celui par la faute duquel l'enregistrement est devenu nécessaire qui supportera le droit.

Une fois donnée la notion des droits d'acte et des droits de mutation, il faut compléter ces généralités par quelques *principes essentiels pour la perception des droits.*

1° *Tout droit perçu régulièrement ne peut être restitué,* quels que soient les événements ultérieurs (art. 60, loi de frimaire an VII). Le sens de ce principe est celui-ci : lorsque l'acte présenté à l'enregistrement constate un mouvement de valeur qui s'est réellement effectué, quels

que puissent être les événements ultérieurs, alors même que le contrat que cet acte mentionne serait annulé ou résolu, la régie ne fait aucune restitution. Le motif en est sans doute que l'État ne saurait, sans danger pour l'équilibre de ses budgets, être exposé à la restitution de sommes qu'il a perçues, longtemps après qu'il en aurait fait emploi. Ce principe s'applique surtout, comme nous le verrons, aux actes entachés de résolution ou de nullité.

2° *Toutes les fois que, dans un acte quelconque, il y a plusieurs dispositions qui dépendent les unes des autres, il n'est dû qu'un droit unique portant sur la disposition principale* (art. 11). Si on analyse une vente, par exemple, on constate qu'elle contient deux mouvements de valeurs : la transmission de la chose vendue, le paiement du prix. Percevra-t-on un double droit? Evidemment non, car la transmission de la chose vendue est le but principal dont le paiement du prix n'est que la conséquence normale et immédiate. Au contraire, dans un contrat de mariage se trouvent une série de dispositions, donations faites aux conjoints, constitution des apports, qui, quoique juxtaposées, sont complétement distinctes les unes des autres, et donneront lieu à la perception de droits différents.

Mais, quand il y aura lieu à ne taxer que la disposition principale, comment reconnaître celle qui doit être ainsi qualifiée? Il est difficile de donner une réponse précise. Tout dépendra des clauses de l'acte. En général, la stipulation d'un corps certain sera principale, tandis que la stipulation de sommes ou valeurs sera réputée accessoire. Presque toujours, en pratique, on considère comme principale la disposition la plus avantageuse pour le Trésor.

3° *Lorsque, dans un acte, certains mouvements de*

valeur résultant de la volonté des parties, la loi en fait découler d'autres mouvements de valeur, ces derniers ne donnent pas lieu à taxation. Ainsi, dans la subrogation légale de l'art. 1251 civ., lorsque celui qui est tenu avec ou pour le débiteur au paiement d'une dette désintéresse le créancier, la subrogation a lieu de plein droit. De là deux effets, l'extinction d'une obligation qui résulte du paiement et qui donnera lieu au droit de quittance, et la substitution d'un créancier à un autre; celle-ci ne donnera lieu à aucun droit parce qu'elle découle de l'autorité du législateur. — Même observation au sujet de l'art. 1431. Une femme mariée, qui s'oblige solidairement avec son mari pour les affaires de la communauté ou du mari, est réputée à l'égard de celui-ci s'être obligée comme caution. Pourra-t-on, outre le droit principal d'obligation, percevoir le droit de cautionnement? Non, il n'y a là qu'une conséquence déduite par la loi à raison des circonstances dans lesquelles la femme s'est obligée.

4° *La liquidation des droits se fait, pour les actes à titre onéreux, d'après la valeur portée dans l'acte;* — pour les transmissions à titre gratuit d'objets mobiliers, d'après la valeur estimative fixée par les parties; — et pour la transmission à titre gratuit d'immeubles, d'après le revenu considéré comme étant l'intérêt à 5 pour 100 du capital, c'est-à-dire qu'on multiplie ce revenu par vingt pour obtenir la valeur de l'immeuble. Lorsqu'un droit d'usufruit ou de nue-propriété est établi à titre onéreux, le même principe s'applique, c'est-à-dire que le droit sera perçu sur la somme qui, d'après les accords des parties, représente le droit cédé. Pour la transmission à titre gratuit, l'usufruit est considéré comme la moitié de la propriété. Ainsi, pour obtenir le capital qui représente un usufruit immobi-

lier, au lieu de multiplier le revenu par vingt, on le multiplie par dix. Cette règle est évidemment arbitraire, la
valeur de l'usufruit dépendant de l'âge et de la santé de
l'usufruitier; elle ne s'explique que par la nécessité de
trouver une base à l'établissement du droit.

Ces principes étant succinctement énoncés, nous allons en suivre l'application et montrer les restrictions
qu'ils comportent, en nous occupant des principaux
contrats. Nous nous contenterons d'indications sommaires, notamment au sujet des droits de succession et
des actes judiciaires.

DROITS SUR LES CONTRATS.

Actes d'obligation et modalités.

Les obligations contractées à titre onéreux et portant
sur une somme d'argent donnent lieu à la perception
d'un droit de 1 pour 100 (1,25 c. avec les décimes).
Ces obligations comportent diverses modalités pour chacune desquelles la règle fiscale est aisée à déterminer
d'après les principes que nous avons posés.

1° Si l'obligation à enregistrer est sous *condition
suspensive*, l'acte présenté à la régie ne constate pas de
mouvement de valeurs; tant que la condition n'est pas
remplie, on n'est pas sûr que ce mouvement se produise.
Donc pas de droit proportionnel, un simple droit fixe
sera perçu.

2° L'acte présenté à la régie constate une obligation
sous *condition résolutoire*, le droit de créance ou de pro
priété est né au profit de l'un des intéressés; il y eu
mouvement de valeurs, le droit proportionnel sera perçu.
Lorsque la condition s'accomplira il n'y aura pas de restitution, car la perception a été régulière. Pourrait-on

dire que la résolution produit un second mouvement de valeurs et doit donner lieu à la perception d'un nouveau droit? Il y a plutôt là dissolution du lien primitif que création d'un lien nouveau, plutôt un distrat qu'un contrat, comme disaient les anciens auteurs, la régie n'aura donc rien à réclamer.

3° Dans l'obligation à *terme*, le droit doit être perçu de suite, car le mouvement de valeurs est immédiat, l'exécution seule est différée.

4° L'acte constate une obligation *alternative*, que le choix appartienne au créancier ou au débiteur, le mouvement de valeurs s'est produit, une créance ayant pris naissance. Mais comment calculer le droit? On le percevra sur l'objet qui a le moins de valeur, sauf à réclamer un supplément d'impôt si c'est l'autre qui est donné en paiement.

5° Dans l'obligation *solidaire*, qu'il y ait plusieurs créanciers ou plusieurs débiteurs, il n'est dû qu'un seul objet ; le mouvement de valeurs ne se produisant qu'une fois, un seul droit sera dû. — Il y a au sujet de la solidarité entre débiteurs un danger spécial. Le droit de cautionnement est, comme nous le verrons, de 0,50 par 100 francs, de telle sorte que les personnes qui voudraient contracter une obligation cautionnée auraient intérêt à donner à leur obligation la forme d'une obligation solidaire. De cette manière, au lieu de payer 1 pour 100 pour l'obligation principale et 0,50 pour le cautionnement, elles ne paieraient que 1 pour 100 en tout. Mais la fraude sera aisément déjouée par la régie s'il résulte de l'acte que l'un des emprunteurs solidaires a un intérêt de beaucoup supérieur à celui de ses prétendus codébiteurs.

Modes d'extinction des obligations.

Si la dette est éteinte par un *paiement*, la quittance constate un mouvement de valeurs qui est frappé d'un droit de 0,50 pour 100 (art. 69, § 2, n° 11 loi de frimaire). Bien entendu il n'en est ainsi que lorsqu'il y a transmission de valeurs ; s'il y avait une simple décharge consentie par le mandant au mandataire qui a touché de l'argent pour son compte, par le déposant au dépositaire qui rend l'objet qui lui avait été confié, il n'y aurait lieu qu'à la perception d'un droit fixe de 2 francs. Ce droit est aujourd'hui de 3 francs, car la loi du 28 février 1872 (art. 4) a augmenté de moitié tous les droits fixes.

S'il y a *subrogation* il faut distinguer la subrogation légale et la subrogation conventionnelle. Pour la première, comme nous l'avons dit plus haut, le droit de libération est seul perçu.— Si la subrogation est conventionnelle et consentie par le créancier, nous constatons que le paiement emporte cession de la créance du subrogeant au subrogé, il n'y a donc lieu qu'à la perception d'un droit sur la disposition principale, qui est la transmission de la créance, c'est-à-dire 1 pour 100. — Lorsque la subrogation conventionnelle est consentie par le débiteur et se fait par un seul acte, la perception a lieu de la même manière ; mais s'il y a un acte d'emprunt et une quittance, la régie perçoit le droit d'obligation sur le premier acte et le droit de libération sur le second. C'est là une dérogation peu explicable au principe que pose l'art. 11 de la loi de frimaire sur les dispositions qui s'enchaînent les unes les autres.

Si une obligation est éteinte par la seule force de la loi, en dehors de tout acte, comme dans les cas de

compensation, de confusion, de perte de la chose, il va sans dire qu'aucun droit ne sera perçu.

Le Code range parmi les causes d'extinction des obligations les *actions en nullité*. Il faut ici distinguer la perception à faire sur l'acte entaché de nullité et la perception sur l'acte qui déclare la nullité. Supposons d'abord un acte entaché de nullité relative ; sur la présentation de cet acte l'administration percevra le droit proportionnel, puisque tant que l'action n'est pas intentée, la convention subsiste, et comme ce droit aura été régulièrement perçu, il n'y aura jamais lieu à restitution. — Supposons au contraire, un acte entaché de nullité absolue ; la jurisprudence l'assimile au précédent et décide que le droit ne sera jamais restitué[1]. En effet, dit-on, le droit est perçu régulièrement puisque, lorsque les parties requièrent l'enregistrement de l'acte, elles manifestent l'intention de l'exécuter, et d'ailleurs l'agent de l'État n'a pas qualité pour signaler une cause de nullité au préjudice du Trésor dont les intérêts lui sont confiés. Ce raisonnement me paraît très-contestable ; l'acte dont il s'agit n'a donné lieu à aucun mouvement de valeurs, il n'entraîne en réalité aucun effet juridique, et il me paraît difficile de prétendre que le droit a été perçu régulièrement. Si donc il a été payé, il devrait donner lieu à restitution.

La nullité sera ordinairement déclarée par jugement, et la loi de l'an VII (art. 68) soumet ces jugements à un droit fixe de 3 francs (aujourd'hui 4,50), mais si l'acte dont la nullité a été prononcée en justice n'a pas encore été enregistré, la régie peut-elle, même après le jugement, réclamer le montant du droit ? La Cour de cassation, en se prononçant pour l'affirmative, me paraît faire preuve d'un esprit de fiscalité excessive. On pré-

1. Cass. 28 avril 1856. D. 56, I, 212.

DROIT ADMINIST.   II — 21

tend pour justifier cette décision que le droit est acquis au Trésor par le seul fait de l'existence d'un acte revêtu de toutes les formalités extérieures propres à constater une mutation, que d'ailleurs le droit qui ne donne pas lieu à restitution est moins le droit perçu que le droit acquis, comme le démontre la rubrique du titre sous lequel l'art. 60 de la loi de frimaire est inscrit, et l'on ajoute enfin que la régie est au regard de la convention comme un tiers aux droits duquel la nullité prononcée ne peut porter atteinte. — A mon sens, ces motifs sont peu concluants, l'article 60 est déjà assez en dehors des principes ordinaires sans qu'on l'aggrave en substituant dans son texte à l'expression de droits *perçus* celle de droits acquis empruntée à la rubrique du titre. Il est surtout inexact de prétendre que la régie soit comme un tiers aux droits duquel l'annulation de la convention ne peut porter atteinte. Au contraire, tous les actes survenus entre les particuliers peuvent être invoqués par le Trésor et lui sont opposables, car la régie reçoit le contre-coup de toutes les opérations juridiques dans lesquelles les particuliers sont intéressés.

De la vente.

D'après l'article 68, § 7, de la loi de frimaire, sont soumis à un droit de 4 francs par 100 francs, les adjudications, ventes, reventes, rétrocessions et tous autres actes entre-vifs ou judiciaires translatifs de propriétés ou d'usufruit de biens immeubles à titre onéreux. Ce droit de 4 francs n'est pas le seul qui soit perçu lors de l'enregistrement de la vente ; d'après une loi du 28 avril 1816, on perçoit en même temps un droit de transcription, qui est de 1, 50 pour 100. Antérieurement à cette date le droit de transcription était rarement

perçu, car le code civil n'attachant aucun effet à l'accomplissement de cette formalité en dehors de la procédure de la purge, très-peu d'acquéreurs faisaient transcrire leur acte. Ce fut en vain que, dans le code de Procédure civile, l'article 834 donna à la transcription cette utilité que les créanciers privilégiés ou hypothécaires étaient par elle mis en demeure de s'inscrire dans la quinzaine, sous peine de déchéance de leurs droits. Le législateur n'obtint pas le résultat qu'il espérait, et les droits de transcription ne furent pas l'objet d'une perception plus fréquente. Aussi a-t-on fini par décider dans l'intérêt du fisc que le droit de transcription serait perçu en même temps que le droit de mutation. Il faut noter toutefois que cette adjonction n'aura lieu que si l'acte translatif de propriété présenté à l'enregistrement est de nature à être transcrit. Ainsi l'adjudication à un colicitant dans un partage, le payement d'une soulte, ne donneraient pas lieu au droit de transcription.

Si le vendeur reprend la chose vendue, comme il y a un nouveau mouvement de valeur, un nouveau droit de 5,50 pour 100 sera perçu. Il faut en excepter toutefois le résiliement qui serait fait dans les vingt-quatre heures et par acte authentique. Dans ce cas le droit qui a été perçu ne serait pas restitué, mais il n'y aurait pas de droit de mutation à l'occasion de la revente.

Il se peut également que la vente ait été faite avec déclaration ou élection de command. Ainsi une personne achète en déclarant qu'elle se réserve de désigner ultérieurement celui pour le compte duquel l'achat a été fait ; il n'y aura pas lieu à la perception d'un droit de mutation sur la déclaration de command, pourvu que la faculté d'élire command ait été réservée dans l'acte, que la déclaration ait lieu par acte authentique et dans les vingt-quatre heures. L'acte authentique est exigé pour

constater que c'est bien dans les vingt-quatre heures que la déclaration a été faite. Dans les ventes forcées, l'avoué, qui peut seul se porter adjudicataire, n'a pas besoin d'insérer au procès-verbal la faculté d'élire command, et il a un délai de trois jours pour faire sa déclaration au greffe, moyennant un droit fixe de 1 franc.

Il est facile, d'après les principes que nous avons posés, de voir ce qui se passerait dans le cas d'une vente à réméré, dans les cas de rescision ou de résolution d'une vente d'immeuble. Lorsque la vente à réméré a été faite, elle a donné lieu à la perception d'un droit proportionnel. Si plus tard le réméré est exercé en temps utile, la condition résolutoire sera accomplie, mais il n'y aura pas lieu à la perception d'un droit de mutation nouveau. La régie ne pourra réclamer que le droit de 0, 50 pour 100 sur la quittance délivrée au vendeur qui exerce le réméré.

Si au lieu d'une condition résolutoire stipulée dans l'acte, nous passons à la condition résolutoire tacite, c'est-à-dire si l'acheteur ne payant pas son prix, le vendeur fait prononcer la résolution, le jugement qui la prononce n'est en principe passible que d'un droit fixe; car les principes sont les mêmes que pour la condition résolutoire expresse. Toutefois la loi fiscale décide que si l'acheteur est entré en possession avant le jugement, le droit proportionnel sera perçu. Le motif de cette dérogation aux principes est la crainte d'une fraude. Les parties auraient pu, dans le cas où le vendeur aurait voulu reprendre sa chose, simuler un procès afin d'échapper au payement du droit de mutation. Le vendeur aurait poursuivi la résolution en justice en prétendant qu'il n'était pas payé, et l'acheteur ne contredisant pas, les juges auraient prononcé la résolution, de telle sorte que l'État ne percevrait qu'un droit fixe. C'est pour

éviter ce résultat que la loi distingue s'il y a eu ou non entrée en possession.

Dans le cas où le vendeur ferait prononcer la rescision de la vente pour lésion des 7/12, le jugement qui prononce cette rescision sera-t-il soumis à un droit proportionnel ou à un droit fixe? D'après les principes que nous avons posés, ce jugement ne constate qu'une nullité relative, et par suite ne devrait être soumis qu'à un droit fixe. Toutefois la Cour de Cassation a décidé, par des arrêts récents, qu'il y aurait lieu à la perception du droit proportionnel. Le motif sur lequel cette jurisprudence est fondée est que la loi de frimaire n'a soumis au droit fixe que les jugements emportant nullité radicale; or la nullité, dans le cas qui nous occupe, est simplement relative. — Cet argument de texte est loin d'être absolument probant. La distinction entre les diverses sortes de nullité était loin d'être dans l'ancien droit aussi nettement établie qu'elle l'a été depuis, et ces expressions de nullité radicale signifiaient seulement une nullité qui fait tomber l'acte dans sa racine. C'est ce qui se produit ici, la rescision faisant considérer le vendeur comme s'il n'avait jamais cessé d'être propriétaire.

Les ventes d'objets mobiliers sont soumises seulement au droit de 2 pour 100, au lieu de 4 pour 100. Cette différence découle sans doute de l'idée qui domine toute notre législation que les meubles ont moins d'importance que les immeubles. Il est essentiel de remarquer que les droits dont il s'agit sont des droits d'acte et non des droits de mutation; si un acte sous seing-privé constatant une vente mobilière n'était pas présenté à la régie, les droits ne seraient pas perçus. Il n'en est autrement que pour la vente d'un fonds de commerce, aux termes de l'article 8 de la loi du 28 février 1872. Le droit, dans ce cas, est toujours de 2 pour 100, sauf pour les

marchandises neuves 0,50 pour 100. — Si dans un même acte, il y a à la fois transmission de biens meubles et de biens immeubles pour un seul prix, on percevra le droit des transmissions immobilières, à moins que l'acte ne spécifie quelle est la portion du prix qui correspond aux meubles en indiquant article par article la valeur estimative de chacun d'eux.

Les valeurs mobilières, actions et obligations des sociétés de commerce ou sociétés civiles, sont soumises, lors de leur transmission, à des droits analogues, d'après la loi du 23 juin 1857, modifiée par les lois des 30 mars et 29 juin 1872. Le droit est de 0,50 pour 100 francs pour les transmissions de titres nominatifs, et ce droit est perçu en consultant les registres de la société sur lesquels les transferts sont mentionnés. Pour les titres au porteur on conçoit que la perception soit plus difficile, les mutations ne laissant aucune trace, aussi le droit de transmission est-il remplacé par une taxe annuelle de 0,20 par 100 francs, perçue sur les revenus des actions et obligations au porteur.

Les cessions de créance donnent lieu à la perception du droit de 1 pour 100; mais au lieu de percevoir ce droit sur le prix de la cession, la loi fiscale décide qu'il porte sur le montant intégral de la créance. Cette solution est peu rationnelle, puisque le droit doit porter sur la valeur de la chose cédée et qu'une créance peut avoir une valeur bien inférieure au prix mentionné dans l'acte. Aussi cette décision ne s'explique-t-elle, comme toutes celles du même genre, que par la crainte d'une fraude. On a pensé que, si les parties avaient déguisé le prix, il eût été difficile de le rétablir avec certitude, et la loi fiscale a préféré poser en principe que le montant de la créance serait la base de la perception.

Du louage.

Le droit de bail est un droit de 0,20 pour 100 francs sur le prix de toutes les années pour lesquelles le bail est concédé. Si le bail avait une durée illimitée, il serait considéré comme une cession, le droit perçu serait de 2 francs par 100 francs sur un capital formé en multipliant par 20 le revenu annuel.

Le droit de bail a été transformé quant à sa nature par la loi du 23 août 1871. Jusqu'à cette date, il n'était qu'un droit d'acte, c'est-à-dire que le bail verbal n'était soumis à aucun droit, et que les baux sous seing-privé ne donnaient lieu à la perception que lorsqu'ils étaient présentés à la régie. Aujourd'hui il n'en est plus de même, le droit de bail est devenu un droit de mutation, il est perçu indépendamment de la présentation de tout acte et de plus les baux verbaux ou sous seing-privé doivent être déclarés dans les trois mois de la date de l'acte ou de l'entrée en jouissance. Si le bail est sous seing-privé, c'est le preneur qui, conformément au droit civil, doit supporter les frais de l'acte et faire la déclaration. Mais si le bail est verbal, cette déclaration doit être faite par le propriétaire dans les trois mois de l'entrée en jouissance, et celui-ci doit faire l'avance des droits, sauf recours contre le locataire. Cette dérogation aux principes ne s'explique que par le désir qu'a eu le législateur de simplifier les déclarations des baux. En imposant au propriétaire l'obligation de dénoncer lui-même les baux de tous ses locataires, on évite l'encombrement qui sans cela se serait produit dans les bureaux de la régie, les locataires étant toujours plus nombreux que les propriétaires. Dans le cas où la déclaration ne serait pas

faite dans les trois mois, il serait perçu un droit qui ne peut être inférieur à 60 francs.

En cas de sous-location, de subrogation ou de cession de baux, la régie percevra toujours le droit de 0,20 par 100 francs; chacun de ces actes constitue en effet une transmission de jouissance distincte de la transmission originaire, et qui doit donner lieu à une perception nouvelle. Ajoutons que le locataire principal, jouant vis-à-vis des sous-locataires le rôle que joue le propriétaire vis-à-vis de lui, devrait, dans le cas de sous-location verbale, faire lui-même la déclaration.

Enfin, le bail à colonage ou à portion de fruits donne lieu, s'il est écrit, à la perception de 0,20 pour 100 fr. sur la part de fruits revenant au bailleur. Mais ici il ne s'agit que d'un droit d'acte, car lorsque le bail est verbal, il résulte de la discussion de la loi de 1872 que l'intention du législateur a été d'affranchir ces sortes de baux de la nécessité d'une déclaration.

Des actes de société.

Les actes de société sont des actes complexes dans lesquels il faut distinguer les constatations relatives aux apports faits par les associés et les clauses diverses, ventes et baux, par exemple, qui seraient constatés par l'acte.

En ce qui concerne les apports des associés, jusqu'en 1872 ils n'ont été soumis qu'à un droit fixe, parce que les objets apportés par les associés sont censés n'être soumis à aucune mutation, l'être moral qui constitue la société n'étant pas distinct des membres qui le composent. Aussi l'acte de société n'était-il soumis qu'à un droit fixe de 5 francs. Mais comme les constatations faites dans ces actes portaient sur des sommes ou des objets d'une grande valeur, les apports des associés

ont été soumis par la loi du 28 février 1872 au droit gradué établi par cette loi.

Quand la société sera dissoute, l'acte qui constate cette dissolution ne sera assujetti qu'à un droit fixe de 5 francs. Mais lorsque, par suite de cette dissolution, un partage sera fait, il pourra arriver de deux choses l'une : ou l'objet apporté par l'un des associés sera mis au lot de celui-ci, ou il tombera dans le lot d'un autre associé. Dans le premier cas, il n'y a lieu à aucun droit proportionnel, puisque, par l'effet déclaratif du partage, l'associé sera censé n'avoir jamais perdu son droit sur l'objet mis dans son lot; dans le second cas, au contraire, il y a une transmission, et le droit proportionnel sera exigible.

En dehors des apports faits par les associés, un acte de société peut être, comme nous l'avons dit, mélangé de ventes, de donations, de baux, etc., ces contrats donneront lieu à la perception de droits distincts, et l'on ne saurait objecter qu'on ne peut percevoir de droit que sur la disposition principale, parce qu'il s'agit ici de conventions qui auraient pu être constatées par des actes distincts et séparés du contrat de société.

Du contrat de mariage.

Le contrat de mariage n'est qu'un cas particulier de la société et il est soumis, au point de vue de l'enregistrement, aux mêmes principes. Il faut donc distinguer également les apports personnels qui sont soumis au droit gradué établi par la loi du 28 février 1872 et les contrats divers mentionnés dans le contrat de mariage, par exemple les donations faites par les parents ou par des étrangers, et qui sont soumises aux droits proportionnels établis pour ces donations.

Mais que faut-il entendre par apports personnels? La régie a, pendant quelques années, interprété la loi de 1872 en ce sens que le droit gradué devait être perçu sur toute la fortune personnelle de chacun des époux, constatée ou non dans le contrat, et quel que fût le régime adopté. C'est là, en effet, ce que chacun des conjoints apporte en ménage. Mais cette prétention, combattue par quelques tribunaux civils, a fini par être abandonnée par la régie elle-même. Elle ne conduisait, en effet, à rien moins qu'à permettre à l'administration de l'enregistrement de rechercher quelle était la fortune exacte de chacun des époux et de punir d'un double droit toutes les omissions calculées ou involontaires qui auraient pu être faites. Ce système inquisitorial ne pouvait être celui du législateur de 1872, et la régie a bien voulu le comprendre. Aujourd'hui on ne comprend parmi les apports personnels que les biens dont il est fait mention dans le contrat de mariage.

Les conventions qui modifient la communauté ne sont pas soumises au droit proportionnel et sont considérées comme non translatives à une double condition : 1° que la convention ne porte que sur les bénéfices de la communauté; 2° que l'attribution au survivant remonte au jour du contrat de mariage. Ainsi, la donation par l'un des époux à l'autre de l'usufruit des conquêts et des propres est soumise au droit proportionnel[1]; de même la donation de la part qui appartiendra à la succession du prémourant, etc. Par contre la clause qui assignerait un préciput à l'un des époux ou des parts inégales dans le partage de la communauté ne serait passible d'aucun droit.

1. Cass. 9 février 1875. D. 75, I, 265.

Du prêt.

Le prêt à usage ou *commodat* n'est pas prévu par la loi de l'an VII, il n'entraîne pas de mouvement de valeurs, il est donc soumis à un droit fixe, au droit des actes innommés, 2 francs d'après une loi du 18 mai 1850 (aujourd'hui 3 francs, loi de 1872). Il en est de même pour toute obligation de faire, un droit fixe seulement est dû; il est vrai qu'en cas d'inexécution, ces obligations se résolvent en dommages et intérêts, mais cette obligation de sommes n'est qu'éventuelle, et ne peut donner lieu au paiement immédiat d'un droit proportionnel.

Le *prêt à intérêt* est soumis au droit général de 1 pour 100 exigible pour toute obligation de sommes. Cette taxe est perçue sur le capital exprimé dans l'acte et qui est l'objet du prêt.

Il arrive souvent que l'on promet de prêter ou que l'on ouvre un crédit. Il y a *ouverture de crédit* lorsqu'une personne s'engage envers une autre à lui fournir toutes les sommes dont celle-ci aura besoin, sauf remboursement ultérieur, mais le crédité ne devient débiteur que s'il fait usage du crédit qui lui est ouvert. Dans la rigueur des principes, on ne devrait donc le droit proportionnel qu'au fur et à mesure de la réalisation du crédit. Il est vrai qu'avant 1871 la régie avait contesté cette solution, en se fondant sur ce qu'il y avait engagement réciproque à partir de l'ouverture du crédit, mais la jurisprudence avait repoussé ses prétentions. Un droit fixe était perçu au moment de l'ouverture, sauf perception d'un droit proportionnel lorsque la promesse de prêter se réalisait. En fait ce droit proportionnel était rarement perçu, les parties n'étant assujetties à aucune déclaration dans

un délai quelconque à partir de la réalisation du crédit ; il fallait une faillite, un procès, pour amener cette
perception. Aussi la loi du 23 août 1871 (art. 5) a décidé
que la régie touchera un droit proportionnel de 50 centimes par 100 francs lors de l'ouverture du crédit,
sauf à imputer ce droit sur la taxe entière, si plus tard
il est prouvé que le crédit a été effectivement réalisé.
Cette loi reconnaît le principe en ne pas appliquant le
droit de 1 pour 100 ; elle n'y déroge que pour des nécessités pratiques.

La loi de 1871 ajoute que le droit d'hypothèque (qui
est de 1 pour 1000) sera perçu lors de l'inscription des
hypothèques garantissant les ouvertures de crédit.
Ceci est conforme aux principes, l'hypothèque peut
valablement être inscrite au profit d'une créance purement éventuelle ; dans ce cas elle produit ses effets à
partir de l'inscription, elle prime toutes autres créances
alors même que leurs inscriptions seraient antérieures
à la réalisation du crédit. Dès lors il est juste de percevoir le droit au moment de l'inscription.

Du dépôt.

S'il s'agit d'une valeur mobilière autre que du
numéraire, comme il ne peut jamais y avoir mutation
de propriété, le fisc ne perçoit qu'un droit fixe (2 francs,
aujourd'hui 3 francs).

Lorsqu'il y a dépôt de numéraire, si c'est à un officier
public, un droit fixe est encore exigible. Si c'est à un
particulier, on perçoit le droit de 1 pour 100 ; car on
suppose que les parties ont voulu faire un dépôt irrégulier donnant au dépositaire la faculté de rendre non
les mêmes deniers, mais une somme équivalente.
Ce contrat pourrait surtout déguiser un véritable prêt

sous couleur de dépôt, et c'est ce que la loi a voulu éviter.

L'acte qui constate la restitution d'un dépôt ne doit être soumis qu'à un droit fixe, car il n'est pas prévu par la loi. C'est donc le droit des actes innommés, c'est-à-dire 3 francs.

Du mandat.

Il est soumis à un droit fixe (2 fr., loi de 1816, aujourd'hui 3 fr.), pourvu que la procuration ne renferme aucune clause pouvant donner lieu au payement du droit proportionnel. Donc lorsqu'un mandataire touche des fonds pour le compte du mandant, la quittance qu'il donne est soumise au droit proportionnel ; mais la décharge consentie par le mandant qui reçoit les fonds du mandataire n'est soumise qu'à un droit fixe, car elle ne constate pas de mouvement de valeurs, celui-ci s'étant déjà accompli.

Le mandat est souvent difficile à distinguer dans la pratique du louage d'ouvrage qui donne lieu à un droit proportionnel de 1 pour 100. Notons à ce sujet que louer, non pas de l'eau d'arrosage, mais une force motrice est considéré comme un bail d'industrie.

Du cautionnement. De l'hypothèque.

Nous avons déjà vu que le droit de cautionnement est de 50 centimes pour 100. C'est le même droit qui est perçu lorsqu'il y a cautionnement réel, c'est-à-dire lorsqu'un tiers consent une hypothèque sur son propre bien pour la dette d'autrui [2].

Si au contraire une personne qui emprunte consent en

1. Voir Dalloz, 1874, 5, 194.
2. Cass. 30 juillet 1873. D. 75, I, 65.

même temps une hypothèque sur ses biens personnels,
soit par le même acte, soit par acte séparé, la régie ne
percevra aucun autre droit que le droit principal d'obligation. La constitution d'hypothèque, en effet, n'augmente pas l'obligation du débiteur qui était déjà tenu
sur tous ses biens. Toutefois la régie perçoit, non à
cause d'un mouvement de valeur, mais comme prix de
la formalité de l'inscription, un droit de 1 franc par
1000, sur le montant de la créance inscrite. Ce prix
n'est dû qu'une fois pour chaque créance, quelque soit le
nombre des créanciers et des débiteurs.

DROITS SUR LES SUCCESSIONS ET DONATIONS.

Nous ne pouvons donner au sujet des successions
des développements qui sortiraient de notre cadre.
Nous nous contenterons d'indiquer que l'impôt est le
même, qu'il s'agisse de successions légitimes, testamen-
taires ou contractuelles, et qu'il est gradué suivant les
degrés de parenté qui rattachent le successible au
défunt. Ainsi en ligne directe il est de 1 pour 100
de l'actif brut, en ligne collatérale 6 et demi à 8 pour
100, entre personnes non parentes 9 pour 100 (ce qui
fait avec les décimes 11,25 pour 100). Ces droits sont
donc assez élevés ; mais la disposition la plus vivement
critiquée est celle qui fait porter ce droit sur l'actif
brut sans distraction des charges. Sans doute l'État a
voulu par là n'être pas exposé au danger des créances
fictives ou des réclamations formées longtemps après la
perception du droit ; mais il eût été facile de déduire
les créances qui auraient été connues dans un délai
déterminé.

Les taxes afférentes aux donations varient, comme

pour les successions, avec le degré de parenté, de 1 à 9 pour 100. Si la donation a lieu par contrat de mariage, le maximun est de 6 pour 100. Le droit de transcription est ici distinct du droit de mutation.

Le partage de succession, comme le partage de société, n'est passible que d'un droit fixe. La soulte, s'il y en a, sera soumise à un droit de 2 pour 100 ou 4 pour 100 suivant la nature du lot acquis par le débiteur de la soulte.

DROITS SUR LES ACTES JUDICIAIRES.

Les jugements peuvent être passibles de deux sortes de droits, le droit de titre et le droit de condamnation.

Le droit de titre est perçu à l'occasion d'un jugement qui constate des conventions non enregistrées ; il est du montant du droit qui aurait dû être perçu si le titre avait été présenté à l'enregistrement. Si le droit avait été moins élevé sur le jugement que sur la convention, les particuliers auraient pu simuler un procès en vue d'échapper au payement des droits les plus élevés.

Le droit de condamnation est de 50 centimes par 100 francs en principe ; mais pour qu'il y ait condamnation il faut qu'il y ait dans le jugement non une simple éventualité de condamnation, mais une condamnation définitive. Ainsi le jugement qui autorise la femme à poursuivre le mari en restitution de sa dot n'est passible que du droit fixe, tandis que celui qui condamne le mari à restituer la dot à la femme après séparation de biens est soumis au droit proportionnel.

Dans le cas de dommages-intérêts le droit de condamnation s'élève et devient de 2 pour 100 (loi du 27 ventôse

an IX, art. 11). Que faut-il entendre ici par dommages-intérêts? La Cour de Cassation a beaucoup hésité sur ce point. — Elle avait commencé par admettre un système fort ingénieux qui se conciliait à merveille avec la théorie générale de l'enregistrement. Qu'est-ce que le droit de 2 pour 100 ? C'est le droit perçu sur les acquisitions mobilières. Donc toute condamnation qui fera acquérir, à titre de réparation, par la partie lésée une valeur qu'elle ne possédait pas encore, subira le droit de 2 pour 100, et c'est ce qui passerait par exemple pour des dommages-intérêts résultant d'atteintes portées à la personne. Au contraire, si une condamnation à dommages-intérêts n'a pour objet que de faire rentrer dans un patrimoine une valeur préexistante, d'indemniser d'un objet ou d'un droit que l'on a perdu, il n'y a pas acquisition, et le droit ne sera que de 50 centimes pour 100[1]. — Dans sa jurisprudence la plus récente la Cour de Cassation a abandonné ce système, et elle décide que dans tous les cas où il y a dommages-intérêts dans le sens du droit civil, c'est-à-dire réparation pour préjudice causé, c'est le droit de 2 pour 100 qui doit être perçu. L'élévation du droit aurait pour cause non une acquisition mobilière, mais l'existence d'une faute commise par celui qui est condamné, faute qui existe aussi bien pour des dommages causés aux biens que pour ceux qui ont été subis par les personnes[2]. Ce point de vue me paraît moins exact que le précédent ; il fait des droits d'enregistrement une sorte d'amende, contrairement à la nature de ces droits qui est toute fiscale.

Comment se font les poursuites en matière d'enregistrement? L'administration fixe la somme due et délivre une contrainte qui crée un titre exécutoire comme un juge-

1. Cass., 28 août 1872, D. 72, I. 418.
2. Cass., ch. réunies 23 juin 1875, D. 75, I, 422.

ment par défaut. Il suffit qu'elle soit visée par le juge de paix. En vertu de cette contrainte, on peut faire commandement, saisir et vendre.

La partie peut faire opposition, et cette opposition est vidée par le Tribunal civil. L'affaire est instruite sommairement, sur simples mémoires. Un pourvoi en cassation est la seule chose possible.

Actes qui ne tombent pas sous le coup des règles précédentes. Il y a une série d'actes qui, pour des motifs divers, sont exemptés, soit à titre provisoire, soit d'une manière définitive, des règles de l'enregistrement. Nous les indiquons d'une façon sommaire.

Actes enregistrés en débet. — En les enregistrant on ne perçoit aucun droit, mais on mentionne la somme due, pour la recouvrer plus tard si faire se peut. Ex. : poursuites contre un prévenu, pièces à enregistrer en faveur d'un assisté judiciaire, etc.

Actes enregistrés gratis. — Ce sont les actes que la régie enregistre également sans rien percevoir et sans même se réserver le droit de poursuivre plus tard le paiement. Ex. : Cessions amiables en matière d'expropriation, actes relatifs au recouvrement de l'impôt, réclamations en matière de contributions directes, etc.

Actes dispensés de l'enregistrement. — Ce sont ceux qui émanent d'une autorité supérieure et qui présentent assez de garanties pour qu'il ne soit pas nécessaire d'en contrôler la date. Ex. : Actes législatifs, actes d'administration publique, lettres de naturalisation, inscriptions au grand livre et leurs mutations à titre onéreux, actes de l'état civil, et en général tous actes des autorités administratives non considérées comme représentant des personnes morales.

II. DROITS DE TIMBRE.

Le droit de timbre est une taxe perçue à raison de l'emploi de papiers spéciaux fournis par l'État et destinés aux actes civils et judiciaires. Cet impôt présente la plus grande analogie avec celui de l'enregistrement, dont on peut dire qu'il n'est en quelque sorte qu'une taxe complémentaire.

1° Ainsi, le papier timbré sert à contrôler la sincérité de la date de l'acte qu'il contient. Il y a, en effet, dans le corps du papier un filigrane qui constate la date de sa fabrication, et qui permettra de reconnaître les antidates qui remonteraient à une époque antérieure. C'est ce qui s'est produit souvent dans la pratique pour les testaments olographes.

2° De même qu'on doit faire enregistrer les actes authentiques, tous les actes émanant des officiers publics doivent être sur papier timbré. Quant aux actes sous seing-privé, ils ne sont soumis au timbre que s'ils sont produits en justice. Dans ce cas, l'administration perçoit le droit et appose le visa pour timbre.

3° De même qu'il y a des droits d'enregistrement fixes et proportionnels, il y a des timbres de dimensions qui ne varient que d'après la dimension du papier timbré, et des timbres proportionnels qui varient en proportion des sommes exprimées dans l'acte. Ainsi, les effets de commerce doivent payer un droit de timbre de 0,15 pour 100 francs, 0,30 de 100 à 200 francs, etc.

4° Il y a en cette matière des exemptions analogues à celles que nous avons signalées pour l'enregistrement, des timbres en débet, des timbres gratuits et des exemptions de timbre. Ainsi sont exemptés les actes faits par

l'autorité publique dans un intérêt général ; sont visés
pour timbre gratuitement les registres de l'état civil, les
actes en matière d'expropriation, etc.

5° Enfin, les droits sont exigés en cas de contestation au moyen d'une contrainte. L'opposition à cette
contrainte est portée devant les Tribunaux civils, qui
statuent sur simples mémoires respectivement signifiés.
Comme pour l'enregistrement il n'y a pas d'appel possible, mais seulement possibilité de pourvoi en Cassation dans les deux mois.

Signalons, en terminant, ce qu'on appelle le timbre
extraordinaire. Si un particulier veut écrire un acte
soumis à l'enregistrement sur des parchemins ou des
papiers spéciaux, il peut le faire timbrer à l'extraordinaire par un agent spécial qui dans chaque département
est préposé à cet ordre de fonctions.

III. IMPOT SUR LE REVENU DES VALEURS MOBILIÈRES.

Parmi les taxes perçues sans rôle nominatif, une
des plus importantes est celle qui a été établie récemment par la loi du 29 juin 1872 sur le revenu des
valeurs mobilières. Déjà une loi du 5 juin 1850 avait
soumis à un droit proportionnel les titres et certificats
d'actions et obligations émis soit par les sociétés pri-
vées, soit par les départements, communes et établissements publics. Ce droit est de 0,50 ou de 1 franc
pour 100 du capital nominal, suivant que la société est
établie pour une durée de plus ou moins de dix ans.
Une loi du 13 mai 1863 soumit les effets publics des
gouvernements étrangers à un droit de timbre qui est
aujourd'hui de 0,75 par titre de 500 francs et au-dessous, de 1,50 jusqu'à 1000 francs, etc. Nous avons

déjà vu qu'en 1857 un droit a été établi sur les transmissions des obligations et actions.

L'importance toujours croissante des valeurs mobilières, la part de plus en plus grande qu'elles occupaient dans la fortune de chacun devaient conduire le législateur à soumettre à l'impôt cette source abondante de revenus. Ce fut un des premiers impôts que l'on établit à la suite de nos désastres, et l'expérience a montré qu'on avait eu raison de compter sur ce nouvel ordre de ressources. Le droit est de 3 pour 100 sur le revenu des actions des sociétés dont le capital a été divisé de cette manière, sur les produits des parts d'intérêt et commandites dans les autres sociétés, sur les arrérages et intérêts des obligations tant des sociétés que des établissements publics. Une loi du 1er décembre 1875, tranchant certaines difficultés qui s'étaient élevées sur l'interprétation de la loi de 1872, décide qu'on ne soumettra pas à l'impôt les associés en nom collectif, les gérants des sociétés en commandite, les membres des sociétés coopératives. L'esprit de la loi de 1872 a été, en effet, de ne soumettre à l'impôt que les revenus de ceux qui ne travaillent pas eux-mêmes.

Le revenu sera établi : 1° pour les actions par les dividendes fixés par les assemblées générales d'actionnaires ; 2° pour les obligations et emprunts, par le revenu fixé dans l'année ; 3° pour les commandites, par les délibérations des conseils d'administration, et à défaut par l'évaluation à raison de 3 pour 100 du montant de la commandite. D'après la loi de 1875, le 3 pour 100 sera perçu sur le montant des lots ou sur les primes de remboursement, car on considère que ce sont là des revenus distribués d'une façon spéciale.

Ce sont les sociétés qui avancent le montant de l'impôt, sauf à elles à le retenir sur le revenu qu'elles dis-

tribuent aux intéressés. Aussi, la loi de 1872 dispose-
t-elle (art. 2) que les comptes rendus des délibérations
des conseils d'administration ou des assemblées d'actionnaires seront déposés dans les vingt jours de leur
date au bureau de l'enregistrement du siége social.

IV. DROITS DE DOUANE.

Les droits de douane sont les droits établis à la
frontière, soit sur les objets qui sortent de France pour
aller à l'étranger, soit sur ceux qui viennent de l'étranger pour rentrer en France. Ils se divisent donc naturellement en droits d'exportation et droits d'importation.

Les *droits d'exportation* sont aujourd'hui complètement supprimés en France, sauf en ce qui concerne
certaines matières exceptionnelles, telles que les poudres et munitions de guerre. Il en est ainsi du reste
dans la plupart des pays européens ; en présence de la
concurrence qui existe entre toutes les nations du globe
au point de vue industriel, on a compris qu'il ne fallait
pas, par des mesures fiscales, empirer la condition com-
merciale d'aucune d'elles. Ces droits d'exportation ne
seraient sans inconvénient que dans un pays qui aurait
le monopole de certaines marchandises, et qui ne pourrait craindre la concurrence étrangère. Dans ce cas, le
droit d'exportation pourrait être impunément élevé, et
la seule limite que rencontrerait le législateur serait
dans la crainte que l'élévation du prix ne décourageât
et ne diminuât la consommation.

Les droits à l'*importation*, au contraire, sont encore
extrêmement nombreux, bien qu'ils aient subi une
diminution générale à la suite des traités de 1860. Ces

droits ont tantôt un caractère fiscal, tantôt un caractère protecteur, suivant que ils frappent ou non des substances qui ont des similaires en France. Les droits qui pèsent sur des substances exotiques, telles que les denrées coloniales par exemple, n'ont qu'un caractère fiscal. Ceux qui pèsent sur les blés, les vins, les tissus, ont un caractère protecteur, puisque le commerçant étranger sera obligé d'ajouter au prix de ses marchandises les droits qu'il a payés à l'importation. Nous ne pouvons, sans sortir du cadre de cet ouvrage, aborder la grave question de la protection et du libre échange, nous nous contenterons seulement de définir les principaux termes usités dans la matière des douanes.

Le système protecteur, entre autres inconvénients, avait pour effet d'empêcher l'introduction des denrées agricoles en France, et cela même dans les années où cette introduction était la plus désirable à raison du mauvais état des récoltes. Aussi avait-on imaginé sous le nom d'*échelle mobile* une combinaison qui permettait d'abaisser les droits à mesure que le prix du blé s'élevait en France et de les élever quand ce prix était en baisse. Ce système a été abandonné sur les réclamations des négociants eux-mêmes qui se plaignaient de ne pouvoir se livrer à leurs occupations commerciales avec une suffisante certitude. Lorsqu'en effet ils faisaient procéder à des achats en pays étrangers, ils ignoraient quels droits ils auraient à payer à l'importation et leurs calculs pouvaient être déjoués par une élévation ou un abaissement inattendu des tarifs.

Les régimes du *drawback* et de l'*admission temporaire* ont été imaginés pour parer à un autre inconvénient du système protecteur, spécialement sensible en matière industrielle. Cet inconvénient consiste en ce que, si l'on frappe d'un droit à l'importation les matières premières

qui n'entrent en France que pour y être manufacturées, on élève le prix de ces matières premières et l'on fait à l'industrie française des conditions plus onéreuses que que celles que supportent les industries étrangères. Le drawback remédie à cet inconvénient, car il consiste dans la restitution, à l'exportation des objets manufacturés, des droits qui ont été perçus à l'entrée sur les matières premières. L'administration des douanes, lorsqu'elle se sera assurée que ce sont les mêmes objets qu'elle a vu introduire en France à l'état brut qui en sortent à l'état manufacturé, restituera les droits qu'elle aura perçus. — Toutefois ce système avait été l'objet de réclamations fort vives à raison de l'avance des droits que les industriels étaient tenus de faire à l'Etat. Les négociants se plaignaient de voir ainsi diminuer leur fonds de roulement et d'avoir en dépôt entre les mains de l'administration un capital improductif. C'est à quoi l'on a paré par le moyen de l'admission temporaire. Dans ce système les matières premières entrent en franchise, la douane constate quelle est la qualité et la quantité de ces matières qui sont introduites et l'industriel intéressé prend l'engagement de faire sortir une quantité de marchandises correspondantes dans un délai déterminé. De cette manière il y a exemption complète de droits pour les objets qui n'entrent en France que pour y être manufacturés.

Il y a encore des exemptions temporaires pour les marchandises qui ne sont pas destinées à rester en France d'une manière définitive. Ces marchandises peuvent jouir, dans certains cas, de ce que l'on appelle l'*entrepôt réel* ou l'*entrepôt fictif*. Dans certaines villes qui en ont fait la demande en offrant un local convenable pour cette destination, les négociants peuvent user de la faculté de l'entrepôt réel, c'est-à-dire qu'ils ont le

droit de déposer dans des magasins publics soumis à
la surveillance de la douane les marchandises qu'ils ont
reçues, et dont ils ne savent pas s'ils disposeront en
France ou à l'étranger. Si ces produits entrent dans la
consommation française, les droits seront perçus; s'ils
sont expédiés à l'étranger ils auront été libres de tout
droit. Cet entrepôt réel ne peut durer que trois ans;
passé ce délai, l'entrepositaire doit retirer ses marchandises. — On entend par entrepôt fictif celui qui s'exerce
dans les magasins du commerçant sous la surveillance
de l'administration. La faculté d'entrepôt fictif n'est en
général accordée que dans les communes où il y a
entrepôt réel. Le négociant indique les magasins où ses
marchandises seront déposées, et il doit être prêt à
ouvrir ses magasins à l'administration des douanes à
toute réquisition pour que l'administration puisse s'assurer qu'il n'a pas disposé de ses marchandises. L'entrepôt fictif ne peut durer plus d'un an.

Enfin une nouvelle dispense des droits de douane a
lieu dans le cas de *transit*. Si des marchandises ne font
que passer sur le territoire français, et si, venant d'un
pays étranger, elles sont expédiées dans un autre pays
étranger, comme on ne peut taxer que les produits qui
entrent dans la consommation française, ces marchandises ne supportent aucun droit. Pour jouir du bénéfice du
transit, il faut, quand les marchandises passent en frontière, les déclarer, les faire vérifier et plomber par la
douane, et se faire délivrer un acquit-à-caution. L'*acquit-
à-caution* est un écrit qui contient l'indication de la
marchandise, le lieu d'entrée et le lieu de sortie, le délai
dans lequel la sortie doit avoir lieu et en outre un
engagement, signé du négociant à qui il est remis, de
subir toutes les conséquences, amendes, droits triples
ou quadruples, en cas d'infraction aux règlements fran-

çais. Ces acquits-à-caution doivent voyager avec la marchandise, puisqu'ils permettent de constater si la condition de celle-ci est régulière au point de vue de la douane.

Comment sont perçus les droits de douane? La manière d'établir ces droits n'est pas la même pour toutes les marchandises. On distingue, en effet, des droits *ad valorem* et des droits *spécifiques.* Les droits sont établis *ad valorem* lorsqu'ils sont calculés d'après l'estimation faite par les parties avec la faculté pour l'administration de prendre la marchandise au compte de l'État, en payant le prix déclaré augmenté de 5 pour 100. C'est là un mode d'évaluation dangereux, parce qu'il sera difficile aux agents des douanes de se tenir assez au courant des variations de prix des marchandises pour contrôler d'une manière sérieuse les déclarations qui sont faites à la douane. Aussi ce mode de perception tend-il à être de moins en moins appliqué.

Les droits spécifiques sont ceux qui sont établis sur les marchandises taxées au poids sans distinction de valeur vénale à tant par cent kilog. On voit que dans ce système il est tenu compte de la nature et du poids des marchandises, mais non de leur valeur. Il peut donc arriver que, les marchandises éprouvant des alternatives de hausse et de baisse, comme on ne peut faire subir au tarif des remaniements incessants, celui-ci soit en désaccord avec la valeur de la marchandise. Malgré cet inconvénient, les droits spécifiques sont les plus nombreux, parce qu'ils prêtent beaucoup moins à la fraude que les droits *ad valorem.* Tout dépend, en effet, du poids des marchandises, c'est-à-dire d'un fait qui sera aisément constaté.

En dehors des droits *ad valorem* et des droits spécifiques, il est des droits qui sont perçus d'après le nom-

bre des objets introduits en France, c'est ce qui a lieu surtout pour les animaux qui payent une somme fixe par tête, suivant l'espèce à laquelle ils appartiennent, quels que soient leur poids et leur prix; ainsi 3 francs un bœuf, 25 centimes un mouton, etc. C'est là un mode très-simple, mais défectueux, puisqu'on payera également pour une bête d'un grand prix et pour une autre de valeur inférieure.

La perception des droits de douane entraîne une situation spéciale dans un certain rayon qu'on appelle le *rayon frontière,* et qui s'étend à une distance de deux myriamètres en deçà des frontières terrestres et à la même distance en mer le long des côtes. Les habitants du rayon frontière sont dans un état permanent de suspicion au regard de l'administration des Douanes. Aucune marchandise ne peut circuler dans ce rayon frontière sans être accompagnée d'une pièce qui constate quelle est sa situation. Ce sera un congé ou un acquit lorsque les droits auront été payés, un passavant si aucune taxe n'est exigible, un acquit-à-caution dans le cas de transit ou d'entrepôt. De plus, dans les communes qui sont situées dans ce rayon frontière et qui n'ont pas 2000 habitants, il est défendu d'avoir un magasin ou un dépôt des marchandises qui sont prohibées ou grevées d'un droit de plus de 20 francs par cent kilog., et les négociants de ces communes doivent faire inscrire à la Douane les objets de cette catégorie qu'ils auraient dans leurs boutiques.

Comment a lieu le recouvrement des droits de Douane? Si ces droits ne sont pas payés volontairement, le receveur délivrera une contrainte en vertu de laquelle l'administration des Douanes pourra procéder aux voies d'exécution; il suffit que cette contrainte soit visée par le Juge de paix. Si le redevable forme opposition à la

contrainte, cette opposition sera portée devant le Juge de paix qui statue en dernier ressort jusqu'à 100 francs et au-dessus de cette somme, à charge d'appel au Tribunal civil. Notons encore que la Régie a un droit de gage spécial sur les objets saisis et déposés dans les bureaux de la Douane. Une loi du 6-22 août 1791 lui accorde même un privilége général sur tous les meubles et effets mobiliers.

Les contraventions aux lois de douane sont jugées par le Tribunal correctionnel, sauf le droit de transaction de l'administration. Il s'est élevé une difficulté spéciale pour le cas dans lequel l'importation par contrebande est punie, outre la confiscation, d'une amende d'une somme égale à la valeur de l'objet saisi. Quelle peut être cette valeur quand il s'agit du tabac, qui est soumis au monopole de l'État? La jurisprudence décide que c'est la valeur que fixe l'administration, quelque arbitraire qu'elle puisse être [1]. Cette décision est très-sévère, et il vaudrait mieux réserver aux Tribunaux le droit de contrôler l'appréciation faite par la Douane.

V. DROITS D'ACCISE.

Un grand nombre de taxes pèsent sur les objets de consommation intérieure. Elles sont le plus souvent perçues par l'un de ces trois modes, l'exercice, l'abonnement ou le monopole. L'*exercice* consiste dans la surveillance exercée par les agents de l'État qui veillent à ce que les produits soient soumis à l'impôt, soit au moment de la fabrication, soit au moment de la vente. C'est là un procédé vexatoire, entraînant le droit pour

1. Cass. 23 janvier 1874, D. 75.

les agents de l'Etat de pénétrer à toute heure dans les fabriques, mais avantageux pour le Trésor et permettant assez efficacement de réprimer la fraude. L'*abonnement* qui est constitué par le payement d'une somme une fois donnée a l'avantage de soustraire l'industriel à la gêne de la surveillance, mais il rend en général beaucoup moins que le mode précédent. Le *monopole* est un moyen détourné de percevoir l'impôt, puisque l'État, maître de la fabrication ou de la vente, élèvera le prix des objets vendus au delà de leur véritable valeur et percevra l'excédant à titre d'impôt.

Nous nous contenterons de dire quelques mots de chacune des principales matières imposables.

I. *Boissons.* — Ce sont les objets de consommation qui sont soumis aux droits les plus nombreux. Il faut ici distinguer trois catégories : 1° les vins, cidres et poirés ; 2° les spiritueux ; 3° la bière.

Dans la première catégorie sont perçus les droits de circulation, de détail, et d'entrée.

Le *droit de circulation* est un droit qui est dû à l'occasion de tout déplacement des vins. Pour le percevoir les départements ont été divisés en quatre classes, suivant que la production du vin y est plus ou moins abondante. Le droit est d'autant plus élevé que le liquide est expédié dans un département où le vin est plus rare, car il est alors considéré comme consommation de luxe et ceux qui l'achètent sont censés pouvoir supporter un impôt plus lourd. Le vin circule avec un congé si le droit est acquitté, avec un passavant si l'on est dans un cas d'exemption, avec un acquit-à-caution si le payement de la taxe est reporté au lieu de destination.

Le *droit d'entrée,* qu'il ne faut pas confondre avec le droit d'octroi, est un droit perçu au profit de l'État sur les boissons destinées à la consommation intérieure

.dans les villes qui ont au moins 4000 habitants. Le tarif varie suivant l'importance de la ville et suivant que le département est dans l'une ou l'autre de ces quatre classes que nous avons indiquées. — Si les boissons n'entrent que pour sortir, on délivre un passe-debout et le séjour ne doit pas être de plus de 24 heures ; au delà de ce temps il faut une déclaration de transit avec consignation de droits. Il peut y avoir du reste entrepôt réel ou entrepôt fictif.

Le droit *de détail* est un droit d'environ 18 pour 100 perçu sur les quantités vendues au détail, c'est-à-dire qui sont inférieures à 25 litres. Il ne peut pas être cumulé avec le droit de circulation. Ce droit présente pour les débitants des inconvénients graves, car il entraîne les mesures les plus inquisitoriales afin de s'assurer du montant des quantités vendues. De plus il pèse plus lourdement sur les pauvres que sur les riches, les premiers seront en effet souvent obligés d'aller chercher leur vin au jour le jour, tandis que les autres pourront se procurer le vin à la pièce. Aussi une loi du 9 juin 1875 a-t-elle prescrit que les droits d'entrée et de détail sur les vins, cidres et poirés, dans les agglomérations de 10 000 âmes et au-dessus, seront convertis en une taxe unique payable à l'entrée de ces boissons. De cette façon le droit d'entrée ne subsiste plus que pour les villes de 4,000 à 10,000 habitants.

Dans les cas où le droit de détail est maintenu, on peut s'affranchir de la surveillance qu'il entraîne par un abonnement qui peut être soit individuel, soit collectif, sur la demande des deux tiers des débitants, soit enfin par commune si le Conseil municipal consent à racheter ce droit moyennant une somme une fois fixée. Le Conseil de préfecture statuera sur les difficultés relatives à cet abonnement.

2° Pour la seconde catégorie de liquides, les spiritueux, c'est-à-dire les eaux-de-vie, esprits ou liqueurs,
il y a, outre le droit d'entrée dont nous avons déjà
parlé, le *droit de consommation*. C'est un droit qui est
perçu proportionnellement à la richesse alcoolique des
spiritueux vérifiée par l'alcoolomètre. Les bouilleurs et
distillateurs de profession sont soumis à la surveillance
des employés de la régie qui constatent, d'après les
produits de la distillation, les droits qui doivent être
payés. A la suite de nos désastres, en 1871, on voulut
soumettre au droit de consommation les bouilleurs de
crû, c'est-à-dire les propriétaires et fermiers distillant
les matières premières qui proviennent de leurs récoltes,
vins, cidres, etc.; mais les réclamations très-vives qui
furent soulevées et surtout la difficulté de pratiquer
l'exercice ont fait renoncer le législateur à cette dernière
perception.

3° La troisième catégorie comprend la bière qui est
affranchie du droit de circulation et d'entrée, mais
qui est soumise à un *droit de fabrication*. Ce droit est
perçu par l'exercice, d'après la quantité de bière produite chaque mois. On ne pourrait s'y soustraire que
par l'abonnement.

Enfin il faut ajouter à tous ces droits un *droit de licence*
que doit payer toute personne qui se livre à la fabrication ou au débit des boissons soumises aux droits. Le
droit varie suivant la population de la commune. Il fait
double emploi avec la patente et constitue en réalité
une patente spéciale.

II. *Du sel.* — L'impôt sur le sel est de douze centimes
et demi par kilogramme. Il est perçu par l'administration des Contributions indirectes qui en surveille la
fabrication et le transport. Le sel destiné aux fabriques
de soude est exempt de droits. Cette taxe a le défaut

de n'être pas exactement proportionnelle et de peser plus fortement sur les classes les moins aisées que sur les autres, mais elle est loin de présenter les mêmes inconvénients que sous l'ancien régime.

III. *Des sucres.* — Les lois fiscales sur les sucres sont très-nombreuses et ont été soumises à de fréquents remaniements. On s'est d'abord fondé pour calculer la richesse saccharine sur les nuances du sucre. Le sucre est blanc quand il est pur et il a une coloration d'autant plus foncée qu'il contient plus de substances étrangères. D'après cela on percevait le droit d'après des étalons-types auxquels on comparait les substances à taxer. Mais ce procédé donnait lieu à des fraudes fréquentes, car il était facile par des moyens chimiques de donner une couleur foncée aux produits des raffineries. La loi du 29 juillet 1875 autorise à recourir aux procédés saccharimétriques dans le cas où la nuance des sucres paraîtrait ne pas correspondre à leur richesse effective. D'après une loi du 30 décembre 1875, le droit est de 73 fr. 50 les 100 kilogrammes pour les sucres raffinés, de 71 fr. 50 pour les sucres bruts en poudres blanches, etc.

Nous signalerons encore l'impôt sur les huiles, sur la stéarine, sur le papier, etc., sans compter l'impôt sur le tabac perçu au moyen du monopole et qui est le moins critiquable de tous, puisqu'il porte sur une consommation de luxe et qu'il constitue une des principales ressources du budget.

VI. DROITS D'OCTROI.

Les droits d'octroi qui pèsent sur les consommations locales ont une origine très-ancienne. Leur nom vient de ce que la royauté avait jadis octroyé à diverses communes

la faveur de s'imposer certaines taxes pour subvenir à leurs dépenses. Comme prix de cette gracieuseté, le roi se réservait de prélever une part dans les produits de l'octroi. Ainsi une ordonnance de 1663 édicta que la moitié des taxes serait levée à perpétuité au profit du roi, l'autre moitié étant affectée aux dépenses de la commune. — Les octrois disparurent avec la Révolution, mais ils furent rétablis sous le Directoire par une loi de vendémiaire an VII. Comme ils étaient impopulaires, afin de les faire accepter plus aisément, on leur donna en les rétablissant le nom d'octrois de bienfaisance, et on décida qu'une partie de ces droits serait affectée aux hospices. — Depuis la loi de l'an VII, une série de lois et décrets ont régi cette matière. Un décret du 17 mai 1809 autorisa au profit de l'État le prélèvement d'un dixième, prélèvement qui a été supprimé en 1852. Les lois aujourd'hui applicables sont celles du 28 avril 1816 et du 10 août 1871.

Comment sont établis les droits d'octroi? Depuis la loi du 10 août 1871 (art. 46, § 5), ce sont les Conseils généraux qui statuent définitivement et par voie de décision sur les prorogations des taxes d'octroi actuellement existantes, pourvu que cette prorogation n'excède pas cinq années, et que l'on se renferme dans la limite du maximum des droits et de la nomenclature des objets fixés par le tarif général annexé à un décret du 10 février 1870. — Si le Conseil général se trouve en dehors du maximum ou des objets imposés par ce tarif, il n'a plus de droit de décision, et les délibérations qu'il prend pourraient être annulées par le préfet. — Enfin les surtaxes des droits d'octroi sur les boissons ne peuvent être établies, prorogées ou modifiées que par une loi. C'est sans doute parce que les boissons sont déjà grevées d'une série de droits au profit du Trésor public que le

législateur s'est réservé la faculté d'approuver les surtaxes qui pèsent sur elles.

Quels sont les objets qui peuvent être taxés à l'octroi?
— Ce sont, en principe, tous les objets de consommation
locale. Il est vrai que le décret de 1809 désignait spécialement les boissons et liquides, les comestibles, les
combustibles, les fourrages et les matériaux, mais cette
énumération ne doit pas être considérée comme limitative, car elle n'a pas été reproduite par la loi du
18 avril 1816.

Seulement que faut-il entendre par consommation
locale? C'est un point qui a été longtemps controversé.
Les matières premières qui entrent dans la commune pour
y être l'objet d'une transformation industrielle peuvent-
elles être soumises aux droits d'octroi? La jurisprudence
avait d'abord décidé que les objets de consommation
locale ne comprenaient pas ces matières premières et
qu'il s'agissait seulement d'objets qui étaient introduits
dans la commune pour servir à la consommation personnelle sans y être transformés ou manufacturés. Mais
en 1847 un arrêt de la Cour de Cassation a modifié sur
ce point la jurisprudence antérieure. Il y a consommation, d'après cet arrêt, quand une chose est modifiée,
détruite ou transformée par des opérations industrielles :
ainsi des soudes employées pour la fabrication du savon
et qui ne se retrouvent plus sous leur forme première
ont été consommées, selon le sens donné à cette expression par la jurisprudence actuelle. Il est fâcheux que
cette dernière interprétation l'ait emporté, car elle ne
s'accorde guère avec l'énumération du décret de 1809,
et elle entraîne cette injustice qu'une même matière
pourra être plusieurs fois soumise aux droits d'octroi
une première fois dans la commune où elle aura été
expédiée comme matière première pour y être manu-

facturée, et une seconde dans la commune où elle sera l'objet d'une consommation définitive.

Comment procède-t-on à la perception des taxes d'octroi? — Les communes peuvent procéder de diverses manières, soit par la *régie simple*, c'est-à-dire au moyen d'employés de la commune nommés et salariés par elle, soit par un *abonnement* avec la régie des contributions indirectes qui prêterait ses agents et se réserverait une portion des droits perçus, soit par le *fermage* en mettant l'octroi en adjudication, celui qui offrira la somme la plus élevée étant chargé de la perception des droits. Quelquefois ce dernier mode est compliqué d'un partage qui doit s'opérer entre le fermier et la commune, lorsque le revenu de l'octroi aura dépassé un certain chiffre. On dit alors qu'il y a régie intéressée.

Compétence en matière d'octroi. — Les contestations auxquelles donne lieu la perception des droits d'octroi sont de la compétence des tribunaux administratifs, et notamment du Conseil de préfecture, lorsque la difficulté s'élève entre la commune d'une part et les régisseurs ou fermiers d'autre part. Cette compétence résulte des principes, puisque l'Administration a stipulé au nom des intérêts généraux dont elle est chargée; elle est d'ailleurs affirmée par le décret de 1809, qui décide que le Conseil de préfecture est compétent pour les difficultés qui s'élèvent sur le sens des clauses du bail. — On s'est demandé si ces termes du décret étaient limitatifs, et si l'on ne devait pas porter devant les tribunaux judiciaires les contestations relatives au payement, le fermier prétendant, par exemple, que la perception des droits a été empêchée ou diminuée par suite de cas fortuits. D'après ce que nous venons de dire, il paraît hors de doute que la compétence administrative doit être étendue aux questions de cette nature.

Ce n'est pas en effet par exception, mais c'est par application des principes du droit administratif que le Conseil de préfecture a été déclaré compétent. Dès lors, il ne faut pas s'arrêter étroitement aux termes du décret de 1809, et l'on doit interpréter d'une manière extensive la compétence du Conseil de préfecture.

Si, au contraire, un débat était agité entre les particuliers et les agents chargés de la perception des droits, ce seraient les tribunaux judiciaires qui deviendraient compétents. C'est le juge de paix qui statue au civil en premier ressort, quelle que soit la valeur du litige, mais il ne juge qu'à charge d'appel au tribunal civil. Ceci encore est une application des principes, les tarifs d'octroi étant des actes administratifs réglementaires : aussi les tribunaux judiciaires peuvent-ils les interpréter et en apprécier la légalité[1].

Ces droits d'octroi ont été l'objet de très-vives critiques de la part d'un certain nombre d'économistes. On leur reproche surtout de frapper des objets de première nécessité, et par suite de n'être pas exactement proportionnels, les classes pauvres employant à l'achat d'objets d'alimentation une portion de leurs revenus plus considérable que les classes aisées. D'ailleurs, pour les matières qui sont manufacturées à l'intérieur de la commune, les droits d'octroi ont les mêmes inconvénients que les droits de douane, et peuvent servir à protéger une commune contre une autre. Enfin, les frais de perception sont souvent considérables eu égard au montant des sommes perçues. Aussi y a-t-il certaines contrées dans lesquelles les droits d'octroi ont été supprimés. En Belgique, les droits d'octroi sont abolis dans toutes les communes, et l'État a remplacé les perceptions faites par

1. Cass. 31 janvier 1873. D. 73.

les communes à ce titre par une augmentation des impôts indirects généraux, dont le produit a été réparti entre les diverses localités. Quoique cette réforme paraisse avoir produit d'excellents résultats en Belgique, il est douteux qu'elle puisse être appliquée dans les pays où la dette des communes est devenue considérable. On a du reste proposé, au lieu d'accroître les impôts indirects, ce qui présente de nombreux inconvénients, de remplacer les droits d'octroi par un impôt sur les loyers, qui aurait l'avantage d'être plus exactement proportionnel.

Critique des impôts indirects. — En terminant ces notions sur les impôts, il importe d'indiquer en quelques mots les avantages et les inconvénients corrélatifs des deux formes de perception, directe et indirecte. En somme, on voit, en y réfléchissant, que la plupart des impôts perçus par la voie directe pourraient l'être d'une manière indirecte et réciproquement. Ainsi, le droit de mutation sur les ventes d'immeubles pourrait être remplacé par un impôt direct d'un vingtième sur le revenu, comme il l'est dans la taxe de mainmorte, l'impôt sur les boissons pourrait l'être par un impôt direct sur les vignobles, etc. Sous quelle forme vaut-il mieux que l'État s'adresse aux contribuables?

Les partisans de l'impôt indirect font valoir les considérations suivantes :

1° L'impôt indirect présente le grand avantage d'être à la fois volontaire et inaperçu : volontaire, puisqu'on ne le paye que si l'on se procure des objets soumis à cet impôt; inaperçu, puisque l'impôt est confondu dans le prix de la chose achetée. Il est vrai que ce raisonnement, très exact pour les consommations de luxe, l'est beaucoup moins pour les consommations nécessaires.

2° L'impôt indirect suit les variations de la fortune publique : il diminue quand le pays s'appauvrit, augmente quand il est prospère, et, par suite, il est plus aisément supporté par les contribuables. Cet avantage est peu contestable, mais il tient surtout à ce que l'impôt indirect est un impôt de quotité ; ce sont surtout les impôts de répartition qui sont les moins élastiques.

D'autre part, en faveur de l'impôt direct, on invoque les motifs les plus sérieux :

1° Il est plus proportionnel et par suite plus conforme au principe de justice. L'impôt indirect sur les objets nécessaires à la vie pèse plus sur le pauvre que sur le riche, car les hommes consomment en proportion de leurs besoins plutôt qu'en proportion de leurs ressources. Mais, dit-on, peu importe que le prix des objets de consommation augmente, les salaires suivront la même progression, afin de suffire aux besoins des classes pauvres, donc celles-ci ne souffrent pas des impôts indirects. C'est là une erreur. Le taux des salaires dépend de la population et du chiffre des capitaux consacrés à l'industrie ; si ces deux éléments ne changent pas, les salaires pourront ne pas progresser en même temps que la valeur des objets de consommation.

2° Au point de vue de la perception de l'impôt, le rendement de l'impôt direct peut être apprécié avec plus de sûreté, tandis que les évaluations des impôts indirects ne sont jamais qu'approximatives. — De plus, les frais de perception sont bien moindres sous la forme directe ; on les évalue à 8 pour 100, tandis que pour les contributions indirectes ils s'élèveraient à 20 ou 30 pour 100.

3° Enfin, l'impôt direct n'entraîne pas pour l'industrie les inconvénients graves de l'impôt indirect. Celui-ci, en élevant le prix des matières premières, rend la concurrence avec l'étranger plus difficile, tandis que, d'autre

part, la surveillance qu'il nécessite sous le nom d'exercice est la cause d'une grande gêne pour les industriels.

Ces deux formes d'impôt ont donc leurs avantages ét leurs inconvénients, et, s'il nous fallait choisir entre elles, nous dirions que la majeure partie des taxes à percevoir doit être demandée sous forme directe, parce qu'elle est plus proportionnelle et que la considération de justice doit être dominante.

D'ailleurs entre les impôts indirects il y a un choix à faire et il n'est pas indifférent de taxer telle matière ou telle autre. Il est aisé d'indiquer à cet égard les règles qui devraient être ordinairement suivies, si les besoins fiscaux en permettaient toujours la stricte observation.

L'impôt indirect devrait être d'autant moins élevé qu'il s'agit d'objets plus indispensables à la vie, car c'est seulement lorsqu'il porte sur des objets de luxe qu'il se rapproche de la proportionnalité. A ce point de vue on peut ranger les matières imposables en trois groupes : le premier comprend les objets de consommation nécessaires, tels que les farines, les légumes, les boissons communes, etc., qui ne devraient être jamais taxés; le second renferme les objets de luxe, tels que le tabac, les chevaux et voitures, les domestiques, les étoffes fines, qui sont éminemment imposables; enfin, entre ces deux groupes il en est un troisième intermédiaire, plus taxable que le premier et moins que le second, comprenant des objets tels que les papiers, sucre, thé, café, etc. Malheureusement ces indications, qu'il est difficile de contester en théorie, sont difficiles à suivre dans la pratique, car on est sûr, en s'adressant à des objets dont la consommation est nécessaire et universelle, que l'impôt sera productif, tandis qu'en taxant des objets de luxe il arrive souvent que la matière imposable se dérobe à la perception.

Observons encore que les droits de douane valent mieux que les droits d'accise et qu'il vaut mieux taxer les objets venant du dehors et qui n'ont pas de similaires en France, de préférence à ceux qui sont produits à l'intérieur du pays. On évitera ainsi les procédés si vexatoires qu'entraîne la surveillance de la fabrication industrielle, et on laissera les choses suivre leur cours naturel, c'est-à-dire chaque pays se livrer sans entrave aux genres de production dont il est susceptible.

Appendice. — DES EMPRUNTS.

En dehors des impôts qui servent à supporter les charges ordinaires de l'État, une nation peut avoir besoin de subvenir à des dépenses anormales ou extraordinaires. Il serait difficile dans ce cas de recourir à un impôt exceptionnel, parce qu'on risquerait de diminuer subitement le capital national et d'entraver pour longtemps la marche de l'industrie. Aussi la plupart des nations pourvoient à ces dépenses en faisant appel au crédit et en empruntant les sommes qui leur sont nécessaires.

Ces emprunts ont été non-seulement justifiés, mais même exaltés outre mesure, et il est des auteurs qui ont soutenu qu'un Etat pouvait emprunter sans danger, car l'argent qu'il reçoit de ses nationaux, il le leur restitue sous forme d'intérêts en attendant qu'il le rende intégralement : il y a donc, a-t on dit, dette de la main droite à la main gauche, mais l'Etat lui-même n'est nullement appauvri. Ce raisonnement est peu sérieux, car les sommes que l'Etat reçoit à titre d'emprunt sont par lui consacrées aux dépenses qui ont nécessité cet emprunt, et l'État devra les obtenir une seconde fois par l'impôt

lorsqu'il voudra payer les intérêts et le capital de la dette. On peut dire dès lors que l'État ne rend aux contribuables qu'une seule fois les sommes qu'il a touchées deux fois. Pour apprécier l'utilité d'un emprunt, tout dépend donc de la destination que les sommes empruntées auront reçue. L'État a-t-il employé les sommes qu'il a touchées à des consommations reproductives, en faisant des travaux qui n'auraient pas été faits par les particuliers, en activant le commerce ou l'industrie nationale, l'emprunt dans ce cas est suffisamment justifié. Au contraire, si les som-mes empruntées ont été consacrées à des consomma-tions improductives, telles que des guerres, des fêtes, des travaux qui n'étaient point nécessaires ou que les particuliers auraient aisément suppléés, l'emprunt est blâmable et entraîne une déperdition de la richesse de l'État.

Comment l'Etat emprunte-t-il? Le procédé le plus sou-vent usité consiste dans l'émission de titres de rente. L'Etat vend le droit de percevoir chaque année un inté-rêt déterminé en retour de la somme qui lui est remise. Ce droit de toucher un intérêt annuel est soumis à une série de fluctuations suivant que, d'après les circon-stances, le placement fait par le particulier paraît plus ou moins sûr. L'Etat se réserve, en émettant des titres de rente, la faculté de rembourser les particuliers en leur rendant une somme que ceux-ci ne peuvent refuser de recevoir et qu'on appelle le pair.

L'Etat a fait au porteur de titres de rente une série de faveurs, afin d'attirer plus aisément la confiance du pu-blic. Nous les énumérons sommairement :

1° Les titres sont cessibles ; c'est à la Bourse et par l'intermédiaire des agents de change que les titres de rente pourront être vendus. Ils sont nominatifs ou au porteur, au gré du propriétaire du titre.

2° Ces titres sont insaisissables, c'est-à-dire que personne ne peut faire opposition au paiement d'un titre de rente. Une seule exception est admise pour le cas où le propriétaire du titre ferait opposition contre le propriétaire apparent qui le lui aurait enlevé, mais l'Etat ne pourrait opposer la compensation à des porteurs de titres de rente dont il serait le créancier.

3° La loi permet de faire emploi en rentes sur l'Etat des sommes qui ont été touchées par le mari et qui appartiennent à la femme ; les titres de rente sont à ce point de vue assimilés aux immeubles. Dans ce cas on indiquera sur le grand-livre l'affectation spéciale dont la rente est l'objet.

4° Les titres de rente ne sont soumis à aucun impôt et le droit de 3 pour 100 sur les valeurs mobilières établi par la loi de 1872 ne leur est pas applicable; il n'y a pas non plus de droit de transmission perçu sur ce genre de valeurs. On a souvent critiqué la faveur qui est faite par l'Etat aux porteurs de titres de rente, mais il parait difficile de soumettre à une taxe spéciale cet ordre de valeurs. Si un droit était établi, on verrait en effet le capital de la rente diminuer subitement d'une somme correspondante à l'impôt qui aurait été fixé, ce serait donc une perte sèche que subiraient les porteurs de titres. L'Etat, du reste, s'engagerait dans une voie très-dangereuse en taxant sa rente, car un impôt de ce genre n'est pas autre chose qu'une retenue faite par le débiteur à son créancier sur les sommes qu'il lui doit, et, une fois cette retenue commencée, le débiteur serait fortement tenté de continuer une opération si avantageuse. Aussi la rente qui serait taxée sans inconvénient dans un impôt général sur le revenu ne pourrait être que difficilement soumise à une taxe spéciale.

En dehors de l'émission des rentes perpétuelles qui

constituent le mode d'emprunt le plus souvent employé, l'État contracte des dettes temporaires de diverses sortes parmi lesquelles nous citerons les obligations amortissables, les bons du Trésor, les rentes viagères.

Les obligations *amortissables* ont été tout récemment imaginées pour permettre à l'État de consacrer des sommes importantes à entreprendre de grands travaux publics. L'État en émettant ces obligations se réserve de les amortir par des tirages successifs pendant un délai qui ne doit pas excéder soixante-quinze ans. Ce nouveau type de rente a le grand avantage d'amener ainsi d'une manière presque insensible l'extinction de la dette de l'État. On a pensé du reste qu'on pourrait l'émettre à de meilleurs conditions en raison de la séduction que doit exercer sur les souscripteurs la perspective d'une prime de remboursement.

Les *bons du Trésor* sont des effets publics qu'il est permis au ministre des finances d'émettre pour le service de la trésorerie et qui sont remboursables à court terme. Il peut arriver qu'à un moment donné les sommes qui sont dans les caisses d'un agent de l'État soient insuffisantes pour payer les dépenses des services publics, et les bons du Trésor donneront le moyen de se procurer immédiatement les fonds nécessaires. Seulement, comme il ne faut pas que la dette de l'État puisse recevoir par cette voie un accroissement trop sensible, toutes les années la loi du budget fixe une limite que les bons du Trésor ne peuvent dépasser. Ces bons constituent l'élément principal de la *dette flottante* de l'État, qui comprend encore les dépôts aux caisses d'épargne et les cautionnements de certains fonctionnaires On appelle flottante cette portion de la dette à raison des variations constantes auxquelles elle est soumise, à

la différence de la dette consolidée pour laquelle l'époque du remboursement n'est pas prévue.

Enfin l'État peut emprunter sous la forme de la rente viagère lorsque, comme il le fait par la caisse des retraites pour la vieillesse, il s'engage à servir une pension jusqu'à la fin de leur vie à ceux qui lui remettent une certaine somme. L'avantage de ce mode d'emprunt, dans lequel l'État joue le rôle d'une compagnie d'assurances, est donc de grever le présent, mais de dégager l'avenir. Toutefois il est évident qu'il ne peut servir à procurer à l'État des sommes bien importantes, et la Caisse des retraites a été jusqu'ici une charge pour le Trésor plutôt qu'une source de bénéfices.

Comment l'État éteint-il sa dette? Les diverses sortes de dettes temporaires s'éteignent par le mode prévu lors de leur émission. Quant à la rente perpétuelle, elle peut donner lieu à la conversion ou à l'amortissement.

La conversion consiste dans l'offre que fait l'État aux porteurs de titre de rente de choisir entre le remboursement qu'il s'est réservé de faire au moment de l'emprunt, ou l'acceptation de conditions nouvelles dans le taux de l'intérêt. Supposons que l'État ait, dans un moment de crise, vendu le droit de toucher 5 francs de rente au 5 pour 100 à des conditions assez mauvaises, pour 80 francs, par exemple; lorsque plus tard la prospérité renaîtra, que l'argent sera plus abondant et par suite le taux de l'intérêt moins élevé, l'État pourra dire au porteur : ou bien prenez les 100 francs que je me suis réservé de vous rembourser, ou bien acceptez seulement 4 francs de rente au lieu de 5. Et comme le porteur du titre ne préférera pas toujours le remboursement, parce qu'il ne sera pas sûr de trouver ailleurs un placement aussi solide et aussi avantageux, l'État, sans bourse délier, réduira considérablement le fardeau de

sa dette. Cette conversion est un droit pour l'État, puisqu'elle est dans les conditions de l'emprunt, et, du moment qu'elle est possible, le gouvernement a le devoir de l'accomplir, car son rôle est de ménager les ressources des contribuables et d'alléger, quand il le peut, les charges de l'État.

Quant à l'amortissement, c'est-à-dire à l'achat par l'État d'une partie des rentes émises par lui, il a fonctionné chez nous à diverses reprises, mais sans produire de bien grands résultats. Après avoir été établie une première fois en 1816, la caisse d'amortissement fut réorganisée par la loi du 11 juillet 1866, qui affectait à sa dotation des recettes et produits de diverse nature; mais, comme à la suite de nos désastres tout amortissement devenait impossible, la loi du 16 septembre 1871 confondit les fonds destinés à cette dotation avec les fonds généraux de l'État. Depuis, l'État n'a plus amorti sa dette, si ce n'est en remboursant à la Banque de France une partie des 1500 millions qu'il lui avait empruntés.

Ce mode d'extinction de la dette a eu des partisans passionnés aussi bien que d'ardents détracteurs. C'est un calcul certain qu'en mettant de côté chaque année un pour 100 du capital emprunté, et en le plaçant à intérêts composés, au bout de trente-cinq ans la dette est éteinte, mais pour que ce résultat se produise il ne faut pas oublier que l'amortissement doit fonctionner d'une manière continue, sans interruption, et d'autre part qu'il ne faut amortir qu'avec des excédants d'impôts, non par de nouveaux emprunts, sinon la dette qui s'éteint d'un côté se reforme de l'autre. C'est ce qui est arrivé plusieurs fois dans notre histoire, notamment sous le régime de la Restauration. Quant aux adversaires de l'amortissement, ils se renfer-

ment dans ce dilemme, qu'en temps de crise on ne peut songer à amortir, car pour le faire il faudrait avoir recours à l'emprunt, et qu'en temps de prospérité racheter la rente serait duperie à cause de la hausse des cours, l'amortissement devant contribuer encore plus à exagérer cette hausse. Ce raisonnement, qui contient une grande part de vérité, me paraît trop absolu. L'État, comme le particulier, qui au jour de la prospérité ne songerait pas à éteindre sa dette, risquerait fort, au premier évènement malheureux, de cesser ses paiements pour n'avoir pas su se dégager assez à temps du fardeau qui pesait sur lui.

ATTRIBUTIONS DE L'ÉTAT AU SUJET DES CULTES.

Dans les temps anciens la conception des rapports de l'État avec les cultes était profondément différente de ce qu'elle est devenue dans les temps modernes. Chaque État ou plutôt chaque cité avait ses dieux spéciaux auxquels elle était consacrée, qui étaient chargés de la couvrir de leur protection, qui épousaient toutes ses querelles et qui dans les batailles étaient censés suivre avec intérêt les efforts de ses soldats. On pratiquait le culte de tel dieu, parce qu'on appartenait à telle cité, et les Romains et les Grecs n'auraient pu concevoir l'idée de propager le culte de leurs divinités sans étendre en même temps leur domination politique. Faire un sacrifice à Jupiter Capitolin était un des droits réservés à la qualité de citoyen romain, et celui-là n'aurait pu y prétendre qui n'aurait pas joui de cette qualité [1].

Il va sans dire qu'à cette époque il ne pouvait être question, ni de liberté de conscience, ni de liberté des cultes. Comment en effet aurait pu exister la liberté de conscience, c'est-à-dire le droit pour chacun de ne relever en matière religieuse que de son libre arbitre ? La religion et l'État étant étroitement unis, repousser les croyances de la cité était faire acte de mauvais citoyen et renier en quelque sorte sa patrie. Quant à la liberté des cultes, c'est-à-dire au droit de se livrer à des cérémonies religieuses publiques, elle était encore moins admissible. Faire des sacrifices publics à des dieux qui

1. Fustel de Coulanges, *La cité antique*, p. 176.

n'étaient pas ceux de la cité eût paru une grave atteinte
à la dignité et à l'indépendance nationales.

Avec le christianisme apparut une manière toute différente de concevoir les rapports de l'Eglise et de l'État.
En proclamant que son empire n'était pas de ce monde,
qu'il fallait rendre à César ce qui est à César et à Dieu
ce qui est à Dieu, Jésus-Christ brisait l'étroite alliance
qui avait jusque-là confondu l'Église et l'État et distin-
guait le domaine des choses spirituelles du domaine
temporel. Pourtant bien des siècles durent s'écouler
avant que le principe nouveau reçût quelque application.
Lorsque le christianisme s'assit sur le trône des empe-
reurs romains, il usa, vis-à-vis de ses adversaires de la
veille, des mesures de rigueur qui avaient été dirigées
contre lui, et nous trouvons dans la législation du Bas-
Empire des textes qui prononcent les peines les plus
sévères soit contre les païens, soit contre les hérétiques.
(Code de Justinien, liv. I, tit. XI, *De paganis et sacrificiis
et templis;* — liv. I, tit. V, *De hæreticis et manicheis*).

La séparation du pouvoir civil et du pouvoir ecclésiastique n'a guère été comprise et pratiquée avant la
fin du siècle dernier. Jusque-là nous voyons ces deux
pouvoirs tantôt s'entendre mutuellement, tantôt être en
lutte l'un avec l'autre. Suivant les époques et les influences
qui dominent, l'État met le bras séculier au service de
la puissance ecclésiastique, comme dans la Saint-Barthé-
lemy et la révocation de l'édit de Nantes, ou bien défend
son domaine contre les empiètements du pouvoir spirituel, comme dans la fameuse querelle entre Boniface VIII
et Philippe le Bel, dans le concordat entre François Ier et
Léon X et dans la déclaration du clergé français de 1682.
La célèbre bulle *Unam sanctam* du pape Boniface formu-
lait dans les termes suivants la prétention des pontifes
romains : *Sic de Ecclesia et ecclesiastica potestate veri-*

ficatur valicinium Hieremiæ : « *Ecce constitui te hodie super gentes et regna.* » *Ergo, si deviat terrena potestas, judicabitur potestate spirituali ; sed, si deviat spiritualis minor, à suo superiori ; si vero suprema, à solo Deo, non ab homine poterit judicari.* On sait avec quelle énergie le roi de France repoussa de semblables affirmations. — Le Concordat entre François Ier et Léon X était relatif à la nomination de hauts dignitaires ecclésiastiques, nomination qui fut accordée à la couronne, l'institution canonique étant réservée à la papauté. — La déclaration de 1682 est bien connue et l'on sait la part que prit Bossuet à sa rédaction ; loin d'introduire un droit nouveau, elle ne faisait que rappeler des maximes traditionnelles en France et déjà colligées par Pierre Pithou. C'est à l'occasion de difficultés soulevées à propos de la *régale*, c'est-à-dire du droit de percevoir les revenus des bénéfices ecclésiastiques pendant qu'ils étaient vacants, que Louis XIV sollicita du clergé de France cette solennelle affirmation des principes relatifs aux rapports de l'Église et de l'État. La déclaration contenait quatre chefs dont voici le résumé :

1° Affirmation de l'indépendance du pouvoir temporel : « Nous déclarons que les rois et souverains ne sont soumis à aucune puissance par l'ordre de Dieu dans les choses temporelles, qu'ils ne peuvent être déposés ni directement ni indirectement par l'autorité des chefs de l'Église » ;

2° et 3° Maintien des usages traditionnels au sujet de l'administration intérieure : « Les règles, les mœurs et les constitutions reçues dans le royaume devront être maintenues et les bornes posées par nos pères demeurer inébranlables » ;

4° Au point de vue du dogme, négation de l'infaillibilité : « Quoique le pape ait la principale part dans les

questions de foi et que ses décrets regardent toutes les
Églises et chaque Église en particulier, son jugement
n'est pourtant pas irréformable, à moins que le consentement de l'Église n'intervienne. » Malgré la déclaration
de 1682, le chef de l'État ne se considéra pas moins
comme le protecteur naturel de l'Église catholique,
chargé de la défendre contre les cultes dissidents.

Ce n'est qu'en 1789 que nous voyons établi, pour la
première fois, le principe de la liberté de conscience.
La déclaration des Droits de l'homme portait en effet
(art. 10) : « Nul ne doit être inquiété pour ses opinions
même religieuses, pourvu que leur manifestation ne
trouble pas l'ordre public établi par la loi; » et la
Constitution de 1790 faisait l'application de ce principe en ces termes : « La Constitution garantit au citoyen
la liberté d'exercer le culte religieux auquel il est attaché. » Mais l'Assemblée constituante commit en même
temps une lourde faute en intervenant dans l'administration intérieure du clergé, en établissant une Constitution civile et en soumettant les ecclésiastiques à l'obligation de jurer fidélité au nouvel ordre de choses. Une
partie du clergé refusa le serment, les relations avec la
cour de Rome furent rompues jusqu'à ce que, en l'an IX,
le Premier Consul crut devoir se prêter à une transaction et négocia avec le pape ce Concordat du 26 messidor an IX, devenu la loi du 18 germinal an X, qui
depuis trois quarts de siècle régit les rapports de l'État
français avec les cultes reconnus. On sait qu'à la suite
des dispositions acceptées par les représentants de la
papauté se trouve une série d'articles, dits articles organiques, qui, votés par le pouvoir législatif, sont devenus
loi de l'État, mais contre lesquels l'Église catholique a
plusieurs fois protesté.

PRINCIPES RELATIFS AUX CULTES.

On peut aujourd'hui formuler de la manière suivante les principes relatifs aux rapports de l'État avec les particuliers au sujet de la religion.

1° *Indépendance des croyances religieuses vis-à-vis de l'État.* — La liberté de conscience est absolue et sans limites, c'est-à-dire que l'État ne peut, sous aucun prétexte, s'enquérir de la manière de penser de chacun en matière religieuse, ni attacher aucun effet politique ou civil à l'expression d'une conviction religieuse quelconque. Chacun est libre dans son for intérieur de croire ce qu'il veut et même de se livrer à telles pratiques religieuses que bon lui semble, pourvu qu'il ne se livre à aucune manifestation extérieure de nature à troubler l'ordre public.

2° *Indépendance de l'état vis-à-vis des religions.* — L'État est complètement indépendant, soit au point de vue politique, soit au point de vue civil, des autorités ecclésiastiques. Ce principe remonte, comme nous l'avons vu, à la déclaration de 1682, et signifie que le pouvoir temporel se meut librement dans son domaine sans avoir à répondre de ses actes devant quelque pouvoir religieux que ce soit. On en déduit que l'État est maître de tracer la ligne de démarcation entre son propre domaine et celui de la religion.

Au point de vue civil, il découle de ce même principe que l'état des personnes, l'accession à toutes les fonctions publiques, sont indépendants de la profession de tel ou tel culte, qu'il ne saurait en résulter pour personne ni incapacité ni privilège. C'est en vertu de cette idée que depuis une loi du 20 septembre 1792 le mariage a été sécularisé.

3° *Surveillance exercée par l'État sur les cultes. Situation spéciale des cultes reconnus.* — Le droit d'exercer publiquement un culte religieux n'existe pas et les lois restrictives des réunions ou associations s'appliquent d'une manière expresse aux manifestations religieuses (291 Pén.). Il en résulte qu'il dépend de l'État de tolérer ou d'autoriser l'exercice public d'un culte, et de retirer même une autorisation accordée, si l'intérêt public exige cette suppression. Toutefois l'État, en raison des circonstances et des traditions historiques, en raison de leur ancienneté ou du nombre de leurs adhérents, reconnaît certains cultes, leur accorde certaines faveurs et en retour se réserve certains droits. Ces cultes sont : le culte catholique, le culte réformé ou calviniste, le culte luthérien ou de la confession d'Augsbourg et le culte israélite.

Les faveurs dont jouissent ces divers cultes sont les suivantes :

1° Un traitement est assuré à leurs ministres.

2° Ceux-ci sont dispensés d'être tuteurs hors de leur résidence (427 C. Civ. et avis du Conseil d'État du 20 novembre 1806), d'être jurés (loi du 21 novembre 1872, art. 3), d'accomplir le service militaire (loi du 27 juillet 1872, art. 20).

3° Les édifices affectés aux cultes reconnus rentrent dans le domaine public ; l'État et les Communes doivent supporter une partie des frais d'entretien. — On peut s'y réunir sans encourir l'application des art. 291 et suiv. Pén. relatifs aux associations.

4° D'après le décret du 23 prairial an XII, dans les communes où l'on professe plusieurs cultes, chacun d'eux a droit à un cimetière spécial. Il y aura un emplacement pour les cultes non reconnus.

Il est intéressant de mettre en regard de ces privi-

lèges les obligations qui ont été imposées par l'État aux cultes reconnus. L'Etat, dans les articles organiques de la loi de germinal an X, non seulement se protège, comme c'est tout naturel, contre les incursions qui pourraient être faites sur son domaine, mais il intervient dans l'organisation intérieure des divers cultes, dans la nomination de leurs ministres et même dans les questions de liturgie ou de costume.

En ce qui concerne le culte catholique, les dispositions des articles organiques se résument dans les traits généraux suivants :

Les écrits, bulles, brefs, etc., émanant de la cour de Rome, ne peuvent être reçus en France sans autorisation du Conseil d'État. Les envoyés de la même cour, nonces, légats, vicaires, etc., doivent également être pourvus d'une autorisation (art. 1 et 2). Quant au clergé français, il ne peut former aucune réunion ou assemblée délibérante sans la permission expresse du gouvernement (art. 4). — Pour les nominations des membres du clergé, l'État se réserve de désigner les archevêques et évêques, sauf l'institution canonique à donner par le pape (art. 18). Il y aura au moins un curé par canton nommé par l'évêque avec l'agrément du gouvernement. — Au point de vue des doctrines, il est stipulé que les professeurs de séminaires devront souscrire à la déclaration de 1682 et s'engager à enseigner les dispositions qui y sont contenues (art. 24). Il y a enfin une série d'articles moins importants, et notamment ceux qui sont relatifs au costume. Tous les ecclésiastiques doivent être habillés à la française et en noir, les évêques pourront joindre à ce costume la croix pastorale et les bas violets (art. 43).

Quant aux cultes protestants, les articles organiques, modifiés et complétés par les lois postérieures, déter-

minent l'organisation en France de l'Église réformée et de l'Église luthérienne. Ce qui caractérise ces deux Églises, c'est qu'il n'y a point de hiérarchie entre les ministres des cultes et que leurs représentants tirent leurs pouvoirs de l'assemblée des fidèles.

Chaque paroisse ou groupe de protestants est administré par un Conseil presbytéral, qui correspond à peu près à ce qu'est le Conseil de fabrique pour les églises du culte catholique. Les paroisses sont groupées à leur tour en circonscriptions consistoriales ayant à leur tête un consistoire qui est chargé de contrôler l'administration des Conseils presbytéraux. Les circonscriptions réunies de plusieurs consistoires composent le ressort d'un synode particulier qui, pour l'Église de la confession d'Augsbourg, se réunit une fois par an (loi du 1er août 1879). De plus, les délégués des synodes particuliers formeront un synode général chargé de la haute surveillance du culte et de l'enseignement religieux, et qui communiquera au gouvernement les réclamations et les vœux formulés au nom de l'église qu'il représente.

Le culte israélite est régi par une série de lois et de décrets dont le dernier en date est du 29 août 1862. Ce fut seulement une loi de 1831 qui mit à la charge du Trésor le traitement des ministres de ce culte. Toutes les synagogues sont réparties en huit consistoires départementaux, au-dessus desquels est un consistoire central qui siège à Paris, et dont les fonctions sont analogues à celles des synodes généraux des Églises réformées.

SANCTION DES PRINCIPES POSÉS. — RECOURS COMME D'ABUS.

Il y a deux sortes de sanctions aux principes que nous avons posés au sujet des rapports de l'État avec les Cultes :

une sanction pénale dans les art. 199 à 208 du Code pénal, et une sanction morale dans le recours comme d'abus, institué par les articles organiques de la loi du 18 germinal an X (art. 6 à 8). Nous renvoyons pour les articles du Code pénal aux commentaires de ce code et nous ne nous occuperons ici que de l'appel comme d'abus. Nous verrons successivement les caractères de ce recours, les cas où il peut être formé et la procédure à suivre.

Caractères du recours comme d'abus.

1° Il est réciproque, en ce sens qu'il peut aussi bien être formé contre les ministres des cultes qui empiéteraient sur le domaine de l'autorité temporelle que contre les personnes qui porteraient atteinte à l'exercice public du culte et à la liberté que les lois et les règlements garantissent à ses ministres. Par là, l'appel comme d'abus ressemble beaucoup au conflit d'attributions, puisqu'il a pour objet de garantir l'indépendance réciproque des deux autorités, temporelle et spirituelle.

2° Il n'a qu'un effet moral, ce qui le distingue essentiellement du conflit avec lequel nous venons de le comparer. La seule condamnation que comporte une déclaration d'abus, c'est celle de la suppression des écrits ou mandements que censure le Conseil d'État.

3° Il se porte en premier et dernier ressort au Conseil d'État et n'a nullement le caractère d'un appel comme le nom qu'on lui donne pourrait le faire supposer. En matière ecclésiastique on peut en appeler de la décision d'une officialité diocésaine à celle d'une officialité métropolitaine, et de là au pape. Mais le recours comme d'abus est une action d'une nature spéciale qui ne tend nullement à la réformation d'un jugement antérieur, mais seulement à une censure solennel-

lement prononcée contre les ministres des cultes. Aussi la jurisprudence est-elle fixée en ce sens que, toutes les fois que l'appel simple peut être employé, il n'y a pas lieu à l'appel comme d'abus, l'acte entaché d'abus pouvant être annulé par l'autorité ecclésiastique ; la déclaration d'abus serait dans ce cas sans utilité [1].

Cas où il y a abus.

Nous allons suivre sur ce point l'énumération contenue dans la loi du 18 germinal an X.

1° *Usurpation ou excès de pouvoirs.* — Ces deux termes comprennent tous les cas dans lesquels un ministre du culte sort des limites de son domaine spirituel, par exemple, s'il critique dans ses écrits ou dans ses discours publics les actes du gouvernement. On a voulu distinguer, d'une manière assez subtile, entre les deux expressions dont se sert la loi de germinal. On a dit qu'il y avait usurpation quand il y avait empiètement sur les attributions d'une autre autorité, et excès de pouvoirs simple lorsque le ministre du culte excédait les limites de ses fonctions, sans que l'on pût indiquer à quelle autorité il portait atteinte. Mais cette distinction, qui a pour point de départ l'idée que le législateur ne peut commettre un pléonasme et qu'il donne toujours des sens différents aux expressions qu'il emploie, nous paraît plus subtile que réelle. Sortir de son domaine, c'est pénétrer sur le domaine d'autrui, et il sera toujours facile de désigner l'autorité sur les fonctions de laquelle l'usurpation aura été commise. Ainsi un préfet impose à un curé une renonciation à se pourvoir devant le Conseil d'État en cas de révocation ; il y a là un empiè-

---

1. Cons. d'État, 11 mai 1864, Lebon. 1864.

tement sur les pouvoirs du législateur. Lorsqu'un recours est accordé dans un intérêt d'ordre public, la loi
qui l'a établi peut seule l'interdire aux intéressés.

2° *Contravention aux lois et règlements de l'État.* —
Ce cas, qui se confondra souvent avec le précédent, se
présentera lorsqu'un ministre du culte n'aura pas res-
pecté telle ou telle obligation qui lui est imposée par la
loi. Ainsi lire en chaire une bulle pontificale sans l'autorisation du Conseil d'État, c'est contrevenir à la loi de
l'an X ; célébrer un mariage religieux avant le mariage
civil, c'est violer les articles 199 et 200 Pén. On trouverait un exemple de contravention aux règlements dans
le cas où des arrêtés municipaux défendraient de célébrer tel acte extérieur et public du culte, par exemple,
les processions.

Mais autre chose est contrevenir à la loi civile, autre
chose refuser de se prêter à l'accomplissement de tel
acte religieux, alors que la loi civile permettrait et
autoriserait ce même acte. Ainsi on ne peut forcer un
ministre du culte à prêter son ministère à une cérémonie
qui ne souffre aucun empêchement en droit civil, mais
qui serait défendue par la loi religieuse ; nous en citerons
comme exemple le mariage d'un prêtre catholique,
l'enterrement d'un suicidé, etc.

3° *Infraction aux règles consacrées par les Canons reçus en France.* — Ce cas d'abus est un des plus singu-
liers, car, s'il était pris à la lettre, il conduirait le Conseil d'État à examiner si, non-seulement dans les questions
de discipline ecclésiastique, mais pour les questions relatives aux cérémonies religieuses et au dogme, les
ministres du culte se conforment aux canons reçus en
France. Le Conseil d'État a compris qu'il ne pouvait
donner à ses pouvoirs une telle étendue, et il s'est renfermé dans l'examen de la régularité en la forme des

décisions qui lui étaient soumises comme entachées d'abus. En voici un exemple : un évêque ne peut, d'après les canons, déposer un curé qu'après trois monitions à huit jours d'intervalle, la première à personne, les deux autres à domicile : si donc ces formalités n'ont pas été accomplies, le Conseil d'État pourra déclarer comme d'abus la déposition prononcée par l'évêque. Mais quel sera l'effet de cette décision? doit-il s'ensuivre que le curé pourra reprendre l'exercice de ses fonctions ecclésiastiques? Non, car il ne dépend pas du Conseil d'État de donner effet à sa sentence au point de vue spirituel; seulement, au point de vue temporel, le traitement et les autres avantages pécuniaires attachés à la profession de curé lui seront maintenus, tant que l'évêque ne se sera pas conformé aux règles de forme consacrées par les Canons. Il résulte de là que, si un décret avait déjà nommé le remplaçant d'un curé et si ce dernier obtenait une déclaration d'abus, il pourrait attaquer le décret devant la section du contentieux pour excès de pouvoir et en obtenir l'annulation [1].

4° *Attentat aux libertés, franchises et coutumes de l'Église gallicane.* — Ce quatrième paragraphe est désormais sans application possible, puisque l'Église gallicane n'existe plus qu'à l'état de souvenir, et que la déclaration de 1682, qui contenait le résumé de ces franchises, est formellement contraire au dogme de l'infaillibilité.

5° *Toute entreprise ou tout procédé qui, dans l'exercice d'un culte, aurait pour objet de compromettre l'honneur des citoyens, de troubler arbitrairement leur conscience ou de dégénérer contre eux en oppression, injure ou scandale public.* — Ces termes sont peu précis pour un texte

---

1. C. d'Ét., 20 juin 1867, D. 67. III, 65.

de loi, mais ce défaut de précision permettra de poursuivre plus aisément les divers actes répréhensibles
commis par les ministres du culte à l'encontre des particuliers. Voici quelques cas d'application tirés de la
jurisprudence : il y aurait abus, si des paroles ou allu-
sions injurieuses étaient adressées à ses paroissiens par
un prêtre du haut de la chaire ; toutefois une rétractation
prononcée au prône suivant effacerait l'abus[1]. Il pourrait y avoir abus dans le cas de refus de sacrements,
non pas pour ce refus lui-même, mais à raison des circonstances qui l'accompagneraient et qui le feraient
dégénérer en scandale public[2]. Il s'est présenté à ce
sujet des questions de fait fort délicates, car d'un côté
l'Église est maîtresse absolue de conférer les sacrements
à qui elle veut ; de l'autre il se peut qu'elle accompagne
ce refus d'allégations injurieuses pour celui qui en est
l'objet.

Procédure du recours comme d'abus.

L'affaire pourra être portée au Conseil d'État par toute
partie intéressée, y compris, bien entendu, le gouvernement, et jugée en la forme administrative. Un mémoire
préalable sera adressé au ministre des cultes, qui enverra les pièces au Conseil d'État avec son avis ; une
seule condition est nécessaire, la signature de celui qui
forme le recours. C'est une des affaires qui rentrent dans
les attributions mixtes du Conseil d'État ; préparée par
la section qui s'occupe du ministère des Cultes, elle sera
portée devant l'assemblée générale administrative et
jugée sans publicité ni débat oral.

1. C. d'Ét., 26 décembre 1868, D. 69, V, 107.
2. C. d'Ét., 3 mars 1866, D. 67, III, 53. — 10 décembre 1868, D. 69, V, 107.

Que faut-il entendre par partie intéressée? Non seulement la personne dont les intérêts auraient été compromis, dont l'honneur aurait été atteint, mais aussi ses héritiers. Et ceux-ci ne seraient pas forcément les successeurs aux biens, mais aussi les héritiers du sang qui, tout exhérédés qu'ils seraient par testament, n'en auraient pas moins qualité pour défendre leur parent contre des attaques posthumes.

Dans quel délai doit être formé le recours comme d'abus? Il n'y a sur ce point aucun texte applicable à la matière, aussi, comme on ne peut suppléer des délais de déchéance, faut-il décider, ainsi que dans toutes les questions analogues, que le Conseil d'État appréciera en fait, et d'après les circonstances, s'il y a eu ou non renonciation au droit d'user de cette voie de recours.

La déclaration comme d'abus n'a qu'un effet purement moral. Pour mieux assurer cet effet, le gouvernement pourra faire afficher, partout où il le jugera convenable, le décret prononçant l'abus, car il s'agit ici, non d'un jugement, mais d'un acte de l'autorité publique. Enfin, le Conseil d'État pourrait, au lieu de terminer l'affaire en la forme administrative, *renvoyer, selon l'exigence des cas, aux autorités compétentes.*

Cette faculté, accordée par l'article 8 des articles organiques, de renvoyer au procureur général pour les délits dont les ministres du culte seraient coupables, a fait soulever une double question. Lorsqu'à propos d'un même fait un ministre du culte encourt à la fois la déclaration d'abus et une poursuite devant un tribunal répressif, cette dernière n'est-elle pas subordonnée au préalable du recours comme d'abus? Lorsque les deux voies de recours sont exercées simultanément, l'appel comme d'abus ne suspend-il pas le cours de la justice correctionnelle ou criminelle? Un arrêt tout ré-

cent[1] décide que le juge saisi de l'action répressive ne
peut statuer avant que l'abus soit déclaré par le Conseil
d'État. On fait valoir en ce sens que l'État s'est réservé par la loi de germinal les difficultés relatives
aux cultes, que ces questions sont d'une nature particulièrement délicate et irritante, et que, si un conseil
de gouvernement peut les traiter avec tous les ménage-
ments dont elles sont susceptibles, il est impossible de
laisser à une autorité judiciaire locale la possibilité de toucher, même par voie indirecte, à une question d'abus. Ces
considérations, quelque spécieuses qu'elles puissent paraître en elles-mêmes, n'ont aucune valeur juridique.
Soumettre une action à une autorisation préalable est une
grave exception au droit commun qui ne peut être justifiée que par un texte. Or, on ne peut en alléguer d'autre
que l'article 8 *in fine*, qui n'ordonne nullement de saisir
au préalable le Conseil d'État, mais indique seulement
ce que peut faire le conseil lorsqu'il est déjà saisi.

Mais le recours comme d'abus, s'il ne doit pas être
formé au préalable, n'a-t-il pas tout au moins un effet
suspensif? Ne convient-il pas, lorsque le Conseil d'État
est saisi, que le tribunal répressif attende sa décision
et ne s'expose pas à un désaccord qui produirait le
plus fâcheux effet? On invoque en ce sens que l'appel
comme d'abus, comme tout appel, doit avoir un effet
suspensif (457-Pr.), et de plus qu'il est semblable au
conflit positif d'attribution, puisqu'il revendique les
droits de la puissance temporelle à l'encontre de la
puissance spirituelle, or l'élévation du conflit entraîne
le sursis de l'autorité judiciaire[2]. — Ces motifs sont peu
soutenables. Il n'y a pas d'appel, car le Conseil d'État
n'est pas un juge du second degré ayant à examiner le

1. Cass. 5 décembre 1878, D. 79, I, 185.
2. T. I, p. 35.

bien fondé d'une première décision ; il constate seulement comme conseil de gouvernement s'il y a lieu de blâmer l'acte d'un ecclésiastique. Il n'y a non plus rien de semblable au conflit ; sans doute, lorsque l'autorité administrative nie la compétence de l'autorité judiciaire, on comprend que celle-ci soit tenue de surseoir jusqu'à ce que la difficulté soit résolue, mais dans le recours comme d'abus le demandeur ne nie en aucune manière la compétence du tribunal répressif. Ce recours est à la fois moins rigoureux dans sa sanction et d'une portée plus haute par son effet moral que l'action pénale, et peut dès lors parfaitement se cumuler avec elle. Il n'y a donc pas d'effet suspensif, et c'est ainsi que la Cour de cassation l'avait déjà décidé dans un arrêt qui nous paraît peu d'accord avec celui que nous avons cité précédemment[1].

ASSOCIATIONS RELATIVES AUX CULTES.

Les associations de personnes formées dans le but d'accomplir une œuvre religieuse déterminée, après avoir été très florissantes au dernier siècle, furent supprimées par les lois de l'époque révolutionnaire. Une loi du 13 février 1790 portait : « La loi constitutionnelle du royaume ne reconnaîtra plus de vœux monastiques solennels de personnes de l'un et l'autre sexe. En conséquence, les ordres et congrégations religieux dans lesquels on fait de pareils vœux sont et demeurent supprimés en France, sans qu'il en puisse être établi de semblables à l'avenir. » Plus tard l'Assemblée législative fit, à la date du 18 août 1792, une loi qui contenait notamment la disposition suivante : « Toutes les corpo-

1. Cass. 10 mai 1873.

rations ou congrégations séculières d'hommes et de
femmes, ecclésiastiques ou laïques.... — sous quelque
dénomination qu'elles existent en France.... — sont
éteintes et supprimées à dater de la publication du
présent décret. » Dès le commencement du premier
empire, un décret du 3 messidor an XII consacra
les prohibitions édictées par les lois antérieures et
en fit l'application à quelques communautés illégalement établies en France. Toutefois il contenait dans
l'article 4 une disposition qui substituait au régime
prohibitif des lois antérieures un régime préventif :
« Aucune association d'hommes ou de femmes ne pourra
se former à l'avenir sous prétexte de religion, à moins
qu'elle n'ait été formellement autorisée par décret im-
périal, sur le vu des statuts et règlements selon lesquels
on se proposerait de vivre dans cette agrégation ou association. » Plus tard, lorsque le Code pénal fut voté,
il ne fit donc que consacrer une législation préexistante
en soumettant à l'autorisation préalable les associations
religieuses, et en édictant certaines peines contre les
associations qui seraient illégalement formées. Enfin,
des lois postérieures du 2 janvier 1817 et 24 mai 1825
sont venues tirer les conséquences des principes posés,
et préciser les conditions auxquelles les congrégations de
ce genre pourraient être reconnues et recevoir la personnalité morale. Nous allons étudier brièvement ce qui
est relatif aux congrégations reconnues et à celles qui ne
le sont pas.

Des congrégations reconnues.

Comment elles sont créées. — Trois conditions sont nécessaires : 1° la vérification et l'enregistrement des statuts en Conseil d'État ; 2° une loi ou un décret, suivant

les cas; 3° le consentement de l'évêque diocésain.

La vérification des statuts en Conseil d'État est nécessaire pour que l'on puisse se rendre compte du but poursuivi par l'association et s'assurer qu'il n'est pas en désaccord avec les principes constitutifs de l'État. Mais le Conseil d'État doit-il s'enquérir de la nature des vœux prononcés par les religieux et se refuser à donner son approbation, si les vœux sont perpétuels ? Assurément non, les vœux dont il s'agit n'ont aucun effet au point de vue temporel, ils ne sauraient faire obstacle à aucun des actes de la vie civile, mariage, adoption, etc. Si plus tard le religieux veut procéder à l'un de ces actes, la violation des vœux qu'il a prononcés n'entraîne que des sanctions religieuses et non pénales : le Conseil d'État n'a donc pas à en tenir compte, soit pour les approuver, soit pour les improuver.

La qualité de personne civile ne peut être conférée à une congrégation religieuse que par une loi, et ce principe est vrai aussi bien pour les communautés d'hommes que pour celles de femmes. Toutefois, en ce qui concerne ces dernières, la loi du 24 mai 1825, complétée par un décret du 31 janvier 1852, permet de les reconnaître par décret, dans l'un ou l'autre des deux cas suivants : 1° lorsqu'elles ont eu une existence de fait antérieure au 1er janvier 1825; 2° lorsque, quelle que soit l'époque de leur fondation, elles déclarent adopter la règle et les statuts d'une congrégation déjà autorisée. Il est résulté de cette législation que les congrégations reconnues de femmes sont très nombreuses, tandis que les communautés d'hommes reconnues sont rares. Ce sont les suivantes : les lazaristes, les prêtres des missions de France, les prêtres du Saint-Esprit, les prêtres de Saint-Sulpice et les frères des écoles chrétiennes. Ces derniers dépendent du ministère de l'in-

struction publique, tandis que les autres ressortissent au ministère des cultes.

Le consentement de l'évêque diocésain a été exigé afin de relâcher le lien qui pouvait rattacher ces congrégations à un supérieur demeurant à l'étranger. En cas de dissentiment entre ce supérieur et lui, l'évêque n'aurait qu'à retirer son consentement, et la communauté serait dissoute.

Capacité dans les actes de la vie civile. — Le supérieur des établissements ecclésiastiques a pleine capacité pour ce qui concerne l'administration. Pour les acquisitions par dons et legs, l'autorisation du Conseil d'État est nécessaire comme pour tous les établissements d'utilité publique ; mais, de plus, cette même autorisation est encore exigée pour les acquisitions à titre onéreux ou les aliénations d'immeubles ou de rentes sur l'État. On s'explique aisément cette intervention du Conseil d'État pour surveiller l'accroissement de la fortune des congrégations religieuses, mais il est plus difficile de la justifier quand il s'agit des aliénations. En quoi une pareille entrave, gênante pour les congrégations, est-elle utile à l'État ? Sans doute la tutelle administrative se comprend quand il s'agit des départements, des communes, dont l'intérêt est identifié à l'intérêt général de la nation ; mais on peut se demander s'il était nécessaire de l'étendre aux biens des congrégations religieuses.

Cette autorisation comporte des explications analogues à celles que nous avons présentées au sujet des communes. Ainsi le Conseil d'État devra intervenir, même pour de simples dons manuels, il pourra user du droit de réduction, etc. Toutefois le supérieur n'aura pas le droit d'accepter à titre provisoire, parce que cette faculté accordée aux communes et aux hospices est, comme nous l'avons vu, une dérogation au droit com-

mun et qu'on ne peut la suppléer quand elle n'a pas été accordée par la loi.

Lorsqu'une donation est faite par personne interposée, l'article 911 est-il applicable et frappe-t-il la donation de nullité? On l'a contesté en disant que ce qui est défendu aux communautés religieuses, c'est de recevoir sans autorisation, et comme, quand la personne interposée voudra remettre l'objet donné, il lui sera nécessaire de se faire autoriser, la donation doit être considérée comme valable, la loi ne subissant aucune atteinte. Ce raisonnement, qui, s'il était fondé, ne tendrait à rien moins qu'à supprimer les incapacités de recevoir, ne peut être sérieusement soutenu. Il faut, en effet, que le Conseil d'État tienne compte de la situation du donateur, de sa fortune et de celle de sa famille : or il ne pourrait faire une appréciation exacte, si, au lieu d'être en présence du véritable donateur, il n'avait en face de lui qu'un donateur apparent.

En outre de l'autorisation, il y a pour les acquisitions à titre gratuit une série d'incapacités spéciales :

1° Les congrégations religieuses ne peuvent recevoir que des libéralités à titre particulier (art. 4). Cette disposition n'est pas très heureuse, car, si elle a pour but d'empêcher des dons ou legs trop considérables, il sera toujours très facile de l'éluder en énumérant les objets donnés ou légués ;

2° Les congrégations ne peuvent recevoir de leurs membres au delà du quart des biens, à moins qu'il ne s'agisse d'une somme inférieure à dix mille francs (art. 5). Cette incapacité, qui, à la différence de la précédente, n'est que relative, s'applique aux membres de la communauté les uns vis-à-vis des autres, sans doute parce qu'ils sont présumés n'être que des personnes interposées ;

3° Les congrégations reconnues ne peuvent recevoir aucune donation de nue propriété, c'est-à-dire dans laquelle le donateur se réserverait l'usufruit (ordonnance du 15 janvier 1831, art. 4). Cette dernière incapacité me paraît très-contestable : il ne saurait entrer dans les attributions du pouvoir exécutif de créer des déchéances en vertu de sa seule autorité.

D'après ce qui précède, les acquisitions d'immeubles sont soumises à la nécessité de l'autorisation et les achats d'objets mobiliers à titre onéreux sont les seuls qui échappent au principe de l'autorisation en Conseil d'État. De là découle la solution qu'il faut adopter pour l'aumône dotale, c'est-à-dire pour la somme qu'apporte le religieux en entrant en communauté ; l'autorisation ne sera pas nécessaire, si cet apport consiste en meubles et s'il peut être considéré comme une acquisition à titre onéreux ; elle le sera, au contraire, s'il consiste en immeubles ou s'il excède sensiblement la somme nécessaire à l'entretien du religieux. Même solution pour savoir si l'aumône dotale doit être rapportée.

Enfin pour les actions en justice l'autorisation du Conseil de préfecture est-elle nécessaire ? Je ne le crois pas, parce qu'aucune disposition de loi n'assimile sur ce point la congrégation religieuse à la commune et aux établissements publics (1032 Pr.).

Dissolution des congrégations religieuses. — Une communauté peut être éteinte, soit parce qu'il n'en reste plus un seul membre, soit parce qu'il lui manque une des conditions qui ont été nécessaires pour sa formation, le consentement de l'évêque diocésain ou celui de l'État. D'après l'article 6 (loi de 1825), l'État ne peut, même pour les congrégations créées par décret, retirer son autorisation que par une loi. Il arrive fréquemment en matière administrative que l'autorité qui peut révoquer est

une autorité supérieure à celle qui a accordé l'autorisation, parce que les conséquences d'un retrait d'autorisation sont plus graves que celles d'un simple refus.

En cas de suppression de l'établissement religieux
que deviennent les biens qui lui appartiennent? La loi
de 1825 (art. 7) dispose que l'on commence par prélever
sur les biens de la communauté des pensions alimen-
taires au profit des membres de la congrégation; les
biens acquis à titre gratuit dont on saura l'origine seront
restitués aux donateurs, testateurs, ou à leurs héritiers.
Le reste appartiendra à l'État, qui le répartira moitié
aux établissements ecclésiastiques, moitié aux hospices
des départements dans lesquels seraient situés les établissements éteints. La transmission sera effectuée avec
les charges et obligations imposées aux précédents possesseurs. Ces dispositions sont fort justes, les biens
des congrégations religieuses ne leur ont été remis qu'en
vue de l'accomplissement d'œuvres pieuses et charitables; du moment que ce but ne peut plus être rempli,
les biens seront restitués aux donateurs ou à leurs
familles et le reste sera consacré à des œuvres du même
genre que celle qui avait été gratifiée.

Des congrégations non reconnues.

Condition de ces congrégations. — Les congrégations non
reconnues sont plus nombreuses que les précédentes et
leur situation mal définie a donné lieu à bien des difficultés. Ainsi tout le monde convient qu'à la différence
des communautés reconnues elles n'ont pas de personnalité morale, mais on se divise sur le point de savoir
si elles peuvent s'établir en France sans autorisation et
si, dans le cas où elles n'en seraient point pourvues,

elles encourent les peines prononcées par les art. 291
et suiv. Pén.

Ceux qui soutiennent que les congrégations non autorisées ne tombent pas sous le coup de la loi pénale
s'appuient sur les termes mêmes de l'art. 291. Les lois
prohibitives antérieures à 1810 ont été, dit-on, abrogées par le premier paragraphe de cet article qui vise
dans son texte les associations religieuses ; mais d'autre part le second paragraphe excepte de la nécessité de
l'autorisation les personnes domiciliées dans la maison
où l'association se réunit. Or, comme les membres des
congrégations religieuses demeurent presque toujours
ensemble et peuvent être considérés comme domiciliés
dans la même maison, ce sont eux que le législateur
a voulu exempter dans le second paragraphe de l'article 291. — On ajoute à cela que les Constitutions de
1848 et de 1852 ayant proclamé soit les principes de
1789, soit nommément la liberté des cultes et la liberté
d'association, elles ont abrogé le décret de messidor et
le Code pénal, en tant qu'ils permettaient de poursuivre
en justice les membres des communautés religieuses.
— Enfin on invoque dans le même sens la loi du
15 mars 1850 qui reconnaît aux congrégations religieuses le droit d'enseigner. Il serait singulier qu'on pût
condamner comme associations illicites des communautés auxquelles on accorde des droits spéciaux et
surtout un droit aussi important que celui dont il s'agit.

Il est inutile de s'arrêter à ces deux derniers arguments. Jamais des proclamations de principes solennellement affirmés par les constitutions n'ont été interprétées
comme entraînant abrogation des lois spéciales qui
pouvaient leur être contraires ; sinon toutes les lois sur
la presse, les réunions, les cultes, auraient été depuis
longtemps abrogées. — Quant à la loi de 1850, il est

tout naturel d'affirmer que les congrégations religieuses auxquelles le législateur faisait allusion n'étaient et ne pouvaient être que des congrégations autorisées, notamment les frères des écoles chrétiennes. — La seule difficulté sérieuse est donc de savoir comment il faut interpréter l'article 291, § 2, et si l'exception qu'il admet pour les personnes domiciliées ensemble s'applique aux associations religieuses. Le meilleur moyen de connaître la pensée du législateur est de s'en référer aux travaux préparatoires de la loi. Or voici la seule observation qui se trouve à ce sujet dans l'exposé des motifs présenté par M. Berlier au Corps législatif, le 6 février 1810 [1] : « Le gouvernement n'interviendra point, hors les cas qui l'intéresseraient spécialement, dans ces petites réunions que les rapports de famille, d'amitié ou de voisinage, peuvent établir sur tous les points d'un si vaste empire ; et lorsqu'il ne se passera rien dans ces réunions de contraire au bon ordre, l'autorité publique, qui ne saurait être tracassière, ne leur imposera aucune obligation spéciale, eussent-elles pour objet la lecture en commun des journaux ou autres ouvrages. » Que résulte-t-il de là ? que le législateur n'a voulu excepter que les cas où ce serait le voisinage, la communauté de domicile, qui entraîneraient les réunions de plus de vingt personnes, mais non ceux où la communauté de domicile serait l'effet et non la cause de l'association. — Comment concevoir, du reste, que la loi soit plus sévère pour les réunions religieuses composées de personnes qui, ayant un domicile distinct, se réuniraient à de certains intervalles, que pour des associations dont les membres vivent en commun, soumis à une même règle et à l'autorité absolue d'un supérieur ? Tel serait pourtant le résultat de l'in-

1. Locré, Code pénal, t. II, p. 265.

terprétation qui considère le § 2 de l'article 291 comme soustrayant les congrégations religieuses à l'application du § 1er. — Nous invoquerons enfin une dernière considération. Lors de la discussion de la loi du 10 avril 1834, qui devait étendre les cas d'application de l'article 291, on proposa un amendement pour dispenser de la demande d'autorisation les associations ou réunions qui auraient exclusivement pour objet la célébration d'un culte religieux. Cet amendement fut repoussé sur les observations du ministre de la justice, qui consentait bien à ne pas appliquer l'article 291 aux simples réunions, mais qui ajouta : que « l'amendement serait dangereux, s'il pouvait donner aux associations la faculté de se former en disant qu'elles ont un but religieux. »

La conclusion est donc que les congrégations non autorisées sont entre les mains du gouvernement ; si ce dernier retire à l'une d'elles l'autorisation tacite, la tolérance dont elle jouit, elle doit se considérer comme dissoute et ses membres devront se disperser, sinon ceux-ci pourraient être poursuivis devant le tribunal correctionnel, qui prononcerait les peines portées dans les articles 292 et suiv.

Capacité dans les actes de la vie civile. — Deux principes dominent cette matière :

1° *Les congrégations non autorisées n'ont aucune personnalité morale.* Elles ne peuvent donc passer et on ne peut passer en leur nom aucun contrat, aucun acte juridique. Elles ne sont donc pas incapables au point de vue du droit, elles ne se trouvent pas dans la situation du mineur ou de l'interdit dont les actes sont annulables, elles sont inexistantes, les actes qu'elles font sont frappées d'une nullité absolue dont toute personne intéressée pourra se prévaloir. La seule situation à laquelle on puisse assimiler celle de la congréga-

tion non autorisée est celle de l'enfant non conçu ou
de la personne décédée.

2° D'autre part *chacun des membres de la congrégation
conserve, au point de vue du droit civil, une capacité
personnelle complète.* Les vœux qu'il a pu prononcer
n'ont pu modifier sa condition juridique, puisque,
valables aux yeux de la loi religieuse, ils sont, au regard
de la loi civile, absolument inexistants et ne peuvent
être opposés à ceux qui les ont prononcés, pas plus qu'ils
ne pourraient être opposés par eux. — Mais les actes
passés par les membres de ces congrégations doivent-
ils être présumés accomplis pour le compte de la communauté ou pour le compte personnel des membres qui
ont figuré dans l'acte ? c'est dans ce dernier sens
qu'il faut se prononcer, la validité d'un acte devant
toujours être présumée. C'est à celui qui prétend qu'il
y a interposition de personnes, et que la véritable personne intéressée est une communauté religieuse non
autorisée, à faire la preuve d'où doit résulter la nullité de l'acte.

Peut-on dire que les congrégations non autorisées
sont des sociétés civiles régies par les art. 1832 et
suivants? Non, car on ne peut leur appliquer la définition du Code d'après laquelle la société est un contrat
dans lequel deux ou plusieurs personnes mettent quelque chose en commun, en vue de partager le bénéfice
qui pourra en résulter. D'ailleurs, même à ce point de
vue, les congrégations non autorisées ne seraient pas
des personnes morales, puisque, d'après la jurisprudence, les sociétés civiles n'ont pas ce caractère. —
Pourrait-on d'autre part donner à ces congrégations la
forme des associations tontinières, associations dans
lesquelles certains capitaux étant mis en commun par
les associés, il est stipulé que la part des prémourants

accroîtra aux survivants, de manière que le dernier qui
survit restera seul propriétaire? Mais les tontines, d'a-
près un décret du 25 mars 1809 qui est toujours en
vigueur, ne peuvent être formées qu'avec l'autorisation
du chef de l'État, et elles sont soumises au contrôle de
l'administration des finances. — Dira-t-on enfin qu'en
tout cas ce sont des sociétés de fait pouvant contracter,
agir en justice, etc.? Quoique ce raisonnement se trouve
dans plusieurs arrêts, il est complètement inexact, car
il ne va à rien moins qu'à faire aux congrégations non
autorisées une situation préférable à celle des communautés qui ont obtenu l'autorisation. Tandis que ces
dernières sont soumises à l'autorité du Conseil d'État
pour les actes les plus graves, pour les acquisitions et
aliénations d'immeubles et de rentes, les congrégations
non autorisées pourraient se livrer à ces mêmes actes,
acheter, aliéner, actionner en justice, sans être soumises
à aucune autorisation. Dire que les congrégations non
autorisées sont des sociétés de fait, c'est donc leur conférer les avantages de la personnalité, en les dispensant
des entraves qui en sont la contre-partie.

Appliquons ces principes généraux aux principaux
actes qui concernent une congrégation non autorisée.
Les donations faites directement à un établissement de
ce genre seraient absolument nulles, tandis que la disposition en faveur d'un simple religieux serait en principe pleinement valable. Ceux qui prétendent qu'il y a
interposition de personnes peuvent en faire la preuve
par toutes sortes de moyens, même par simples présomptions. Pourrait-on objecter que l'interposition existe
vis-à-vis de tous les membres de la communauté et que,
chacun d'eux étant capable de recevoir, le legs ne peut
être annulé ? Ce sera une question de fait, mais il sera
rare que la volonté du testateur puisse être interprétée

en ce sens. Presque toujours on aura voulu gratifier la communauté, de manière que les objets donnés passent successivement à ceux qui en font partie, tandis que, si la libéralité s'adressait individuellement à chaque membre, chacun d'eux en se retirant retiendrait sa quote-part.

Quel est le sort d'une disposition faite à un établissement qui se rattache à une maison-mère dont la congrégation est reconnue? On a dit dans le sens de la validité qu'on pouvait la considérer comme faite à la maison-mère, avec charge d'en affecter les fonds aux besoins de sa succursale. Il est fort douteux, à mon sens, que cette interprétation puisse être toujours suivie, car nous voyons dans le décret du 31 janvier 1852 que l'autorisation est nécessaire pour les établissements qui adoptent les statuts d'une congrégation de femmes déjà autorisée. Or cette autorisation serait inutile, si ces établissements pouvaient recevoir des libéralités sans l'avoir obtenue.

Peut-on faire une libéralité à une congrégation non reconnue, sous condition qu'elle le sera plus tard? Nous avons déjà examiné cette question pour les établissements d'utilité publique en général, et nous l'avons résolue par la négative (t. I, p. 114).

Quant aux actes à titre onéreux, la situation est la même : ou le membre de la congrégation qui figure dans l'acte agit au nom de la congrégation, et dans ce cas le contrat est nul; ou il y figure en son nom personnel, et le contrat est valable. On trouve à ce sujet, dans certains arrêts, une méconnaissance singulière des principes. C'est ainsi qu'un arrêt décide qu'une communauté non autorisée peut stipuler d'une personne qui demande à entrer dans la congrégation une certaine somme comme condition d'admission, mais que, si cette somme dépasse

les charges de l'entretien, l'engagement doit être annulé pour l'excédant[1]. On commence donc par valider l'engagement pris vis-à-vis de la communauté, mais on s'aperçoit alors que la condition faite à celle-ci est meilleure que la condition des congrégations autorisées qui ne peuvent recevoir à titre gratuit sans autorisation, et on recule devant cette conséquence. De semblables solutions sont arbitraires, il est faux que la stipulation faite au nom d'une congrégation non autorisée soit valable. Le jour où le religieux ou ses héritiers voudront se prévaloir de la nullité, ils auront le droit de le faire, et pourront réclamer à ceux qui la détiennent la somme qui a été donnée. On ne peut leur opposer qu'une chose, c'est que les intérêts ont servi aux besoins personnels du religieux et qu'il n'en est pas dû restitution.

Une des circonstances dans lesquelles ont été soulevées les plus graves difficultés est celle où des actions en justice ont été intentées pour ou contre la communauté. La solution qui découle des principes précédents est simple : la congrégation ne peut ni agir en justice ni être poursuivie, chacun de ses membres pouvant du reste se porter demandeur ou défendeur en son nom personnel. C'est ce qu'a décidé un arrêt de la Cour de Paris [2] qui accorde le droit d'ester en justice à six religieux, en constatant expressément que c'est en leur propre et privé nom qu'ils ont acquis l'immeuble au sujet duquel l'action est exercée. Il en découle donc que chacun des intéressés ou leurs héritiers pourraient demander à sortir de l'indivision et à liciter l'immeuble. Toutefois, l'arrêt ajoute que, en admettant que les religieux eussent acquis pour le compte de la congrégation, leurs adversaires au procès ne pouvaient s'en prévaloir, parce

1. Grenoble, 27 mars 1857, D. 58, II, 119.
2. Paris, 21 février 1879. *Gaz. des trib.*, 22 février 1879.

qu'ils étaient des tiers relativement au contrat inter-
venu : or, des tiers ne sont pas recevables à invoquer la
nullité d'un acte auquel ils n'ont pas participé. C'est là
un raisonnement inexact ; si les acquéreurs n'ont pas
traité en leur nom personnel, l'acte n'est pas nul, il est
inexistant, et toute personne a qualité pour faire valoir
qu'un acte qu'on lui oppose n'a que l'apparence et non
la réalité d'un acte juridique.

Dissolution des congrégations non reconnues. —Pour les
communautés de ce genre, ce n'est pas de dissolution
qu'il s'agit, mais de séparation. Les religieux peuvent
se séparer volontairement ou être dispersés par ordre de
l'autorité administrative ou de la justice. Chaque membre
de la communauté reprendra alors les biens dont il
était personnellement propriétaire, et, si des biens ont
été acquis par indivis par plusieurs ou par tous, il y
aura lieu à partage entre les acquéreurs. Les dettes sont
supportées par ceux qui les ont nommément contractées, sauf à eux à faire la preuve que d'autres religieux
en ont tiré profit et à intenter des actions *de in rem verso.*

Donc, lorsqu'un membre se retire, il peut emporter
ses biens personnels, et lorsqu'il meurt ses héritiers
peuvent les réclamer, mais qu'en sera-t-il des biens
qu'il ne détenait que comme prête-nom et pour compte
de la communauté? Il me paraît tout d'abord hors de
doute que, si les donateurs ou vendeurs arguaient de la
nullité des donations ou des ventes consenties par eux,
ils pourraient rentrer en possession des objets dont l'ex-
religieux est propriétaire apparent; de même, si quelqu'un des membres de la communauté prouvait qu'il a
avancé de l'argent pour une acquisition, il pourrait réclamer la somme qu'il a fournie; mais en dehors de ces
hypothèses le supérieur de la congrégation ne saurait
s'opposer à la réclamation formée contre lui. Telle n'est

pas pourtant l'opinion qui a prévalu dans la jurisprudence, laquelle n'est pas en général favorable aux prétentions des héritiers. Voici les principaux arguments invoqués dans les arrêts [1] : Le demandeur au pétitoire doit justifier de sa propriété, or, c'est ce qu'il ne fait point, s'il est prouvé que les biens ont été acquis par son auteur non à titre de propriété personnelle, mais pour le compte de la congrégation. L'héritier qui revendique les biens achetés par son auteur n'a pas même un droit de copropriété indivise à faire valoir lorsque cet auteur est déclaré n'avoir été qu'un simple dépositaire, n'ayant jamais eu aucune part dans les immeubles revendiqués. Le demandeur ne peut se prévaloir des vices de la possession de la communauté défenderesse, et la justice ne saurait faire droit à sa prétention, car ce serait substituer une possession injuste à une possession irrégulière.

Tout ceci me paraît plus spécieux que solide. Le demandeur, dit-on, doit justifier de sa propriété, c'est ce qu'il fait en montrant le titre qui porte que l'acquisition est faite pour le compte de son auteur. Il est vrai que le donateur pourrait se prévaloir de la nullité de ce titre, mais le supérieur ou les membres de la congrégation ont-ils qualité pour le faire? non; ils ne peuvent arguer d'un mandat ou d'un dépôt, car quel serait ici le mandant ou le déposant, sinon la communauté qui, au point de vue juridique, n'a pas de personnalité morale et dont les droits prétendus ne sauraient être invoqués par personne?

1. Alger, 26 mai 1868. D. 69, I, 313. — Cass., 30 mai 1870. D. 70, I, 277.

DES FABRIQUES.

Ce sont des Conseils institués pour administrer les biens des paroisses catholiques et agir en leur nom. Dans chaque paroisse il doit y avoir une fabrique. Cette obligation ne peut évidemment s'étendre à des annexes, à des oratoires particuliers, ou des chapelles domestiques.

Toute fabrique paroissiale est composée : 1° d'un conseil de fabrique; 2° d'un bureau de marguilliers (décret du 30 décembre 1809). Le conseil de fabrique est l'assemblée délibérante. Il y a deux membres de droit, le maire et le curé, et neuf ou cinq fabriciens, suivant l'importance de la paroisse. — Le bureau des marguilliers est le pouvoir exécutif. Il comprend un président, un secrétaire et un trésorier. C'est ce dernier qui est la cheville ouvrière de la fabrique, il comparaît dans les aliénations, les procès, il fait les actes conservatoires, paye les dépenses, etc.

La fabrique est soumise à la tutelle administrative. Pour plaider, elle doit obtenir l'autorisation du Conseil de préfecture. Pour les actes importants, tels que acceptations de legs, acquisitions et aliénation à titre onéreux, l'autorisation doit être donnée par décret.

Outre les fabriques, il y a un certain nombre de personnes morales ayant un caractère religieux, ce sont les menses curiales, les menses épiscopales, les séminaires diocésains, les chapitres, les consistoires protestants, etc. Nous ne faisons que les mentionner sommairement, et en faisant remarquer qu'elles sont soumises aux autorisations administratives pour les actes graves qui les intéressent : acquisitions à titre gratuit, actions en jus-

tice, etc. Il y a peu de temps, le Conseil d'État, revenant sur une jurisprudence antérieure, a ajouté à la
liste de ces personnes morales, en y joignant les dio-
cèses [1]; mais l'importance de cet arrêt, qui a fait quelque
bruit, nous paraît avoir été singulièrement exagérée,
car déjà la mense épiscopale permettait à l'évêque de
recevoir les sommes destinées aux établissements ecclésiastiques et aux fondations pieuses.

1. C. d'Ét., 13 mai 1874. D. 75. III, 86.

ATTRIBUTIONS DE L'ÉTAT AU SUJET DE L'INDUSTRIE.

Ces rapports ont suivi une marche analogue à celle que nous avons constatée pour les religions, en ce que les hommes sont partis du principe de l'autorité illimitée de l'État pour arriver ensuite progressivement à un régime de liberté. Chez les anciens tout ce que nous désignons aujourd'hui sous le nom d'industrie était regardé comme indigne d'un homme libre et abandonné aux esclaves ; c'étaient les *operæ serviles* par opposition aux *artes liberales*. Se livrer à un travail manuel, faire le commerce, c'était déroger, et l'on cite l'exemple curieux des Béotiens qui exigeaient que celui qui se destinait aux affaires publiques après avoir fait le commerce se purifiât par dix ans d'oisiveté avant d'être digne des fonctions auxquelles il aspirait.

Au moyen âge l'esclavage disparaît peu à peu et fait place à la condition plus adoucie du servage. C'est à cette époque que les artisans, serfs ou hommes de condition libre, s'unirent en corporations dans le but de se soutenir mutuellement contre les prétentions des seigneurs et les exactions des gens de guerre. On sait le rôle important que jouèrent ces corporations dans le mouvement qui se produisit presque partout au onzième siècle pour l'affranchissement des communes. Ces associations avaient adopté librement des statuts qui déterminaient les conditions auxquelles les artisans seraient admis dans leur sein et les obligations qui étaient corrélatives des avantages qu'elles assuraient. Mais, lorsque le pouvoir royal

grandit peu à peu sur les ruines de la féodalité, il crut qu'il était de son devoir de réglementer l'industrie comme toutes choses, et les agents de la royauté allèrent tellement loin dans cette voie qu'un édit rendu sous l'inspiration de Colbert en 1670 enjoignit aux maires d'exposer sur un poteau les étoffes non conformes aux règlements avec le nom de l'ouvrier. En cas de récidive l'ouvrier devait être mis au carcan.

Il est inutile d'insister sur les inconvénients tant de fois signalés de l'intervention de l'État dans l'organisation de l'industrie. Nous rappellerons brièvement les principaux : 1° La division officielle des métiers, au lieu d'être en matière industrielle une cause d'harmonie et d'ordre, était une source de procès permanents entre les corporations, chacune d'elles s'efforçant de réprimer les empiètements commis par les corporations voisines et de se séparer d'elles par une ligne de démarcation souvent bien difficile à indiquer. De là les querelles entre les cordonniers et les savetiers, entre les couteliers fabricants de lames et les couteliers fabricants de manches de couteau, etc.

2° L'obligation de fabriquer conformément à des types déterminés était un obstacle à toute amélioration et à tout progrès en matière industrielle. Quand un compagnon passait maître, il devait exécuter ce que l'on appelait un chef-d'œuvre en se conformant à certaines règles dont toute sa vie il ne pouvait se départir. Si donc l'exercice de sa profession lui suggérait quelque innovation utile, il ne pouvait la mettre en pratique, et la routine et l'immobilité devenaient la conséquence forcée d'un pareil système.

3° Les conditions exigées pour être admis à exercer telle ou telle profession entraînaient comme conséquence la création de monopoles au profit de certaines per-

sonnes. Ainsi les frais de réception étaient souvent assez élevés, et l'on en cite qui s'élevaient à quatre milles livres. Dans certaines corporations on n'admettait que ceux qui étaient fils de maîtres ou qui épousaient des veuves de maîtres. Le droit de se livrer à une profession déterminée devenait un privilége réservé à certaines familles.

Mais à côté de ces inconvénients il est juste de placer la contre-partie et d'indiquer les avantages qui rendaient supportable un état de choses qu'il serait si difficile de tolérer aujourd'hui : 1° Les membres d'une même corporation pouvaient, en cas de ruine ou de maladie de l'un d'eux, se secourir mutuellement. L'esprit de corps établissait une certaine solidarité entre eux et, soit d'après les statuts, soit même spontanément, ils étaient conduits à s'entr'aider les uns les autres. Nos sociétés modernes de secours mutuels remplissent partiellement le même but.

2° De même les débats, les contestations soulevées entre artisans du même ordre avaient des arbitres tout naturels dans les membres influents de la corporation, et il arrivait souvent que les statuts donnaient une certaine juridiction aux chefs ou syndics des corps de métiers. Aujourd'hui les conseils de prudhommes jouent dans certaines communes un rôle analogue à celui de ces syndics.

3° Enfin les membres de corporations pouvaient débattre en commun leurs intérêts, soumettre leurs réclamations ou observations à l'autorité publique, chercher des débouchés nouveaux pour leurs produits, etc. Aussi s'est-il formé spontanément, surtout dans les grandes villes, en dehors de toute intervention administrative, des chambres syndicales de patrons ou d'ouvriers qui réalisent quelques-uns des avantages des corporations

sans présenter les mêmes inconvénients. Elles en diffèrent surtout en ce que l'affiliation à ces sociétés est volontaire, qu'on peut y entrer ou s'en retirer comme on
veut, que la loi n'intervient ni pour classer les métiers
ni pour fixer les types ou modèles des produits, etc. Ces
associations, dès qu'elles se composent de plus de vingt
personnes, ne sont que tolérées et peuvent être dissoutes
en vertu de l'art. 291 Pén. Aussi les chambres sont-elles
saisies d'un projet qui tend à leur donner une consécra-
tion légale.

L'industrie n'est donc soumise aujourd'hui à aucun pouvoir de réglementation de la part de l'État. Chacun est libre
d'exercer la profession qu'il veut et n'est en principe soumis à aucune condition préalable. Toutefois, comme l'intérêt de l'industrie n'est pas le seul dont il y ait à tenir
compte dans une société, des lois diverses ont établi une série de restrictions ayant pour but de ménager les intérêts
sociaux d'un autre ordre. Ainsi dans l'intérêt de l'hygiène
et de la santé publique, la loi soumet les ateliers dangereux incommodes ou insalubres à la nécessité d'une autorisation préalable ; dans l'intérêt de la défense nationale
le droit de fabriquer et de vendre des poudres et salpêtres est réservé à l'État ; dans l'intérêt de la moralité
publique, certains établissements tels que débits de boissons, cafés, cabarets, ne peuvent être ouverts que moyennant une autorisation administrative ; dans un intérêt
fiscal, certaines fabrications, telles que celles du tabac,
des allumettes, etc., sont réservées à l'État.

Nous bornerons nos explications aux ateliers dangereux, incommodes ou insalubres, que nous ferons suivre
de quelques développements sur la propriété littéraire et
les brevets d'invention.

ÉTABLISSEMENTS DANGEREUX, INSALUBRES ET INCOMMODES.

Le décret du 15 octobre 1810, qui constitue la loi fondamentale de la matière, divise les établissements dangereux en trois classes : 1° Ceux qui doivent être nécessairement éloignés des habitations particulières ; 2° ceux dont l'éloignement des habitations n'est pas rigoureusement nécessaire; 3° ceux qui peuvent rester sans inconvénient auprès des habitations, mais doivent être soumis à la surveillance de la police. En conformité de cette législation, une série d'ordonnances et de décrets ont été rendus indiquant dans laquelle de ces trois classes telle et telle industrie doivent être rangées. Ces tableaux de classement comprennent la désignation des industries, en regard la classe à laquelle elles appartiennent et l'inconvénient principal qui a motivé ce classement, par exemple, la fumée, l'odeur, les dangers d'incendie, etc.

Nous allons voir successivement ce qui est relatif à l'autorisation de ces établissements, à la condition des établissements autorisés et enfin à leur suppression.

De l'autorisation de ces établissements.

Pour la première classe la demande en autorisation doit être adressée au préfet; un avis est affiché dans un rayon de cinq kilomètres, afin que les intéressés puissent faire leurs observations; de plus, une enquête *de commodo et incommodo* aura lieu dans la commune; s'il y a des oppositions dans l'enquête, le Conseil de préfecture donnera son avis (décret de 1810, art. 4); enfin le préfet prononcera.

Pour les établissements de la seconde classe la demande est adressée au sous-préfet, qui prend des informations, fait procéder à une enquête *de commodo et incommodo* dans la commune et envoie les pièces, ainsi que son avis, au préfet, qui prononce définitivement.

Enfin, quant aux ateliers de la troisième classe, il est statué par le sous-préfet, sur l'avis du maire et de la police locale.

Quelle est, au sujet de ces autorisations, la situation de l'autorité administrative et quelle est l'étendue de ses pouvoirs? La réponse nous est donnée par cette considération, si souvent invoquée en droit administratif, que les droits de l'administration doivent être définis en interrogeant le but en vue duquel ils ont été accordés. Or l'autorité n'a ici de pouvoirs que pour sauvegarder les exigences de la sûreté, de la salubrité et de la commodité publiques, elle ne peut donc jamais s'inspirer d'autres considérations que celles qui résultent de ce genre spécial d'intérêts généraux. Ainsi l'autorisation ne saurait être refusée, sans excès de pouvoirs, sous le prétexte que l'établissement que l'on peut créer est inutile, qu'il fera concurrence à d'autres qui sont dans la même commune, qu'il entraînera une dégradation anormale des voies publiques, etc. Ce principe a été appliqué récemment aux difficultés soulevées par la loi établissant le monopole de la fabrication des allumettes. Un industriel qui demande au préfet qu'on lui prolonge une autorisation temporaire expirée peut-il se voir opposer un refus, uniquement afin d'éviter à l'État l'obligation d'exproprier et d'indemniser? non, car la décision administrative ne peut se fonder que sur l'insalubrité, l'incommodité, et non sur des considérations d'une autre nature [1].

1. C. d'État, 3 décembre 1875. D. 76,341.

Toutefois il faudrait se garder d'être trop exclusif et dire que l'administration ne peut tenir compte que des dangers et incommodités signalés dans les décrets de classement. Les indications ne portent que sur le motif principal et ne sont nullement limitatives. Ainsi telle usine est rangée dans la première classe à cause des dangers d'incendie qu'elle fait courir aux immeubles voisins, l'administration pourrait très bien refuser d'autoriser en se fondant sur l'inconvénient qui résulterait du bruit produit par les machines qui seront employées à la fabrication.

Quant à l'industriel intéressé, quel recours a-t-il contre les décisions emportant refus ou contre les autorisations qui lui paraîtraient accompagnées de conditions trop onéreuses? S'il y a eu omission des formalités prescrites, les principes du contentieux administratif consacrent un recours devant le Conseil d'État statuant au contentieux. Les textes vont même plus loin en cette matière, car, d'après le décret de 1810 (art. 7) pour les établissements de la seconde classe, et le décret du 25 mars 1852 (tableau B, 8°) pour la première classe, on peut toujours recourir au Conseil d'État, même en critiquant les considérations de sécurité ou de salubrité qui ont motivé la décision préfectorale. Ici le Conseil d'État nous paraît remplir plutôt le rôle d'administrateur que celui de juge. — Pour les établissements de la 3e classe, le recours doit être formé en Conseil de préfecture.

Enfin les tiers qui voudraient se soustraire au voisinage de l'établissement industriel peuvent, non-seulement présenter au cours des enquêtes préalables telles observations que bon leur semble, mais ils peuvent de plus, une fois l'arrêté rendu, y faire opposition devant le Conseil de préfecture (art. 7, décret de 1810). Celui-

ci annulera l'arrêté du préfet, s'il ne lui paraît pas conforme aux lois et règlements, ou ordonnera que l'industriel sera soumis à des conditions nouvelles, de manière à respecter plus sévèrement les intérêts de ses voisins.

Ce recours des tiers a fait naître une double question : Dans quel délai doit-il être formé ? lorsqu'il se fonde sur l'excès de pouvoir, doit-il précéder le recours au Conseil d'État ? Quant au délai, aucune limite spéciale n'est indiquée dans le décret de 1810, et l'on se trouve dans une situation analogue à celle que nous avons déjà rencontrée (t. I, p. 95); d'un côté on ne peut suppléer des délais de déchéance, de l'autre on ne peut laisser l'industriel indéfiniment à la merci des tiers. La jurisprudence tranche la difficulté de la manière que nous avons déjà indiquée, c'est-à-dire qu'elle permet au tribunal administratif saisi de décider s'il résulte des circonstances que les tiers aient renoncé à leur droit d'opposition. Ces circonstances seront, par exemple, l'écoulement d'un laps de temps assez long, un accord avec l'industriel, etc. [1].

En cas d'excès de pouvoirs doit-on saisir directement le Conseil de préfecture, ou peut-on s'adresser *de plano* au Conseil d'État? C'est un cas particulier de la question que nous avons déjà examinée d'une façon générale (t. I, p. 10 et 430). Notons seulement que, au sujet des ateliers insalubres, la jurisprudence la plus récente n'admet pas que le recours au Conseil d'État puisse être exercé sans que le Conseil de préfecture ait été préalablement saisi [2].

1. C. d'Ét., 11 mars 1862.
2. C. d'Ét., 14 janvier 1876. D. 76, 3, 49.

Condition des établissements autorisés.

Une fois l'établissement autorisé, l'usinier doit se conformer aux conditions qui lui sont prescrites, sous
peine de se voir retirer l'autorisation et même d'être
condamné en simple police par application de l'art. 471,
§ 15, Pén.

Quant aux tiers, ils peuvent être lésés par l'inexécution
des conditions stipulées dans l'arrêté préfectoral, ou
subir un préjudice alors même que ces stipulations
seraient parfaitement observées. — Dans le premier cas
pas de doute, ils pourront porter plainte au préfet et
de là au ministre, afin que l'industriel soit ramené à
l'exécution des clauses de l'acte d'autorisation, et de
plus ils auront une action en dommages-intérêts devant
les tribunaux judiciaires. — Dans le second cas, l'exploitation est parfaitement licite, et l'on a longtemps hésité
pour accorder une action devant les tribunaux judiciaires, car il paraît impossible de rendre l'usinier responsable des conséquences d'un fait qui n'est que
l'exercice de son droit. Aujourd'hui néanmoins la
question est définitivement tranchée par la jurisprudence contre l'industriel, et la compétence judiciaire
est mise hors de toute contestation en vertu de ce principe que nous avons si souvent appliqué (t. I, p. 160,
321), que les autorisations administratives sont toujours données sous la réserve expresse ou implicite des
droits des tiers [1]. Observons que ce tribunal judiciaire,
qui sera ordinairement le tribunal civil, devra être le
juge de paix, s'il s'agit de dommages causés aux fruits et
récoltes, en vertu de l'art. 5 de la loi du 25 mai 1838.

1. Cass. 26 mars 1873. D. 73.

Mais quelle sera l'étendue des pouvoirs des tribunaux judiciaires saisis? Puisque l'autorisation administrative laisse les intérêts privés sous la sauvegarde du droit commun, il faut appliquer les règles ordinaires ; les tribunaux civils devront apprécier le dommage matériel, ainsi que le dommage moral, et ils pourront même ordonner la suppression d'ouvrages autorisés, si cela est nécessaire pour faire respecter des droits antérieurement acquis. Cette double proposition n'a pourtant pas été admise sans difficulté. A une certaine époque l'administration transportait ici la distinction entre le dommage matériel et le dommage moral que le Conseil d'État a consacrée pour les travaux publics (voir t. I, p. 408); elle prétendait qu'il n'y avait pas à tenir compte du dommage moral, que les intéressés avaient pu s'en plaindre au cours de l'enquête, et que si, malgré leurs réclamations, l'on avait passé outre et accordé l'autorisation, c'est que ce dommage était trop peu important pour qu'on pût s'en prévaloir. Cette façon de raisonner était inexacte. L'autorisation laisse les intéressés sous l'empire du droit commun, et celui-ci ne distingue pas entre le dommage matériel et le dommage moral. Aussi l'ancienne jurisprudence est-elle aujourd'hui abandonnée, et les tribunaux peuvent aujourd'hui tenir compte des désagréments que fait subir la proximité d'un établissement industriel, pourvu, bien entendu, que ceux-ci dépassent la limite des obligations habituelles du voisinage[1].

Le droit d'ordonner la suppression d'ouvrages autorisés paraît plus difficile encore à reconnaître aux tribunaux civils, parce qu'il semble en opposition avec le principe de la séparation des pouvoirs. Mais nous avons

---

1. Cass. 27 août 1861. D. 62.

déjà vu, à propos des petits cours d'eau, que les tribunaux judiciaires peuvent faire démolir des barrages ou
travaux autorisés lorsqu'ils portent atteinte à des droits
préexistants, et il n'y a ici aucun motif spécial de décider d'une autre manière. Ainsi deux propriétaires
voisins s'engagent par convention à ne pas établir chez
eux des usines insalubres; plus tard, l'un d'eux sollicite
et obtient du préfet l'autorisation d'en établir une de
ce genre. La Cour de cassation n'a pas hésité à admettre
que les tribunaux civils doivent faire respecter la convention des parties, et ordonner la fermeture de cet
établissement malgré l'autorisation du préfet[1]. — Cette
première hypothèse ne fait aucun doute, mais il n'en
est pas de même lorsqu'un propriétaire voisin se plaint
non de la violation d'une convention, mais de simples
dommages. Dans ce cas, le tribunal qui, comme nous
l'avons vu, peut condamner l'usinier à une indemnité
pécuniaire proportionnée au préjudice dont il se plaint,
peut-il ordonner des mesures modifiant celles que l'administration a prescrites dans l'intérêt général? Il peut
sans doute ordonner que de nouveaux ouvrages seront
faits, que des précautions supplémentaires seront prises,
mais il ne doit pas se mettre en contradiction avec les
prescriptions de l'arrêté préfectoral. Sa position à l'égard
de cet arrêté est la même que vis-à-vis des règlements
généraux pour les petits cours d'eau, règlements qu'il
est tenu de respecter. Les appréciations faites dans l'intérêt public sont en effet exclusivement du ressort des
administrateurs, et l'autorité judiciaire doit se renfermer dans son rôle de gardienne des intérêts privés.

Au sujet des établissements autorisés, il sera souvent délicat de bien délimiter les pouvoirs du préfet et

1. Cass. 1er juillet 1876. D. 75, I, 478.

ceux des maires. Ces derniers sont chargés de la police dans la commune; ils pourront donc vérifier si des établissements insalubres sont autorisés, si l'industriel se conforme aux conditions qui lui ont été imposées, mais pourraient-ils soumettre à leurs arrêtés des usines qui existent en vertu d'un arrêté préfectoral? Il faut ici distinguer : s'il s'agit de mesures générales prises par le maire, par exemple, pour assurer la salubrité de la voie publique ou des cours d'eau, l'usinier y sera soumis comme tous les habitants de la commune; s'agit-il, au contraire, de mesures spéciales ne s'adressant qu'à l'industriel autorisé, il me paraît impossible que le maire puisse, dans ce cas, modifier en l'aggravant une situation créée par arrêté préfectoral, et son pouvoir devrait ici céder devant celui de son supérieur hiérarchique, conformément au décret de 1810[1].

Suppression de ces établissements.

L'autorité administrative peut toujours faire fermer les établissements non autorisés, mais elle a également le droit de retirer l'autorisation dans trois cas : 1° l'inexécution des conditions; 2° des inconvénients graves (art. 12); 3° une interruption de six mois dans les travaux (art. 13).

Quant à la suppression pour inexécution des conditions, elle va de soi, elle est au regard de l'administration l'application du principe que consacre l'art. 1184 Civ. pour les rapports entre particuliers. Qui la prononcera? Il faut ici appliquer le principe que celui qui a qualité pour autoriser a qualité pour retirer l'autorisation. Ce sera donc, pour les établissements des deux

---

1. Cass. 13 février 1874. D. 73, V, 281.

premières classes, le préfet ; pour la troisième classe, le
sous-préfet, car, quoique celui-ci ne soit d'ordinaire
qu'un agent d'instruction et de transmission, il a pour
les établissements de troisième classe des pouvoirs personnels. Y aura-t-il lieu à indemnité ? Évidemment non,
car celui qui n'exécute pas les conditions stipulées est
en faute, et le préjudice qu'il subit est son propre ouvrage. L'inexécution des conditions comprend notamment le transfert de l'usine dans un autre emplacement,
que le décret de 1840 mentionne d'une manière spéciale
dans l'art. 13.

La suppression pour inconvénients graves prévue par
l'art. 12 ne s'applique qu'aux établissements de la première classe, qu'on a considérés sans doute comme les
seuls qui puissent nécessiter cette mesure exceptionnelle. Cette suppression ne peut, d'après le décret de
1810, être prononcée que par décret en Conseil d'État,
et c'est vainement que l'on a soutenu que, depuis que
le décret du 25 mars 1852 a permis au préfet d'autoriser, celui-ci aurait le pouvoir de prononcer la suppression pour cause d'inconvénients graves. La jurisprudence se refuse à cette interprétation du décret, esti-
mant avec raison que la suppression d'un établissement
industriel, qui n'est justifiée par aucune faute de son
propriétaire, est une mesure si exceptionnelle qu'on ne
saurait priver l'usinier de la garantie de l'intervention
du Conseil d'État [1]. — Cette suppression ne doit-elle,
comme la précédente, être accompagnée d'aucun payement d'indemnité ? La même solution prévaut en pratique, les autorisations étant censées accompagnées
toujours de la condition expresse ou implicite qu'il ne
se produira aucun inconvénient grave et imprévu.

1. C. d'Ét., 17 janvier 1873. D. 73, 3, 60.

Enfin, l'interruption de six mois dans les travaux est encore une cause de suppression, parce qu'elle a pu faire croire au public que l'exploitation était abandonnée; des maisons, des établissements de diverse sorte ont pu être fondés dans le voisinage de la manufacture, et ceux qui les ont créés subiraient un préjudice grave, si le préfet ne pouvait retirer l'autorisation. C'est l'art. 13 du décret de 1810 qui lui a reconnu ce droit, et son texte ne s'applique qu'aux établissements antérieurs à 1810, mais la jurisprudence l'a généralisé et étendu même aux usines qui ont été créées depuis.

Pour les établissements non classés, le principe de la liberté de l'industrie reprend son empire, et l'administration ne saurait s'attribuer la surveillance de leur exploitation. Toutefois ce principe comporte un double tempérament : 1° Le préfet peut, aux termes d'une ordonnance du 15 février 1815 (art. 5), suspendre l'exploitation de l'établissement et en référer au ministre, pour que celui-ci provoque, s'il y a lieu, un décret de classement. Le préfet, en suspendant, fait un acte de pure administration, contre lequel les particuliers ne peuvent se pourvoir au contentieux. Il est fâcheux que la durée de cette suppression n'ait pas été limitée, il eût été à désirer qu'un délai fût déterminé, après lequel, si un décret de classement n'intervient pas, l'industriel pût continuer l'exploitation suspendue. 2° L'usinier est soumis aux arrêtés rendus par le maire pour sauvegarder la salubrité ou la commodité publiques, pourvu toutefois que ces arrêtés ne portent pas atteinte à l'exercice de l'industrie. Ainsi, le maire peut ordonner qu'on fermera les portes pour exécuter tel travail incommode pour le public, mais il ne peut décider qu'une fabrique non classée ne pourra être ouverte que sur son autorisation [1].

1. Cass. 7 février 1876. *Gaz. des trib.*, 20 février 1876.

Comme nous venons de le voir, c'est le système préventif qu'a consacré le décret de 1810, mais il importe de remarquer que pour les machines à vapeur, depuis le décret du 25 janvier 1865, le système répressif a prévalu. Les chaudières fermées destinées à produire de la vapeur sont soumises, en présence des ingénieurs de l'Etat, à une épreuve qui consiste à vérifier si elles peuvent supporter une pression effective double de celle qui ne doit pas être dépassée dans l'usage auquel elles sont destinées. Mais, depuis le décret de 1865, elles peuvent être employées à demeure après une simple déclaration à la préfecture, sans être soumises comme auparavant à la nécessité de l'autorisation et d'enquêtes préalables.

DES DROITS DE L'AUTEUR D'UNE ŒUVRE LITTÉRAIRE OU ARTISTIQUE.

On fait ordinairement rentrer dans le droit administratif les explications relatives aux droits des auteurs ou inventeurs, soit parce qu'anciennement ce droit n'était qu'une concession du pouvoir exécutif et n'était accordé que *par privilége du Roy*, soit parce que, aujourd'hui encore, un dépôt doit être fait entre les mains de l'administration préalablement à toute poursuite contre les contrefacteurs. C'est là un point de vue inexact, le droit de l'auteur existe, comme nous le verrons, en dehors de toute concession administrative, et les questions qu'il soulève se posent sur le terrain du droit privé. Quoi qu'il en soit, pour nous conformer à l'usage, nous examinerons ici le droit de l'auteur en nous demandant successivement quelle est sa nature, sur quel objet il porte, à qui il appartient, quelle sanction il entraîne.

Nature du droit des auteurs.

A mon sens, pour résoudre la question il faut en séparer les deux termes et se demander : 1° si le droit de
l'auteur est une concession du pouvoir social ou un droit
de propriété ; 2° si ce droit ou cette concession doivent
être perpétuels.

Voici d'abord par quels raisonnements on soutient
qu'il n'y a ici qu'une concession de la loi positive et en
aucune façon une propriété. Qui dit propriété dit
appropriation exclusive au profit d'un seul, mais le
jour où l'auteur a communiqué sa pensée au public,
chacun de ses lecteurs peut la faire sienne, en retirer
l'utilité ou l'enseignement qui s'y trouve contenu, s'en
inspirer plus tard dans ses créations personnelles. — Et
pour présenter le raisonnement avec plus de rigueur
encore, où trouver ici soit l'objet sur lequel porterait le
droit de propriété, soit les divers attributs que lui reconnaît le Code, l'*usus*, l'*abusus*, le *fructus?* L'objet du droit
ne peut être l'idée de l'auteur, puisque celle-ci devient
commune à tous ceux qui ont profité de son œuvre ; l'*usus*,
la jouissance de l'œuvre intellectuelle, appartient à tous
les acquéreurs du livre ; l'*abusus*, le droit de disposer,
n'existe pas pour l'auteur, puisqu'une fois l'œuvre parue
il ne peut la reprendre et la faire disparaître, etc. —
Enfin il est aisé de répondre à ceux qui disent que l'auteur doit avoir un droit de propriété parce que son
œuvre est le fruit de son travail et que la propriété ne
saurait avoir un fondement plus légitime. La vérité est
en effet que l'auteur n'a rien créé par lui-même, qu'il
n'a fait que combiner des notions acquises avant lui,
qu'il a puisé dans ce trésor commun des littératures,
des arts, des inventions, qui se sont accumulés pendant

des siècles. — On comprend donc que la société concède à l'auteur un privilége qui est comme la rémunération accordée à l'ouvrier qui a disposé habilement des matériaux que d'autres lui ont transmis, mais elle ne saurait reconnaître un droit absolu à qui n'a rien créé par lui-même. Personne n'oserait soutenir qu'une loi scientifique est la propriété du savant qui le premier l'a découverte, et pourtant elle a pu être trouvée par une intuition de génie : comment le littérateur, le romancier, revendiqueraient-ils la propriété de leur œuvre, eux qui ne font que refléter le milieu dans lequel ils vivent !

Pour ma part, je commence par repousser toute cette série de raisonnements que l'on a échafaudés sur la collaboration de l'humanité, car elle conduit en droite ligne à la suppression de toute propriété. Il n'est pas de produit si simple, si humble, pour lequel le producteur n'ait puisé dans un fonds commun d'acquisitions qui lui ont été transmises par les générations antérieures. La charrue du cultivateur elle-même n'est-elle pas obtenue en extrayant le fer du minerai par une série d'opérations qui ont été sans cesse se perfectionnant dans la suite des siècles ? Et à tout prendre ne peut-on soutenir que la collaboration de l'humanité est bien moins sensible dans l'œuvre du littérateur et de l'artiste, œuvre due à son inspiration personnelle, que dans le travail du cultivateur qui suit docilement les traditions et la routine qui lui ont été transmises ?

Quant à ceux qui prétendent qu'on ne saurait trouver ici ni l'objet ni les caractères du droit de propriété, il me semble qu'ils oublient la notion véritable du droit et commettent une confusion regrettable. Un droit en effet n'est jamais qu'une conception de l'esprit, qu'un rapport d'homme à homme, et ne saurait sans erreur être envisagé comme devant nécessairement porter sur un

objet matériel. Or qu'est le droit de propriété, sinon le pouvoir accordé à un seul de s'attribuer à l'exclusion de tous autres les avantages appropriables qui découlent de la chose dont il est propriétaire? Eh bien! ce droit privatif ne peut-il pas être aussi bien conçu pour un objet immatériel, comme le droit de l'auteur sur son œuvre, que pour la propriété foncière elle-même? Sans doute il est des avantages d'ordre moral ou intellectuel qui par leur nature échappent à l'action de toute loi positive, mais les bénéfices matériels sont parfaitement susceptibles d'appropriation et la société doit les garantir à l'auteur. Quant aux attributs de la propriété, il est aisé de les indiquer, pourvu qu'on veuille bien les concevoir d'une manière conforme à la nature du droit. L'*usus* sera la faculté pour l'auteur de tirer parti de son œuvre quand et comme il le voudra ; le *fructus*, le droit de toucher le prix des éditions ; l'*abusus*, le droit de céder à titre onéreux ou à titre gratuit la faculté de reproduction.

On voit donc que le droit de l'auteur peut être parfaitement envisagé comme un droit de propriété ayant le même fondement que la propriété foncière, c'est-à-dire le travail. J'ajoute que cette propriété doit être temporaire, car d'une part la perpétuité est de la nature, mais non de l'essence de la propriété, et d'autre part les motifs qui expliquent la perpétuité de la propriété ordinaire sont ici inapplicables.

En effet, sur quelle considération se fonde la perpétuité de la propriété foncière? Lorsqu'un homme dans un pays non encore exploité fertilise par son travail un sol jusque-là inculte, la société lui reconnaît un droit exclusif sur cet élément nouveau de la richesse sociale qui est son œuvre. Ce droit acquis, on comprend qu'il puisse en obtenir par la vente un équivalent en argent,

qu'il en dispose à titre gratuit ou par succession, mais, une fois la rémunération que la société lui doit largement assurée, comment expliquer la transmission à l'infini de successeur en successeur? Il faut ici faire intervenir l'utilité sociale; la perpétuité du droit permet au possesseur « le long espoir et les vastes pensées », elle le pousse à tirer de sa chose le meilleur parti possible sans qu'il soit arrêté par la crainte de perdre les capitaux qu'il engagerait dans la culture du sol et dans les améliorations nécessaires. Or, que l'on compare la situation du détenteur d'un immeuble avec celle de l'auteur d'une œuvre littéraire ou artistique, et l'on verra que les considérations précédentes sont absolument inapplicables. Ici, au contraire, ce qu'exige l'utilité sociale, c'est la limitation du droit. Une fois la rémunération de l'auteur assurée, il importe que le droit de propriété cesse et tombe dans le domaine public. Par là les œuvres vraiment dignes de passer à la postérité seront plus facilement accessibles à tous, chacun pourra venir puiser à peu de frais dans les œuvres des auteurs les plus remarquables, et le niveau intellectuel de l'humanité ira sans cesse s'élevant par suite de la divulgation des connaissances utiles. La temporanéité du droit devient aussi nécessaire que l'est pour la propriété foncière la perpétuité.

Ajoutons que le droit de l'auteur est réel et mobilier, ce qui ne saurait faire doute, quelque opinion qu'on adopte sur la nature de ce droit. Il est réel, puisque l'auteur peut tirer parti de son œuvre sans se servir de l'intermédiaire d'une autre personne, puisque tout le monde est tenu de respecter son droit sans que personne soit astreint à lui en fournir l'objet. Il est mobilier, puisqu'il porte sur les avantages et bénéfices que l'auteur pourra retirer de l'exploitation de son œuvre.

De l'objet du droit des auteurs.

Puisque le droit de l'auteur ne doit pas être regardé comme une concession de la loi civile, mais qu'il repose sur la même base que le droit de propriété, il faut, non le restreindre dans d'étroites limites, mais l'étendre à toutes les productions de l'esprit. C'est du reste en termes très-généraux que la loi du 24 juillet 1793 a posé le principe dans son article 1er : « Les auteurs d'écrits en tout genre, les compositeurs de musique, les peintres et les dessinateurs qui feront graver des tableaux ou des dessins jouiront durant leur vie entière du droit exclusif de vendre, faire vendre, distribuer leurs ouvrages dans le territoire de la République et d'en céder la propriété en tout ou en partie. »

Il faut donc accorder un droit de propriété pour les écrits en tout genre, non seulement les œuvres originales, mais les compilations, les traductions, les abrégés, les notes, les articles de journaux, etc. Un titre même sera l'objet d'un droit exclusif, pourvu toutefois qu'il ait quelque chose de spécial et ne soit point un terme générique employé à désigner toute une catégorie d'ouvrages d'une certaine nature, tels que dictionnaires, guides, etc.

Les œuvres non écrites, les discours, quoique n'étant pas mentionnés par la loi de 1793, n'en sont pas moins l'objet d'un droit de propriété comme produits de l'intelligence humaine. Et il en est ainsi même des cours publics, des sermons, des discours politiques. En vain dira-t-on dans ce dernier cas que ces discours s'adressant à la masse du public et que c'est se conformer à l'intention de l'orateur que de leur donner la publicité sous toutes les formes ; du moment qu'il y a quelque avan-

tage pécuniaire à retirer de leur impression, c'est à leur auteur, non au premier éditeur venu, que ce bénéfice doit appartenir.

Une difficulté spéciale a été soulevée au sujet de la reproduction des photographies, qui sont, a-t-on dit, moins l'œuvre de l'homme que celle du soleil, et qui ne ressemblent en rien à l'œuvre du peintre qui crée avec son imagination des compositions toutes personnelles. Je ne saurais admettre cette manière de raisonner. Sans doute c'est la lumière qui fixe l'image sur la plaque devenue sensible, mais est-ce à dire que le goût et l'habileté de l'opérateur ne soient pas pour beaucoup dans la réussite? que son intelligence n'ait pas une grande part dans la perfection du résultat obtenu ? S'il en est ainsi, il est difficile de nier que le droit de reproduire des épreuves photographiques ne doive être exclusif à celui qui les a obtenues.

Des personnes auxquelles le droit appartient.

Les personnes qui peuvent être investies du droit d'auteur sont : l'auteur lui-même pendant sa vie, des cessionnaires, s'il a fait cession de son droit, ses héritiers pendant cinquante ans après sa mort pour la propriété, et le conjoint survivant, s'il en laisse un, pour l'usufruit de son droit pendant le même délai (loi du 14 juillet 1866).

Pour l'auteur, à moins qu'il n'ait gardé l'anonyme, l'application de la loi de 1866 se fera ordinairement sans difficulté. S'il ne s'est pas fait connaître, comme on ne peut reculer au gré de l'éditeur le moment où l'œuvre tombera dans le domaine public, il faut décider que les cinquante ans courront à partir de la première publication. Si l'ouvrage est posthume, un décret du

1er germinal an XIII porte que les héritiers ou légataires auront les mêmes droits que l'auteur, à charge de le faire imprimer séparément et sans le joindre aux œuvres déjà publiées. Cette décision, indépendamment des inconvénients pratiques qu'elle présente, est peu conforme à la justice, car elle donne à l'héritier un droit égal à celui de l'auteur, alors pourtant que cette œuvre n'est pas le fruit de son travail. Il eût mieux valu, l'auteur étant mort, ne faire durer le droit que cinquante ans après la publication.

Le droit de l'auteur sur son œuvre est-il de ceux qui sont attachés à la personne ou peut-il être exercé par les créanciers dans les conditions de l'article 1166? Il est un premier point sur lequel il ne saurait y avoir de doute : tant que l'œuvre n'existe qu'à l'état de manuscrit et n'a pas été publiée, elle n'a pas de valeur vénale, et les créanciers ne peuvent forcer l'auteur à l'éditer malgré lui. Mais, si l'œuvre a déjà été livrée à la publicité par son auteur, les créanciers peuvent-ils faire paraître une édition nouvelle? La question est délicate, car, d'une part, l'œuvre ayant une valeur vénale est soumise au droit de gage général que l'article 2093 Civ. confère aux créanciers et, de l'autre, il est possible que l'auteur veuille apporter à son œuvre des corrections que la méditation ou l'expérience lui ont suggérées, qu'il désire même faire disparaître le souvenir d'une œuvre de jeunesse devenue indigne de la renommée que d'autres travaux lui ont acquise. Peut-être pourrait-on tout concilier en permettant aux créanciers de faire paraître une nouvelle édition, mais après avoir laissé à l'auteur un délai suffisant pour modifier son œuvre et signaler par des annotations les points sur lesquels il a abandonné ses appréciations primitives.

La cession du droit d'auteur est soumise, quant à sa

forme et ses effets, à toutes les conditions du droit
commun ; son étendue devra être déterminée d'après
les termes de la convention et l'intention des parties.
Notre législation contient ici une lacune au sujet du
concours de deux cessionnaires successifs. On ne saurait en effet appliquer l'article 1690 Civ., car le droit
est réel et il n'y a pas de débiteur à qui on puisse signifier, pas plus que l'article 1141 Civ. qui fait passer le
premier celui qui est en possession, car ici la possession
de l'un n'est pas exclusive de celle de l'autre, chacun
des concessionnaires pouvant être muni d'un manuscrit
différent. On est donc forcé de s'en tenir à l'ordre des
dates et de préférer le premier cessionnaire. Cette solution n'est pas sans inconvénient et elle est loin de
garantir à l'éditeur une sécurité complète. Si l'on s'était
mieux attaché à la nature réelle du droit, on aurait dû
décider que la cession ne serait valable à l'égard des
tiers que lorsqu'elle aurait été consignée sur un registre
spécial accessible au public ; c'est ce qui a lieu en
Angleterre.

Enfin, quant aux héritiers, la loi de 1866 apporte une
modification très-grave au droit commun sur les successions en décidant que le conjoint survivant, indépendamment des droits spéciaux qui peuvent résulter
de son contrat de mariage, aura pendant sa vie l'usufruit
du droit d'auteur dont les héritiers conserveront la nue
propriété pendant cinquante ans. Sans doute notre droit
commun fait preuve à l'égard du conjoint survivant
d'une rigueur qui a été justement critiquée, mais on ne
peut alléguer aucune considération sérieuse qui rende
cette sévérité plus choquante quand l'époux décédé appartient au monde des lettres et des arts. Quoi qu'il en
soit, la situation créée par la loi de 1866 peut se résumer dans les traits principaux suivants : à la mort de

l'auteur, si les époux étaient mariés sous le régime de la communauté, le survivant aura en toute propriété la moitié du droit d'auteur qui était tombé en totalité dans la communauté et sera usufruitier du surplus. S'ils étaient mariés sous un autre régime, le survivant ne pourrait revendiquer qu'un usufruit. Dans tous les cas, à la mort du conjoint survivant, les héritiers seront investis de la pleine propriété du droit pour le temps qui restera à courir jusqu'à l'expiration des cinquante ans à partir de la mort de l'auteur.

Mais quelle sera la portée de l'usufruit réservé au conjoint? Fera-t-il acquérir définitivement le produit des éditions qui paraîtraient pendant sa durée, ou le conjoint survivant devra-t-il capitaliser les sommes qu'il touche pour que ce capital soit restitué à sa mort aux héritiers de l'auteur? Ceux qui s'attachent pour définir les fruits au caractère de périodicité concluront nécessairement en ce dernier sens. Les éditions n'étant point périodiques, les sommes qu'elles rapportent ne peuvent être acquises définitivement par l'usufruitier, d'autant plus qu'il serait facile au conjoint survivant d'en faire paraître un grand nombre avant l'expiration de l'usufruit, de manière à rendre le droit des héritiers illusoire. Nous avons déjà rencontré une difficulté analogue au sujet des mines (t. I, p. 306), et, comme nous l'avons indiqué, les fruits sont les revenus conformes à la nature et à la destination d'une chose et n'ont pas nécessairement un caractère de périodicité. Dès lors, comme il est de la nature du droit d'auteur de produire des éditions, on doit décider avec la jurisprudence[1] que le conjoint survivant n'a pas à restituer les sommes qu'il a touchées. Quant à la possibilité pour le conjoint d'abu-

---

1. Trib. de la Seine, 2 mai 1876, affaire Michelet. *Gaz. des trib.*, 4 mai 1876.

ser de son droit, possibilité qui existe pour un usufruit quelconque, elle est prévue par l'art. 618 Civ., qui donne au nu propriétaire des moyens suffisants pour mettre un terme à cet abus.

L'usufruit du conjoint n'est qu'un droit de succession *ab intestat* et non une réserve : il en serait donc privé, si l'auteur disposait de son droit à titre onéreux ou même à titre gratuit. En cas de séparation de corps ou de convol en secondes noces, cet usufruit cesserait également. Notons enfin que le droit du conjoint survivant ne doit pas nuire aux réservataires, car la loi de 1866 décide que, si l'auteur laisse des héritiers à réserve, la jouissance du conjoint est réduite suivant les proportions et distinctions des art. 913 et 915 Civ., c'est-à-dire que le droit d'usufruit subira une réduction de moitié, du tiers, du quart, suivant que l'auteur laisse un, deux, trois enfants, etc.

Sanction du droit des auteurs.

Toute personne qui reproduit sans autorisation une œuvre artistique ou littéraire, de façon à porter préjudice au droit exclusif de l'auteur, tombe sous le coup des articles 425 et suiv. Pén. et s'expose à une amende de cent à deux mille francs, sans compter les dommages-intérêts.

Les questions que soulève la contrefaçon sont plutôt de fait que de droit. Ainsi, dans un ouvrage, les tribunaux auront à apprécier jusqu'à quel point un auteur aura pu faire des citations pour appuyer ou contrôler les théories qu'il expose, sans porter atteinte au droit de propriété d'un auteur antérieur. Traduire sans le consentement de l'auteur, c'est commettre le délit de contrefaçon. Ordinairement, le droit de traduction est régle-

menté par des traités internationaux qui commettent souvent cette inconséquence de permettre à l'étranger le droit de traduction longtemps avant que ce droit puisse être exercé en France.

La poursuite en contrefaçon ne peut avoir lieu soit au civil, soit au correctionnel, que s'il y a eu dépôt préalable de deux exemplaires, qui sont destinés, à Paris, l'un au ministère de l'intérieur, l'autre à la Bibliothèque nationale. En province, le dépôt est effectué à la préfecture. Il ne faudrait pas s'imaginer que ce dépôt soit nécessaire pour créer, comme on l'a prétendu, le droit de l'auteur, ce n'est qu'un préliminaire indispensable à l'action en justice, et l'inobservation du dépôt n'empêcherait pas que le droit de l'auteur tombât en communauté, fût compris dans sa succession et transmis suivant la loi de 1866, etc.

Ce dépôt est applicable non pas seulement aux œuvres littéraires, mais aux reproductions des œuvres d'art. Si une reproduction de ce genre a lieu par la gravure, la lithographie, la photographie, etc., la poursuite contre les contrefacteurs sera subordonnée au dépôt préalable de deux exemplaires.

Enfin, l'action en contrefaçon est donnée même à un cessionnaire, et cela quand le contrefacteur ne serait autre que l'auteur lui-même. C'est une propriété qui a été cédée, et à laquelle le vendeur ne peut pas toucher plus qu'un autre.

DU DROIT DE L'INVENTEUR.

Nous allons exposer cette matière en nous bornant aux traits principaux et en la comparant sur tous les points à la propriété littéraire.

Nature du droit des inventeurs.

Sur la nature du droit, la difficulté qui se présente et les motifs invoqués de part et d'autre sont absolument les mêmes que pour le droit de l'auteur. Aussi dirons-nous, pour les raisons que nous avons déjà signalées, que l'invention constitue, pour celui qui l'a obtenue, une véritable propriété, c'est-à-dire un droit privatif de tirer de sa découverte tout le parti qu'elle comporte. Mais l'utilité sociale par laquelle nous avons expliqué le caractère temporaire du droit de l'auteur intervient au sujet des inventions industrielles avec une plus grande force, et amène, dans la plupart des législations européennes, une limitation bien plus accentuée de la durée du droit. La société a sans doute un grand intérêt à ce que les œuvres littéraires et artistiques tombent à un moment donné dans le domaine public, afin que, pouvant être reproduites sans obstacle, elles contribuent à élever le niveau intellectuel des masses et à faciliter l'évolution progressive du genre humain ; mais combien cet intérêt n'est-il pas plus puissant encore pour les inventions industrielles qui, aussitôt connues, seront appréciées, imitées, discutées, et suggéreront à de nouveaux chercheurs des modifications et des perfectionnements dont l'humanité entière profitera? Tandis qu'on ne peut toucher à un chef-d'œuvre littéraire, à une œuvre d'art sans porter atteinte à la pensée de l'artiste et sans commettre une profanation véritable, il est de la nature des inventions scientifiques et industrielles d'être constamment perfectibles, et l'histoire de l'industrie humaine n'est que la constatation de ces alluvions successives léguées par chaque génération à celle qui la suit, complétées et perfectionnées sans cesse. On voit

donc combien il importait de faire tomber à bref délai les inventions dans le domaine public, afin qu'elles y fussent le germe d'améliorations nouvelles et de progrès incessants.

Ne peut-on ajouter d'ailleurs que la part de l'inventeur dans sa découverte est ordinairement bien moindre que celle de l'auteur ou de l'artiste dans sa création? En matière industrielle, les inventions ne sont souvent que des perfectionnements de détail, les œuvres absolument originales sont rares, et le deviennent d'autant plus que l'industrie étend plus largement son domaine. En matière littéraire ou artistique, au contraire, l'œuvre dépend bien plus des qualités inhérentes à l'auteur, d'un esprit profond, d'une imagination brillante, du sentiment exquis de l'harmonie musicale. L'œuvre étant plus personnelle, on s'explique que le droit qui en résulte soit plus étendu.

Puisque l'objet de l'invention n'est qu'un perfectionnement, comme plusieurs personnes pourraient prétendre que chacune d'elles a été la première à l'imaginer, l'Etat ne garantit le droit exclusif de l'inventeur qu'à la condition qu'il a pris un brevet le premier et fait constater par là son antériorité. Le brevet ne prouve pas que celui qui l'a obtenu ait fait nécessairement une découverte, ce n'est qu'un certificat qui constate qu'un individu a déposé à tel jour et à telle heure des descriptions, plans et dessins d'un procédé industriel qu'il prétend être nouveau (loi du 5 juillet 1844, art. 1).

La demande du brevet sera adressée au secrétariat de la préfecture où l'on constatera sur un registre spécial le jour et l'heure où elle aura été remise, afin qu'il n'y ait aucun doute sur la date de la demande. Le préfet transmettra les pièces au ministère de l'agriculture et du commerce, d'où les brevets seront expédiés. Un brevet pourra être pris pour cinq, dix ou quinze ans, moyen-

nant une annuité de 100 francs, sous peine de déchéance, si le breveté laisse écouler un terme sans l'acquitter. Les brevets sont portés à la connaissance du public par des catalogues dressés pour chaque nature d'industrie, de manière que chacun puisse vérifier si la découverte qu'il prétend avoir faite n'a pas été déjà brevetée.

L'inventeur peut apporter des perfectionnements à son œuvre et obtenir, soit un brevet nouveau en se conformant aux mêmes conditions que pour le brevet primitif, soit un certificat d'addition qui fera corps avec le brevet principal et s'éteindra avec lui, mais ne coûtera qu'une somme de 20 francs. Pendant un an, la loi donne à l'inventeur le droit de faire breveter, de préférence à tous autres, les changements ou additions applicables à l'objet de son brevet (art. 18, loi de 1844).

Des objets qui sont susceptibles de propriété industrielle.

Pour qu'une invention soit brevetable il faut les trois conditions suivantes : 1° qu'il y ait une découverte nouvelle, c'est-à-dire que la société soit redevable à l'inventeur d'une connaissance qu'elle ne possédait pas ; 2° que cette découverte soit susceptible d'utilisation industrielle ; 3° qu'il n'y ait pas eu de divulgation antérieure. Reprenons une à une chacune de ces trois conditions :

1° *Découverte nouvelle.* — L'article 2 de la loi de 1844, développant cette première condition, décide que l'on pourra prendre un brevet pour de nouveaux produits, de nouveaux moyens, ou l'application nouvelle de moyens connus pour obtenir un résultat ou un produit industriel.

Quant au *produit* nouveau, il faut entendre par là des

objets matériels ayant une forme ou une composition particulière, différente de celles que l'on trouvait déjà dans l'industrie. Ce sera, par exemple, une étoffe nouvelle ou un objet d'alimentation obtenu par la combinaison nouvelle de substances déterminées. Les nouveaux *moyens* sont des procédés, des agents dont on ne s'était pas servi jusque-là et qui concourent à donner un produit ou un résultat industriel déjà connus. C'est ainsi que les appareils qui ont été imaginés pour faire de la glace ont pu être brevetés à raison des moyens dont on se servait pour obtenir un produit connu de toute antiquité. Le *résultat* industriel, à la différence du produit, consiste non pas dans la création d'un objet matériel nouveau, mais dans un avantage obtenu relativement aux qualités industrielles et commerciales d'un objet qui est dans le commerce, par exemple, conserver un objet plus longtemps, désinfecter un produit, augmenter la portée d'une arme à feu, etc. Les moyens employés pour obtenir ces résultats seront parfaitement brevetables, quoique aucun produit nouveau ne soit obtenu. Enfin il y a *application nouvelle de moyens connus* lorsque l'inventeur s'empare de moyens connus et, en les combinant d'une certaine manière, obtient ainsi un résultat ou un produit qui n'étaient antérieurement acquis qu'avec plus de difficulté. C'est ainsi que l'on a pu prendre un brevet pour la photogravure, qui utilise une propriété connue du bichromate de potasse mêlé à la gélatine et permet, à l'aide de procédés galvano-plastiques, de reproduire des gravures et tableaux [1].

2° *Possibilité pour l'invention d'une application industrielle.* La loi sur les brevets d'invention est faite, en effet, dans l'intérêt de l'industrie et non dans l'intérêt

1. Paris, 9 février 1865.

de la science, et l'État ne saurait donner un privilège
d'exploitation là où cette exploitation est impossible.
C'est ainsi, par exemple, que les découvertes relatives
aux méthodes d'enseignement de la lecture, de la comptabilité, ne peuvent pas être l'objet d'un brevet, et l'on
pourrait faire rentrer parmi ces exemples celui que donne
la loi de 1844, en décidant dans l'article 3 que l'on ne
peut prendre un brevet pour des plans et combinaisons
de crédit ou de finances. Quelque ingénieux que ces plans
puissent être, celui qui les a imaginés pourra en retirer
un profit en les appliquant personnellement, mais il ne
pourra pas se réserver le monopole exclusif de l'usage
de ces combinaisons.

3° *Absence de divulgation antérieure au brevet.* — La
société ne doit en effet garantir un droit exclusif qu'à
celui qui l'a enrichie de quelque invention nouvelle.
Ainsi on ne saurait prendre un brevet pour des produits
qui étaient déjà dans le commerce, pour des procédés
rendus publics par des livres ou par des cours oraux,
etc. Par contre la confidence à un ami dans la conver-
sation ou dans une lettre, le dépôt sous pli cacheté,
l'usage secret antérieur, ne constituent pas la publicité
et ne s'opposent pas à la délivrance du brevet.

Peut-on obtenir un brevet pour un procédé qui serait
déjà connu et pratiqué secrètement par un seul industriel?
C'est un point discuté, et l'on a soutenu que la société
ne reçoit rien du prétendu inventeur, puisqu'un de ses
membres se servait déjà du même procédé et qu'elle ne
saurait dès lors lui reconnaître aucun droit. Toutefois la
jurisprudence est plutôt pour l'affirmative. Pour que
l'on puisse dire qu'un procédé est acquis par la société,
il faudrait qu'il eût reçu une publicité suffisante pour
que ceux de ses membres qui y ont intérêt puissent
l'exercer, et c'est ce qu'on ne peut affirmer, puisque le

premier inventeur pourrait mourir, quitter le pays et priver ses concitoyens de ses découvertes. Cependant, si le brevet est valable, il n'a qu'un effet relatif et n'est pas opposable à l'industriel qui justifierait d'une possession antérieure. En effet, puisque la loi reconnaît et protège les secrets de fabrique, le premier exploitant était dans une situation légale, il ne saurait dès lors être dépossédé.

Ce que nous venons de dire sur l'objet du brevet explique les nombreuses dispositions de la loi de 1844 sur les cas où il y a nullité ou déchéance des brevets. Il faut envisager le brevet comme constatant une convention entre l'inventeur et le pouvoir social, convention par laquelle ce dernier garantit une propriété temporaire pour tout objet qui remplit les conditions indiquées. Il y aura donc nullité, c'est-à-dire que le brevet tombera par suite d'un vice dont il est entaché dès son origine, si l'invention n'est ni nouvelle ni brevetable ; de même, en vertu des règles générales des contrats, si elle n'est ni licite ni déterminée. Il y aura déchéance ou résolution, c'est-à-dire que le brevet, valable à son origine, prendra fin pour une cause postérieure, s'il y a de la part du breveté inexécution des conditions, c'est-à-dire non payement de l'annuité avant le commencement de chacune des années pour lesquelles le brevet a été pris, ou prescription par suite du non-usage du brevet pendant deux ans.

Qui peut exercer le droit de l'inventeur.

C'est l'inventeur seul qui peut obtenir un brevet, à moins qu'il n'ait fait cession de son droit. Dans le cas où ce serait un tiers qui frauduleusement se serait approprié l'invention et aurait pris un brevet en son nom,

l'inventeur pourra exercer une action en revendication et, s'il triomphe, sera subrogé à tous les droits résultant du brevet.

Il se présente pour les créanciers de l'inventeur la même difficulté que pour ceux de l'auteur et nous la résoudrons d'une manière analogue. Tant que le brevet n'est pas pris, les créanciers ne peuvent s'emparer des manuscrits de leur débiteur et faire breveter celui-ci malgré lui. Une fois au contraire que le brevet a été obtenu, les créanciers peuvent le saisir entre les mains de l'inventeur et le faire vendre. Il y a là un *à fortiori* évident ; plus encore que le droit d'auteur le brevet représente une valeur pécuniaire ; la réputation, la gloire de l'inventeur, sont moins en cause et n'entraînent pas les mêmes tempéraments.

La cession du brevet est prévue par la loi de 1844, qui a évité l'inconvénient signalé au sujet du droit des auteurs en décidant que la cession ne sera valable à l'égard du tiers que si elle est enregistrée à la préfecture. De cette manière entre deux cessionnaires celui-là sera préféré dont l'acte de cession aura été le premier enregistré. La loi ajoute à cette première condition que l'acte de cession doit être notarié et que la totalité de la taxe doit être payée pour que la cession soit valable. Ces deux conditions sont peu explicables. On exige l'authenticité pour protéger l'inventeur par l'intervention du notaire contre des ventes qu'il consentirait trop aisément, mais la loi n'a point à protéger les personnes majeures et capables. Quant au payement de toute la taxe, il semble que l'on veut profiter de ce que l'inventeur a de l'argent pour le forcer à payer l'État. Tout cela est puéril.

Quant aux héritiers, la loi de 1844 est muette et s'en réfère au droit commun. Le conjoint survivant n'a ici

aucun usufruit et, si l'inventeur n'était pas marié sous le régime de communauté, son conjoint n'aurait aucun droit sur l'invention. La femme de l'inventeur est donc, sans qu'on en voie le motif, moins favorisée que celle de l'auteur. Si les époux avaient adopté le régime de communauté, le brevet serait tombé au nombre des biens communs et, à la liquidation, le droit au brevet serait compris dans le partage. Ce dernier point, il est vrai, a été contesté pour l'inventeur, comme nous l'avons vu au sujet de l'auteur, et l'on a dit que, si l'inventeur survit, il ne peut être dépouillé du brevet contre sa volonté, opinion peu soutenable, car, par l'adoption du régime de communauté, l'inventeur s'est dépouillé de la moitié des acquisitions mobilières qu'il pourrait réaliser pendant le mariage.

Sanction du droit de l'inventeur.

Toute personne qui porte atteinte aux droits du breveté, soit par la fabrication des produits, soit par l'emploi des moyens faisant l'objet du brevet, commet le délit de contrefaçon et sera punie d'une amende de cent à deux mille francs (art. 40, loi de 1844).

Il n'est pas besoin de dépôt préalable, puisque le brevet n'a pu être obtenu qu'après un dépôt des plans et dessins de l'invention. Le droit de poursuite sera exercé par le propriétaire du brevet ou par le ministère public, sur la plainte du breveté. Comme celui-ci est plus directement atteint par le délit, il est bon qu'il intervienne pour donner tous les renseignements dont on aura besoin. Le cessionnaire du brevet pourrait aussi exercer le droit de poursuite, et cela même contre le véritable inventeur qui se serait dessaisi de sa découverte.

ATTRIBUTIONS DE L'ÉTAT

AU SUJET DE LA PROPRIÉTÉ FONCIÈRE.

Quoique les diverses constitutions qui ont régi la France aient toujours proclamé l'inviolabilité de la propriété, ce principe n'en comporte pas moins de nombreuses dérogations. Nous en avons déjà examiné un certain nombre en nous occupant des servitudes d'utilité publique, de l'expropriation pour cause d'utilité publique, des mines et carrières, etc. Dans les cas que nous avons vus, le principe de l'inviolabilité cédait, à de certaines conditions, devant des intérêts généraux d'un autre ordre et auxquels il ne pouvait faire échec sans danger pour la chose publique. Les dérogations qu'il nous reste à examiner présentent un autre caractère. C'est dans l'intérêt de la propriété elle-même, pour l'assainir, la rendre cultivable, la protéger contre les causes qui la rendent improductive, que l'État intervient. Nous allons le montrer en nous occupant succinctement du dessèchement des marais, de la mise en valeur des terres incultes, de l'ensemencement des dunes, du reboisement des montagnes et du défrichement des bois et forêts.

Dessèchement des marais.

Ce dessèchement est prévu par la loi du 16 septembre 1807. Si les particuliers intéressés ne s'entendent pas pour former une association syndicale, le gouvernement pourra ordonner les dessèchements qu'il

croira utiles ou nécessaires. Le dessèchement sera opéré par l'État ou par des concessionnaires, dans les délais et d'après les plans adoptés par le gouvernement.

L'État constitue les propriétaires en syndicat forcé, et le préfet nomme trois à neuf syndics en les choisissant parmi les intéressés. Ces syndics désigneront des experts qui, contradictoirement avec les experts choisis par les concessionnaires ou par l'État, constateront par un double procès-verbal l'état des terrains avant et après le dessèchement. On connaîtra ainsi la plus-value que les travaux effectués auront produite pour les propriétaires, et ceux-ci seront tenus d'en payer le montant d'après des rôles approuvés et rendus exécutoires par le préfet, sauf recours au Conseil de préfecture. Toutefois, comme ce payement pourrait être trop onéreux pour les propriétaires, ils peuvent se libérer en abandonnant une partie des terrains dont la valeur équivaudrait à la plus-value dont ils sont débiteurs, ou en payant une rente au taux de 4 pour 100, dont le capital ne pourra leur être réclamé, mais qu'ils auront la faculté de rembourser par payements partiels, pourvu qu'ils versent chaque fois plus d'un dixième du capital.

On voit combien ce procédé se rapproche de celui qui est indiqué par le Code civil (art. 2103, 4°) pour déterminer l'étendue du privilège accordé aux architectes et entrepreneurs. Aussi n'est-il pas étonnant que la créance de ceux qui ont exécuté les travaux, État ou concessionnaires, soit privilégiée sur la plus-value. Mais, à la différence des principes posés par le Code civil, ce privilège se conserve non par l'inscription des deux procès-verbaux, mais par la transcription de l'acte de concession.

Ces travaux de dessèchement peuvent nécessiter des frais annuels d'entretien. Sur la proposition des syn-

dics et l'avis du Conseil de préfecture, des décrets en Conseil d'État arrêtent la manière dont les dépenses doivent être réparties entre les propriétaires. Les rôles sont dressés chaque année par les syndics et mis en recouvrement après approbation du préfet.

Reboisement et gazonnement des montagnes.

Une loi du 28 juillet 1860, relative au reboisement, et complétée en ce qui concerne le gazonnement par une loi du 8 juin 1864, a permis de porter atteinte aux droits des propriétaires de la manière suivante : lorsque les travaux de reboisement sont rendus obligatoires par suite de l'état du sol et des dangers qui en résultent pour les terrains inférieurs, un décret en Conseil d'État fixe le périmètre des terrains dans lesquels il est nécessaire de reboiser. Si les particuliers qui sont propriétaires dans ce périmètre ne veulent pas effectuer eux-mêmes le reboisement, l'État peut acquérir les terrains en se conformant à la loi du 3 mai 1841.

Lorsque le reboisement est accompli, le propriétaire exproprié peut se faire réintégrer dans sa propriété en faisant une déclaration à la sous-préfecture dans les cinq ans qui suivent la notification à lui faite de l'achèvement des travaux, à charge de rembourser l'indemnité d'expropriation et le prix des travaux, en principal et intérêts. Pour le prix des travaux, le propriétaire peut s'acquitter en abandonnant la moitié ou le quart de la propriété, suivant qu'il s'agit de reboisement ou de gazonnement.

En ce qui concerne les *dunes*, d'après un décret du 14 décembre 1810, l'État fait publier et afficher le plan des dunes qu'il se propose de faire fixer par l'administration forestière, plan approuvé par le ministre des finances, puis il s'empare des terrains des propriétaires

qui ne voudraient pas eux-mêmes accomplir les travaux et conserve la jouissance de ces terrains jusqu'à ce qu'ils soient complètement ensemencés et jusqu'au recouvrement complet des avances qu'il a faites en principal et intérêts. C'est donc un cas exceptionnel où il y a prise de possession sans indemnité préalable. Une fois les dunes plantées et l'État rentré dans ses avances, ces dunes seront remises au propriétaire, qui restera toutefois placé sous la surveillance de l'administration des eaux et forêts.

Défrichement des bois et forêts.

A côté des dispositions relatives au reboisement il faut signaler celles qui ont trait au défrichement des bois. Un propriétaire de bois et forêts n'est pas libre de modifier la culture de ses terrains. Il doit, avant d'arracher ses arbres, faire une déclaration à la sous-préfecture au moins quatre mois d'avance. L'administration des forêts peut s'opposer au défrichement pour diverses causes qu'énumère l'art. 220 For., telles que maintien des terres sur les montagnes ou les pentes, défenses du sol contre les érosions et envahissements des cours d'eau, etc. Cette opposition est transmise, avec l'avis que doit donner le préfet en Conseil de préfecture, au ministre des finances, qui prononce administrativement, la section des finances du Conseil d'État préalablement entendue. Le défrichement pourra être effectué, si dans les six mois qui suivront la signification de l'opposition la décision du ministre n'est pas rendue et signifiée au propriétaire (art. 219 For.). Sont exceptés de ces dispositions : 1° les jeunes bois pendant les vingt premières années après leur semis ou plantation; 2° les parcs ou jardins clos ou attenant aux habitations;

3° les bois non clos d'une étendue au-dessous de dix hectares, lorsqu'ils ne font pas partie d'un autre bois qui complèterait une contenance de dix hectares, ou qu'ils ne sont pas situés sur le sommet ou la pente d'une montagne.

Terres incultes des communes.

Mentionnons enfin, en terminant, une disposition spéciale relative aux communes. D'après la loi du 28 juillet 1860, l'État peut mettre en valeur les terres incultes qui leur appartiennent, en procédant, soit à ses frais, soit aux frais des communes. Le préfet commence par demander l'avis du Conseil municipal délibérant avec l'adjonction des plus imposés ; si ce conseil refuse de procéder lui-même aux travaux de mise en culture, un décret en Conseil d'État, après avis du Conseil général, déclare l'utilité des travaux et en règle le mode d'exécution. Lorsque les sommes nécessaires ne seront pas fournies par les communes, elles seront avancées par l'État, qui se remboursera de ses avances en principal et intérêts, au moyen de la vente publique d'une partie des terrains améliorés. Les communes peuvent s'exonérer de toute répétition de la part de l'État en abandonnant la moitié des terrains mis en valeur.

FIN.

TABLE DES MATIÈRES

—

DU DÉPARTEMENT

A. Du préfet.

B. Secrétaires généraux de préfecture

D. Des Conseils généraux.

DE L'ARRONDISSEMENT

Des sous-préfets.

Des Conseils d'arrondissement.

DE LA COMMUNE

ÉTABLISSEMENTS PUBLICS ET D'UTILITÉ PUBLIQUE

I. ÉTABLISSEMENTS PUBLICS SPÉCIAUX

II. ÉTABLISSEMENTS D'UTILITÉ PUBLIQUE

Associations syndicales.

DES TRIBUNAUX ADMINISTRATIFS

I. TRIBUNAUX ADMINISTRATIFS GÉNÉRAUX

A. Des administrateurs juges.

B. Des Conseils de préfecture.

C. Du Conseil d'État statuant au contentieux.

II. TRIBUNAUX ADMINISTRATIFS SPÉCIAUX

DES DIVERS TRIBUNAUX ADMINISTRATIFS.

De la Cour des comptes. Notions sommaires de comptabilité publique.

ATTRIBUTIONS DE L'ÉTAT

A. ATTRIBUTIONS DE L'ÉTAT AU SUJET DES IMPOTS

DES IMPOTS DIRECTS

I. Impôt foncier.

II. Impôt personnel et mobilier.

III. Impôt des portes et fenêtres.

IV. Impôt des patentes.

Taxes assimilées.

B. ATTRIBUTIONS DE L'ÉTAT AU SUJET DES CULTES.

C. ATTRIBUTIONS DE L'ÉTAT AU SUJET DE L'INDUSTRIE.

Droits de l'auteur d'une œuvre littéraire ou artistique.

Droits de l'inventeur en matière industrielle.

D. ATTRIBUTIONS DE L'ÉTAT AU SUJET DE LA PROPRIÉTÉ FONCIÈRE.

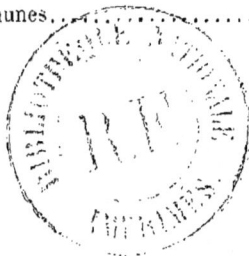

FIN DE LA TABLE DES MATIÈRES.

24318 -- Typographie A. Lahure, 9, rue de Fleurus, à Paris.

PARIS. — TYPOGRAPHIE A. LAHURE
Rue de Fleurus, 9

COURS DE DROIT ADMINISTRATIF

PRÉCIS

DES

MATIÈRES ADMINISTRATIVES

DANS LEURS RAPPORTS

AVEC LE DROIT PUBLIC

PAR

ALFRED GAUTIER

Professeur de droit administratif à la faculté de droit d'Aix.

PARIS

TYPOGRAPHIE A. LAHURE

9, rue de Fleurus, 9

1880

PRÉFACE

Après avoir dans la première partie de ce précis examiné les matières administratives dans leurs rapports avec le droit civil, je les envisage maintenant dans leurs rapports avec le droit public. Le présent volume traite donc de l'organisation administrative et du rôle qui est attribué à l'État au sujet des diverses manifestations de la vie sociale. Comme il s'agit ici de matières qui, bien plus que les précédentes, ont subi le contre-coup des vicissitudes politiques, comme chaque gouvernement a imprimé sur elles son empreinte bientôt effacée par le gouvernement qui a suivi, il est impossible de rattacher par un lien logique des dispositions inspirées souvent par des idées contradictoires, et de bons esprits ont pensé qu'on ne saurait mieux faire que de disposer avec ordre les textes actuellement applicables, le meilleur ouvrage en ce genre ne pouvant être qu'un recueil méthodique de lois et de décrets. Je suis loin de nier l'utilité de semblables recueils, mais je pense qu'il est nécessaire, pour se guider dans le dédale des lois administratives, d'avoir au préalable

sur chacune de nos institutions des notions générales, des divisions nettement établies, sauf à compléter ces indications au besoin par la lecture détaillée des textes. Aussi me suis-je efforcé de faire ressortir les traits dominants et caractéristiques de nos lois, de grouper aussi nettement que je l'ai pu les attributions des agents, conseils ou tribunaux administratifs, et, pour mettre mieux en relief nos institutions actuelles, je les ai fréquemment comparées, soit aux lois françaises antérieures, soit aux lois étrangères. On ne s'étonnera pas de la part considérable que j'ai donnée à ce dernier ordre de rapprochements, je n'ai fait en cela qu'obéir à une tendance qui se manifeste de plus en plus dans nos facultés et qui ne fera sans doute que s'accentuer davantage dans l'avenir. Depuis quelques années la méthode comparative, à laquelle d'autres sciences doivent de si admirables progrès, commence à s'introduire dans le domaine du droit et imprime aux études juridiques une impulsion féconde. Quant aux remarques et aux critiques que cette comparaison m'a suggérées, je pense que, si écourtées qu'elles soient, elles ne sont point déplacées dans un ouvrage de ce genre. Toutes les questions qui touchent au droit public sont chaque jour agitées et discutées dans la presse. Telle modification, tel projet sont attaqués par ceux-ci, exaltés par ceux-là, sans que les uns ou les autres s'inspirent d'autres considérations que les intérêts ou les préjugés du parti qu'ils défendent. Pourquoi dès lors ne serait-il point permis d'ex-

primer leur opinion à ceux qui, placés en dehors des agitations et des luttes de la politique, consacrant leur existence à la méditation et à l'étude, étrangers à tout parti pris envers les personnes et envers les choses, ne poursuivent de leurs aspirations et de leurs vœux les plus ardents qu'un seul but, le triomphe de la justice et de la vérité?

CO   ADMINISTRATIF

PRÉCIS

DES

MATIÈRES ADMINISTRATIVES

DANS LEURS RAPPORTS

AVEC LE DROIT PUBLIC

PAR

ALFRED GAUTIER

Professeur de droit administratif à la faculté de droit d'Aix

PARIS

TYPOGRAPHIE A. LAHURE

9, RUE DE FLEURUS, 9

1880

PRÉCIS

DES

MATIÈRES ADMINISTRATIVES

DANS LEURS RAPPORTS

AVEC LE DROIT PUBLIC